인적자원관리 5.0

- HR 탐색과 활용의 뉴패러다임 -

김 성 국 저

탑 북 스

머 리 말

아나톨 칼레츠키의 저서 『자본주의 4.0』은 발간되자마자 낙양의 지가를 올리면서 학계와 재계를 강타하였다. 영국 이코노미스트와 타임스 경제에디터인 저자는 2011년 11월, 매일경제의 초청으로 내한하여 "자본주의는 재창조 과정에 있다. 자본주의는 아직 살아있고 스스로 지탱하고 있다. 경쟁이라는 인간의 본능이 남아있는 한 자본주의는 어떠한 형태로든 새롭게 탄생한다"라는 의미심장한 말을 남겼다.

같은 시기에 한국을 방문한 구글의 에릭 슈밋 회장은 "흔히들 혁신을 이루기 위해서는 기술이 필요하다고 착각한다. 그러나 사실은 그 반대다. 즉 혁신이 먼저 일어나야 한다. 그러면 기술은 따라오게 되어있다."고 말하면서 "한글창제 등 세종대왕의 혁신은 개방성 덕분에 가능했다"며 혁신의 법칙으로서 개방을 강조했다.

위에서 언급한 두 사람이 우리에게 전하고 있는 메시지는 하나라고 생각한다. 그것은 혁신이 일어나기 위해서는 '자원의 탐색(exploration)과 자원의 활용(exploitation)'이 있어야 한다는 것이다. 자원의 탐색과 활용에 우수한 국가나 조직은 남보다 먼저 혁신에 성공하였고 또 혁신을 지속함으로써 경쟁력을 유지할 수 있었다고 생각한다. 자원을 확보만 하고 활용하지 않는 국가나 조직은 얼마가지 못해서 경쟁에서 밀리고 말았다.

현대적 의미에서 〈인적자원관리〉가 탄생한 지가 100년이 훌쩍 넘었다. 미국 필라델피아의 미드베일 철강회사에 근무하던 테일러라는 엔지니어가 산업계의 열악한 생산여건을 개선하여 생산효율을 높이고자 시도했던 몇 가지 방법들이 과학적 인적자원관리의 효시가 된 이래 사람들은 직장내 인적자원의 중요성에 주목하게 되었고 가꾸지 않은 원석 같은 인재를 잘 발굴하고 개발하고, 동기부여 시키면 엄청난 힘을 낼 수 있다는 것을 알게 되었다.

이제 경계가 허물어지는 'Digital Convergence'가 대세로 자리잡은 디지털 경제의 시대가 되었다. 『자본주의 4.0』에서 칼레츠키가 설명하는 바에 따르면, 자본주의는 아직 살아있고 재창조의 과정을 계속 밟고 있다고 한다. 인적자원관리도 마찬가지라고 생각한다. 다품종 소량생산시대의 장인 노동시대에도, 포디즘이 압도했던 대량생산시대에도, 인간이 최초로 두 발로 달 표면에 우뚝 섰던 과학만능 시대에도 인적자원관리는 있었다. 그리고 혁신과 개방으로 인적자원의 숨겨진 능력을 발굴하고 활용했던 국가나 기업은 시대를 앞서가는 인재들을 통해 시장을 지배할 수 있었고 그들은 인적자원관리의 새로운 패러다임을 일구어냈다.

20여 년 간 대학에서 인적자원관리를 가르치며 연구해온 필자는 이러한 이야기를 사람들에게 들여주고 싶었다. 끊임없이 진화하는 인적자원관리의 맥락을 풀어서 설명하고 국가와 조직이 어떻게 하면 인적자원관리를 재창조할 수 있는지를 보여주기 위해 이 책을 세상에 내놓게 되었다.

이 책이 나올 수 있도록 큰 도움을 주신 도서출판 탑북스의 김광식 대표님을 비롯한 여러분의 노고에 깊이 감사드리며, 원고정리와 교정을 도와준 이화여자대학교 김문주, 이수정 선생과 대학원에 재학중인 정예지, 박영하, 이지예, 권소영, 민소라 등 조교 학생들에게 사의를 표한다.

2011년 12월 이화동산에서

저자 김 성 국 배상

차 례

제1장 인적자원관리 5.0과 패러다임 시프트

제2장 인적자원의 탐색 이슈

제3장 인적자원의 활용 이슈

제4장 인적자원의 개발 이슈

제5장 인적자원의 평가 및 측정 이슈

제6장 인적자원의 보상과 노사관계 이슈

제7장 리더십과 조직관리 이슈

제 1 장
인적자원관리 5.0과 패러다임 시프트

제1장
인적자원관리 5.0과 패러다임 시프트

1. 인적자원관리 5.0 시대

2010년 영국 〈더 타임즈 *The Times*〉의 경제분야 총괄 에디터인 아나톨 칼레츠키(Anatole Kaletsky)가 저술한 도서 『*Capitalism 4.0*: 자본주의 4.0』은 우리나라에 소개되자마자 매우 뜨거운 반향을 일으키고 있다. 과연 자본주의 4.0이 뜻하는 바가 무엇인가? 이에 대해서 저자는 다음과 같이 설명하고 있다. 2007년부터 2009년에 걸친 글로벌 금융위기로 인해 월스트리트 굴지의 투자은행인 리먼 브라더스(Lehman Brothers)가 파산하는 등 사람들은 기업의 연쇄 도산과 국민들의 저항과 폭동 등 큰 일이 벌어질 것 같은 불안한 예감을 하게 되었고 자본주의 시스템이 붕괴되는 것이 아닌가하는 우려를 하였지만 결국 자본주의 시스템은 무너지지 않았다는 것이다. 물론 리먼 브라더스의 파산 이후로 사람들은 더 이상 전처럼 금융시장의 합리성과 자유경제의 효율성을 믿지 않게 되었다. 2007~2009의 충격적인 경제현상들은 자본주의 시스템을 이끌어온 야망, 기업정신, 개인주의나 경쟁심과 같은 인간의 근본적인 욕구를 없애버리거나 약화시키지는 않지만, 그 대신 이러한 인간의 타고난 본능들을 바탕으로 전보다 더 성공적이고 생산적인 새로운 형태의 자본주의가 창조될 것이라고 저자는 주장한다.

칼레츠키는 "자본주의는 재창조 과정을 겪어왔고, 현재도 그 과정에 있다. 자본주의는 아직 살아있고 스스로 지탱하고 있다"고 역설하면서 자본주의는 태동단계부터 오늘날 글로벌 경제위기에 이르기까지 크게 세 단계를 거쳤으며 각 단계는 대격동의 시기로 시작되었다고 보았다. 그는 서구 자본주의 진화과정을 다음과 같이 역사적 단계를 지나왔고 2008년 금융위기 이후 현재는 네 번째 단계, 즉 '자본주의 4.0' 시대에 와 있다고 진단하고 있다.

- 자본주의 1.0(자유방임): 애덤 스미스와 해밀턴(Alexander Hamilton)부터 레닌, 후버, 히틀러까지의 시기
- 자본주의 2.0(정부주도의 수정 자본주의): 루스벨트와 케인스에서 닉슨과 카터까지의 시기
- 자본주의 3.0(신 자유주의): 대처, 레이건, 밀턴 프리드먼(Milton Friedman)에서 부시, 폴슨, 그린스펀까지의 시기
- 자본주의 4.0 : 통화주의와 실물경제, 인플레이션에 대한 책임과 실업에 대한 책임, 거시경제 목표와 미시경제 목표 사이의 이런 극단적인 구분은 더 이상 의미가 없다. 정치인과 국민들의 정책목표의 모든 측면들은 상호작용한다.

저자 칼레츠키가 설명하는 '자본주의 4.0'의 핵심내용은 '따뜻한 자본주의'와 '행복한 성장'으로 요약할 수 있다.

베스트셀러 도서 『자본주의 4.0』이 인구에 회자되면서 사람들은 다른 영역에도 이 분류법과 개념을 적용하기 시작했다. 「매경 이코노미」는 2011.11.23. 카버스토리로 "마켓 4.0시대"라는 제목 하에 자본주의 진화와 궤를 같이하는, 시장의 진화과정에 대해 단계적으로 설명하고 있다. 결론부터 말하면, 현재의 시장은 4.0 버전의 시대라는 것이다. 즉 자본주의의 바탕이 되어온 시장은 지금까지 ① 상품 시장(마켓 1.0), ② 소비자 시장(마켓 2.0), ③ 가치 시장(마켓 3.0), ④ 따뜻하고 행복한 기업경영시대의 시장(마켓 4.0)으로 발전해 왔다고 주장한다. 마켓 1.0 시대에는 상품(제품)만 좋으면 소비자가 알아서 구매하였기 때문에 기업은 좋은 제품을 개발하기 위해 모든 역량을 집중하였던 시대였다. 마켓 2.0 시대는 품질이 뛰어난 제품들이 시장에 넘쳐나는 시대로 발전하면서 제품별 품질의 격차가 줄어들면서 제품의 질이 더 이상 큰 이슈가 되지 않는 대신 소비자를 왕으로 받들고 소비자를 만족시킬 수 있는 '엣지(edge)'를 기업이 제공할 수 있을 때 경쟁력을 확보할 수 있는 시대가 되었다. 마켓 3.0 시대에도 시장의 기본개념은 고객 만족이다. 2.0 시장 시대에는 고객의 감성을 만족시키는 것이 중요하였

지만, 마켓 3.0 시대에는 '가치'가 고객 만족의 키워드로 대두되는 시대가 되었다. 이 시대에는 기업이 앞 다투어 자사가 추구하는 비전과 가치를 소비자들에게 알림으로써 그들의 영혼을 울리는 그 무엇을 줄 수 있어야 한다. 오늘날 마켓 4.0 시대의 키워드는 한 마디로 '따뜻한 가치'면서 동시에 '차별화된 가치'의 시장을 말한다.

이렇듯 '자본주의 4.0'과 '마켓 4.0' 시대의 키워드는 공통점을 지니고 있다. 그것은 바로 과거에는 '비 인간적'인 요소에 관심을 집중하고 '차갑고 효율적인 가치'를 추구해 왔다면 세상은 바야흐로 '인간적이고 따뜻한 가치'를 추구하는 쪽으로 방향을 선회하고 있다는 점이다. 이것은 분명 패러다임의 변화를 의미하는 것이며 '어제 내린 눈'이 사라지고 세상 사람들은 '사람 냄새가 나는', '따뜻하고 감동을 주는' 그 어떤 가치를 찾아 나서고 있다는 것을 의미한다. 이러한 맥락에서 이제 눈을 경영분야로 돌려본다. 경영은 태동부터 지금까지 어떻게 발전되어 왔는가? 영국출신의 저명한 기업경영 저술가 스튜어트 크레이너(Stuart Crainer)는 2000년에 발간한 『*The Management Century*: 경영의 진화』에서 지난 100년간의 경영의 역사를 돌아보면서 시대별로 기존 경영질서의 틀을 수정하려는 새로운 개념과 시도가 진보라는 이름으로 등장해 왔다고 지적하고 경영은 끊임없이 진화하는 환경에 의해 강한 책임감을 부여받고 있다고 말하고 있다. 소비자의 욕구, 기술적 수준, 노동력의 기대치, 그리고 경쟁자의 활동이 변하고 있으며 세계 경제를 형성하는 역학적 구조도 이런 요인들에 대응하면서 변화를 거듭하고 있다는 것을 강조하고 있다.

크레이너가 분류하는 경영진화의 단계는 다음과 같다.

1) 과학적 관리(Scientific Management) 시대

이 시기에는 관리의 업무를 '측정'이라는 개념으로 정리할 수 있다. 테일러(F.W. Taylor)의 이론세계에서 관리자는 단순한 감독관, 기록자, 그리고 보고자로서, 의사결정을 위한 정보를 수집하고 측정한 결과를 실행에 옮기는 역할을 하였다. 하지만 그것이 전부였다. 테일러의 과학적 관리는 산업계에 도입되면서 감독, 측정, 그리고 관찰을 수행하는 중간관리자층을 형성하는 결과를 낳았다. 업무의 효율성 추구에 최고의 가치를 두었던 테일러는 오히려 비즈니스 효율성과 의사결정에 있어서 중대한 장벽 하나를 만들게 되었다는 것이 역사적 평가이다.

2) 포디즘(Fordism) 시대

헨리 포드가 남긴 전설은 거시적으로 보았을 때는 고무적인 것이었다. 그는 엄청난 규모의 비즈니스 활동에 대해서, 그리고 영향력이 어마어마했던 제품으로 전 세계적인 찬사를 받았다. 앨더스 헉슬리는 『*Brave New World*(1932): 멋진 신세계』에서 현대를 가리켜 'A.F.'라는 이름을 붙였다. 즉 After Ford라는 뜻이다. 그러나 포드가 이룩한 거대 기업은 공포와 불신 위에서 창조되고 세워진 것이었다. 비록 그것이 엄청난 성공을 거두었다고 해서 이런 사실이 간과되어서는 안 된다. 포드는 여러 부분에서 '일 처리를 이렇게 하면 안 된다'라는 전형적인 교훈을 제시하고 있다. 하지만 많은 사람들에게 그의 경영은 분명 소름끼치는 것이었고 그의 능력에도 분명한 한계가 있었다. 포드차의 초기의 혁신적인 정신은 점차 퇴색되고 포드는 기본 모델 T 차의 테크놀로지 변화를 거부했다. 그 대가는 경쟁자 GM에 패배로 나타났다.

3) 분산화(Decentralization) 시대

포디즘의 표준화와 집권화(centralization)가 경영의 효율을 저하시킨다는 비판이 고조되면서 슬론(Sloan)같은 경영학자들은 조직의 분산화(분권화)가 거대 공룡조직을 탈피하고 역동적 조직으로 가는 특효약이라고 생각하였다. 1950년에는 「Fortune」 500대 기업의 약 20%가 분산화되었으며 1970년에는 약 80%까지 증가하였다. 그러나 분산화된 조직구조가 차츰 문제를 드러내기 시작했다. 조직의 하부구조에 힘이 실리면서 이것이 조직의 비대화로 이어졌다. 수 많은 위원회가 생겨났지만 엄격하게 제한된 목표와 빈약한 성공척도로 인해 조직구성원의 창의력이 현저히 저하되었다.

4) 리엔지니어링(Reengineering) 시대

리엔지니어링의 성과는 두 가지였다. 첫째, 그것은 경영자들로 하여금 어떻게 하면 기업을 가장 잘 조직할 수 있을 것인가 라는 까다로운 이슈를 다시 한 번 생각하게 해주었다. 둘째, 기능 라인보다는 과정에 따라 조직을 성장시켰다. 그 덕택에 기능조직에 내재해 있던 경직성으로부터 벗어날 수 있게 해주었다. 문제는 리엔지니어링이 조직의 경직성을 다른 형태로 대치시켰다는 것이다.

크레이너는 "거의 대부분의 경영이론들은 그 수명이 제한되어 있다. 그들은 잘못 겨냥된 스커드 미사일처럼 기업 레이더에서 빠르게 사라져 버린다."고 평가하였다.

크레이너의 경영진화 단계의 분류방법은 시대별로 차별적인 경영질서의 틀을 구분하여 정리한 것이다.

이제 인적자원관리에 포커스를 맞추어 논의해 보자. 인적자원관리도 본질적으로 경영의 일부이므로 경영진화 단계에 영향을 받았다. 그러나 인적자원관리는 경영뿐만 아니라 사회학, 심리학 등 인접학문의 영향을 받았으며, 최근에 와서는 탈 경계현상의 영향으로 학문이나 전공의 벽이 허물어지면서 외부로부터 다양한 영향을 받아 발전을 거듭하고 있다.

『인적자원관리 5.0』이라는 타이틀은 인적자원관리의 시발부터 지금까지 패러다임이 다섯 번 변화해 왔다는 것을 의미한다. 다섯 가지의 패러다임 변화는 다음과 같다.

1) 인적자원관리 1.0 시대(1900-1913)

이 시기는 미국을 중심으로 '과학적 관리법'(scientific management)과 '관리원리'(administrative principles)가 풍미했던 시기로서 기업은 업무의 효율성(efficiency)의 달성에 주안점을 두고 경영의 각 부문을 통제했던 시기라고 할 수 있다. 미국 철강회사의 엔지니어였던 테일러(F. W. Taylor)가 시간 및 동작연구를 경영에 도입하여 표준작업과 표준 작업시간을 정의하고 차별적 성과급제도(differential piece-rate incentive plan)를 도입하여 생산성을 높이는 시도를 한 것이라든지, 분업을 통해 직장내 전문가를 육성하여 동일, 특정 업무를 잘 수행하는 능력을 갖춘 자들이 유사한 업무를 반복적으로 수행하게 함으로써 인력양성을 통한 효율성 향상을 추구한 것은 인적자원관리의 선구자라고 평가할 수 있다. 이 밖에도 패욜(H. Fayol)과 같은 경영학의 선구자들은 조직의 효율성을 높이기 위해서 분업, 권한, 명령 일원화 등과 같은 관리를 체계화하는 노력을 경주하던 시대였다. 이 시기에 사람들은 종래의 주먹구구식 '표류경영'(drift management)에서 벗어나 과학적이고 체계적인 관리의 시대를 열었으며, 현대적 인적자원관리 기능의 틀을 짤 수 있게 되었다.

2) 인적자원관리 2.0 시대(1914-1920)

이 시기는 제1차 세계대전(1914-1918)과 제2차 세계대전(1939-1945)이 발발하여 미국을 비롯한 많은 국가들이 10년 이상 전쟁에 몰두했던 시기이다. 전쟁은 경영과 관리에도 큰 영향을 미쳤다. 전쟁에서 승리하기 위해서는 주특기에 적합한 병사를 신속히 선발하여 전선에 투입하는 것이 중요한 국가의 과제로 등장하였다. 독일에서 태어나 라이프찌히 대학의 저명한 심리학과 교수였던 빌헬름 분트(Wilhelm Wundt)에게서 수학한 후고 뮌스터버그(Hugo Münsterberg)는 하버드 대학 교수로 재직하면서 심리학의 영역을 산업계로 넓혔으며 오늘날 '산업 및 조직심리학'(industrial & organizational psychology)으로 명명된 학문분야를 개척한 개척자가 되었다. 그는 테일러의 과학적 관리법에 심리학적인 방법론을 접목한 인물로 평가받고 있다. 그의 주저 『심리학과 산업의 효율성(*Psychology and Industrial Efficiency*)』는 산업 및 조직심리학의 선구적 저술로 알려져 있다. 1, 2차 세계대전 기간 중에 그는 미국 정부의 의뢰를 받아 심리검사(psychological test)를 개발하여 병사와 장교들의 선발과 배치에 심리검사 결과를 활용하도록 하였으며, 결과적으로 전쟁의 성과에 심리검사가 긍정적인 영향을 미쳤다. 이에 따라 제2차 세계대전이 끝난 후에 기업의 인력선발에도 심리검사가 도입되기 시작하였으며 지능검사, 적성검사 등의 심리검사 기법들이 인적자원관리의 각 분야에 활발하게 적용되기 시작하였으며, 인적자원관리의 발전에 크게 기여하기 시작하였다. 산업 및 조직심리학자들이 인적자원관리에 기여한 점은 첫째, 직무를 분석하는데 있어서 개인의 직무수행 능력을 고려한 점과 둘째, 직무수행 능력을 측정하는 도구를 개발한 점이다. 인적자원관리에 산업 및 조직심리학의 기법들이 도입되면서 인력의 모집, 선발, 배치, 평가, 교육훈련, 보상관리 등에 있어서 측정(measurement)과 평가(evaluation)의 과학화에도 큰 진전을 보이기 시작함으로써 심리학이 인적자원관리의 새로운 패러다임을 형성하는데 영향을 미치게 된 시기이다.

3) 인적자원관리 3.0 시대(1924-1970)

1924년부터 1932년까지 9년에 걸쳐서 미국 전기회사 Western Electric의 일리노이주 호손공장에서 의미 있는 실험이 수행되었다. 이를 후세 사람들은 '호손실험'(Hawthorne Experiment)이라고 부른다. 호손실험은 조명도 실험, 계전기 조립 실험, 전화기 와이어링 관찰 실험 및 면접조사 등으로 구성되어 시차를 두고 수행되었다. 처음에는 단순히 업무 효율성을 높이는데 최적의 조명도와 작업조건, 그리고 성과급 제도를 조사하기 위한 목적으로 실험이 실시되었는데, 실험의 결과는 놀라운 정보를 제공하였다. 작업장의 조명도와 생산성 간에는 큰 연관이 없는 것으로 나타났고, 소규모 그룹 내의 규범(norm)이 생산성에 매우 중요한 결정요인으로 조사되었으며, 직장내 비공식 조직(informal organization)의 존재와 영향력이 확인되었다.

호손실험의 결과가 시사하는 바는, 인간은 사회적인 존재이며, 직장내 인간관계의 개선이 생산성과 경영의 효율성을 높이는데 중요한 요인이 된다는 것이었다. 이것은 테일러리즘이 지향했던 '작업자 =기계적 인간'(mechanistic man), '경제적 인간'(economic man)의 인간관을 거부하고 '사회적 인간관'(social man)의 선언이었다. 호손실험에서 밝혀진 "긍정적인 사회·심리적 여건이 생산성에 긍정적인 영향을 미친다"는 명제는 미국을 비롯한 유럽의 산업계에 큰 파장을 불러 일으켰다. 경영자들은 생산성의 증대를 위해서 종래 기계적인 분업, 타이트한 감독과 공정관리는 필수적이라는 생각에서 벗어나 직원들의 사기를 높여주고 인간관계의 개선과 경영자와 직원들 간의 소통과 대화가 문제해결에 있어서 중요한 역할을 한다는 것을 깨닫게 되었다.

호손실험의 결과는 미국을 중심으로 '인간관계 운동'(human relations movement)을 일으켰으며 이 운동은 요원의 불길처럼 직장마다 번져갔다. 인간관계 운동은 기업의 인적자원관리에도 큰 영향을 미쳤다. 기업은 교육훈련과 개발에 관심을 가지고 활발히 추진하게 되었으며 특히, 조직내 인간관계 개선을 통한 조직효과성 제고에 힘썼다. 그 일환으로 '감수성 훈련'(sensitivity training), '의사소통 개선', '조직개발'(organization development)과 같은 구체적인 프로그램들이 시행되면서 많은 성공사례들을 만들어냈다. 인간관계 운동이 인적자원관리의 발전에 기여한 점은 무엇보다도 근로자의 모티베이션과 비공식집단의 중요성, 그리고 조직내 리더십의 중요성을 부각시켰다는 점이다.

4) 인적자원관리 4.0시대(1980-2000)

1980년대에 들어서면서 종래 인사관리(personnel management)라는 용어를 미국을 중심으로 '인적자원관리'(human resource management)로 고쳐 부르기 시작했다. 그러나 단순히 명칭만 바뀐 것이 아니라 인사관리가 인적자원관리로 변화되면서 개념과 내용도 변화되었다. 가장 두드러진 변화는 조직내 직원들을 '자원'(resource)로 보기 시작했다는 것이다. 인적자원은 자원이므로 확보하고, 가꾸고 개발해야 할 필요가 있으며, 경쟁력을 키울 수 있도록 잘 관리해야 하는 소중한 자산(asset)으로 간주하기 시작하였다. 한 마디로, 종업원은 인건비로 계산되는 비용이 아니라 조직의 자산이요, 부가가치로 보게 된 것이다.

울리히(D. Ulrich)같은 학자는 인적자원의 가치가 전략적으로 중요해 졌다고 말하고 인사관리가 과거에는 단순히 '행정'(administration)에 불과하였지만 이제는 국가와 조직의 사활이 걸린 '전략'(strategy)으로 취급되고 있다고 역설하였다. 따라서 인적자원관리는 그 전략적 가치 때문에 대응적(reactive) 보다 선행적(proactive) 조치가 중요하다고 주장했다.

인적자원이 소중한 자산이 되었기 때문에 희귀한 인적자원에 대해서는 경쟁적으로 확보해야 하며 일단 확보된 인적자원에 대해서는 유지관리가 중요해진다. 따라서 '전략적 인적자원관리'(strategic human resource management)가 새로운 인적자원관리의 패러다임으로 등장한다. 이른바 '핵심인재 관리'(talent management)는 전략적 인적자원관리의 대표적인 영역에 속한다. 전략적 인적자원관리에서는 근로자를 'worker' 나 'employee'로 보지 않고 'player'로 본다. 여기서 'player'란 전문적 지식이나 기술, 능력을 갖춘 조직의 핵심요원을 가리킨다. 기업 인적자원관리의 중요한 역할은 우수한 'player'들을 확보, 개발, 유지하여 조직의 경쟁력을 제고하는 데 있다. 크래튼(Cratton)같은 학자는 전략적 인적자원관리를 위해 중요한 조직의 여건을 다음과 같이 제시한다: ① 수직조직에서 수평조직으로, ② 분권화된 의사결정, ③ 의사소통과 학습촉진, ④ 고도의 성과관리, ⑤ 핵심인력의 확보와 유지, ⑥ 구성원의 세계화 훈련과 개발, ⑦ 일과 개인 및 가정생활의 균형

5) 인적자원관리 5.0시대(2000-현재)

뉴밀레니엄인 21세기에 접어들면서 사람들은 보이는 것, 물질적인 것보다도 보이지 않는 것, 정신적인 것에 대해 관심을 갖기 시작했다. 2001년 물질적인 풍요의 상징인 뉴욕에서 발생한 9.11 테러사건을 겪으면서 물질적이고 유형의 것이 갖는 한계를 절감하면서 무형의 자산에 대해 관심을 갖는 사람들이 늘어나게 되었다.

미국의 유명 컨설턴트인 Davis & Meyer(2000)가 발간한 『미래의 부(*Future Wealth*)』에서 세계의 역사는 '유형의 것'(tangibles)을 추구하는 체제로부터 '무형의 것'(intangibles) 우위로 발전해 왔다고 주장하였다. 여기서 유형의 것이란 기계와 같은 산업시설, 하드웨어를 의미하고 무형의 것이란 소프트웨어, 정보, 서비스, 인적자본을 가리킨다. 유형재 우위에서 무형재 우위로 전환하는 데는 세 차례에 걸친 물결이 있었다. 그 첫 번째 물결은 1950-70년대에 미국에서 서비스 산업의 성장이 제조업의 성장을 앞지르는 현상으로 다가왔으며, 두 번째 물결은 1970-90년대에 이르러 컴퓨터와 통신 산업의 발달로 종래의 하드웨어 위주에서 소프트웨어 위주로 산업이 재편되는 현상으로 나타났다. 세 번째 물결은 1990년대에 시작하여 지금도 계속되는 것으로서 '인적 자본'(human capital)이 가치 있는 자원으로 부각되고 있는 현상을 말한다.

결국, 세 번째 물결은 세계화, 정보화의 진행의 결과로 이른바 '경계 모호성'

(blur) 현상이 초래되고 있다. 경계 모호성 또는 경계 흐려짐 현상은 지역, 직업, 업종, 기업의 경계가 점점 모호해지는 통합경제 현상을 가리키는데 경계 흐려짐 현상은 사람들의 비즈니스와 일상생활의 룰을 바꾸기도 한다. 경계 흐려짐 현상의 예를 들면, 조직과 조직 간의 경계가 엷어지며 제품과 서비스의 구분이 모호해 진다든가, 구매자(buyer)가 판매를 하고 판매자(seller)가 구매를 하는 전도된 현상이 보편화 된다. 또 실제와 가상의 세계간의 구분이 어려운 현상이 일어나고 있다. 이러한 경계 모호성의 시대에는 '탈 경계를 추구하는 우수한 인적자본'의 시대를 의미한다.

『인적자원관리 5.0』 시대에 걸 맞는 인재는 스티브 잡스(Steve Jobs)처럼 자신이 좋아하는 일을 하고 자신이 만들고 싶은 것을 만들되 공학, 경영학 같은 통상적 학문의 경계를 뛰어 넘어 음악, 미술, 디자인, 문화 등 다양한 영역의 경계를 넘나들면서 이 세상 사람이면 누구나 갖고 싶어하는 상품을 개발하고 그것을 사람들의 손에 쥐어준다. 이토록 우수한 탈 경계인재인 '인적자본'은 항상 새로운 것에 굶주리고, 남들이 어리석다고 하는 일에 손을 댄다(stay hungry, stay foolish).

이러한 새로운 인적자본을 위해서는 종래와 다른 새로운 패러다임의 인적자원관리가 필요하다. 이것이 바로 『인적자원관리 5.0』이다. 인적자원관리 5.0은 경계 모호성의 시대에 우수한 인적자본의 확보와 개발을 위해서 기존의 낡은 패러다임을 벗고 ① 새로운 자원의 탐색, ② 새로운 자원의 활용, ③ 유연성, ④ 혁신 및 창조성, ⑤ 양자역학적 도약(quantum leap)을 추구하는 것과 밀접한 연관이 있다. 예를 들면, '구글(Google)의 인적자원관리', '애플의 인적자원관리'는 인적자원관리 5.0과 매우 유사한 형태의 것이라고 말할 수 있다.

2. "문제는 사람이야, 바보야"

1992년 미국 대통령 선거 당시 재선을 바라보고 있던 현직 부시 대통령(George Bush, Sr.)에 대해 크게 열세에 처해있던 아칸소 주지사 출신의, 무명이나 다름없던 클린턴 후보는 "문제는 경제야, 바보야"(It's Economy, Stupid!)라는 자극적인 구호로 '경제 살리기' 승부수를 던지고 서민층을 파고들어 승리한 것은 유명한 사건이다. 당시 부시 대통령은 한 해 전에 발발한 걸프전에서 '사막의 폭풍작전'을 기획하여 10여개 국의 다국적군의 참전을 이끌어냈고, 100명 남짓한 최소한의 아군 희생으로 쿠웨이트를 점령하고 있던 사담 후세인의 이라크 군을 성공적으로 무찌름으로써 전쟁을 승리로 이끈 전쟁영웅이었기 때문에 부시 대통령의 재선이 무난해 보이던 상황이었기 때문에 클린턴의 정곡을 찌르며 대세를 뒤엎은 선거전략은 사람들의 감탄을 자아냈다.

2007년도 12월에 치러진 우리나라 대통령선거에서도 "문제는 경제야!"라는 선거 구호가 위력을 발휘하였다. 현대건설 회장 출신의 전문경영인(CEO) 이명박 후보는 시종일관 경제를 살리는 '경제 대통령'이 되겠다고 공약하였고 결국 경쟁자를 500여만 표 차이로 물리치고 집권에 성공할 수 있었다.

우리나라에 다시 총선과 대통령 선거가 치러질 것이다. 여당과 야당도 다시 경제문제를 핵심 공약으로 다시 들고 나올 채비를 차리고 있다. 정말 안타깝다. "문제는 경제야!"라고 후보자들은 예외 없이 소리높이 외쳐 표를 얻었지만 선거가 끝나면 경제문제가 시원하게 해결되는 것을 보지 못한 이 땅의 국민들은 '문제는 경제가 아니라, 정치가 아닐까?'하는 의구심을 가지게 되었다. 실제로 많은 학자들이 한국의 문제는 경제라기보다는 구시대적인 낡은 정치 때문이라는 것을 지적하고 있다. 어쩌면 이제부터는 선거 때 마다 "문제는 정치야, 바보야!"라고 외치는 후보들의 소리를 들어야 할지도 모른다.

2001년 당시 제너럴 일렉트릭(GE)의 최고경영자였던 잭 웰치(Jack Welch)에게 기자들이 인터뷰를 통해 "GE가 최근 계속해서 미국 제1위의 기업으로 성장을 거듭하고 있는 비결이 무엇입니까?"라는 질문을 던졌다. 당시 GE는 한 해 1,300억 달러의 수익을 올리고 있었고 전 세계에 총 34만 여명에 달하는 종업원을 거느리고 있는 초우량기업이었다. 잭 웰치의 대답은 간단하면서도 단호함이 있었다. "그건 바로 사람 때문입니다, 결국은 사람입니다(It's all about people because in the end it's all people). 나는 GE의 CEO로서 지금까지 가장 뛰어난 인재를 선발하여 그들을 동기부여 시키려고 애썼습니다. 나는 우리 직원들에게 정신적 보상과 물질적 보상을 동시에 주려고 노력했습니다. 나는 그들이 성장하는데 도움이 되는 일이라면 무슨 일이든 했습니다. 그랬더니 직원들은 성공경험을 통해 흥분했고 위대해졌습니다. 내가 한 일은 그것뿐입니다." 이 대답은 GE 성공의 핵심요인은 바로 우수한 인적자원이며, 이들이 최선을 다해 일하게 만든 우수한 인적자원관리라는 것을 웅변적으로 말해준 것이라고 생각한다.

최근 '펀 경영'(Fun Management)의 달인으로 재조명을 받고 있는 미국 사우스웨스트 항공사의 창업자 허브 켈러허(Herb Kelleher)는 어려서부터 어머니로부터 평소 "사람을 존중할 줄 알아야한다. 사람의 신분이나 타이틀을 보지 말고 사람 자체를 존중해라"는 이야기를 듣고 자랐다고 한다. 그는 나중에 최고경영자가 된 후에도 이러한 어머님의 가르침을 경영철학으로 삼았다. 그는 평소에 항상 "사람은 누구나 신분이나 타이틀이 아니라 인간으로서 존경을 받고 신뢰를 받을 수 있어야 한다. 신분이나 타이틀은 사람의 진정한 가치를 평가하는 잣대가 될 수 없다."라는 말을 하였다고 한다. 그의 이러한 '인간 존중'이 그의 'Fun Management' 또는 '유머 경영'의 기초가 되었으며, 그 결과 사우스웨스트 항공사는 전세계적인 항공산업 불황에도 불구하고 승승장구하였으며 오늘날에도 미국에서 젊은이들이 가장 근무하고 싶어하는 직장 중 하나가 되고 있다.

미국 뉴욕시에 소재하고 있는 체이스 메모리얼 요양원은 깨끗한 병실과 청결한 음식, 그리고 최고수준의 의료진에 의한 진료 등 거의 하나도 나무랄 데가 없는 요양원이었다. 그런데 이 요양원이 안고 있는 가장 큰 문제는 '차라리 나를 빨리 죽게 해달라. 죽는 것이 낫겠다'고 호소하는 시설 이용자들이 늘어나고 있다는 것이다. 실제로 이 요양원에서의 사망률이 다른 요양원의 평균치를 훨씬 웃도는 것으로 나타났고 질병으로 쓰러지는 사람의 수도 증가하고 있었다. 요양원 경영진에서는 직원들을 동원하여 청결을 위한 대청소 횟수를 늘리고 감염방지를 위해 방문자의 수를 엄격히 제한하였으며 소독도 철저를 기했지만 소용이 없었다. 그 사이에 요양원장도 여러 번 경질되었다.

새로 요양원장으로 부임한 윌리엄 토마스(William Thomas) 원장은 머리를 싸맸다. 무엇이 문제인가? 시설도, 환경도, 진료 수준도 아무런 문제가 없는데 왜, 사람들은 사는 것보다 죽는 것이 낫다고 아우성들일까? 그는 마침내 결론을 얻었다. 그는 요양원 규정을 스스로 어기면서 요양원에 애견 등 애완동물을 반입하는 것을 허용하였다. 병실마다 예쁜 꽃이 피어나는 화분을 들여놓았고 잔디정원을 갈아엎어 채소밭을 만들었다. 또한 방문객의 숫자와 시간제한을 없애고 아이들의 놀이터까지 만들었다. 요양원에 '인간의 냄새'를 살려놓은 것이다. 그 결과

요양원은 달라지기 시작했다. 병실에는 가족들과 아이들의 웃음소리가 끊이지 않았고 강아지들이 병실들을 돌아다니며 환자들의 귀여움을 독차지 했다. 게 중에는 짬을 내어 마당의 채소를 가꾸는 이용자들도 늘어났다. 환자들은 마침내 살아야 할 이유를 찾게 되어 더 이상 '빨리 죽고 싶다'는 말을 하지 않게 되었다. '인간은 사회적 동물'이라는 고대 철학자의 말은 틀리지 않는 것 같다. 인간은 사람과 동물의 사귐을 통해 비로소 사람다워 진다. 이러한 인간관계를 역행하는 그 어떤 경영이나 조직구조도 인간을 행복하게 만드는 것과는 거리가 멀다고 생각된다.

이 글을 쓰고 있는 시점에도 그리스의 파판드레우 총리와 이탈리아의 베를루스코니 총리가 사임을 발표하였다. 이들은 사임발표를 했지만 박수는커녕 야유를 받고 떠났다. 이유는 모두 자국의 심각한 경제위기 때문이었다. "문제는 경제야!"라는 이슈가 다시 사람들에게 먹히고 있다. 미국의 오바마 대통령도 곧 재임을 위한 대통령선거에 나서게 되는데 문제는 높은 실업률과 물가가 그의 발목을 잡고 있다는 것이다. 유럽이나 미국까지 들먹일 것도 없이, 우리나라의 역대 대통령을 비롯한 모든 정치지도자들 중 경제의 중요성을 강조하지 않은 사람은 없었다. 한국적 '경제 제일주의' 철학의 창시자 박정희 대통령은 말 할 것도 없고 IMF경제위기를 오히려 호기(好機)로 삼아 '준비된 경제 대통령'을 슬로건으로 당선된 김대중 대통령, '국민 참여를 통해 7% 경제성장' 공약을 내건 노무형 대통령, 이른바 CEO출신으로서 '7.4.7 공약'을 실천하여 한국을 선진국의 대열에 오르게 하겠다는 약속을 걸고 당선된 현 대통령에 이르기까지 예외가 없다.

우리는 경제발전을 이루는 성공적인 지도자를 보고 싶다. 그러기 위해서는 '경제 제일주의'에 매몰된 사람의 가치와 인적자원의 잠재력을 일구어내는 지도자가 진정 경제적 목표도 달성할 수 있는 지도자라고 생각한다. 성공한 초우량기업들은 돈 냄새보다도 사람냄새가 나는 조직과 경영을 가지고 있다. '경제 제일주의'는 이러한 인간존중의 사회와 조직으로 가기 위한 도구가 되어야 한다.

혹자들이 '자본주의 4.0'이 보다 인간적인, 인간의 냄새가 나는 자본주의라고 말하는 것을 들었다. 오늘날 우리가 진정 듣기 원하는 말은 "문제는 경제야, 바보야"라는 말 대신에 "문제는 사람이야!"라는 말일 것이다. 사람에 관심을 쏟고 사람이 주인이 되는 그러한 조직을 만들고 관리하는 것이야 말로 우리가 살아가야 할 목표가 아닐까 한다. 나를 포함하여 인적자원관리에 종사하는 사람들이 항상 지녀야 할 자세가 바로 이것이 아닌가 생각한다.

3. 인간적 가치와 인적자원관리

미국영화 「버킷 리스트 - 죽기 전에 꼭 하고 싶은 것들」(2007년 제작)은 바쁜 일상에 시달리는 현대의 직장인들에게 "나는 진정 무엇을 위해 살아가는가?"라는 인간존재와 삶의 본질에 대한 화두를 던지는 영화이다. 사람들로 하여금 "죽기 전에 꼭 하고 싶은 것들이 무엇일까?"라고 한번 조용히 생각해볼 기회를 주는, 진지함이 묻어나는 코미디 영화라고 말할 수 있다. '버킷 리스트'(The Bucket List)라는 제목은 '버킷을 찬다'(kick the bucket)는 말은 '목을 메고 발판인 물통(버킷)을 차버린다', 즉 죽어버린다는 속어에서 왔다. 따라서 버킷 리스트는 사람이 죽기 전에 해보고 싶은 일을 기록한 리스트라는 뜻이다. 영화의 줄거리는 대략 다음과 같다.

굴지의 대기업 오너인 억만장자 에드워드 콜(잭 니콜슨)과 수리공인 카터 챔버스(모건 프리맨). 이 두 사람은 신분이 너무나 다르고, 또 각자 다른 환경에서 살아왔지만 지금은 죽음을 앞두고 암 병동의 병실을 같이 쓰는 입장이 되었다. 이 둘은 곧 중요한 공통점을 발견하는데, 살아오면서 진정 원했으나 해보지 못한 일들을 죽기 전에 해보자는 욕망이 그것이다. 이를 실천으로 옮기기로 결심한 에드워드와 카터는 병원을 탈출하고 버켓 리스트에 오른 미션을 수행하기 위해 '로드 트립'(road trip)을 떠난다. 리스트에 적힌 미션에는 스카이다이빙 해보기, 모르는 사람 도와주기, 눈물이 날 때 까지 웃기, 장엄한 것을 직접보기(히말라야), 레이스카 '셔비 머스탱'(Chavy Mustang) 타보기, '가장 아름다운 소녀와 키스하기...' 등이 적혀있다. 이 들은 죽기 전에 꼭 해보고 싶은 일들을 하나 둘 경험해 나가는 동안, 마지막까지 인생을 알차게 채우는 방법을 깨닫게 된다. 두 노인네가 '이별 여행'에 나서면서 경험하게 되는 생의 마지막 순간들을 유쾌한 유머와 함께 그려낸 코믹 휴먼 드라마로서 롭 라이너 감독이 메가폰을 잡은 이 영화는 우리나라에서도 상영되어 흥행에 성공하였다.

최근 우리 주변에는 기존의 가치를 뒤엎는 큰 사건들이 우리를 엄습하였다. 엔론과 월드컴, 아더 앤더슨 같은 미국 유수 대기업의 회계 조작사건과 갑작스런 퇴출, 불과 몇 십분 만에 수십만 명의 목숨을 앗아간 서남아시아의 쓰나미, 미국의 주택금융시장 붕괴로 촉발된 세계금융위기와 기업의 연쇄 부도사태, 아이슬랜드의 화산 폭발과 항공대란, 그리스와 이탈리아의 국가부도 위기 등... 그 이전에는 예측하기 어려웠던 대 사건들이 꼬리를 물고 일어나면서 사람들에게 "진정 무엇이 중요한가"(What does really matter?)라는 의문을 던지게 된다. 즉 사람이 인생에서 진정으로 무엇을 성취하기를 원하는지, 이 세상에서 진정으로 하고 싶은 것이 무엇인지에 대해서 다시 생각하게 만드는 일이 벌어지고 있는 것이다.

최근 기업조직 내에서 개인과 조직의 가치관이 변화하고 있다. 변화의 방향은 '사람을 기업경영의 중심에 둔다'(putting people at the center of business)라는 것이다. 만약 기업이 새로운 사업을 시작한다면 종업원과 고객 등 이해당사자들의 진정한 충성심과 몰입을 이끌어 내기 위해서는 단지 경제적인 동기를 부여하기 보다는 그들의 인간적 가치(human value)에 어필하는 것을 앞세우는 일이 무엇보다 중요하다. 과거에는 기업이 이해당사자들을 위하여 경제적 가치와 이익을 창출하여 보고하는 것이 중요한 사명에 속했다. 그러나 최근에는 경제적인 가치 뿐만 아니라 개인적인 행복, 보람, 사회적 책임과 같은 인간적인 가치관과 사명이 중요한 기업의 가치로 등장하고 있으며 종업원과 고객 등 이해당사자들도 이에 동의하고 있다.

기업경영에 있어서 인간적 가치는 시장에서 그 효과가 나타나고 있다. 고객들은 상품을 구매할 때 그들이 동조하지 않거나 좋아하지 않는 가치를 가진 회사의 상품 구매를 거부하거나 기피하는 현상이 날로 심화되고 있다. 소비자들이 한 때 나이키 회사의 스포츠 제품 구매를 보이콧한 일은 이를 뒷받침하는 예에 속한다.

나이키는 1990년대 초, 글로벌 분업의 이점을 살리기 위해 디자인과 마케팅전략은 미국 본사에서 담당하고 생산과 유통, 판매는 저임금 국가인 아시아, 아프리카 같은 개발도상국에서 담당하는 방식으로 글로벌 소싱을 실시하여 생산원가를 낮추는 전략을 채택해 왔는데, 일부 개발 도상국가에서는 인건비를 절감하기 위해 미성년 청소년들을 생산에 투입하였고 공해를 유발하는 열악한 작업 환경에 노동을 시킨 것이 문제가 되어 세계 언론으로부터 부도덕한 기업으로 낙인찍히는 사건이 발생했다. 나이키로서는 창립 이후 최대의 위기를 맞이하게 된다. 기업 이미지는 날로 나빠졌고, 매출에도 영향을 주게 되었다.

1998년, 나이키는 자사에 쏟아지는 세계화 추진관련 각종 비난을 그대로 시인하였으며 경영개선을 위해 구조조정을 단행하여 1,900명의 직원을 정리해고 하였다. 그리고 그는 나이키 제품 생산 시설에 엄격한 기준을 약속하였는데, 이는 노동가능 최소 연령, 작업장 공기, 의무교육 프로그램, 대출 프로그램, 공장 환경 감독 그리고 나이키의 사회 책임의 투명성 재고 등을 모두 포함하고 있었다. 또한, 기업의 사회적 책임을 강조하기 위해 마이크로소프트의 임원 마리아 아이텔을 영입하여 '사회적 책임담당 부사장'으로 임명하여 실추된 기업의 이미지를 개선하려고 애썼다.

이제 전 세계적으로 사업에서 변화와 진보를 위해 인간적 가치를 중시하는 경향이 날로 확산되고 있다. 그러면 인간적인 가치의 내용은 무엇인가? 가정생활과 직장생활의 조화, 직무수행을 통한 자부심 고양, 개인적인 성취와 개발, 영적인 생활에의 관심 등이 오늘날 대표적인 인간적 가치로 손꼽을 수 있다. 오늘날 기업은 이윤을 창출하여 경제적 가치를 실현하는 과정에서 개인의 행복한 삶을 지원하고, 이 세상에서 성취하고 싶은 것을 할 수 있도록 도와주는 곳이 될 필요가 있다. 왜냐하면 사람들의 인생에 있어서 가장 중요한 것이 경제적이고 물질적인 가치에서부터 인간적인 가치로 바뀌고 있기 때문이다.

현대를 살아가는 직장인들은 이제 더 이상 물질적인 풍요가 인간을 행복하게 만든다는 명제에 전폭적인 지지를 보내지 않는다. 오히려 그들은 친한 사람의 죽음을 목도하면서 자신의 장례식 장면을 머리 속에 떠올리면서 조용히 묵상하면서 자신의 '내적 목소리'(inner voice)를 듣기를 원하고 있다.

오늘날의 사람들은 '탐욕'(greed)에 의해 과도한 파생금융상품이 만들어 지고 금융기관은 최대의 이윤을 획득하기 위해 고수익-고위험 금융상품을 자꾸 만들어내서 고객들에게 권하다가 결국에는 모든 사람에게 불행한 결과를 가져다주는 월 스트리트식 가치관을 배격하기 시작했다.

사람들은 1973년 영국의 경제학자인 슈마허(E. F. Schumacher)가 펴낸『작은 것이 아름답다(*Small is Beautiful-Economics as if People Mattered*)』는 책을 다시 펴 보면서 30년 전의 그의 경고에 귀를 기울이고 있다. 슈마허는 그 책에서 탐욕적인 상품소비와 기업들의 무분별한 자원개발과 생산활동으로 인해 자연적인 자본이 고갈되고 환경이 파괴되어 다음 세대들이 마땅히 누려야 할 효익을 부모세대 사람들이 갉아먹고 있다는 주장을 폈다. 그의 이론과 주장은 환경

운동가들에게 통찰력을 제공하였고 이후 환경운동의 방향을 제시하였다는 역사적 평가를 받고 있다.

슈마허가 비판했던 것은 기업이 경제적 이익만을 챙기기 위해 보다 더 중요한 가치인 인간적 가치나 환경을 등한히 한다는 점이었다. 그는 산업화가 진행되면서 자원을 대규모로 개발하고 때로는 이를 낭비하면서 생산활동을 전개해 왔지만 인류에게 진정한 행복과 가치를 주는 데는 미흡하였다고 지적하고 산업화가 인간의 상상력과 가치를 무시하는 방향으로 진행해 왔으므로 성취도가 떨어지고 있으며 결국에는 비효율적이 될 것이라고 주장하였다.

그러면 인간적 가치를 추구하는 인적자원관리는 어떤 모습과 성격을 지녀야 할 것인가? 이에 대해서 다음과 같이 요약, 정리해 보고자 한다.

첫째, 가정 친화적 인적자원관리이다.
둘째, 환경 친화적 인적자원관리이다.
셋째, 인적자원개발이 가능한 인적자원관리이다.
넷째, 우정과 격려의 공동체를 건설하는 인적자원관리이다.
다섯째, 사회적 책임을 다하는 인적자원관리이다.
여섯째, 소통과 투명성이 보장되는 인적자원관리를 실현하는 일이다.

미국의 소비자들에게 기업의 사회적 책임 정도를 알려주는 사이트인 Idealswork (www.idealswork.com)은 소비자들의 구매행동에 막강한 영향력을 행사하고 있다. Idealswork가 공정 경제연합(United for a Fair Economy: UFE)과 함께 연구한 결과를 토대로 '사회적 책임에 있어서 가장 열악한 100대 기업 리스트'를 만들어 소비자들에게 제공하기 시작했다. 이 분석에는 모두 7개의 평가 카테고리가 사용되는데 이 가운데 'CEO에게 과도한 보상지급', '과도한 기업연금', '종업원 일시해고' 등 3개 범주가 인적자원관련 범주이다. 그만큼 인간적 가치가 기업의 사회적 책임에 있어서도 중요한 차원이라는 반증이기도 하다.

평생 기업경영과 사업 확장에 몰두하다 만년에 암으로 병원 침대에 누워 죽을 날을 기다리던 대기업 회장이 죽기 전에 꼭 해보고 싶은 리스트를 만들어 로드트립에 나선 것처럼, 오늘날 뜻 있는 많은 개인과 기업들은 경제적 이윤, 물질적 풍요보다도 인간적인 가치를 추구하는 것을 중시하고 있다. 그리고 시민단체들과 시민들은 이러한 인간적 가치를 향상시키는 기업을 찾아내고 칭찬과 인정을 하는 대신 인간적 가치에 귀와 눈을 막고 있는 악덕 기업에 대해서 소비자에게 기업정보를 넘김으로써 그러한 바람직하지 못한 기업의 제품을 구입하는 것을 막는 캠페인을 벌이고 있다.

인간적 가치를 추구하는데 굳이 죽음의 문턱까지 갈 필요는 없다. 개인과 기업이 건강할 때 적극적으로, 인간적 가치를 추구하는 경영에 앞장서는 것은 개인과 기업, 국가를 위해서 정말 유익한 일이 될 것이고 이 땅에 기업이 존재하는 이유가 될 것이다. 그리고 기업이 인간적인 가치를 추구하는 인적자원관리를 시행하는데 있어서 통제(control)보다는 개발(cultivation)하는 방향으로 추구할 필요가 있다. 즉 모니터링을 통해 통제하고 강제하기 보다는 기업 스스로가 인간적 가치를 추구하는 것이 종업원의 만족을 높이고 고객의 제품 구매를 촉진하며 나아가 기업의 경쟁력 향상에 도움이 되기 때문에 기업이 적극적으로 도전하고 시스템을 개발해 나가도록 유도하는 것이 바람직하다.

4. 'Moneyball'의 기적: HR 측정의 중요성

2011년 브래트 피트가 주인공을 맡아 인기를 끈 헐리우드 영화 「머니볼(*Moneyball*)」은 미국의 소설가 마이클 루이스(Michael Lewis)가 2003년에 출간한 베스트셀러 소설을 영화화 한 것이다. 이 소설에서는 메이저리그에 소속된 '오클랜드 어슬레틱스'(Oakland Athletics) 구단이 어떻게 메이저리그 구단 중에서 선수들에게 가장 적은 연봉을 주면서 좋은 성적을 지속적으로 낼 수 있는지에 대해서 기술하고 있다. 재정난에 봉착한 오클랜드 팀의 구단주 빌리 빈(Billy Beane)은 과학적 분석방법을 동원하여 팀의 문제가 무엇이고 또 어떻게 그것을 측정할 것인지를 다시 정의하기 시작했다.

오클랜드 어슬레틱스(Oakland A's)는 아메리칸리그 서부지구에서 유일한 창립멤버다. 9번의 월드시리즈 우승은 세인트루이스 카디널스와 함께 2위 기록이며, 막강한 뉴욕 양키스가 월드시리즈 우승을 휩쓸던 시대에도 아메리칸 리그를

15차례나 제패했다. Eddie Collins, Frank Baker, Al Simmons, Jimmie Foxx, Lefty Grove, Catfish Hunter, Rollie Fingers, Reggue Jackson, Dennis Eckersley, Rickey Henderson, Mark McGwire, Jason Giambi 등 미국 메이저리그 야구(MLB)를 빛낸 슈퍼스타 선수들은 모두 어슬레틱스가 배출한 선수들이라는 것이 놀랍다.

그러나 어슬레틱스는 고난과 시련이 많았던 팀이다. 1995시즌을 끝으로 토니 라루싸(Tony La Russa) 감독이 성적부진으로 해임됐고, 1997년 중반 프랜차이스 스타인 마크 맥과이어(Mark MacGwire)가 세인트루이스 카디널스로 트레이드되면서 어슬레틱스는 별 볼일 없는 팀으로 전락했다.

메이저리그 만년 최하위에 그나마 실력 있는 선수들은 다른 구단에 뺏기기 일쑤인 오클랜드 어슬레틱스에 새로운 단장이 부임하면서 구단의 운명이 바뀌게 된다. 돈 없고 실력 없는 오합지졸 구단이란 오명을 벗어 던지고 싶은 단장 빌리 빈은 경제학을 전공한 '피터'를 영입, 기존의 선수 선발 방식과는 전혀 다른 파격적인 '머니볼(Moneyball) 이론'을 따라 새로운 도전을 시작한다. 그는 경기 데이터에만 의존해 사생활 문란, 잦은 부상, 고령자라는 등의 이유로 다른 구단에서 외면 받던 선수들을 팀에 합류시키고, 모두가 미친 짓이라며 그를 비난한다.

그러나 빌리 빈 단장(영화에서 브래드 피트가 연기), 구단을 젊고 강한 팀으로 만드는 데 성공했다. 마침내 어슬레틱스는 2000년, 8년 만에 지구우승을 차지하며 멋지게 재기했다. 2001시즌 어슬레틱스는 초반 8승18패의 부진을 딛고 102승으로 시애틀 매리너스에 이어 전체승률 2위를 기록했다. 메이저리그에서 두 번째로 적은 연봉으로 두 번째로 좋은 성적을 올리는 기적을 일궈낸 것이다. 시즌이 끝나고 팀의 핵심전력인 제이슨 지암비(Jason Giambi), 제이슨 이스링하우젠(Jason Isringhausen), 조니 데이먼(Johnny Damon)을 타 구단에 빼앗겼지만, 허드슨(Tim Hudson), 멀더(Mark Mulder), 지토(Barry Zito)가 이끄는 이른바 '영건 3인방'은 가히 공포의 대상이 되었으며 이에 차베스(Eric Chavez), 테하다(Tejada)의 공격력이 가세하여 2002 시즌 아메리칸 리그 역대 최다인 20연승을 달성하는 저력을 보이면서 팀의 전통을 이어나갔다.

오클랜드 어슬레틱스는 미국 메이저리그 야구 구단들 중에 대표적인 스몰마켓팀(small market team)이다. 스몰마켓이란 팀이 소속된 도시의 인구가 적고 소득도 적어서 말 그대로 구단의 자금력이 부족하다는 것을 의미한다. 구단의 자금력이 부족하므로 우수한 선수들을 외부에서 영입하지 못하고 소속 선수들에 대한 투자에도 인색할 수 밖에 없다. 미국 메이저리그에서 스몰마켓 팀이라고 하면 오클랜드 어슬레틱스 외에도 탬파베이, 콜로라도, 캔자스시티 등을 꼽는다. 그런데 어슬레틱스는 다른 스몰마켓 팀들과는 뭔가 다른 점이 있다. 열악한 재정형편으로 외부에서 스타급 선수들을 영입하지 못하고 투자도 기대에 미치지 못하는 상황에 처해있음에도 불구하고 역대 성적이 그리 나쁘지 않다는 점이다. 뉴욕 양키스처럼 뉴욕이라는 막강한 지역을 연고로 하고 있으며 매년 메이저리그 최고의 스타급 선수들을 영입하고 있는 '스타 구단'에 비해서 투자대비 성과를 분석하면 어슬레틱스의 성적이 상위권이라는 이야기이다. 즉 2002년 어슬레틱스는 선수연봉으로 총 4,100만 달러를 지불하였고 뉴욕 양키스는 같은 해 총 1억2,500만 달러를 지불했는데 두 팀의 그 해 성적은 비슷하였다. 어슬레틱스는 뉴욕 양키스의 1/3 밖에 투자하지 못했지만 승수(wins)에 있어서 뉴욕 양키스에 뒤지지 않았다는 것이다. 어떻게 이런 일이 가능하였는가?

이른바 'Moneyball의 기적'이 이것을 설명해 주고 있다. 빌리 빈 단장은 대학에서 경제학과 통계학을 가르치는 '피터'에게서 통계를 배우면서 자신만의 '데이터 야구'(sabermetrics)에 눈을 뜨게 된다. 그가 중시한 야구 통계치는 전통적인 통계치와는 달랐다. 메이저리그에서는 전통적으로 타율, 도루횟수, 출루 횟수를 중요한 통계치로 삼는다. 스포츠 기자나 스카우터, 연봉 협상에 임하는 구단의 매니저나 선수들도 이러한 전통적인 통계치를 중요한 자료로 활용한다. 이것은 야구가 시작된 19세기 이래 확립된 전통이라고 볼 수 있다.

새로운 구단주 빌리 빈은 보다 과학적이고 분석적인 데이터 야구를 실천하여 팀의 숨은 경쟁력을 탐색하고 선수들의 잠재력을 발굴하기 시작했다. 그는 일반적으로 잘 측정하지 않는 통계치를 측정하고 활용하는 데 중점을 두었다. 예를 들면 타자가 출루하여 베이스에 머물러 있는 빈도(on-base percentage)를 백분율로 환산하였으며, 단순한 타율보다도 '장타율'(누타수를 타수로 나눈 수치)을 별도로 측정하여 선수기용에 활용하였다. 빌리 빈은 이러한 데이터들이 개별 선수의 공격력을 평가하는 데 더 우수한 측정치라고 생각하였고 이러한 그의 신념은 실제 시합에서 증명되기 시작했다. 가령 평소 타율은 좋지 않지만 선구안이 뛰어난 선수들은 빈의 '데이터 야구'에 의해 핀치 히터로 기용되어 포볼을 잘 골라 팀이 결승점을 올리는데 기여하게 하는 등 선수들의 특성에 맞게 적재적소에 활용되었다. 또 타격은 좋은 데 수비가 불안하다든가, 타격은 좋은데 주력이 약한 선수들에게도 적절한 출전 기회가 주어졌고 이들은 결정적인 순간에 팀의 승리에 기여하는 것으로 보답하였다. 이렇게 장단점이 뚜렷한 선수들을 모아서 최대한 장점만 발휘할 수 있도록 만드는 팀이 바로 오클랜드 어슬레틱스였다.

빌리 빈의 인적자원관리가 빛나는 것은 그의 신인선수 선발 전략에 있다. 그는 독특한 '유망주 선발'(prospect selection)방식을 고수했다. 메이저리그 스카우터 들은 신인 선수들을 리크루트할 때 우선 고교선수들을 선발하여 구단의 마이너리그 팀에 소속시켜 양성한 다음 그 중에서 우수한 2군 선수를 후일 메이저리거로 발탁하는 전통적 방식을 사용한다. 그러나 빌리 빈의 리크루트 방식은 달랐다. 그는 고교 졸업생보다는 대학선수들을 스카우트 하는 것을 선호하였다. 그는 4년간 대학 팀에서 뛰면서 충분히 검증되고 능력이 개발된 우수 선수들을 팀의 신인으로 받아들였다. 대학선수들은 고교 졸업생에 비해서 나이도 많고 몸값도 비싸다는 단점이 있었기 때문에 대부분의 메이저리그 스카우트들은 이러한 리스크를 회피하고자 했다. 하지만 빈은 대학야구 출신 선수들이 고교출신보다는 메이저리그에 와서 성공할 확률이 높다는 분석과 판단을 하고 있었고 대학선수를 주로 선발하는 방식을 고수했다. 메이저리거 스카우트들이 거의 주목하지 않은 대학 야구선수들을 꾸준히 선발하게 되자 무명선수로서 메이리그 스카우터들에게 거의 주목을 받지 못해 메이저리그 진출 가능성도 낮았던 대학출신 선수들은 빌리 빈이 자신들을 선발해 준데 대해 고맙게 생각했고 어슬레틱스 유니폼을 입은 후 열심히 뛰어서 구단에 보답하려고 애썼다. 그리고 이들이 대학 팀에서 받은 체계적인 훈련과 능력개발의 결과가 어슬레틱스에 와서 화려하게 꽃을 피우게 되었다.

빌리 빈의 '머니볼 이론'에는 이렇듯 인적자원에 대한 철저한 측정과 평가가 중요한 부분을 차지하고 있었다. 선수 한사람 한사람에 대한 다양한 통계치의 측정과 활용, 전통적인 데이터보다는 숨겨진, 잠재적인 데이터가 수집, 분석되었고 이에 따라 '다크호스'들이 실전에 출전하여 깜짝놀랄 성적을 거두어 야구팬들을 놀라게 하였다. 그 결과 어슬레틱스 팀은 메이저리그에서 가장 인재를 잘 키우는 팀, 인적자원개발(human resource development: HRD)에 있어서 타의 추종을 불허하는 팀으로 성장하였다.

어슬레틱스의 재미있는 현상은 뚜렷한 스타 플레이어가 없이도 뉴욕 양키스

못지 않는 성적을 올리고, 거의 무명이었던 선수들은 시즌이 끝나기가 무섭게 스타급 팀으로 비싼 몸값에 팔려나간다는 것이다. 이들을 스카우트한 비용은 별로 들지 않았는데 비싼 이적료를 받을 수 있어서 구단의 재정수입에도 크게 보탬이 되었다. 그 결과 어슬레틱스는 메이저리그에서 '묻혀 있는 보석을 잘 발굴해 내는 구단'으로 이름을 알리게 되었다. 지암비나 맥과이어처럼 미국 메이저리그의 초특급 선수들로 성장한 선수들은 대부분 어슬레틱스에서 선수생활을 시작한 경우가 많았다. 또 매 시즌마다 무명이거나 어중간한 선수들로 구성되어 시합을 시작하는 어슬레틱스는 시즌이 끝날 무렵에는 전력상 양키스나 레드삭스에 대항할 만한 성적을 거두는 일이 빈번하게 일어나는 '기적의 팀'으로 불리고 있다. 어슬레틱스가 연고로 하고 있는 오클랜드라는 도시가 인구 40만 밖에 안 되는 캘리포니아의 소도시이고, 그나마 흑인 인구가 절반을 넘는 가난한 도시여서 언제나 궁핍을 벗어나기 어려운 팀이지만 야구 실력 면에서는 부족함이 없는, '가난하지만 부유한 팀', 홈런왕 마크 맥과이어를 길러낸 스몰마켓 팀이 바로 어슬레틱스이다.

어슬레틱스는 뉴욕 양키스의 대척점에 서 있는 팀이라고 할 수 있다. 기라성 같은 스타 선수들로 구성된 양키스, 가장 예산이 많고 뉴욕이라는 미국내 인구 최대 밀집지역이며 부유한 도시가 받쳐주고 있는 엘리트 팀에 비해서 어슬레틱스는 팀의 여건상 열악한 점이 많지만 실력 면에서 결코 뉴욕 양키스나 보스턴 레드삭스에 뒤지지 않는 저력을 가진 팀이다. 이러한 어슬레틱스의 성공 뒤에는 인적자원에 대한 과학적 측정과 평가의 귀재 빌리 빈이라는 탁월한 경영자가 있었다는 사실은 오늘날 기업 경영자들에게 시사하는 바가 많다.

5. Mercury vs. Minerva: 창조경영의 화두

로마신화에 등장하는 머큐리(Mercury)는 그리스 신화의 헤르메스(Hermes)에 해당하는 신으로서 제우스(Zeus)와 요정 마이아(Maia) 사이에 막내로 태어난 신으로서 독특한 역할을 수행한 신이었다. 즉 그는 신의 세계와 인간세계를 자유자재로 왕래하면서 신들의 메시지를 인간에게 전하고 인간들의 청원이나 호소를 신들에게 전달하는 메신저 역할을 독점적으로 수행하였다. 신과 인간 사이의 커뮤니케이션 요구는 언제나 폭주하였기 때문에 머큐리는 항상 분주하게 두 세계를 돌아다녔는데, 그는 그의 경쟁력인 이동속도를 높이기 위해 독특한 복장을 하고 다녔다. 즉 머리에는 두 날개가 달린 투구를 쓰고 신발에도 날개를 장착하였으며 손에는 항상 'caduceus'라는 지팡이를 들고 있었는데 이 지팡이에는 두 마리의 뱀이 감겨있고 지팡이의 꼭대기에도 쌍 날개를 달았다. 어쨌든 머큐리는 당시 기술로는 최첨단을 달리는 빠른 교통수단을 가지고 있었으며 엄청나게 빠른 속도로 인간계와 신계를 자유롭게 드나들면서 다양하고 절절한 사연들을 전달하는 메신저 역할을 충실히 수행하였다. 머큐리는 서구인들에게 상업의 신이자 여행자를 보호하는 수호신으로 잘 알려져 있다. 그가 상업의 신으로 추앙을 받는 것은 교통수단을 이용해서 분주하게 국경을 넘나들며 장사를 하는 무역 상인의 모습을 지녔기 때문에 실제로 여러 국경을 넘어 위험을 무릅쓰고 비즈니스를 하는 상인들의 사정을 잘 살펴 그들의 장사를 보호하는 수호신의 역할을 한다고 상인들이 믿었기 때문이다. 그가 여행자의 수호신이 된 것도 같은 맥락이었다.

로마신화에는 이와는 대조적인, 미네르바(Minerva)라는 여신이 등장한다. 그리스 신화에서는 아테나(Athena)로 묘사되는 그녀는 제우스의 딸로서 '지혜의 신', '문학과 예술의 신,' '전쟁의 신'으로 추앙되었다. 미네르바는 언제나 한 마리의 부엉이를 데리고 나타나는데 부엉이는 지혜의 상징으로서 밤이 되면 어디론가 날아가 지혜로운 소식을 가지고 주인에게 돌아온다.

또한 미네르바(Minerva)는 전쟁의 신이다. 같은 전쟁의 신인 마르스(Mars)가 단순히 전쟁 그 자체를 좋아하는 포악한 신인 것과 달리, 미네르바는 전략과 전술을 관장하는 지적인 신이라고 한다.

로마신화에 등장하는 유명한 두 신(神), 머큐리와 미네르바에 대한 비교, 설명을 표로 정리하면 다음과 같다.

비교항목	Mercury	Minerva
성 별	남성	여성
호 칭	상업의 신, 여행자의 신	지혜의 신, 문학과 예술의 신
역할 및 기능	신과 인간간의 메신저 역할	신과 인간들에게 지혜를 공급
외모와 복장	투구, 신발, 지팡이에 양 날개가 있으며 빠른 속도로 움직임	외모가 매우 아름다우며 항상 지혜의 부엉이를 데리고 있음
상 징	의사소통, 해석, 분주한 비즈니스맨, 국경과 경계를 넘나듦	문학과 예술, 지혜로운 경영, 지혜로운 삶
사고방식	합리적, 논리적	창의적, 예술적
경영 방식	Efficiency 우선 Doing things right, How to do, 속도의 경영 전통적 경영 좌뇌적 경영	Effectiveness 우선 Doing the right thing, What and Why to do, 지혜의 경영 창조적 경영 우뇌적 경영
목표달성 방식	전술적 접근	전략적 접근
인기도	인기가 많지 않음	인기가 매우 높음
음양	양(陽) – 태양	음(陰) – 달

Mercury와 Minerva는 경영의 두 가지 측면을 대표하는 표상이라고 보는 학자들이 많다. 머큐리가 신계와 인간계의 두 경계를 자유롭게 드나든다는 것은 오늘날 국경이 허물어진 글로벌한 세계에서 세계 방방곡곡을 누비면서 비즈니스를 하는, 부지런한 비즈니스맨을 상징한다. 그는 기술혁신에도 관심이 많아서 이동속도를 높이기 위해 자신의 투구와 신발에 두 날개를 장착할 뿐 아니라 지팡이에도 날개를 달 정도로 속도전에 능하고 업무의 효율(efficiency)을 높이는 데 탁월한 능력을 가지고 있다. 신과 인간 사이에서 메신저의 역할을 하는 데 있어서 항상 신속하고 능숙하여 신들로부터 총애를 얻는다. 그러나 머큐리의 경영방식은 'dong things right'에 머문다. 즉 신이나 인간이 시킨 일을 수행할 뿐, 자신의 의견을 제출하거나 자신의 판단에 의존하여 일을 하거나 자신의 주장을 표현하는 일이 없다. 그래서 신계와 인간계 모두로부터 메신저로 인정과 평가를 받는 것인지도 모른다. 그는 경계를 넘나들면서 어떻게 하면 자신이 하고 있는 업무를

더 빨리, 더 정확히 할 수 있을까 하는, 'how to do'에 초점을 두고 일을 하는 스타일이다. 따라서 그는 전술적 접근에 능한, 전통적인 경영자에 해당한다고 볼 수 있다.

이에 비해서 미네르바는 여러 가지 면에 있어서 머큐리와 구별된다. 우선, 미네르바는 지식과 기술보다는 '지혜'(wisdom)을 관장하는 신이다. 그녀는 여신으로서 아름다운 외모를 지녔을 뿐만 아니라 문학과 철학, 그리고 예술을 보호하는 신이다. 신들이나 인간들이 지혜가 필요할 때마다 그녀를 찾아와서 지혜를 구하면, 그녀는 실타래처럼 엉킨 문제를 해결하는 탁월하고 비범한, 지혜로운 해법을 제시함으로써 신이나 사람들이 위기를 탈출할 수 있도록 돕는 일을 한다. 그래서 머큐리에 비해서 인기가 많으며 오랜 세월동안 많은 추종자를 거느리고 있다.

미네르바는 문제에 접근하여 해결하고자 할 때, 업무의 효율성보다 더 근본적인 물음, 즉 "왜 이 일을 해야 하는가?" "더 나은 해법은 무엇인가?" "어떻게 하는 것이 당초의 목적을 달성하는 데 더 나은 대안일까?"에 대해 끊임없이 질문을 던지고 그 질문에 대한 답을 지혜롭게 찾는 여신이다. 그녀의 곁에는 언제나 지혜의 부엉이(Minerva's owl)가 있는데 이 부엉이는 해가 떨어지고 사람들이 잠자는 시간에 세상을 날아다니며 부지런히 정보를 수집하고 수집한 정보를 정리, 분석하여 지혜로운 보고를 자신의 여주인에게 한다. 이 미네르바의 부엉이가 우리에게 주는 시사점이 많다. 지금까지 우리나라 기업들은 대기업이든 중소기업이든 '지식경영'(knowledge management)이라는 기치를 높이 들고 회사 안팎의 과거의 지식과 기술, 개인의 지식과 아이디어를 닥치는 대로 모아 '지식의 풀'(pool)에 저장하는 데는 성공을 거두었다고 볼 수 있다. 이제 문제는 이 풀을 어떻게 관리하고 활용하는지가 관건인데 여기에 대해서는 해법이 그리 쉽지가 않다. 기업이나 개인이 수집한 과거의 지식이나 기술이 아무리 정리가 잘 되어있다고 하여도 새로운 문제가 발생할 때 과거의 패러다임 때문에 오히려 창의적인 문제해결에 걸림돌이 될 수 있기 때문이다. 오늘날 기업 내에는 지식의 보고는 있지만 지혜의 부엉이는 없는 것이 문제이다.

'머큐리 형 인재'들은 종래의 지식의 축적을 통해 정해진 답을 맞히는 데는 익숙하다. 이른바 '정석(定石)'대로 문제를 푸는 훈련을 받은, 머큐리 형 인재는 'Why & What'이 중요해지는 디지털 시대에는 잘 적응할 수가 없다. 창조경영을 추구하는 기업에는 '미네르바 형 인재'가 많아져야 한다. 군대로 말하자면 정규군

보다는 게릴라나 특공대식으로 사고하고 행동하는 인재가 필요한 것이다. 상급자나 선배에게 물어봐도 해법이 안 나오는, 극도로 혼란스런 경영환경에서 살아남기 위해서는 미네르바식 창조경영으로 돌파구를 찾아야 한다.

그간 많은 일을 해 낸 머큐리에 박수를 보내면서 이제는 숨고르기에 들어가야 한다고 말하고 싶다. 이제는 미네르바 형 인재가 기업경영의 선봉에 나서야 할 때이다. 매출이나 영업실적도 중요하지만 숨고르기를 하면서 조용히 자신을 반성해보는 성찰(reflection)이 필요한 때다. 항상 달리는 머큐리의 머리에서는 지혜로운 큰 그림이 나오기 어렵다. 큰 그림은 해가 진 뒤에 슬금슬금 날개를 펴며 남들이 자고 있는 하늘을 날면서 달빛에 그림을 그리는 미네르바의 손으로 그려진다.

우리 인류가 여지껏 가보지 못하고 손대지 못한 시장은 지금도 창조적인 기업의 손길을 기다리고 있다. 우리가 '착한 기업'을 하겠다고 마음만 굳게 먹고 주위를 돌아보면 착한 일도 하고 수익도 생기는 시장이 존재한다는 것을 알게 된다. 바쁜 머큐리는 못 보고 지나치지만 조용히 성찰하는 미네르바의 눈에는 그 시장이 보일 수가 있다. 예를 하나 들어본다. '탄소(CO_2)펀드'라는 것이 있다. 이것은 환경과 관련된 이산화탄소 등 온실가스 감축사업 등에 투자하여 탄소배출권을 확보하고 다시 배출권 거래시장에 판매한 뒤, 수익을 얻는 펀드를 말한다. 지구온난화방지를 위한 국제적 협약인 '교토유연성체제'에 기초하여 시장기능의 도입을 통해서 신축적으로 배출가스를 감축하는 것으로 '배출권 거래', '청정개발체제', '공동이행'이 핵심이다. 쉽게 설명하면, 이것은 온실가스 감축을 위해 국가나 기업이 시장에서 배출권을 사고 팔 수 있게 하는 것을 의미하며 감축비용이 싼 다른 나라에서 온실가스를 줄이고 이를 자국의 감축 실적으로 인정받는 것도 가능하다는 것을 뜻한다. 그런데 최근 온실가스 배출권을 거래하는 탄소시장이 부상하고 있다. 2006년 세계 탄소시장 규모는 301억 달러에 달했고, 머지않은 장래에 1,500억 달러로 2006년 대비 5배 성장할 전망이다.

탄소배출권 거래가 펀드나 옵션시장을 통해 이루어짐으로써 선진국의 과도한 온실가스배출을 줄이고 개발도상국의 경제발전을 지원하는 일석이조의 효과를 거두는 것이 오늘날 탄소시장의 목적이며 형성배경이다. 시장메커니즘이 그 자체가 탐욕적인 것이라기보다 시장을 활용하고자 하는 사람들의 마음이 탐욕적일 때 시장은 탐욕이 판치게 되는 것이다. 이렇듯 착한 목적으로 시장을 활용하면 기업이 부수적으로 수익도 올릴 수 있는 '블루오션 사업'들이 창조적으로 일하고자 하는 미네르바 기업과 개인에게 어서 오라고 손짓하고 있다.

6. 고령화 사회가 인적자원관리에 미치는 영향

21세기를 맞이하면서 우리나라가 겪게 된 가장 두드러진 변화 중 하나는 인구의 고령화 현상이다. 일반적으로 총 인구 가운데 65세 이상 인구가 7%를 넘으면 고령화 사회(aging society), 14%를 넘으면 고령 사회(aged society)로 분류하는데 우리나라는 2000년에 7%선을 넘어 고령화 사회로 접어들었다. 우려할 만한 사실은, 우리나라의 고령 인구의 증가 속도가 서구 선진국에 비해 유례가 없을 정도로 빨라지고 있다는 것이다.

이웃나라 일본은 2003년 현재 65세 이상 인구가 총 인구의 19%에 육박하고 있으며, 평균수명이 남자 78.3세, 여자 85.4세로서 전형적인 고령 사회이다. 인구의 고령 현상은 기업경영에도 큰 영향을 미친다. 일본 정부는 급격히 늘어나는 국민연금 수혜자의 수에 대처하는 방법으로 정년 연장을 검토하고 있다. 즉 정부가 근로자의 정년을 60세로 강제함으로써 국가와 사회가 부담해야 하는 연금지출을 경감시키겠다는 발상이다. 일본의 기업과 근로자들은 이에 반대하고 있으나 정부로서는 연금문제를 수수방관만 할 수 없어 고육지책으로 내 놓은 것이다. 어쨌든, 인구의 고령화 문제가 일본 사회문제의 가장 민감하고 중요한 이슈 가운데 하나이다.

일본이나 유럽 국가들이 겪고 있는 고령화 사회의 문제를 이제 우리나라도 겪고 있다. 정부는 2007년부터 고령자들을 위한 사회 보장제도 가운데 일부(요양 및 수발 등)를 시행하겠다고 선언하였고 노인을 부양하는 가구에 대한 세금 감면과 아파트 분양 혜택 등 정책을 예고하고 있다. 네티즌들은 국민연금이 설계 당시 인구의 급격한 고령화를 예상하지 못했기 때문에 시뮬레이션에 따르면, 지금 30대 회사원이 정년 퇴직할 무렵이면 국민연금 재정이 바닥나서 받을 연금이 없어진다는 '괴소문'을 유포시켰었다. 이에 대해 정부가 나서서 해명을 하기는 했지만 국민연금을 내고 있는 근로자 입장에서는 장래 보장 문제에 대해서 찜찜한 마음을 갖고 있는 것은 사실이다.

고령화 사회와 맥을 같이 하는 현상이 출산율 저하 현상이다. IMF외환 위기를 겪었던 1998-1999년을 계기로 우리나라의 출산율은 2% 밑으로 급격히 감소하여 최근에는 1.5% 붕괴를 위협하고 있는 수준이다. 일본도 19%대의 고령 인구와 함께 1.29%라는 낮은 출산율이 인구의 고령화를 재촉하고 있다.

인구문제 전문가인 일본 나고야대학 슈에(Xue) 교수의 연구발표에 의하면, 일찍이 고령 사회로 접어든 불가리아, 루마니아 등 동유럽 국가들과 다수의 구 소련 국가들, 그리고 뉴질랜드, 우루과이 같은 국가들에 있어서 공통적인 현상은 고령화가 진행되면 될수록 인구 1인당 GDP가 감소하는 'U턴 현상'이 가속화된다고 한다. 그리고 일본이 이 U턴 대열에 합류했다고 슈에 교수가 밝히고 있다. U턴 현상이란 한 마디로 노령 인구의 증가로 인하여 국가의 경제성장이 한계에 도달하고 노령화가 증가함에 따라 경제성장이 위축된다는 것을 의미한다.

일반적으로 인구의 고령화는 다음과 같이 경제의 역기능을 야기시킨다.

첫째, 노동인구의 감소로 인하여 산업 전반에 있어서 노동력의 부족 현상을 야기시킨다.

둘째, 생산성이 감소되어 경제성장의 잠재력이 저하된다.

셋째, 소득의 감소로 인한 소비지출의 둔화 현상이 지속된다.

넷째, 소비의 감소로 인해 기업의 기술 개발 의욕이 저하된다.

다섯째, 국가의 경제적, 정치적 힘이 감소된다.

일본 기업의 경우, 고령사회의 영향으로 경제의 거품이 꺼지고 내수가 부진해지면서 중국과 동남 아시아로 진출하는 현상이 가속화되어 일본 국내시장은 더욱 위축되고 있다는 것을 지적할 수 있다. 고령인구의 증가로 인한 노동력 부족 현상으로 일본은 많은 수의 외국인 근로자를 불러들일 수 밖에 없다. 2003년 말 현재, 일본 내 외국인 근로자 수는 192만 명에 달하고 있고 매년 3%씩 꾸준히 증가하고 있다. 고령인구의 빈자리를 채우기 위해서는 외국인 근로자가 필요한 것은 사실이지만, 일본의 정체성을 위태롭게 한다면 거부하는 목소리가 높다. 이와 같은 사회 분위기를 반영하여, 일본은 아직 '외국인 고용허가제'나 외국인 취업이민 제도를 받아들이지 않고 있다.

고령인구의 증가와 출산율의 저하는 소비자들의 연령분포에 변화를 가져와 소비패턴에 근본적인 변화를 야기한다. 이에 따라 기업도 새로운 형태의 소비패턴에 신속히 적응하지 않으면 안된다. 최근 일본에서 인구의 고령화에 따라 나타나고 있는 소비패턴의 변화를 살펴 봄으로써 타산지석을 삼고자 한다.

- 젊은이들이 즐겨 찾는 맥주의 수요가 서서히 감소되고 노인들이 즐겨먹는 죽을 파는 집이 성업 중이다.
- 노인들이 즐기는 두유(soy milk)의 소비가 늘어나고 있다.
- 여행 업계에도 과거에는 학생들의 수학여행 수요가 시장의 큰손 역할을 하였지만 지금은 노인들의 그룹 국내관광 수요가 폭발적으로 늘어나면서 노인들이 여행업계의 큰손이 되고 있다.
- 노인들을 위한 요양시설(nursing home) 건축 붐이 일고 있다.
- 노인들을 위한 홈오토메이션, 홈네트워크가 붐을 이루고 있다.
- 독거 노인을 위한 로봇(robot)가정부가 인기리에 개발, 판매되고 있다.
- 노인들의 취향에 맞춘 물건들을 판매하는 노인 전문 매장이 속속 들어서고 있다.
- 노인 전용 PC 방이 성업 중이며 컴퓨터와 TV겸용 기기들이 노인들에게 인기를 끌고 있다.
- 노인들을 위한 사회교육원 같은 평생 학습 기관들이 인기를 끌고 있으며 일부 대학에서는 노인 특별 전형을 실시하여 이들의 교육수요에 부응하고 있다.
- 노인 전문 의료시스템(소화기, 순환기, 호흡기, 뇌신경, 심혈관 중심)이 강화된 실버 전문 병원 증가

인구의 고령화는 기업의 인사관리에도 결정적인 영향을 미친다. 다음으로 고령화 사회가 인사관리에 미치는 영향에 대해 정리하면 다음과 같다.

- 임금피크제의 도입이 가속화 될 수 있다:
  임금피크제는 정년 보장 또는 정년 연장을 전제로 하는 임금제도이다. 인구의 고령화가 심화되면 고령 근로자의 고용문제가 사회문제로 발전할 수 있

다. 임금피크제는 고령 근로자의 고용을 용이하게 하는 제도이므로 근로자 입장에서는 고용안정을, 사용자 입장에서는 숙련 근로자의 확보와 임금 절감이라는 장점을 살릴 수 있어 사회적인 합의가 쉽게 이루어질 수 있다.

- 정년연장의 압력이 증가한다:
  인구의 고령화로 인하여 생애 근로시간이 늘어나면서 정규직, 또는 비정규직이든 어떤 형태로든 고용을 연장하려는 추세가 늘게 된다. 정년을 연장하려는 정부와 노동조합의 입장과 정년 연장에 반대하는 기업의 입장이 갈등을 빚는 일이 발생할 수 있다.
- 고령 근로자의 비정규직 진출이 증가한다:
  고령자들은 정규직 노동시장에서 상대적으로 불리한 여건에 처할 수 밖에 없기 때문에 계약직, 파트타이머 등 비정규직으로 고용을 연장하는 방안을 강구하게 되면서 노동시장에서 고령자의 비정규직 진출 비율이 증가하게 될 것이다.
- 고령 근로자에 대한 해고통지 기한이 늘어나게 된다:
  선진 외국에서는 근속년수가 높아짐에 따라 해고 통지 기한이 늘어나는 것이 관례로 되어 있다(독일의 경우, 해고 보호법에 따라 근속년수가 2년일 경우 해고통지 기한이 1개월, 8년이면 3개월, 15년이면 6개월, 20년 근속의 경우 최고 7개월까지 해고통지 기한이 늘어나도록 되어 있다). 고령 근로자에 대해 해고 통지 기한을 늘리는 취지는 다음 직업을 찾거나 노후를 준비할 수 있는 시간을 충분히 주는 것이 바람직하다는 것이다. 우리나라에서는 여기에 대해 강제 규정은 없지만, 고령 근로자를 정당하게 해고할 경우에도 해고 통지 기한을 충분히 주는 문제는 앞으로 검토할 수 있다고 생각된다.
- 기업의 퇴직금 지급 부담이 증가한다:
  고령 근로자가 증가하게 되면 기업이 부담해야 될 퇴직 급여가 당연히 증가하게 된다. 퇴직금 중간 정산을 한다고 해도 근속년수가 높은 근로자가 많아지면 퇴직 급여의 총액이 증가할 수 밖에 없다. 고령 근로자들에 대해서는 가급적 퇴직금 중간 정산을 실시하는 편이 기업측으로서는 유리할 수 있다.
- 고령 근로자를 위한 근로시간이 상대적으로 축소된다:
  고령 근로자는 시간외 근무, 잔업 등 정규 근로시간을 초과하여 근로하지 않는 것을 원칙으로 삼는 것이 바람직하다.

- 고령 근로자를 위한 조기 정년 퇴직제도가 확대된다:
  정년 연장과는 별도로 고령 근로자가 정년 이전에 퇴직을 희망하면 약간의 희망 퇴직수당과 함께 퇴임할 수 있는 길을 열어주는 것이 바람직하다.
- 고령 근로자를 위한 추가적 유급 휴가가 실시된다:
  선진 외국의 경우 55세 이상의 고령 근로자에 대해서 연간 5일까지 추가적 유급휴가를 주는 경우(독일의 경우)가 있다. 병원 진찰 등 건강관리를 위해 휴가를 적절히 사용할 수 있도록 배려하는 제도이다.
- 고령 근로자의 직군 및 직종의 전환이 가능해진다:
  선진 외국의 경우 50-55세 이상의 근로자에 대해서는 위험한 작업이나 육체적, 정신적으로 고도의 집중력과 완력이 요구되는 작업을 수행하는 직무를 벗어나 상대적으로 편한 직군이나 직종으로 전환되는 경우가 많다. 가령, 항공사의 경우 50세에 도달하게 되면 항공기 조종직군로부터 지상 근무로 전직되는 것이 관례로 되어 있다.
  육체적, 정신적으로 고된 일에 고령자가 종사하게 되면 안전사고의 위험성이 높아질 수 있기 때문에 항공산업, 선박업 등에서는 불가피한 조치라고 생각된다.
- 고령 근로자를 위한 교육훈련이 실시된다:
  고령 근로자가 업무의 능률향상을 위해 새로운 기술을 습득하기를 원하면 회사에서 교육훈련의 기회를 제공하는 것으로서 전직 지원제도(outplacement)의 일환으로 실시되기도 한다.

지금까지 고령사회의 도래로 인해 고령 근로자의 증가가 예상되는 상황에서 고령 근로자들을 위한 기업의 경영정책과 인사관리에 대해서 살펴 보았다. 근로자의 고령화는 경제적, 사회적으로 기업에 추가적인 부담을 주는 것이기는 하지만, 한편으로 고령인구를 위한 새로운 상품시장과 노동시장이 열리게 되므로 기업입장에서는 새롭게 공략할 시장이 확대되고 창출되는 것을 의미한다. 따라서 고령화 사회는 기업에 있어서 위기와 기회를 동시에 주는 것으로 생각할 수 있다. 급속도로 고령화 사회로 접어들면서 우리나라 기업은 밖으로는 새롭게 열리는 시장에 적극 대처하면서 안으로는 고령 근로자들을 위한 대책을 서둘러 수립해야 할 것이다.

7. 인적자원관리 혁신을 위한 제도주의 극복

조직이론 가운데 '제도주의적 접근법'이 있다. 이는 조직구조의 '제도적인 유사성'(institutional isomorphism)을 강조하는 것인데 이 이론에 따르면, 조직들은 제도적 '영역'(field) 안에 유사한 형태로 존재하는 경향이 있다고 한다. 조직은 그 시대를 지배하는 핵심 가치와 이데올로기에 의해 인정을 받는 영역에 속하기를 원하고 그 제도권 내에서 튀지 않는 보통 조직으로 남아 있으려고 하기 때문에 결과적으로 그들은 형태면에서 서로 비슷비슷하다는 것이다. '모난 돌이 정 맞는다'는 우리 속담처럼, 시대의 대세를 읽지 못하고 이단적인 형태를 지니는 조직은 외압에 의해 도태되거나 값비싼 대가를 치르게 되어 결국 영역, 즉 제도 내에 존재하는 조직들의 형태는 동질적인 모습을 띠게 된다는 설명이다.

제도주의 조직이론이 가정하는 영역 내 조직들의 유사성의 원인에는 세 가지 설명이 있다. 첫째, 환경으로부터의 강압적 힘이다. 가령, 정부나 권력기관의 규정이나 명령에 의해 조직들에게 표준화가 강요되어 조직들이 제도권 안으로 들어갈 수 밖에 없는 상황을 말한다. 둘째, 조직들이 서로 상대방을 모방함으로써 제도권 영역이 형성된다. 이른바 벤치마킹(benchmarking)을 통해 조직은 때로는 무비판적으로 '잘 나가는' 조직의 형태나 제도를 모델로 하여 자신의 조직을 성형 수술한다. 그 결과 비슷비슷하게 생긴 '성형 미인' 조직들로 도배가 된다. 셋째, 전문화(professionalism)를 통해 제도주의가 강화된다. 전문가들이 자신들이 교육받은 내용대로 경영을 하다 보니 조직의 모습이 비슷하게 되어간다는 설명이다.

제도주의는 오늘날 한국사회의 큰 화두이다. 대학종합평가를 통해 대학들은 오히려 자신들의 특성을 잃어가고 수도 서울에 소재한 거대한 대학이나 인구 10만도 안 되는 농어촌 소재 소도시의 미니 대학들이 경영과 전략, 구조에 있어서 비슷하다는 웃지 못할 일이 벌어지고 있다. 인사관리나 조직관리에 있어서도 마찬가지이다. 일본 기업의 약진이 두드러지던 1970년대와 80년대에는 우리나라 기업의 인사와 조직관리는 거의 일본 것을 그대로 옮겨 놓은 것이었다. 그러나

90년대 들어 일본 경제가 '버블'이 꺼지면서 장기적인 침체로 들어가고 상대적으로 미국 경제가 IT산업의 호황으로 되살아나면서 이제는 미국식 인사. 조직 제도가 다시 지배적인 제도권을 형성하고 있다. 이 영역 안에 들지 못하는 조직은 글로벌 스탠다드에서 벗어났다거나 시대에 뒤졌다는 오명을 뒤집어쓰기 십상이다. 일본이나 유럽식 인사, 조직제도 도입을 주장하는 것도 금기처럼 여겨진다. 팍스 아메리카나라는 대세에 순종하는 것이 좋다는 생각이 학계나 기업계에 팽배해 있는 것 같다.

기업은 어차피 환경에 적응해야 성장과 발전을 지속할 수 있으므로 오늘날과 같이 환경이 급격하게 변화하는 상황에서 기업이 대세에 잘 복종 한다는데 대해 이의를 달고 싶은 마음은 없다. 그러나 학문이 그저 시대의 흐름에 무비판적으로 귀순을 거듭하는 데 대해서는 이의를 제기하고 싶다. 학문은 때로는 시대를 거슬러 올라가기도 하고 수적으로 많은 사람들이 지지하고 있지 않더라도 옳은 길이라고 생각할 때는 용기 있게 비판하고 오류를 지적하는 소수의 외로운 학자들이 학문의 발전에 기여해 왔다.

제도주의에 과감히 반기를 들어 새로운 시대를 연 사람들의 예는 이외에도 많이 있다. 비디오 아트라는 새로운 장르를 개척한 백남준이 그랬고, 앤디 워홀의 작품세계도 그랬다. 아인슈타인의 상대성 원리는 뉴턴 물리학을 뿌리 채 흔드는 이단적 이론이었고 당연히 당대의 학계로부터 융단폭격과 같은 비판을 받았지만 오늘날 아인슈타인은 현대 물리학의 새로운 지평을 연 선구자로 존경을 받는다. 스티브 잡스는 이 세상에 존재하지 않는 3D 애니메이션과 i-Phone이라는 새로운 것을 만들어 소비자들에게 보여주고 손에 쥐어 주었다.

제도주의는 항상 함정을 내포하고 있다. 시대의 대세를 형성하면서 그 시대의 우세한 문화와 가치를 전파하여 조직의 형태, 인사와 조직관리에 있어서 표준을 제공하여 업무를 개선하는데 있어서 제도주의가 긍정적인 역할을 하기도 하지만 제도나 영역 그 자체가 조직과 인간의 자유로운 생각이나 행동을 구속하는 걸림돌로 작용할 수가 있다.

우리나라의 기업들은 외국이나 타 기업의 인사제도를 벤치마킹이라는 미명하에 아무런 비판없이, 적용가능성을 따져 보지 않고 도입, 적용하는 일이 없었으면 한다. 그 대신 다른 생각, 다른 방식의 인사관행에 대해서 언제나 열린 마음을 가지고 비판하고 수용하는 유연성을 가질 필요가 있다.

자유롭고 다양한 생각과 경험을 공식, 비공식 채널을 통해 수용하여 역동적으로 발전시키는, 제도권이면서도 비 제도권 냄새가 물씬 풍기는 기업이 되었으면 한다. 그러면 우리의기업은 디자인 혁명이라든지 새로운 장르의 그 무엇을 개척하는 선구자적 인재들로 구성되어 시대를 앞서가는 기업이 될 수 있을 것이다.

8. 인문학이 경영에 필요한 이유

필자는 고등학생 시절 우연히 접하게 된 한 권의 책이 있었다. 독일의 문호 괴테(Johann Wolfgang von Goethe)가 쓴 명작소설『파우스트』였다. 나는 이 책을 손에 잡은 후 식사도 거를 정도로 읽어 내려갔고 불과 이틀 만에 독파하였다. 특히 파우스트의 운명에 대 반전이 일어나는 클라이맥스 부분에서는 가슴이 뛸 정도로 감명을 받게 되었다. 파우스트를 읽으면서 감동을 받은 것은 인간이 이 세상에서 겪게 되는 희로애락, 증오, 회한, 연민, 희망… 이러한 것들이 주인공의 삶에 고스란히 들어있었다는 것과 '인간은 이 땅위에서 노력할수록 방황을 하는 존재이지만, 그 방황의 끝에는 구원과 희망이 있다'는 심오한 메시지를 나는 독일의 문호의 글에서 발견할 수가 있었다.

그 책이 인연이 되어서 나는 독일어에 관심을 가지고 열심히 공부하게 되었고 고교 3학년 때 독문학과에 가겠다고 고집하여 주위사람을 놀라게 하였다. 이제는 대학에서 경영학을 가르치는 경영학자가 되어 지난 세월을 돌이켜 보면, 학부 4년 동안 독일문학을 전공한 것이 내 인생에 있어서 소중한 자산이 되었다고 생각이 든다.

재계 총수들이 인문학 연구에 몰두하는 이유, 최근 서울대학교에서 개설한 '최고지도자 인문학과정'(AFP)에 이름만 들어도 금방 알 수 있는 사회지도자, CEO들이 대거 몰리는 이유를 나는 알고 있다. 그 이유는 경영자나 지도자들이 최고의 경지를 향해 올라가면 갈수록 인문학 지식에 대한 갈급함을 느끼게 된다는 것이다. 그리고 조직과 사회의 성공한 지도자일수록 그들의 풍부한 인문학적 소양이 성공의 배경이 되고 있다는 점이다. 왜 그럴까? 이제 여기에 대해서 인문학을 전공한 경영학자로서 의견과 소회를 밝히고자 한다.

첫째, 세계의 역사 속에서 성공한 지도자는 하나 같이 인문학에 조예가 깊었던 사람들이다. 우리나라 역사상 성군(聖君)의 대명사로 부르는 세종대왕이 좋은 예이다. 세종은 당대의 최고 학자들을 발굴하여 이들을 주축으로 '집현전'이라는 국가적 '싱크탱크'를 만들어 부국강병을 달성하고 한글창제 등 인문학 프로젝트 수행을 통해서 조선의 문화수준을 획기적으로 높이는 데 기여하였다. 이로써 세종은 자신의 선조들이 조선을 건국하는 과정에서 온통 피로 얼룩진 조선 초기의 정치적 혼란을 수습하고 국가경제를 부흥시키며 문화와 과학이 꽃피는 부강한 나라로 만드는 데 성공하였다. 영국의 엘리자베스 1세 여왕이나, 프로이센의 프리드리히 대왕 같은 지도자도 탁월한 인문학적인 소양과 사고방식을 통해 문화를 창달시키고 창의력을 발휘하여 국가의 경쟁력을 획기적으로 고양시킨 지도자들이다. 인문학의 중요한 부분을 차지하는 역사학은 사람들에게 과거에 되어진 일들을 통해 현재와 미래를 살아가는 지혜를 주고 있다. 영국의 역사학자 카아(E.H. Carr)는 '역사란 과거와 현재의 대화'라고 한 말은 매우 의미심장한 언급이다. 우리는 역사를 공부함으로써 역사적 인물과 삶, 그들의 성공과 실패를 통해 배우게 되고 그들의 개인적인 고뇌와 좌절, 그리고 성공을 통해 오늘의 우리의 삶을 살아나가는 데 실제적인 교훈과 성찰을 얻을 수 있다.

둘째, 인문학은 인간의 본질을 다루는 학문으로서 국경을 초월하여 인간 공통의 문제를 이해하는 코스모폴리탄(cosmopolitan)적인 특징이 있다. 파우스트의 고민은 독일인이라는 특정 개인의 고민을 넘어 인간 공통의 고뇌를 표현하였기에 괴테의 『파우스트』는 세계적인 명작이 될 수 있었으며, 『젊은 베르테르의 슬픔』 또한 한 젊은이의 이루어질 수 없는 애절한 사랑을 그렸기에 국경을 넘어 많은 젊은이들을 공감시킬 수 있었다. 독일로 진군하는 말 위에서 나폴레옹은 『젊은 베르테르의 슬픔』을 읽었다는 유명한 이야기는 인문학의 속성을 잘 말해주고 있다. 2차대전 말기, 독일군이 파리에서 철수하면서 '파리 시가를 불 태워버리라'는 히틀러의 명령에 끝까지 거부하여 문화의 도시 파리를 온전히 지켜낸 나치 점령군 사령관에게 인문학의 소양이 없었더라면 사람들은 오늘날의 화려한 파리의 문화유산을 구경하기는 어려웠을 것이다.

결국 인문학은 국경과 인종, 종교와 이데올로기를 뛰어넘어 인간 본연의 모습에 대한 공감대 형성을 통해 이 세상은 좀 더 살 가치가 있는 곳으로 만드는 지혜와 성찰을 주는 것이라고 생각할 수 있다.

셋째, 인문학은 사람에 대한 애정과 인재양성의 중요성을 우리에게 일깨워준다. 인문학에 심취한 지도자들은 한결같이 사람의 중요성에 일찍이 눈을 뜨고 인재양성에 심혈을 기울이게 된다. 영국의 엘리자베스 1세 여왕은 16세기말 부왕인 헨리8세에 의해 정치적, 종교적으로 국론이 분열된, 매우 혼란한 상태에서 왕위에 올랐지만 처녀의 몸으로 "나는 영국과 결혼하였다"고 선언하여 흩어진 국론을 통일하고 각계각층의 인재들을 차별없이 등용하여 국가를 안정시키는 데 성공하였다. 스페인의 무적함대를 격파할 수 있었던 것도 여왕의 파격적 인재등용의 결과였다. 외국어에 능통하고 인문학에 조예가 깊던 그녀는 셰익스피어, 스펜서, 말로와 같은 당대 최고의 문학가와 인재들을 발굴하여 '정치와 문화의 황금기'를 열었다. 엘리자베스 1세의 문예부흥 정책에 따라 꽃을 피운 셰익스피어의 연극 『햄릿』, 『리어왕』, 『로미오와 줄리엣』 등은 유럽인들을 감동시켰고 변방의 섬나라 영국을 유럽의 문화 중심지로 성장시켰고 후일 해가 지지 않는 대영제국의 기초를 닦았다. 우리나라의 신라의 선덕여왕, 조선의 세종대왕, 그리고 프러시아를 부흥시킨 프리드리히 대제(Friedrich the Great)도 국가의 기틀을 튼튼히 하기 위한 방편으로 인재양성에 힘쓴 지도자들이었다. 이들이 발굴하고 양성한 인재들은 위기에 처한 국가를 구하고 나라를 발전시키는 데 크게 기여하였다.

넷째, 인문학은 비전과 판타지를 통해 인류를 보다 나은 미래로 인도하는 관문 역할을 한다. 월터 디즈니(Walter Disney)라는 미국 청년은 가난하게 살면서도 미키 마우스, 도날드 덕 같은 재미있는 만화 캐릭터를 개발하여 어린이들에게 꿈과 희망을 주는 생각을 하게 되고 이를 실천에 옮겼다. 디즈니의 소박한 생각은 엄청난 효과를 가지고 왔다. 그가 그린 만화는 세계적인 베스트셀러가 되었고 그는 큰 부자가 되었다. 그는 이에 만족하지 않고 아이들에게 꿈과 희망을 주겠다는 그의 당초 비전을 실현시키는데 노력했다. 세계 최대의 테마파크인 디즈니랜드는 이렇게 해서 탄생한 것이다. 월터 디즈니의 창의적인 비전과 판타지는 당시 어느 누구도 생각하지 않았던 생각을 훌륭한 비즈니스 모델로 실현시켰다.

70년대 초, 한국의 현대그룹의 정주영 회장은 영국 바클리 은행의 은행장실을 방문했다. 당시 우리나라 최대 국책사업이었던 울산 조선소 건설을 위한 자금을 빌리러가는 길이었다. 유감스럽게도, 그에게는 세계적인 금융전문가들의 관심을 끌만한 구체적인 사업계획이나 자금상환 계획은 없었다. 대출에 난색을 표하는 런던의 최고 금융 전문가에게 그는 호주머니에서 500원짜리 동전을 건넸다. 거기에는 거북선 그림이 새겨져 있었고, 그는 한국이 16세기에 이미 세계 최초의 철갑선을 진수시켜 일본 해군을 무찌른 나라라는 것을 설명해 주고 20세기 후반에 한국은 다시금 세계적인 조선강국이 될 것이라고 설득하였다. 영국인인 바클리 은행장은 이순신 장군이 만들었다는 거북선을 보면서 1805년 영국 침략에 혈안이 되어 있었던 나폴레옹의 프랑스-스페인 연합함대를 트라팔가 해전에서 물리치고 영국을 프랑스군의 말발굽에서 지켜낸 민족의 영웅 넬슨 제독을 생각해 내었을 것이다. 두 사람은 서로가 유사한 역사적 경험을 지녔다는 공통점을 찾게 되었고 그 영국인의 자세는 호의적으로 돌아섰다. 정주영 회장이 불가능하게 보였던 해외기채에 나서기로 용기를 낸 것은 이순신 장군과 거북선에 대한 역사적 인식이었고 결국 이 용기가 시발점이 되어 결국 현대는 한국 최초로 조선소를 건설할 수 있는 재원을 마련할 수 있었다.

다섯째, 인문학적 교양을 지닌 리더는 국가와 조직 구성원의 통합을 이루는 지도자가 되었다. 예나 지금이나 조직을 이끌어가는 리더의 최대 덕목 가운데 하나는 구성원의 사회적 통합이다. 조직의 단결과 통합을 이루기 위해서 리더는 인간 본성에 대한 깊은 이해와 성찰이 있어야 만 한다. 성공하는 기업의 최고경영자는 물론이고, 정치적 변혁기에 국민통합을 이룬 지도자들은 사람에 대한 애정을 가지고 구성원들을 대한다. 대부분의 경영자들이 "What he does", "How he does" 라는 시각으로 조직을 운영하지만, 인문학적 소양을 갖춘 리더는 "Who he is", "What he is"라는, 인간에 초점을 두고 "나는 누구인가?" "조직은 우리에게 무엇인가?" 하는 인문학적이고 존재론적인 질문을 던지고 이에 대한 해답을 구하는데 익숙한 사람들이기 때문에 그만큼 사람간의 갈등을 해결하는 데 있어서도 근본적인 처방을 내놓을 수 있는 것이 아닌가 생각된다.

그러나 인문학이 복잡한 경영실무와는 관련이 적고, 인문학적 소양이 경영 문제를 해결하는 데 있어서 실용성이 떨어진다고 비판할 수도 있다. 그러나 복잡한 경영 의사결정일수록 경영자는 인문학적 성찰로 풀어나가는 것이 바람직한 경우도 있다. 미국의 경영간부개발과정(Executive Development Program)에서는 윤리학 강의와 아울러 셰익스피어나 소포클레스, 허먼 멜빌(Herman Melville)

등 작가들의 작품을 읽고 토의하는 워크샵도 포함되어 있다고 한다. 예를 들면 "to be or not to be"같은 햄릿적인 갈등을 놓고 참석한 경영간부들이 토론을 벌이거나 역할연기를 통해 경영자의 인성을 함양하는 것을 인문학 강좌의 주요 목표로 삼고 있다. 또한 허먼 멜빌의 대표적 소설 『백경(흰 고래)』에 등장하는 주인공 선장을 소재로 흰 고래를 잡기 위해 여생을 바치는 한 외톨이 선장의 이야기와 경영자론을 연관 지으면서 이야기의 교훈을 자신의 삶에 대입해 보는 시간을 가지면서 경영자들은 인문학의 세계에 빠져든다.

필자는 얼마 전에 셰익스피어의 생가가 있는 런던 북쪽의 버밍햄 인근에 위치한 '스트랫포드'(Stratford-upon-Avon)에 다녀왔다. 1564년에 태어나 세계인들을 감동시킨 불후의 명작을 남긴 셰익스피어의 낡은 생가를 500년 가까이 지난 오늘날, 비가 오는 궂은 날씨에도 불구하고 세계 각국에서 찾아온 관람객들이 대형 관광버스에서 쏟아져 나오는 광경을 인상 깊게 관찰하였다. 이 조그만 마을은 세계인들의 방문으로 인해 주말에는 발디딜 틈이 없을 정도라고 한다. 무엇이 이들을 이역만리의 조용한 이 농촌마을로 발걸음을 인도하였는가? 그것은 바로 인문학의 힘이라고 생각된다. "인도를 포기하는 한이 있어도 셰익스피어는 포기할 수 없다"고 한 영국인들의 말이 빈 말은 아닌 듯 싶었다. 스트랫포드 마을을 떠나면서 필자는 우리나라의 경영자와 지도자들이 인문학의 재발견을 통해서 21세기 지식정보화시대에 '기업 르네상스', '기업의 문예부흥'을 위해 창의적으로 앞장섬으로써 우리의 이야기와 문화, 그리고 우리의 경영방식이 세계인들에 감명을 주고 그들의 삶이 달라지게 하는 그날이 속히 오기를 마음 속으로 빌었다.

참고문헌

김성국(1997), 『트렌디 인사관리』, 명경사.

김성국(2003), 『인적자원관리 뉴패러다임』, 명경사.

김성국 · 김민수(2004), 『이슈중심 인사관리』, 삼영사.

김영재 · 김성국 · 김강식(2010), 『신인적자원관리』, 탑북스.

마이클스, E. 외(2002), 『인재 전쟁』, 최동석 외 역, 세종서적.

매경이코노미(2011), 마켓 4.0, 1632호(2011.11.23.), 22-30.

슈마허, E. F.(2002), 『작은 것이 아름답다: 인간중심의 경제를 위하여』, 이상호 역, 문예출판사.

이정우(1996), 조기퇴직제도의 국제비교와 파급효과 분석, 「보건사회연구」16, 2, 43-70.

이정우(2010), 점진적 퇴직제도의 국제비교와 고령자 고용효과 평가, 한독경상학회 2010년도 동계학술대회 발표자료집, 33-68.

칼레츠키, A.(2011), 『자본주의 4.0』, 위선주 역, 컬처앤스토리.

크레이너, S.(2011), 『경영의 진화』, 박희라 역, 더난출판.

한국노동연구원 편(2000), 『21세기형 인적자원관리: 뉴패러다임과 실천과제』, 명경사.

Bohlander, G. & Snell, S. (2004), *Managing Human Resources,* 13th ed., Cincinnati: Thompson-South Western.

Cascio, W. F. (2003), *Managing Human Resources: Productivity, Quality of Work Life, Profits*, 6th ed., Mew York: McGraw-Hill.

Cratton, L. (1997), Perspectives on the Future, in: Ulrich, D., Losey, M. R. & Lake, G. (eds.), *Tomorrow's HR Management*, New York: John Wiley & Sons.

Davis, S. & Meyer, C. (1998). *Blur: The Speed of Change in the Connected Economy.* Reading: Addison-Wesley.

Davis, S. & Meyer, C. (2000). *Future Wealth.* Boston, Harvard Business School Press.

Dullien, S., Herr, H. & Kellermann, C. (2011), *Decent Capitalism: A Blueprint for Reforming our Economies,* London: Pluto Press.

Eisenhardt, K. & Martin, J. (2000), Dynamic Capabilities: What are they?, *Strategic Management Journal,* 21, 1105-1122.

Lahey, B. B. (2009), *Psychology: An Introduction*, 10th ed., New York: McGraw-Hill.

Mathis, R. L. & Jackson, J. H. (2003), *Human Resource Management*, 10th ed., Cincinnati: Thompson-South Western.

Negroponte, N. (1996), *Being Digital,* New York: Vintage Books.

Pfeffer, J. (1998), *Human Equation: Building Profits by Putting People First,* Boston: Harvard Business School Press.

Pfeffer, J. (2000), *Hidden Value,* Boston: Harvard Business School Press.

Ulrich, D. (1997), *Human Resource Champions,* Boston: Harvard Business School Press.

Ulrich, D., Losey, M. R. & Lake, G. (eds.) (1997). *Tomorrow's HR Management,* New York: John Wiley & Sons.

Wren, D. A. & Bedeian, A. G. (2009), *The Evolution of Management Thought,* 6th ed., New York: John Wiley & Sons.

Xue, J. J. (2005), The Future of Japanese Aging Society, A Special Talk at Ewha Womans University.

제 2 장
인적자원의 탐색 이슈

제 2 장
인적자원의 탐색 이슈

1. 못 생긴 나무가 선산을 지킨다

천년 고도 경주에는 유난히 등이 굽은 소나무들이 많다. 주산인 남산에 올라가 노라면 줄기가 곧은 아름드리 낙락장송보다는 분재처럼 이리저리 휘감긴 소나무들이 주류를 이루고 있다. 아마도 사람들이 곧고 굵은 소나무는 목재로 쓰기 위해 베어내고 등이 굽고 가는 소나무는 목재로서 가치가 없다고 생각해서 방치한 것이 오랜 세월을 거치면서 경주의 선산을 '못 생긴' 소나무 들이 꿋꿋이 지켜온 것이 아닌가 생각한다. 아이러니컬하게도, 오늘날 경주의 굽은 소나무들은 신라의 천년고도의 정취와 매력을 느끼게 해주는 특유의 멋을 형성하고 있다.

오늘날 핵심인재는 기업의 경쟁력을 좌우하는 요소로 간주되고 있다. 오늘날 핵심인재란 대체로 '전문적 과업 능력과 열정을 겸비하고 조직의 혁신을 주도할 수 있는 인물'로 정의되고 있다. 조직 내에서 차세대 리더, 창조적 소수, 반복적으로 높은 성과를 내며 핵심 보직을 맡고 있는, 잠재력이 높은 인재들이 핵심인재로 분류된다. "한 명의 핵심인재가 만 명 아니 십 만 명의 직원을 먹여 살릴 수 있다"며 빌 게이츠나 이건희 회장 등 유명 CEO들은 지식정보화 시대에 핵심인재 확보의 중요성을 역설하고 회사정책의 최우선 순위를 우수 핵심인재의 유치와 유지에 두고 있는 것은 주지의 사실이다.

핵심인재는 양면성을 지니고 있다. 우수 핵심인재의 존재가 기업의 핵심역량을 구성하며 경쟁력을 획기적으로 높일 수 있다. 특히, 기업이 사업을 확장하거나 국내외에서 새로운 시장에 진출 할 때, 핵심인재들이 가지고 있는 지식과 노하우, 그리고 경영비법은 현업에 바로 투입되어 즉시 기업의 경쟁력으로 나타날 수 있다. 또한 외부에서 잘 영입한 최고경영자(CEO)는 기업의 가치를 높이고 주가상승 효과를 거둘 수 있다. 그러나 반대로 기업이 보유하고 있는 핵심인재가 외부로 유출될 때에는 기술력의 약화, 사업추진 차질, 그리고 고객의 상실로 이어질 수 있기 때문에 기업이 치명적인 손실을 입을 가능성이 높다.

핵심인재의 확보 방법은 크게 두 가지 방법이 있다. 첫째는, 기업 내부에서 체계적으로 핵심인재 양성 프로그램이 가동되어 업적이 뛰어나고, 전문성을 갖추었으며 인사평가 결과 역량이 우수한 인재들을 발굴하고 내부적으로 육성하는 방법이 있다. 이 인재들은 조직 구성원의 평가등급 상위 10~20%에 해당되는 정예요원들로서 기업의 성과 창출에 크게 공헌하는 그룹이라고 할 수 있다. 둘째는, 외부로부터 영입하는 방법이 있다. 역량이 검증된 외부의 인력을 채용함으로써 내부 인력이 가지지 못한 특별한 지식과 기술을 전수받고 경영능력을 발휘하도록 함으로써 기업의 경쟁력을 향상시키는 효과를 거둘 수 있다.

핵심인재관리(Talent Management)와 관련해서 자주 거론되는 것이 GE의 인력 활력곡선(Vitality Curve)이다. GE는 평가등급 상위 10~20%를 'Top' 또는 'A-Player', 하위 10%를 'Bottom' 또는 'C-Player', 평가 등급 중간 70~80% 인력을 'Vital' 또는 'B-Player'로 분류하여 관리하고 있다. Top은 회사의 스타급 핵심 정예인력에 해당하며 인사 상 특별대우를 받는다. Bottom 인력은 퇴출관리의 대상이 되는 인력이며, Vital 인력은 지속적인 육성 대상으로서 Top이 될 수 있도록 사내 육성 프로그램에 의해 체계적으로 관리된다.

GE 등 우량기업에서 사람들이 장기적으로 관찰한 결과에 따르면, B-Player들은 기업의 성과 창출에 공헌하는 정도에 있어서나 잠재 역량의 수준이 A-Player와 큰 차이가 없다는 사실은 우리에게 시사하는 바가 크다. 일반인들이 간과하는 사실은, 기업의 장기적이고 지속적인 성과 창출은 B-Player들로부터 비롯된다는 사실이다. 특히, 외부에서 영입된 A-Player들은 B-Player들이 업무를 받쳐주지 않으면 성과를 내기가 어렵다. 그런데도 A-Player들은 핵심인재라는 이유로 스포트라이트를 받고 갖은 혜택을 누리고, 상대적으로 B-Player들은 그들의 업적과 능력을 조직으로부터 제대로 인정받지 못해 소외감과 박탈감을 느끼는 경우가 많다. 이점이 핵심인재 관리의 맹점이다.

기업이 핵심인재를 확보, 유지하는 데 들이는 정성만큼 B-Player 육성에 쏟아야 한다. 이들에게 적절한 교육 훈련프로그램을 제공하고 스타가 될 수 있는 통로를 열어두며, A와 B-Player들이 긴장관계를 해소하고 조직의 핵심가치를 공유하는 바탕 위에서 서로 협동하여 모두가 지속적으로 발전할 수 있도록 힘을 모으는 것이 중요하고 경영자는 이러한 방향으로 리더십을 발휘해야 한다. 핵심인재를 외부에서 자꾸 들여오는 것만이 능사는 아니며, 당장 우수한 성과를 내는 '산토끼' 들만을 우대할 것이 아니라 '집토끼'들을 잘 키워 핵심인재가 꾸준히 공급되는 파이프라인을 구축하는 것이 중요하다. "못 생긴 나무가 선산을 지킨다"는 격언은 경영자가 인적자원개발을 추진할 때 새겨들어야 할 선인들의 지혜가 아닐까 한다.

2. 「슈퍼스타 K」 열풍과 기업의 인사선발

케이블 TV 엠네트(M.net)에서 경이적인 시청률로 국민들의 눈과 귀를 사로잡은 음악프로그램 「슈퍼스타 K」는 '전 국민 오디션 프로그램'이라고 불릴 정도로 우리 사회에 새로운 신드롬을 일으켰다.

2009년에 처음 방송된 「슈퍼스타 K」는 케이블TV로는 이례적인 8%가 넘는 시청률을 기록 했다. 2010년에 방영된 「슈퍼스타 K2」는 16%를 넘어서며 다시 최고 시청률을 경신했다. 케이블TV 채널이 통상 1% 시청률만 기록해도 '대박'으로 여겨지는 만큼 「슈퍼스타K」의 시청률은 미디어계의 파란으로까지 여겨진다. 2011년에 전국 170여 만 명의 오디션 참가를 유도하는 등 기염을 토하며 방영된 「슈퍼스타 K3」는 매 회마다 20%에 가까운 시청률을 기록하였으며 상금도 대폭 오르고 다양한 볼거리를 제공하는 등 방송계에서 예능의 대세로 자리잡아가고 있다.

「슈퍼스타 K」는 꼭 젊은이들만의 쇼는 아니다. 10~20대 출연자가 대부분이고 파이널도 그들 차지이지만 1세부터 99세까지 대한민국 국민이라면 누구나 참여할 수 있어 말 그대로 대국민 오디션이다. 전국 130~170여만 명이 오디션에 참가했다는 사실은 이를 뒷받침한다. 「슈퍼스타 K」는 지원자들이 왜 스타를 꿈꾸는지 다양한 사연과 그들의 진심어린 노력, 눈물, 도전기 등이 시청자들의 공감대를 이끌어내는데 성공했다. 라이브 오디션으로 바뀌면서 이제 도전자들의 탈락 여부는 네티즌의 결정에 좌우된다. 시청률이 계속해서 오를 수밖에 없는 이유가 바로 여기에 있다. 내가 '스타'가 될 수도 있고 또 내 손으로 '스타'를 뽑을 수 있는, 시청자 참여 형 프로그램이라는 점이다.

「브리튼스 갓 탤런트」(Britain's Got Talent · 영국), 「아메리칸 아이돌」(American Idol · 미국) 등 해외 인기 스타 발굴 리얼리티 프로그램을 벤치마킹했지만, 올해 들어 「슈퍼스타 K2」는 한국형 스타 발굴 프로그램의 위상을 갖춰가고 있다는 평가가 나오고 있으며 한국적 사회 · 문화 현상으로 받아들여지고 있다.

지금 한국의 가요계는 아이돌 중심이고 기획사들은 중고생만 뽑기 때문에 다양한 개성을 가진 사람들이 진입하는 것 자체가 어렵다. 「슈퍼스타 K」는 20대 이상의 '고령자(?)'들에게도 가수로서 도전할 수 있는 길을 열어주자는 취지가 있었다고 본다. 아이돌 일변도인 가요계의 다변화 가능성을 보여준 점은 의미가 있다고 볼 수 있다. 그리고 「슈퍼스타 K」는 리얼리티 프로그램을 접목하고 있다는 점이 특이하다. 노래란 감정의 표현인데, 배경 이야기를 들려줌으로써 '아, 이 친구의 노래는 이렇게 나왔구나' 하고 시청자들이 느낄 수 있게 하자는 것이었다. '폴 포츠', '수전 보일'이 영국은 물론, 세계 시청자들에 감동을 주고 높은 점수를 얻은 데는 그들의 불행한 과거와 불굴의 노력에 시청자들이 후한 점수를 준 것이라고 볼 수 있다.

「슈퍼스타 K」의 성공사례를 관찰하면서 기업의 선발 면접에 이러한 오디션 방식을 적용하면 어떨까하는 생각을 해본다. 이렇게 생각하게 된 데는 「슈퍼스타 K」의 독특한 포맷이 스타를 가려내는 데 있어서 시청자의 적극적인 참여를 통해 사회 구성원 전체의 Win-Win을 이끌어 낸다는 데 착안하였다. 이 프로그램이 최종 후보자 10명 정도를 남겨놓고는 라이브 오디션으로 바뀌면서 심사위원들의 평가 점수의 비중이 현저히 줄어들고 도전자들의 탈락 여부는 네티즌의 결정에 좌우된다. 시청률이 이 시점이 되면 치솟는 이유가 바로 여기에 있다. 시청자의 입장에서는 내가 '스타'가 될 수도 있고 또 내 손으로 '스타'를 뽑을 수 있는 짜릿한 매력이 있는 시청자 참여 형 프로그램이라는 점이 「슈퍼스타 K」의 강점이다.

최근 기업의 선발면접이 급격한 변화를 겪고 있다. 면접은 시대의 변화에 따라 그 문화가 달라지면서 면접방법도 달라지는 등의 새로운 국면을 맞고 있다. 이렇게 면접 문화까지 달라진 이유는 '사람은 많으나 사람이 없다'로 표현되는 인력난 때문이다. 기업이 요구하는 것이 학력과 자격이 아니라 직종에 따른 전문적인 능력, 경험, 실적이라는 데에 취업난과 인력난의 핵심이 있다. 선발면접의 변화에 바람직한 방향을 제시하는 데 「슈퍼스타 K」가 기여할 수 있다고 생각한다. 어쩌면 이러한 스타 오디션과 같은 요소가 이미 기업의 선발관행에 부분적으로 도입되기 시작했다고 해도 과언이 아니다.

먼저 최근 면접의 특징 가운데 두드러진 점은 면접관들의 구성이 달라지고 있다는 점이다. 실무 능력 측정을 위해서 임원급이 아닌 실무진들만 면접관으로 참여시키는 기업들이 늘고 있으며, 인사부서에서 채용을 주관하더라도 면접만큼은 실제인력을 충원하는 채용부서(현업부서)에서 진행하는 경우도 많아졌다. 이는 전반적으로 우수한 인재가 아니라 적재적소에 따라 핵심사업 성공에 꼭 필요한 사람을 찾는 방향으로 인사관리 전략이 바뀌고 있음을 반영한다. 지원자에 대한 인격적인 면모나 사람됨보다는 지원분야에 대한 이해도, 업무에 필요한 자격과 능력사항, 일에 대한 열정 등이 구체적으로 평가된다. 함께 일을 해야 할 사람이기 때문에 질문도 보다 실제적이고 날카롭다. 응시자들로서는 곤혹스러운 경우가 많을 수밖에 없는 것이다. 마치 전 국민 오디션 프로그램이라는 「슈퍼스타 K」에서 라이브 오디션을 시청자들이 이들이 펼쳐 보이는 음악과 노래하는 모습을 관찰하고 또한 도전자들의 성장 배경이나 가정사와 같은 리얼리티 사연을 포함하여 평가 점수를 매기고, 이 점수가 해당 도전자의 당락에 결정적인 역할을 하는 구도와 매우 흡사하다.

최근 리얼리티와 오디션 요소가 선발면접에 도입되는 배경은 최근의 취업난이 자리 잡고 있다. 취업난이 심해질수록 최근에는 공채 대신 소수·수시 채용이 실시되면서 면접의 비중이 더욱 높아지는 추세이다. 이는 채용 규모가 작다 보니 선발에 신중을 기할 수밖에 없는데다 다들 쟁쟁한 실력들을 갖추고 있어서 서류전형이나 직무 적성검사만으로는 변별력을 확보하기가 어려워진 탓이다.

또한 기업들의 인재상이 합리적이고 평균적인 인재보다 창의성과 끼를 갖춘 인재를 선호하는 방향으로 바뀌는 것도 면접 강화의 원인이다. 면접이야말로 자질과 능력, '끼', 창의력, 업무 추진력, 조직 적응력 등 응시자의 총체적인 모습을 평가할 수 있는 가장 유력한 방법이기 때문이다.

필자의 생각에는 기업의 선발 면접에 「슈퍼스타 K」와 같은 포맷을 도입하는 것이 인사선발 전반과, 특히 선발 면접에 있어서 긍정적이라고 판단한다. 따라서 다음과 같은 면접관행의 변화를 제안하고자 한다.

첫째, 평가센터(assessment center) 방법을 적극 도입하여 최종 지원자들을 대상으로 한 합숙전형 면접을 적극 실시할 필요가 있다. 즉 피면접자와 면접자가 2박 3일 정도로 합숙하면서 조직에 적합한 인재를 가리는 방법이다. 기업 측에서는 비용과 시간이 많이 들지만 확실한 적임자를 발굴한다는 측면에서 장점이 있다.

둘째, 다차원 면접: 「슈퍼스타 K」에서는 동 연배 시청자들이 가장 평가에 많이 참여하기 때문에 동 연배들의 호응과 의견이 당락에 결정적인 영향을 미친다. 이를 면접에 실제로 활용하는 기업들이 많다. 이른바 '사원 면접'이 그것이다. 신세대 사원을 신세대가 뽑는다는 의식이 확산되면서 과장급 이하 사원들이 면접자가 되어 면접을 실시한다. 우성건설, 우방주택, 신한은행, 태평양생명, 진도 그룹 등 10여 개 사에서 이러한 '사원 면접'을 채택하고 있다.

셋째, 「슈퍼스타 K」에서는 선배 가수들이 심사위원으로 선정되어 활동한다. 이를 활용하여 선배 사원 3명으로 구성된 면접단이 응시자 5명을 1개 조로, 회사 밖의 다양한 장소에서 만난 다음 자유롭게 집단토론을 하면서, 지원자를 관찰하는 방식을 생각해 볼 수 있다.

넷째, 「슈퍼스타 K」에서 시청자들은 도전자들의 노래뿐만 아니라 평소 생활과 비음악적 행동도 관찰하여 평가에 반영하게 된다. 남에 대한 배려가 없다든지, 이기적인 행동이 보이면 시청자들은 단호히 외면한다. 이러한 '행동관찰 면접'을 기업의 선발면접에 적극 도입할 필요가 있다. 행동관찰 면접은 보통 사무실에서 5분 정도의 한정된 시간동안 진행되는 일반적인 면접과는 달리 지원자가 자신의 소신과 능력을 펼쳐 보일 수 있는 기회를 제공해 그 결과를 평가기준으로 하는 면접제도이다.

다섯째, 「슈퍼스타 K」에서는 도전자들은 어렵고 도전적인 미션을 수행하도록 요구된다. 가령, 특정 곡에다 가사를 붙이는 일, 한 번도 서 본적이 없는 미군부대 무대에서 공연을 하는 일, 자신이 부를 곡의 분위기에 맞게 공연무대를 꾸미는 일 등등... 기업의 선발 면접에서는 문제 해결 면접 또는 상황 면접이 이와 유사한 방법이라고 볼 수 있다. 이 면접방법의 경우 평가자는 실무부서의 부장, 과장 등으로 구성되는 것이 보통이며 주어진 문제나 설정된 상황은 실제로 그 기업에서 일상적으로 일어나고 있는 사건들을 대상으로 삼는다. 과제를 제시한 후 도전자들이 개인적인 판단과 아울러 토론을 거쳐 최선의 해답을 풀어가는 과정을 평가자들은 유심히 관찰한다.

「슈퍼스타 K」와 같은 국민오디션 프로그램, 리얼리티 프로그램 요소를 선발 면접에 도입해야 하는 당위성을 설명하자면 다음과 같다.

무엇보다도, 조직의 채용관리에 있어서 대량채용의 시대에서 소수의 정예채용의 시대로 변화하고 있다는 것이다. 조직에 있어서 인재채용은 커다란 투자이다. 조직에 필요한 우수한 인재를 선별하기 위해 보다 적극적으로 인물을 평가할 수 있는 면접시험이 중요시되고 있는 것이다.

둘째, 현대조직에게는 잠재적인 능력과 의욕의 소유자가 필요해 지고 있다는 것이다. 조직은 지식을 머리 속에 저장해 두는 사람이 아닌 잠재적인 능력과 의욕의 소유자가 필요하다. 서류전형이나 필기시험으로는 사람의 용모나 태도, 자기의 의사를 표시하는 능력 등 잠재적 능력과 의욕은 평가하기 어렵기 때문에 사람을 직접 만나봄으로써 판단할 수 있는 면접시험이 중시되는 것이다.

셋째, 환경변화에 적절히 대응할 수 있는 인재가 필요해지고 있다는 사실이다. 즉 조직은 급변하는 현대사회에서 어떻게 변할지 모르는 환경에 대처해 나갈 수 있는 유능한 인력을 확보해야 한다. 다시 말해 전문분야의 지식이 있으면서도 다른 분야에 항상 문제의식을 갖고 있어서 환경변화에 적극적으로 대처할 수 있어야 한다는 것이다. 따라서 최근 기업들은 인사 관계자 이외의 각 분야 전문가를 면접에 참여시켜 피면접자의 폭넓은 관심이나 문제의식을 시험하며 다양한 답변 과정을 통해 응용력, 임기응변 능력 등을 시험하려는 경향을 보이고 있다.

3. 신데렐라 인간상 vs. 신더 에드나 인간상

독일 그림형제의 대표적 동화인 신데렐라(Cinderella)는 어릴 적 누구나 읽어 본 이야기일 것이다. 신데렐라 동화에는 패러디 버전이 여럿이 있다. 그 가운데 미국의 여류작가인 엘렌 잭슨(Ellen Jackson)이 지은 신더 에드나(Cinder Edna) 이야기는 그 중에서도 압권이라고 할 수 있다. 원작이나 패러디나 어떤 교훈을 던지기 위해 설정된 틀안에서 인물을 묘사 한다는 것은 같지만 원작에 대해 가졌던 기존의 사고가 패러디에서 뒤집힌다는 점에서 개인적으로 패러디가 항상 더 재미있는 것 같다.

신더 에드나 이야기를 잠깐 요약해서 소개하자면,

뭇 여성들에게 '신데렐라 신드롬'(Cinderella Syndrome)이라는 다소 허황된 꿈을 키워준 신데렐라의 수동적인 사고와 행동방식은 신더 에드나라는 주체적인 여성상을 통해 분명한 대조를 보이고 있다. 자신의 처량한 신세에 순응하면서 삶에 아무런 발전적인 의지를 가지지 못하다가 무도회가 있다는 소식에 한숨만 내쉬는 신데렐라는 자신을 도와주러 나타난 마술할멈이 그녀의 무능력에 놀랄 만큼 스스로 할 줄 아는 것도 없을 뿐더러 무언가를 시도해야겠다는 의지 역시 부족하다.

그녀가 가진 것은 미모 뿐, 그 미모를 이용하여 첫째 왕자 란돌프(Randolph)의 환심을 사 결혼하는 데에는 성공하지만 왕자와의 결혼 후에도 그녀의 삶은 낮에는 여러 의식에 참여하여 얼굴만 비추고 밤에는 왕자의 옆얼굴만을 보면서 지루한 이야기를 듣는 삶이 반복된다.

그녀의 삶은 한편으로는 성공적으로 보일 수도 있다. 과정이야 어쨌든 자신이 가진 최대의 재산인 미모를 이용하여 당시 여성이 누릴 수 있는 최고의 영광인 왕비 자리를 차지하는 사회적 성공을 거두었고, 그녀의 유일한 관심사인 - 무도회장에서 춤도 맘놓고 못 추게 만든- 외모에 대한 생각만 하며 평생을 보낼 수 있게 됐기 때문이다.

반면 신더 에드나는 자신의 역경에 굴하지 않고 열악한 환경 속에서도 긍정적인 사고 방식을 가지고 자신의 발전을 위해 항상 애쓴다. 비록 미모는 신데렐라에게 뒤지지만 마술할멈의 도움을 받을 수 있을 것이라는 안일한 생각 대신 치밀한 사전준비로 무도회에 참석할 수 있는 기회를 만들고,

신데렐라의 외모에 반해 사랑에 빠진 란돌프와 그의 사회적 지위와 잘생긴 옆얼굴에 현혹된 신데렐라(Cinderella)와는 달리, 자신과 사고방식과 취향이 비슷한 둘째 왕자 루퍼트(Rupert)와 사랑에 빠지게 된다.

결혼 후에도 그녀의 삶은 결혼 전과 마찬가지로 생기 있다. 비록 궁궐에 살지

는 못하지만 낮에는 오두막집에서 고아들을 돌보고 재활용에 대해 배우고 밤에는 루퍼트와 취미를 공유하는 즐거운 삶은, 왕자를 통한 신분 상승이 우연이 아닌 그간의 노력에 대한 보답이라는 생각을 갖게 해준다.

조직행위 관리라는 측면에서 봤을 때 신데렐라는 일 하는 것을 싫어하여 자신에게 강요되어진 일만 수행하고, 뭔가를 성취해야겠다는 야심 없이 주어진 자산인 미모에만 집착한다는 의미에서 X이론이 가정하는 노동자의 전형이라고 할 수 있다.

반면, 신더 에드나는 Y이론의 전형으로 주어진 일은 물론 자신이 새로 설정한 일까지 즐겁게 하고 일을 통해 자기 발전을 모색하며, 자신의 목표를 세워 당시의 여성상과는 달리 창의적이고 입체적인 방법으로 성공을 개척해 나간다. 바야흐로 디지털 경제시대가 도래하였고 새로운 시대에 걸 맞는 새로운 패러다임과 가치관이 요구되는 이 시대에는 남이 만들어준 황금마차와 화려한 드레스, 남의 도움으로 무도회에 참가하고, 왕자의 선택에 의해 세자빈이 되는 신데렐라의 성공이야기 보다는, 사람들은 자신의 어려운 처지를 비관하지 않고 스스로 노력에 의해 자신의 경력 목표를 설정하고 꿋꿋이 어려움을 극복하여 자신이 선택한 길을 걸어가다 마침내 꿈을 이루는 신더 에드나의 이야기에 더 감동을 받는 것은 왜 일까? 「인적자원관리 5.0」시대에 어울리는 인간상은 신데렐라 스타일의 인간이기 보다는 신더 에드나 스타일의 인간이 아닐까한다.

4. 해병대가 인적자원관리에 주는 시사점

최근 해병대가 한국 사회의 관심의 초점이 되고 있다. 2010년 11월 연평도 포격으로 해병대에 대한 관심이 높아지기 시작하더니 2011년 3월 7일, TV 드라마 「시크릿가든」의 주인공으로 인기 절정을 달리던 배우 현빈(본명 김태평)이 해병대에 자원입대하자 해병대에 대한 국내외의 인기와 관심이 최고조에 도달했다. 이날 현빈이 입소하는 포항의 해병대 교육훈련단 앞에는 국내외 팬들과 취재진 등 2,000여명이 몰리고 일본, 홍콩, 중국, 타이완, 인도네시아에서까지 몰려온 해외 팬 500여명은 플래카드를 들고 현빈을 기다렸다. 이 중 일부 외국 열성 팬들은 전날 밤에 도착해 밤을 새우는 열성을 보이기도 했다.

북한의 연평도 포격이 일어나자 소수의 병력과 열악하고 급박한 상황에도 불구하고 불굴의 의지로 대응사격을 하는 모습에서 감동을 받은 국민들이 많았다. 연평도 포격사건 이후에 우리의 젊은이들이 예년보다 더 많이 해병대에 지원하는 등 해병대에 대한 인기와 해병 정신에 대한 동경이 전국을 휩쓸었다. 인기 배우 현빈의 해병 1137기 입소는 이러한 분위기에 불을 당긴 듯했다.

사실 해병대나 특전사와 같은 특수전 부대나 특공대와 같은 신속 대응군 조직에는 다른 군조직이 갖고 있지 않은 특성을 지니고 있다. 미국의 기업들에서는 2차 대전 후 특수전 부대나 특공대 조직의 특성을 연구하여 기업조직에 접목시킴으로써 조직혁신과 성과향상에 큰 도움을 얻었다. 이렇게 하여 팀 조직(team organization)이 기업에서 유행처럼 번졌고 오늘날에도 팀 조직은 '작지만 강한 조직', '구조가 플랫(flat)하고 의사결정이 신속한 조직', '유연하게 환경에 적응하는 조직'이라는 찬사를 얻으면서 성장을 지속하고 있다.

우리나라의 해병대에는 남다른 신화가 많다. '귀신 잡는 해병', '한 번 해병은 영원한 해병', '누구나 해병대가 될 수 있다면 나는 결코 해병대가 되지 않았을 것이다' 와 같은 해병대를 상징하는 말들은 그저 생겨난 말이 아니라 해병대 60여년의 역사 속에서 피와 땀으로 각인된 신화라고 할 수 있다. 사실 한국 해병대는 6.25전쟁과 베트남 전쟁 등 수많은 전쟁과 전투에서 항상 승리하는 강한 군대로서 전통이 확립되어 있다. 또 2000년대 들어 연이은 해외 파병과 해외 연합훈련 등을 통해서 미군은 물론, 국제적인 인정을 받고 있다.

지원병으로 구성되어 있는 해병대에 입대하기 위해 일곱 번이나 재도전하는 젊은이들이 있다는 말이 들릴 정도로 훈련이 고되기로 소문난 해병대에 입소하고 싶어하는 젊은이들이 의외로 많다. 그뿐만 아니다. 민간인을 위한 정신 및 체력 단련 훈련프로그램으로 운영되는 '해병대 캠프'는 남녀노소를 불문하고 인기를 누리고 있다. 심지어 가정주부들이 이 캠프에 들어오고 싶어 안달하는 것을 어떻게 설명할 수 있을까? 체력의 한계를 뛰어넘는 인내력, 어떤 상황에서도 물러서지 않는 도전정신, 그리고 남다른 리더십을 해병대에서 배우려는 열풍이 그만큼 거세기 때문이라고 생각된다.

필자는 해병대 출신은 아니지만, 해병대의 그룹다이내믹스(group dynamics)

에 일찍이 관심을 가지고 연구해 왔다. 해병대의 긍정적인 측면을 우리 기업이 조직과 인사에 도입한다면 강력한 리더십과 스토리텔링으로 조직의 효과성을 제고할 수 있다고 믿는다. 그렇다면 해병대의 긍정적인 특성과 기업의 인사관리에 적용가능성에 대해서 살펴보기로 한다.

1) 구성원의 높은 자발성

육군과는 달리 해병대는 지원병으로 구성되어 있다. 공군과 해군도 지원병이지만, 해병대만큼 지원자들이 멤버십을 얻기 위해 열정을 가지고 노력하는 군대는 드물다. 아버지가 형이 해병대 출신이면, 강권하지 않아도 자식들과 아우들이 해병대가 되는 경향이 강하다는 것은 잘 알려진 사실이고 해병대에 입대하려는 젊은이들의 열정은 가히 상상을 초월한다. '해병대 가기가 서울대 가기만큼 어려워졌다'고도 하고 인터넷에는 해병대 합격 요령이 떠돌아다닐 지경이다.

'누구나 해병대가 될 수 있다면 나는 결코 해병대가 되지 않았을 것이다'라는 격언에서 보듯이 높은 자발성이 해병대 조직에 대한 높은 몰입과 자부심의 원천이다. 기업 인사관리에 이를 적용하자면, 직원들이 조직의 일원이 되는데 대해서 높은 자발성을 보장할 필요가 있다. 취업면접에 있어서도 그 회사의 연혁과 문화, 주력 상품 등에 대해 높은 관심과 지식을 가지고 있는, '준비된 사원'을 선발하는 것이 중요하다. 높은 자발성이 있는 사람이 결국 입사 후에도 높은 직무와 조직몰입을 보이게 될 것이 때문이다. 입사 후 부서와 직무배치에 있어서도 가급적 본인의 희망을 존중하는 것이 중요하다. 물론, 희망 위주로 배치를 하다보면 일부 인기 부서나 직무에 사람들이 몰리게 될 우려가 있다.

사람들이 잘 가려고 하지 않고 업무내용이 어렵고 근무환경이 열악한 부서나 직무에 대해서는 오히려 젊은 사원들의 도전 정신을 자극할 필요가 있다. 해병대 정신을 활용하는 것이다. '어려운 만큼, 도전하는 만큼, 보상이 주어진다'는 것을 암시하면 오히려 젊은이들의 몰입을 증가시킬 수 있다. '고생을 사서하는' 직원들에 대해서 정신적, 물질적 처우를 개선하는 인사제도가 필요하다.

2) 강한 팀워크

'해병대는 타고나는 것이 아니라 길러지는 것이다'라는 격언이 있다. 어려서부터 귀하게 자라서 이기적인 성격의 젊은이들도 일단 해병대에 들어와서 훈련을 받게 되면 사람이 달라진다. 팀원들을 배려하고 팀 속에서 능력을 발휘하는, 팀워크의 달인이 된다. 어떻게 그것이 가능한가? 해병대 대원들은 교육훈련단 입소 이후 전역할 때까지 수시로 IBS로 불리는 상륙용 고무보트를 이용한 상륙훈련을 받는다. 그런데 IBS는 공용장비로서 7명이 한 조가 되어 함께 운반하고 함께 타는 것으로 되어 있다. 따라서 이를 제대로 운용하기 위해서는 7명의 일사불란한 협동이 무엇보다 중요하다. 한 사람이라도 힘들다고 머리 위의 고무보트에서 고개를 뺐다가는 전우 누군가의 목이 부러지거나 보트가 땅에 떨어진다. 일단 100kg 이 넘는 고무보트를 일곱 명이 머리에 이게 되면 아무도 열외가 될 수 없고 누구도 자기가 맡은 짐을 남에게 떠넘길 수 없다. 그저 서로 위로하고 격려하면서 함께 견디고 이겨내야 한다. 이 과정에서 해병대만의 끈끈한 동기애와 전우애가 싹튼다. '동기를 챙기지 않는 사람은 해병이 아니다', '동기에게 도움은 주지 못하고 오히려 피해를 준다면 해병이라고 할 수 없다'라는 말을 신병훈련 때부터 귀에 못이 박히게 들으며 단련된 해병들은 특히 팀워크가 놀라울 정도로 높은 조직이 되는 것이다.

기업조직에서도 이러한 팀워크, 팀스피리트는 조직의 효과성을 높이는 데 결정적인 영향을 미친다. 팀워크를 높이기 위해서 개인 성과와 함께 팀 성과에 입각한 팀 보상제도를 도입하는 것이 필요하다. 개인별 성과연봉제를 도입하면서 경영자들은 직원들 간의 지나친 경쟁 때문에 팀워크가 무너지고 있다는 하소연을 하는 것을 많이 듣는다. 조직은 결국 팀이다. 개인의 역량도 팀 속에서 발휘될 때 의미를 지닌다. '빨리 가려면 혼자가라, 그러나 멀리 가려면 함께 가라'는 옛 성현의 가르침처럼, 기업이 장기적으로 꾸준히 성과를 내려면 '함께 살고, 함께 죽는다'는 단결과 팀워크가 없어서는 어렵다.

3) 혹독한 훈련

해병대를 떠올리면 으레 해병대만의 독특한 '지옥훈련'을 떠올리게 된다. 특히 해병 수색대의 훈련은 혹독하기로 정평이 나있다. '상승 해병', '무적 해병' 신화의 이면에는 정병으로 다듬어내는 혹독한 훈련이 있다. 해병대 병사들의 훈련이 타군 병사들의 훈련보다 고된 것은 이들이 맡은 임무가 타군 병사들의 임무와는 다르기 때문이다. 해병대는 적진에 침투하여 적을 격퇴하고 아군의 진격을 위한 교두보를 확보하는 것이 주 임무이기 때문에 당연히 훈련이 고되고 험할 수밖에 없다. 인간의 정신과 육체의 한계를 넘나드는 훈련을 통해 해병대는 조금이라도 훈련이 잘 된 팀의 보트가 그만큼 앞서 나간다는 단순한 진리를 깨닫게 된다. 생각을 통해서가 아니라 몸을 통해서 체득한다. 그리고 몸으로 체득한 진리는 죽는 날까지 결코 잊혀 지지 않는다. 해병대가 '정신개조의 용광로'라고 불리는 것은 이러한 훈련 때문이다.

기업의 교육훈련도 머리로만 깨닫게 하는 것도 중요하지만, 몸과 마음으로 스스로 깨닫게 하는 것이 중요하다. 최근 교육훈련의 트렌드가 강의식, 주입식 교육의 틀을 벗어나 액션 러닝(action learning)처럼, 피교육생이 직접 해보고 스스로 경험적 성찰을 통해 깨닫도록 하는 교육훈련이 인기를 끌고 있는 것도 머리보다는 마음과 몸이 배우는 교육이 오래 간다는 것을 사람들이 알기 때문이다. 그리고 이러한 혹독한 교육을 많이 받을수록 회사는 발전한다는 것은 세계적 초우량기업일수록 임직원의 교육훈련 시간이 많다는 사실을 보면 알 수 있다.

4) 전우애와 진성 리더십

'진성 리더십'(authentic leadership)은 '진정성 리더십'이라고도 부르는데 한마디로 말하면, 다른 사람에게 영향력을 행사하기 전에 자기 자신에게 제대로 된 진솔한 영향력을 행사할 수 있는 리더십을 말한다. 목적이 좋으면 방법은 상관없다는 식의 공리주의적 리더십이 아니라, 리더 자신의 양심에 비추어 부끄럼 없는 리더십이 바로 진성 리더십의 핵심이다.

해병대는 전우애와 상관에 대한 무조건적인 복종심이 핵심가치이다. 해병대 병사들은 아무리 어려운 상황이 닥치더라도 선임이나 동기가 자기를 지켜주고 보호해 줄 것이라는 분명한 믿음을 가지고 있다. 선임을 따라가면 살 수 있고, 동기를 믿으면 살아날 수 있다는 것을 잘 알고 있는 것이다. 그런 믿음은 곧 선임에 대한 절대적인 충성을 낳는다. 선임의 명령에 대해 가타부타를 따질 이유가 없고, 상관의 명령이라면 무조건 실천해야 한다는 정신만이 남는다.

심리적 계약(psychological contract)이라는 개념이 있다. 근로자는 경영자와 사용자와 고용계약과 더불어 심리적인 계약을 맺었다고 믿는 믿는 것이다. 자신이 회사의 발전을 위해 몰입하고 최선을 다하는 한 회사도 자신에 대해 물적, 정신적 보상을 해 주고 보호해 줄 것이라는 심리를 의미한다. 심리적 계약이 지켜진다고 믿으면 근로자는 애사심과 최선을 다하는 근무를 통해 성과를 달성하려고 노력하게 된다. 그러나 심리적 계약이 파기되었다고 믿는 근로자는 이미 마음이 회사로부터 떠나게 되고 결국 기회를 잡아 회사를 떠나게 된다. 해병대에는 '함께 살고 함께 죽는다'는 끈끈한 팀워크가 있기 때문에 선임이나 상급자에 대한 강한 심리적 계약 의식이 있으며, 리더들도 팔로워들의 이러한 절대적 믿음을 잘 알기 때문에 부하들에 대해서 솔선수범의 헌신적인 리더십을 발휘하게 된다. 이러한 진성 리더십은 제대 후에도 해병전우회에서 이어진다.

오늘날 글로벌 경제위기를 맞으면서 기업은 기회만 되면 인력을 감축하여 비용을 줄임으로써 위기를 극복하려는 유혹에 빠지는 것도 사실이다. 그러나 구조조정이나 해고를 통해 인건비는 줄일 수 있을지 모르나 상하급자간의 심리적 계약은 깨어지고 남는 것은 사람과 사람간의 애정과 존경이 다 사라져 버린, 황량하고 살벌한, 의무 밖에는 남아 있는 것이 없는, 쓸쓸한 직장뿐일 것이다.

해병대는 전사한 전우조차 그대로 사지에 버려두지 않고 반드시 함께 데리고 돌아온다는 전통이 있는데 이것이 전투력이 강한 군대를 만들었다. 해병대 정신을 기업 인사관리에 적용한다면 기업은 한 사람 한 사람을 혈육과 같이 아끼고 사랑하는 조직이 되도록 관리되어야 한다. 경쟁력의 원천이 결국 직원들에게 있다는 대 전제하에서 인적자원관리를 도모해야 할 것이다.

5. 이색 채용방식의 허와 실

본격적인 채용시즌을 맞아 인재선발과 관련된 이슈들이 초미의 관심사가 되고 있는 가운데 기업들은 최근 채용방식에 있어서 이색적인 채용방식을 선호하는 경향을 보이고 있다. 지원자들은 기업의 선발방식에 관한 정보를 많이 가지고 있으며 심지어 면접 문항까지 꿰뚫고 있어서 지원자 본연의 인성적 특징과 능력을 파악하는 데 기업은 곤란을 겪고 있다. 이를 해결하기 위한 방편으로 지원자들의 '허를 찌르는' 파격적이고 이색적인 채용방식을 선호한다고 볼 수 있다.

이색 채용방식을 도입하는 목적은 족보나 예상문제를 사전에 입수하여 충분히 대비한 지원자들이 전혀 예상하지 못한 환경에 처하게 함으로써 지원자들의 평소 본연의 모습과 능력을 파악하고자 하는 데 있다. 이색 채용방식의 몇 가지 사례를 들어보면 다음과 같다.

첫 번째 사례로서 일본전산을 들 수 있다. 일본전산은 면접 때 주어진 문장을 읽게 하여 큰 목소리로 자신감 있게 읽는지를 살핀다고 한다. 자신감이 있으면 목소리는 커질 것이고 그런 사람이 눈치 살피며 머리를 굴리기보다는 적극적이고 진지한 자세로 일을 하는 경우가 많다는 것이다. 또 맛없는 점심을 제공한 후 적극적이고 빠른 속도로 맛있게 점심을 먹은 긍정적이고 시간이 귀한 줄 아는 사람을 뽑기 위해 빨리 밥을 먹은 사람 순서대로 채용하기도 하였다. 이 밖에도 오래 달리기 전형, 화장실 청소 전형 등 다양한 면접방법을 시행하였다. 일본전산이 특이한 채용방식을 도입 한 이유는 스펙이 좋은 지원자보다 열정이 넘치는 지원자, 적극적이고 진지하며 매사에 긍정적인 지원자가 훨씬 일을 잘한다는 사실을 간파하였기 때문이라 한다.

두 번째 사례는 우리나라 샘표식품을 들 수 있다. 샘표식품은 서류전형을 통과한 지원자들을 대상으로 구직자 4명이 1조가 돼 1시간동안 주어진 재료로 요리를 만든 뒤 면접관들에게 요리의 주제와 특징을 설명하는 '요리면접'을 실시하기도 한다. 이것은 '요리를 알아야 주부를 이해할 수 있다.'는 오너의 경영철학을 반영한 것으로 요리면접에서 중요한 것은 구직자의 요리 실력이 아니라 같은 재료로 어떻게 창의적인 요리를 만들었는지, 팀 작업에서 누가 리더십을 발휘하였는지 등의 창의력과 리더십을 주로 평가한다고 한다.

세 번째 사례는 신한은행이다. 신한은행은 '술자리 면접'이라는 특이한 면접을 진행한다.

신입 행원을 뽑을 때 연수원에서 하루 종일 진행되는 1차 면접이 끝난 후 간단히 맥주를 마시면서 면접을 보는 술자리 면접을 가진다고 한다. 1차 면접이 끝났다고 해서 방심은 금물이다. 신한은행 선발담당자는 술자리 면접에서 지원자들의 매너와 예절, 다른 사람을 배려하는 행동을 꼼꼼이 관찰하여 술자리라는 다소 캐주얼하고 긴장도가 떨어지는 특정 상황에서 지원자들의 실제 행동을 관찰에 인성에서 문제될 것은 없는지, 조직생활에 적당한 사람인지를 파악하고 이를 선발에 반영한다고 한다.

네 번째 사례로서 다국적 화장품 회사인 로레알(L'Oreal) 의 이색채용 방식을 들 수 있다. 로레알은 창조적인 사고와 현실을 직시하는 눈을 가진, 리더십을 갖춘 인재를 발굴하는데 초점을 맞추고 개인의 역량만을 기준으로 직원을 채용한다. 뷰티 산업의 특성상 여성의 역할을 중시해 마케팅부서 65%, 브랜드 매니저의 58%, 공장 책임자의 15%, R&D 연구부서의 40% 이상의 여성으로 이루어져있어 로레알을 이끌어 나간다고 해도 과언이 아니다.

입사 희망자는 인턴십 제도, 국제 대학생 마케팅 대회 등의 경로로 접근할 수 있다. 특히 이번 2010년 상반기 인턴십 채용에서 처음으로 시작된 접수방법이 매우 특이하다. 정규직으로 전환이 되는 인턴십 채용으로, 대학교 4학년을 대상으로 하는 일반 기업과 달리 로레알은 2년 이내에 취업이 가능한 학부 3, 4학년생들과 졸업자들을 대상으로 하여 로레알에서 개발한 온라인 비즈니스 게임 'REVEAL'(www.reveal-thegame.com)을 통해 서류접수를 받았다. REVEAL은 다양한 직무 분야를 경험하고 자신의 잠재된 가능성을 발견할 수 있는 혁신적인 온라인 비즈니스 게임이다. 참가자들은 로레알 그룹과 뷰티 산업에 대해 알아가는 동시에 다양한 평가 요소들에 의해 부여되는 최종 점수를 통해 자신이 로레알 기업문화에 얼마나 부합하는지, 어떤 직무 분야가 자신에게 최적의 진로가 될 수 있는지를 판단해 볼 수 있도록 설계되어 있다. REVEAL은 로레알 인턴십에 지원하기 위해서 반드시 먼저 참가해야 하며, 일정 점수 이상을 획득한 학생들에게만 인턴십 지원서를 제출할 수 있는 자격이 부여되기 때문에 사전 스크리닝 기능을 하고 있다고 보여진다.

기업들이 현재 실행하고 있는 이색 채용방식을 살펴보면 공통점이 있는 것을 알 수 있다. 그것은 'best people' 보다는 기업의 특성에 맞는 'right people'을 선발하려는 분명한 목적을 가지고 있다는 것이다. 과거에는 기업들이 학력, 학점, 외국어 점수 등 소위 말하는 '스펙'(specification)이 중시하였고 스펙이 좋은, 엘리트 인재인 'best people'을 선발하는데 주력했다. 그러나 최근부터는 기업들은 자신들이 추구하는 미래의 비전, 분위기, 목표 등 각 기업에 적합한 인재, 'right people'을 채용하는 것이 모든 면에서 우수한 엘리트 인재를 채용하는 것보다 낫다는 인식을 하고 있고 따라서 각 기업에 적합한 채용방식을 개발하기 위해 노력을 쏟고 있다. 이러한 분위기 하에서 인재선발에 있어서 이색 채용방식이 적용범위를 넓혀가고 있는 것으로 여겨진다.

최근 경영계에 화두로 등장한 '창조경영'도 이러한 이색 채용방식의 유행에 기여를 한 것으로 보인다. 창조경영은 시시각각 변화하는 시대에 빠르게 적응하고 뛰어난 아이디어 하나로 혁신을 일으킬 수 있는 새로운 발전의 원동력, 창의력을 가진 인재의 존재를 전제로 하기 때문이다.

국내 드라마 「제빵왕 김탁구」의 폭발적인 인기에서 볼 수 있듯이, 비록 학력이나 사회적 신분측면에서 상대적으로 열악하다고 해도 자신의 적성에 맞는 한 분야에서 최선을 다해 일을 하고 차곡차곡 경험과 경력을 쌓아나가는 인재가 사람들에게 감동을 주는, 기업과 사회가 바라는 인재상이라는 쪽으로 일반 대중의 공감대가 형성되고 있는 것도 이색 채용방식의 선호경향을 설명할 수 있는 요소가 된다.

그런데 이색 채용에는 위험이 도사리고 있다. 그것은 선발의사결정에 있어서 필연적으로 수반되는 타당성(validity)의 문제이다. 기업이 자신의 기업문화와 인재상에 매치되는 인재를 선발한다는 명분으로 실제 업무와 기업의 경영목표와는 별 관계가 없는 요소를 선발에 있어서 중시하여 가중치를 부여한다든지, 검증되지 않은 능력이나 자질을 필요 이상으로 강조하게 되면 선발의 타당성이 훼손될 가능성이 높아지기 때문이다.

쉽게 설명하자면, 선발 면접에서 개그맨 이상의 유머감각을 보여서 이색 인재로 인정을 받아 채용된 사원이 있다고 하자. 그 사원이 입사 후에도 계속해서 동료와 고객들에게 웃음을 선사하는 데는 성공하겠지만, 전문성과 지속성이 강조되는 업무환경에서 과연 업무성과를 지속적으로 올릴 수 있을지는 의문시된다. 즉 실제업무의 내용과 관련성이 없는 자질이나 요소에 너무 현혹되어 선발을 하게 되면 업무성과 달성과는 관련성이 떨어지는 인재가 기업현장에 늘어날 수 밖에 없고, 결국 업무성과 달성에 적신호가 올 수 있기 때문이다.

따라서, 이색 채용방식은 많은 다른 채용방식 가운데 하나로 고려되어야 한다. 서류전형과 1차 면접을 통과한 인재에 대해서 이색 면접을 실시한다든지 하는 방식으로 전통적인 채용방식과 이색적 채용방식을 혼합하는 형태가 선발 타당성을 확보하는 데 도움이 될 수 있을 것이다. 업무관련성(relevance)과 타당성을 전혀 고려하지 않고 '허를 찌르는' 채용방식으로 뽑은 인력들이 나중에 '조직의 심장을 찌르는' 문제 인력이 될 수 있음을 유념하여야 할 것이다.

6. 인사선발과 인 · 적성검사

우리나라 기업에서 인사선발에 인성검사(Personality Test) 및 적성검사(Aptitude Test)를 활용하는 사례가 최근 급격히 증가하고 있다. 인 · 적성검사라고 하면 삼성그룹에서 실시하고 있는 직무적성검사인 SSAT(Samsung Aptitude Test)가 대표적인데 삼성은 이 테스트를 자체 개발하고 20년 이상 실제 선발에 활용해 오고 있다. 삼성에 이어 포스코, CJ그룹, LG전자, SK그룹, 대한항공, KT, LG화학, 우리은행 등 대기업에서도 인 · 적성검사를 개발, 활용해 오고 있다. 오늘날 웬만한 중견기업에서도 입사 선발에 인성 및 적성검사를 실시하고 있는 예가 많아졌다.

그 뿐만이 아니다. 현재 대학입시 수시모집에서 인성 및 적성검사가 대부분 시행되고 있으며 올해 첫 시험을 시행한 법학전문대학원(Law School) 입학을 위한 법학적성시험에도 인 · 적성검사가 실시되고 있으며, 경찰공무원 선발에 '경찰종합적성검사'가 시행되고 있을 뿐아니라 외무고시, 기술고시, 행정고시 및 법무고시에도 적성검사인 '공직적격성검사(PSAT)가 시행되고 있어 인 · 적성검사는 오늘날 우리나라의 인사선발에 있어서 중요한 선발 방식으로 자리 잡고 있다.

과거에는 불특정 다수의 지원자 중에서 소수의 유능한 인재를 선발하는 목적으로 인성 및 적성검사가 활용되었다면, 최근에는 특정 소수의 부적격자를 가려내어 선발에서 배제하는 방향으로 많이 활용되는 것이 추세이다. 또한 정보통신기술의 발전으로 종래에는 off-line 서면시험으로 시행하던 것을 on-line으로 실시되는 추세로 가고 있어 적용대상이 급격히 늘어나고 있다. 과거에는 신입직원 채용에 주로 활용되던 인성 및 적성검사가 경력직원 채용은 물론, 관리직과 심지어 생산직에 까지 적용대상이 확대되고 있다. 직종에 있어서도 영업직종, IT 직종, 특수전문직종에 이르기 까지 인·적성검사가 널리 활용되고 있다. 이제 우리나라에서 널리 활용되고 있는 인성 및 적성검사의 본질과 내용은 무엇이며, 우리나라에서 이것을 개발, 도입, 활용하는 과정에 문제는 없는지를 살펴보기로 한다.

인·적성검사의 내용은 크게 세 가지 카테고리로 구분된다. 첫째는 성격·인성검사, 둘째가 기초직무능력검사, 셋째가 직무종합 적성검사이다. 먼저 성격·인성검사는 지원자의 성격과 정서경향, 대인관계 성향, 일에 대한 태도 등을 검사하는 'Personality Test'를 주 내용으로 하고 있다. 여기에는 성격유형 이론인 'Big Five' 성격이론에 입각한 테스트가 주로 많이 사용되는데 'Big Five'에 성격유형은 다음과 같다.

① 외향성(extraversion): 사교적, 친구를 잘 사귐, 자기주장이 강함
② 상냥함(agreeableness): 협동적, 따뜻함, 호감을 줌
③ 성실성(conscientiousness): 일을 열심히 함, 조직적, 신뢰할 만함
④ 정서적 안정성(emotional stability): 조용함, 침착함, 자신감이 있음
⑤ 개방성(openness to experience): 창의적, 독창적, 새로운 것에 대한 호기심

학자들의 연구에 의하면, 외향적인 사람이 내성적인 사람보다 일반적으로 직장에 잘 적응하며 승진도 빠르고 임금수준도 높을 뿐 아니라 자신의 경력에 만족하는 경향이 더 크다고 한다. 그리고 상냥한 직원일수록 다른 사람에 대한 평가가 관대한 편이고, 성실성이 높은 직원은 타인을 평가할 때 가혹하게 하는 경향이 있다고 한다. 또 성실성이 높은 직원일수록 대체로 업무성과가 높다고 하며,

정서적 안정성이 높고 상냥한 직원, 그리고 새로운 것에 대한 개방성이 높은 직원은 고객을 상대하는 서비스업종에 근무하면 높은 성과를 달성할 가능성이 높다고 보고되고 있다. 또한 관리직의 경우에는 정서적 안정성이 높고 외향적인 성격 유형이 관리자로서 성과를 내는 경우가 많다고 한다. 이 밖에도 감정통제 능력이나 스트레스 관리 능력도 근로자들에게 일반적으로 요구되는 인성적 자질이다.

성격·인성검사를 통해서 기업은 지원자들이 지원한 업무분야에 잘 적응하고 성과를 낼 수 있는 성격을 가졌는지를 테스트하고자 하며, 또 채용 후 직원의 배치전환에 있어서도 성격·인성검사 결과가 활용 된다.

다음 인·적성검사의 두 번째 카테고리는 기초직무능력 검사로서, 언어능력, 수리능력, 추리능력, 지각력 등을 테스트하는 항목으로 구성되어 있다. 언어능력이란 동의어 및 반대어, 고사성어, 한자성어, 단어해석, 주제 찾기 등으로 구성되는데 최근에 들어 한자능력을 중시하는 회사들이 늘어나고 있다. 수리능력은 수식파악 능력, 일반 계산능력, 응용 계산능력, 수학기호 해석능력, 자료통계 해석능력으로 측정하는 것이 보통이다. 추리능력은 단어추리, 수계열 추리, 문장추리, 도형추리, 문자계열 추리, 연산추리 등을 측정한다. 지각능력은 도형, 숫자, 한글, 영문 등 사무지각 능력측정과 같은 도형 찾기, 절단 도형 찾기, 회전도형 찾기 등 공간 지각능력(spatial comprehension) 측정으로 구성되어 있다. 직무기초능력 검사는 학교시절에 배운 내용이 많고 학업성적과 관련된 부분이 많다는 점에서 일반적으로 지원자의 학교성적과 상관관계가 높은 것으로 알려져 있다. 그러나 기초직무능력이 우수하다고 해서 실제 근무성적이 높다고 보기 어렵다는 한계점을 가지고 있다. 실제로 업무상황에서 빈번하게 요구되는 자질은 상황분석 능력이라든지 기획능력, 판단력 등이 결정적인 역할을 하는데 직무기초능력 검사에서는 그 사람의 지능과 잠재능력을 주로 측정하기 때문에 선발에 있어서 타당성이 낮을 것이라는 점이 문제점으로 지적되기도 한다.

세 번째 카테고리로서 직무종합 적성검사를 들 수가 있다. 직무 적성검사를 실시하는 것은 바로 기초 직무능력검사가 안고 있는 한계를 극복하고 지원자들이 실제로 담당하게 될 업무상황에서 발휘할 수 있는 능력을 중심으로 측정함으로써 선발도구로서 타당성을 높이는데 기여한다. 직무종합 적성검사의 항목으로서 주로 사용되는 것은 다음과 같다.

① 논리력, 분석력: 주어진 상황에 대한 논리적 고찰, 논리적 언어 및 문장 구사, 숨겨진 가정 찾기, 논리적인 스토리텔링, 합리적인 사고
② 상황판단 및 상황대처 능력: 설정된 가상 상황 하에서 판단 및 대처 능력
③ 직무종합 상식과 매너: 영업 · 마케팅 능력, 국제화 마인드, 이문화 이해, 매니지먼트 지식, 직장예절 등

다음으로 인 · 석성검사가 우리나라 기업이나 조직에서 활용되는 데 있어서 문제점과 개선방안에 대해 살펴보기로 한다. 일반적으로 인 · 적성검사는 인력의 선발과 배치, 교육훈련 등 인사관리 전반에 활용되고 있으나 우리나라 기업에서는 주로 선발과 배치에 활용되는 경우가 대부분이다. 과거에 인사선발에 있어서 암기력과 지식위주의 선발 필기시험과 면접에 의존하던 경우보다는 인 · 적성검사를 시행함으로써 인사관리의 과학화를 달성하고 해당 조직의 인재상에 부응하는 인재를 확보하는 데 도움을 준다는 점에서는 분명 개선된 것이라고 여겨진다. 인적자원의 존재와 가치가 기업 경쟁력에 미치는 영향이 증대되고 있는 최근의 상황에서 인재의 확보에 있어서 인 · 적성검사가 차지하는 비중과 중요성이 증대되고 있다.

인 · 적성검사의 결과를 활용하는 데 있어서 기업마다 차이가 있지만 종합하면 대체로 다음 세 가지 활용 유형이 있다. 첫째, 인사선발에 있어서 예비선발의 기능으로 활용하는 경우이다. 예를 들면, 인 · 적성검사 결과를 서류전형처럼 1차적인 cut-off 자료로 활용한다든지 인 · 적성검사 부적격자를 추려낸 후 적격자들을 다음 단계의 선발과정으로 보내는 경우를 말한다. 이 경우 인 · 적성검사에서 부적격자로 판명된 지원자에 대해서는 면접이나 다른 선발도구의 적용이 배제되므로 이 경우 인 · 적성검사는 예비 선발 기능을 수행한다. 둘째, 인 · 적성검사와 다른 선발도구(예컨대 서류전형 또는 면접)의 결과점수를 합산하여 종합적으로 평가하는 경우를 말한다. 이 경우에는 인 · 적성검사의 성적이 저조해도 다른 선발요소의 점수가 좋으면 상쇄되므로 당락에 직접적으로 영향을 주지는 않게 된다. 셋째는 인 · 적성검사만으로 최종 선발하는 경우인데 서류전형, 필기시험, 면접시험을 다 치른 지원자에게 최종적으로 인 · 적성검사를 실시하여 부적격자는 탈락시키는 방법을 말한다. 이 경우는 인 · 적성검사가 지원자의 당락에 결정적이고 직접적인 영향을 미치게 된다. 오늘날 인 · 적성검사는 특정 소수의 부적격자를 가려내는 방향으로 시행되는 경우가 많다. 즉 인 · 적성검사를 통해서 성

격과 인성, 능력 측면에 있어서 특히 문제가 될 수 있는 소수인원을 선별하여 배제하는 방식으로 시행되는 경우가 대부분이다.

인·적성검사가 선발면접 등에서 발생할 수 있는 주관적이고 비과학적인 편차(bias)를 어느 정도 감소시킨다는 긍정적인 측면이 있기는 하지만, 해당 산업과 업종, 기업 특성에 맞는 인·적성검사를 전문가의 도움으로 개발해서 활용하는 것을 적극 권장한다. 그렇지 않으면 인·적성검사의 신뢰도와 타당도가 충분히 검증되지 않은 채 과학적이라는 이유로 잘못 실시될 수 있는 위험성이 크다. 채점과 해석에 있어서도 전문성이 결여된, 자의적인 채점과 해석으로 결과가 왜곡될 수도 있다.

특히 최근에는 시행이 간편하고 시간과 비용을 절감할 수 있다는 이유에서 온라인 인·적성검사 시행이 급증하고 있다. 온라인 인·적성검사는 응시자 신분 확인의 어려움, 응시자가 응시도중 타인의 도움을 받을 수 있는 점, 정보통신기술상의 문제 등 아직 개선해야 할 문제점이 많이 있기 때문에 실시에 있어서 주의가 요망된다.

7. 선발에 있어서 전기적(傳記的) 정보의 유용성

인사선발에 있어서 선발권자가 개별 지원자로부터 얻는 정보 중에 가장 기본적인 것에는 입사지원서 양식을 통한 정보가 있고, 다음으로는 설문지 형식으로 별도로 수집하는 전기적 정보(傳記的 情報, biographical information)가 있다. 지원자들은 수십개 문항으로 구성된 설문지에 응답하는 형식으로 자신의 전기적 정보를 선발하는 기업에 제공하게 된다. 지원자의 전기적 정보를 수집하는 양식을 '전기적 정보 양식'(Biographical Information Blanks: BIB)이라고 하는데 최근 인사선발에 있어서 BIB의 중요성이 부각되고 있다.

과거에는 기업들이 지원자의 학력, 학업성적, 경력, 자격획득 등 업무수행과 직접 관련이 있다고 여겨지는 정보에 치중하여 인력을 선발하는 경우가 많았으나. 최근에는 이른바 '열린 채용'을 표방하는 기업이 늘어나면서 학력, 경력에 치중하지 않고 지원자의 다양한 관심사, 취미생활, 라이프 패턴, 가치관 등에 관심을 가지게 되면서 BIB를 통해 전기적 정보를 다양하게 수집하는 경향이 늘어나고 있다.

실제로 금융기관에서 발생하는 대형 부정 대출사건이나 횡령, 또한 공무원의 독직 사건들을 조사해 보면 범행에 연루된 직원들은 대부분 학력, 경력에는 별 문제가 없으나 평소의 사생활이나, 도박, 알콜 중독 등 라이프 패턴과 취미생활에 문제가 있었던 '위험 집단'인 경우가 많았다.

마치 범죄가 발생하면 경찰이나 검찰에서 프로파일링(profiling) 전문가들을 동원하여 해당 범죄를 저지를 가능성이 많은 연령대, 사회적 배경, 취미, 경험 등 자료를 분석하여 문제가 되는 위험군을 찾아내어 범인 체포에 결정적인 정보를 제공함으로써 사건해결에 도움을 주는 사례에서 볼 수 있듯이 지원자의 전기적 정보를 프로파일링 원리를 적용하여 잘 분석하면 인사선발의 정확성과 타당성을 높일 수 있다는 데 많은 사람들의 의견이 모아지고 있다.

이러한 이유로 최근 전기적 정보(BI)가 기업의 인사선발에 폭 넓게 적용되고 있는 것이다. 가령, 선발면접에서 전기적 정보를 수집할 수 있는 면접문항이 개발되는 사례가 많다. 예를 들면, 다음과 같은 문항들이 이에 해당 된다:

- 귀하는 부모님의 품을 떠나 타향에서 생활한 적이 있습니까? 그렇다면 그것은 몇 살 때 이었으며, 왜 고향을 떠났습니까?(독립성에 관한 정보)
- 어린 시절부터 지금까지 주로 거주했던 곳은 농촌지역, 소도시, 대도시 중 어디에 해당됩니까?(개인적 사회경험의 폭에 관한 정보)
- 어린 시절부터 지금까지 주로 하는 운동은 무엇입니까?(취미 생활 정보)
- 학업 외에 잘 하는 일(예를 들면, 악기 연주 등)에는 어떤 것이 있습니까?(다양한 생활 패턴에 관한 정보)
- 어린 시절부터 지금까지 지내오면서 특별히 어려움(경제적, 신체적, 심리적..)을 겪었던 적이 있었습니까? 그렇다면, 그 어려움을 어떻게 극복했습니까? (인생의 갈등과 문제해결 경험에 관한 정보)

입사지원서 양식(application form)이 신상정보, 학력이나 경력 등 지원자의 공식적인 기본 정보를 수집하는 것이라면, 전기적 정보 양식(BIB)은 더 나아가서 지원자의 공적 또는 사적인 행동, 성향, 생활 등 개인적인 히스토리를 수집하는

데 목적을 두고 있다. 전기적 정보는 그 개인의 독특한 행동 및 생활정보가 담겨 있기 때문에 위조하기가 어렵고 정보의 정확도가 높은 편이다. 그러나 입사지원서에 담긴 정보는 계량화하기가 비교적 용이한 반면에 BIB 정보는 계량화하기가 어렵다는 특징을 지니고 있다. 그러나 오늘날 기업에서는 BIB 정보를 계량화하는 방법을 개발하여 이를 인사실무에 유용하게 사용하고 있다.

전문가들은 다양하게 수집한 BIB 정보를 토대로 지원자의 미래 업무성공 여부와 연관성을 분석하였으며, 그 결과에 따르면 입사시의 BIB 정보가 비교적 업무성공의 예측력이 높은 것으로 알려지고 있다. 마치 범인의 프로파일링을 정확하게 하면 범인을 추적하고 체포하는 데 도움을 주는 것처럼, BIB가 기업이 필요로 하는 인재를 확보하는 데 유용성을 주고 있는 셈이다.

미국에서 BIB가 처음 개발, 도입된 것은 1917년 생명보험사협회(LIAMA)가 보험 외판원을 선발하는 데 사용될 전기적 정보 양식을 개발하여 실무에 도입한 것이 최초였다. 보험 외판원(오늘날 보험설계사)으로서 성공하기 위해서는 다른 직업과는 구별되는, 독특한 적성과 취미, 그리고 행동성향을 가진 사람이 요구된다는 기본 가정 하에 BIB를 개발하였고 보험업 종사자로서 바람직한 BIB 정보를 인사선발에 적용한 결과는 성공적이었다. 그 이후 BIB가 일반 기업과 조직의 인사선발에 도입되어 입사지원서와 함께 설문지 형식으로 BIB가 수집되기 시작했다.

오늘날 BIB를 통해 일반적으로 수집되는 전기적 정보는 다음과 같다:

1. 인적사항
   - 연령
   - 결혼여부(marital status)
   - 결혼 기간
   - 부양가족 수

2. 학교 교육
   - 학교 교육의 형태
   - 졸업(취득한 학위 및 자격)
   - 배우자의 교육 정도
   - 선호한 과목 및 전공
   - 성적

3. 사회경제적, 재무적 지위
   - 현재 수행하고 있는 업무
   - 채무관계
   - 거주 형태(자가, 전세, 월세 등)
   - 희망하는 연(월) 소득

4. 취미 및 관심사
   - 취미생활
   - 운동(할 수 있는 스포츠)
   - 외근 선호여부
   - 주요한 여가 활동

5. 직업 경험
   - 이전의 직업 경험
   - 지금까지 근무기간
   - 해고 및 사직한 이유

6. 개인적 성격 및 성향
   - 타 지방으로서 전보 및 전출 희망 여부, 가능성
   - 자신감
   - 회사에 바라고 싶은 것
   - 선호하는 업무 및 과업

7. 기타 일반 사항
   - 직업
   - 현행 직업과 유사한 직업
   - 군 복무 여부(계급, 병과)
   - 부모에 대한 정보

여기에 제시된 BIB는 일반적인 예시이며, 기업이나 조직의 산업과 업종, 조직의 전략과 문화에 따라 개별 조직에 적합한 BIB를 개발하여야 할 것이다.

일반적으로 BIB를 통해 수집한 전기적 정보는 다음과 같은 특징을 지닌다:

- 증명이 가능하다(BIB에 기록된 정보를 토대로 진위여부를 가릴 수 있다)
- 과거 지향적이다
- 실제로 지원자가 수행한 행동을 기록한다
- 지원자의 기억에 의존한다
- 팩트(사실) 중심의 기록이다
- 내용이 구체적이다
- 외부적인 사건이 기록된다

오늘날에는 전문가들의 도움으로 BIB의 표준화가 달성되어 비교가능성이 높아졌고 업무성공을 예측하는 예측력과 타당성이 비교적 높은 것으로 판명되고 있기 때문에 기업들은 BIB 사용을 확대하는 추세에 있다.

물론, BIB의 단점과 한계도 있다. 가령, BIB 정보가 과거의 정보이기 때문에 전기적인 정보가 지원자의 미래 성공을 반드시 정확하게 예측한다고 주장하는 데는 한계가 있다. 지원자가 과거에는 긍정적인 전기적 정보를 가지고 있었다고 하더라도 업무환경이 매우 낯설거나 적대적일 경우에는 과거의 경험이나 행동이 미래의 업무환경 하에서 적응력을 발휘하는 데는 충분히 문제가 있을 수 있기 때문이다.

그럼에도 불구하고, 기업은 지원자의 전기적 정보를 수집하는 다양한 툴을 개발하여 예측 타당성을 높이는 노력을 경주해야 하며, 과거의 성향이 미래의 업무 환경에 긍정적인 효과를 낼 수 있도록 입사 후 신입사원들에 대한 지원정책을 강력히 추진하면 인사선발의 정확도를 높일 수 있을 것이다.

8. 프로파일링과 인사선발

'프로파일'(profile)이란 원래 '옆얼굴'이란 의미로 쓰였다. 사람의 옆얼굴을 검게 처리하여 윤곽만을 보면 튀어나온 이마, 들어간 눈, 우뚝 솟은 코, 턱 선을 잘 볼 수 있다. 실제 얼굴을 보지 않고 프로필만 봐도 대충 그 사람이 누구인가를 알아 맞출 수 있을 정도로 프로필은 그 사람의 얼굴 윤곽 특성을 잘 보여주고 있기 때문에 프로필을 그 사람의 특징적 자질로 인식하는 풍조가 서구에서 만연하였다. 오늘날에는 프로필의 개념이 발전하여 '프로필' 또는 '프로파일'이라고 하면 그 사람의 특징적인 이력이나 특성을 가리키는 말이 되었다.

'프로파일링'(profiling)이란 범죄심리학에서 주요한 기법이 되고 있다. 범죄심리분석관들은 살인사건 등 범죄사건이 발생하면 프로파일러(profiler)를 동원하여 범인이 어떤 유형의 사람일지를 분석하고 수사망을 압축하는 데 도움을 주고 있다. 프로파일러들이 분석하는 것은 범인의 성별, 거주지, 거주 형태, 성격, 라이프스타일, 알코올 등 약물 의존성, 성적(性的)성향 등에 초점으로 두고 용의선상에 있는 사람들을 분류하고 용의자 집단과 범인을 선별하는 작업을 한다.

최근 우리나라에서 발생한 어린이 성추행사건과 실종사건들을 해결하는 데 프로파일러들이 혁혁한 성과를 올리면서 프로파일링에 대한 일반의 관심이 높아졌다. 선진국에서 활용되고 있는 프로파일링 기법이 국내 범죄수사에 도입된 것은 2000년부터이다. 이들 프로파일러들의 노력으로 경찰은 실종 어린이의 집에서 그리 멀지 않은 곳에 살고 있는 범인을 검거하는 데 성공하였다. 프로파일러들이 그려낸 범인의 윤곽은 ① 고립된 생활을 하는 남성, ② 성적(性的) 환상을 가진 사람, ③ 알코올 등 약물 의존성이 있는 사람, ④ 사건현장에서 멀지 않은 곳에 거주하는 사람이라는 프로파일이었고 실제로 검거된 범인들은 이러한 프로파일과 정확히 일치하고 있었다. 경찰이 위의 프로파일을 가진 사람을 용의선상에 올려놓고 현장을 떠나지 않고 집요하게 수사한 것이 범인의 검거에 큰 도움이 되었다.

프로파일링은 기업의 인사선발에도 활용되고 있다. 프로파일을 이용한 인사선발 방법은 기업이 업무수행에 성공하는 종업원들의 평균적이고 표준적인 자질을 과거 데이터를 축적, 분석하고 파악하여 이를 '이상적인 프로파일'(ideal profile)이라 정의하고 개별 지원자의 자질을 측정하여 이 이상적 프로파일과 유사한 자질을 가진 자를 선발하는 방법이다.

일반적으로, 이상적 프로파일과 개별 지원자의 프로파일 간 유사성을 검증하는 기준은 다음 두 가지이다.

1) 수준(level)

수준이란 한 자질의 값과 이상적 자질 사이의 절대적 차이를 말한다. 수준차가 크면 클수록 적임자일 가능성은 희박해지고 그만큼 선발될 가능성이 낮아진다. 이상적 자질보다 지원자의 자질수준이 높으면 'over-qualification'이고, 이상적 자질보다 낮으면 'under-qualification'으로 간주되어 적임자가 아닐 가능성이 높기 때문이다([그림 2-1] 참조).

그림 2-1 두 프로파일이 수준(level)은 동일하나 형태(shape)가 다른 경우

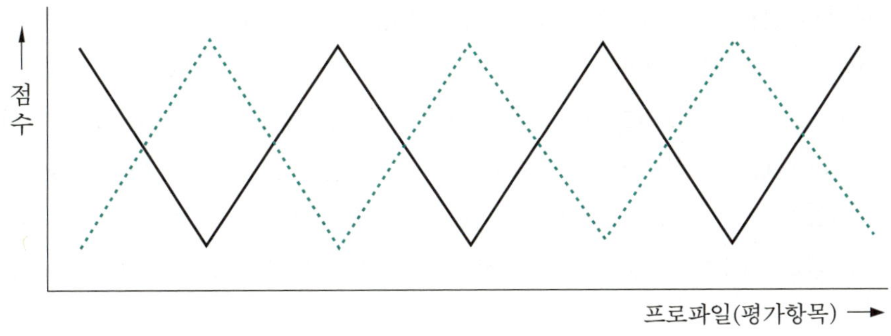

2) 형태(shape)

형태는 지원자의 각 자질의 값과 이상적 자질간 상관관계를 구했을 때 상관계수의 값이 높게 측정되었다면 절대적 수준차이에도 불구하고 그 지원자는 적임자라고 판단하고 선발이 된다. 왜냐하면 그 사람의 자질은 이상 자질과 동일한 형태로 진행하기 때문에 같은 '끼'를 지녔다고 여겨져 입사 후 그 직무에서 성공을 거둘 가능성이 높기 때문이다([그림 2-2] 참조).

그림 2-2 두 프로파일이 이 형태(shape)는 동일하나 수준(level)이 다른 경우

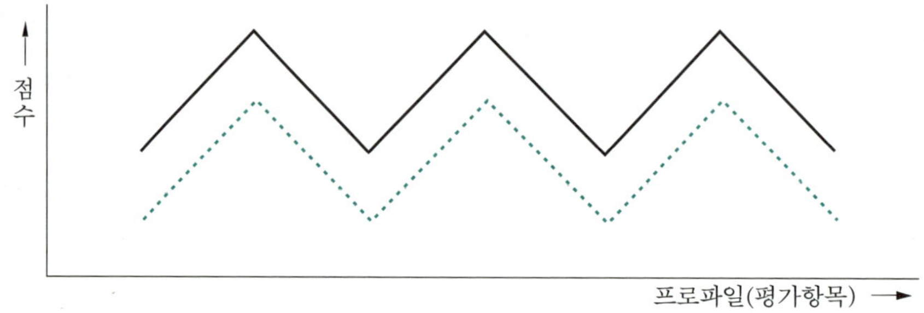

프로파일 방법으로 선발을 하는 예를 들면, [그림 2-3]과 같다. 그림에서 보는 바와 같이, 어떤 기업에서 입사시험을 치룬 지원자 A와 B의 성적 분포는 그림과 같다고 한다. 그리고 회사가 지금까지 해당 직무에 성공을 거둔 현직자(incumbents)들의 성적평균을 산출하여 구한 이상적 프로파일(ideal profile)은 역시 그림과 같다고 하자. 지원자 A, B의 성적은 각기 수준과 형태에 있어서 상이한 분포를 보이고 있다. 만약 이 회사가 입사시험 성적의 평점평균(average)

그림 2-3 이상적 프로파일에 기초한 인사선발의 예

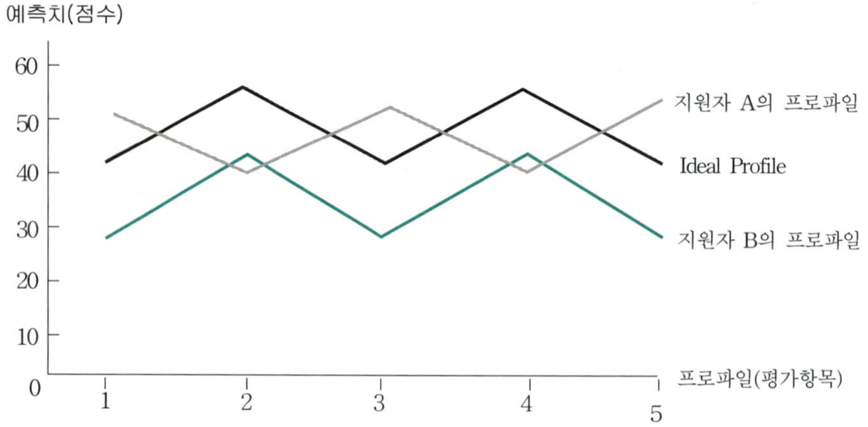

보다 구체적 프로파일에 대한 '끼', 즉 형태를 중시하여 선발하는 정책을 고수한다면 평점평균이 높은 지원자 A보다 지원자 B가 선발될 가능성이 높다.

인사선발에 프로파일링을 활용할 때는 정량적 분석과 정성적 분석 모두 가능하다. 전자의 경우, 특정 기업에서 지금까지 인사선발에 사용한 선발도구의 성적분포, 그 중에서 합격자들의 성적분포, 그리고 합격자들이 입사 후 2-3년 이후 근무성적(인사평가 점수의 평균) 등에 대한 데이터베이스가 구축되어 있으면 이상적 프로파일 값을 산출해 낼 수 있으며 인사선발 시 지원자의 프로파일 값이 이상적 프로파일과 어느 정도 유사성이 있는지를 판단하여 선발할 수 있다. 그러나 이러한 정량적인 자료가 축적되어 있지 않다고 해도 기업마다 인재상이라는 것이 있고 경영자들은 '이런 저런 자질을 갖춘 사람이 우리 회사에서 성공적으로 근무했다'는 경험에 기초한 판단자료를 정성적으로 갖고 있기 때문에 인재상이나 성공적 업무수행자(higher performer)의 자질에 근접한 사람을 선발하려고 한다.

프로파일링에 있어서 주요한 특징은, 이상적 프로파일은 산업과 직종에 따라, 기업과 조직의 특성에 따라 다르다는 것이다. 총괄적으로 무난한 프로파일을 갖춘 사람이라고 하더라도 특정 기업의 이상적 프로파일과 거리가 있다고 판단되면 선발되지 않는다. 따라서 프로파일링을 인사선발에 사용한다는 것은 대체로 무난한 인재를 선호하지 않고, 특정 기업의 업종과 근무내용, 인재상에 맞는 사람을 선호한다는 것이 전제되어 있다. 오늘날 우리나라의 기업도 사원 선발에 있어서 과거의 일반적이고 무난한 스펙보다는 '끼'와 문화적응을 중시하는 성향이 강해지고 있는 만큼 인사선발에 있어서 프로파일링 기법의 역할이 중요해지고 있다.

9. 핵심인재 메트릭스(Talent Metrics)

기업의 경쟁우위를 구성하는 핵심인재를 확보하기 위해 기업은 애를 쓰고 있다. 한 조사에 의하면, 기업 인사담당자 10명 중 8명은 자사의 핵심인재가 부족하다고 느끼고 있다고 한다. 핵심인재를 외부에서, 그것도 해외에서 데려오는 데 대해서 이의를 제기하는 사람은 이제 우리나라 기업에 많지 않다. 특히 글로벌 환경에서 활동하는 기업은 세계시장에서 통하는, 경쟁력 있는 핵심인재를 유치하고 유지하는 데 회사의 사활을 걸고 있다.

핵심인재와 관련된 주요 이슈는 핵심인재를 어떻게 정의하는가 하는 문제와 그리고 핵심인재를 어떻게 확보하고 활용, 유지시키는 방법론이라고 볼 수 있다. 여기서는 기업의 핵심인재 유치와 유지를 위해 고려해야 할 사항에 대해 기술하고자 한다. 핵심인재관리(Talent Management)의 요체는 유치와 유지(attraction and retention)라고 말할 수 있다. 즉 핵심인재를 측정하는 기준, 쉽게 말하면, 핵심인재를 확인하고 골라내는 방법이 중요하고, 다음으로는 확보한 핵심인재를 개발하고 활용하며 유지하는 것이 중요하다. 이 글에서는 핵심인재관리의 핵심이 '메트릭스'(metrics)에 있다고 보고 이를 중심으로 기술하고자 한다. '메트릭스'라는 의미는 도량형제도인 '미터법'과 같이 핵심인재를 재는 잣대라는 의미이다.

핵심인재를 어떻게 정의내리는가, 어떤 잣대로 잴 것인가, 그리고 어떻게 관리하는가 하는 정의와 관리방법은 회사마다 다를 수 있다. 그러나 도량형에서 미터법(metrics)이 표준적인 잣대이듯이 여기서 제시하는 방안은 표준적인 체크리스트로 활용될 수 있다.

첫째, 인력계획(Human Resource Planning) 관점에서 핵심인재를 예측하라.

좋은 사람이므로 우선 확보하고 보자는 식의 주먹구구식 채용관리는 실패하기 쉽다. 기업이 적어도 2, 3년 후에 필요한 인재란 어떤 인재이며, 어떤 기술을 가진 인재가 어떤 직급에 몇 명 정도나 필요한가? 지금 기업내부에 그러한 인재를 보유하고 있는가? 이 물음에 대한 계량적이고, 비계량적인 분석, 즉 인력계획에 따라 적합성이 인정되는 인재라야 진정한 핵심인재이다. 인력계획에 따라 핵심인재를 확보하는 것이 핵심인재를 관리하는 첫 단계로 매우 중요하다. 핵심인재 확보를 위한 로드맵을 작성하고 이를 토대로 핵심인재의 숫자와 요구되는 자격요건, 그리고 확보시기를 과학적으로 계획하는 것이 필요하다.

둘째, 핵심인재의 확보가능성을 체크하라.

우리 회사가 필요로 하는 핵심인재를 과연 확보할 수 있을 것인가? 우리가 요구하는 조건을 충족시키는 인재를 언제까지 확보할 수 있을까? 입사 후 빠른 시일 내에 원하는 성과를 낼 수 있는 인재일까? 이 물음은 핵심인재의 확보라는 것이 회사의 요구조건과 일치되고 확보 시기가 적절해야만 효과를 거둘 수 있다는 것을 확인시켜준다. 최근 우리나라 기업이 선호하는 핵심인재는 글로벌 마케팅, 연구개발(R&D), 금융, IT(정보기술) 분야인 것으로 알려져 있다. 이와 같은 해당 분야 요구조건에 맞는 핵심인재들을 언제, 어디서 확보할 것인지를 면밀히 검토하고 계획을 세워야 한다.

셋째, 핵심인재의 조직몰입을 체크하라.

핵심인재가 회사에 들어와서 잘 적응하지 못하고 조기에 퇴직한다면 회사에 많은 비용을 발생시킬 수 있다. 핵심인재를 데려오는 것도 중요하지만 조직사회화에 성공하여 잘 적응하는 것도 중요하다. 핵심인재의 사회화의 성패는 새로 들어온 인재의 노력에도 달려 있지만, 회사도 노력을 기울여야 한다. 핵심인재를 데려온 부서의 경영자가 멘토가 되어 이들을 끝까지 팔로우업을 하는 것이 필요하다. 이른바 회사의 '문전옥답 세력'에 의해 조직적으로 견제를 받거나 따돌림을 당하지는 않는지 점검할 필요가 있다. 핵심인재들이 일단 조직 적응에 성공하였다고 하더라도 이들의 만족도와 조직몰입도가 증가하는지를 꾸준히 모니터링 할 필요가 있다.

넷째, 회사가 핵심인재를 개발하고 있는지를 체크하라.

핵심인재라고 해서 지식과 기술개발이 필요 없는 것은 아니다. 오히려 완성도가 다소 떨어지는 인재를 회사에서 잘 키워 정상급 핵심인재로 성장한다면 더 바람직할 수 있다. 입사 후 핵심인재가 적절한 도전을 받아 지식과 기술측면에서 꾸준히 발전하고 있는지를 체크할 필요가 있다. 회사 현업부서의 업무가 외부에서 스카웃된 핵심인재들에게 성장을 위한 모티베이션을 적절히 주고 있는지를 점검할 필요가 있다. 그리고 핵심인재가 자기 개발에 힘쓰는지, 내부와 외부 핵심인재들과 네트워킹을 형성하는지를 점검하는 것은 중요하다.

다섯째, 핵심인재가 적절한 직무에 배치되어 있는지를 체크하라.

핵심인재를 위한 직무 할당과 배치가 적절하지 않으면 그들이 조직 내에서 능력을 충분히 발휘할 수 없을 것이다. 핵심인재의 보유 능력과 일치되는 직무와 직위에 배치하는 것은 핵심인재의 성공을 위해 필수적인 것이다. 핵심인재의 직무배치 문제는 경우에 따라서 매우 유연하게 대처할 필요가 있다. 핵심인재에게 직무를 선택하게 하고 팀원을 구성하는 데 있어서 자율성을 주는 방향으로 관리될 필요가 있다.

여섯째, 핵심인재에 대한 경영자의 관심을 체크하라.

핵심인재 관리는 최고경영자(CEO)의 리더십을 엿볼 수 있는 바로미터가 된다. 리더십이 탁월한 CEO일수록 핵심인재의 확보와 유지에 비상한 관심을 갖고 핵심인재관리 프로세스를 직접 챙기는 경향이 높다. 미국의 초우량기업 CEO는 총 업무시간의 30% 정도를 핵심인재 관련 업무를 위해 소비한다는 조사결과가 있다. 임원들이 핵심인재를 몇 명이나 뽑았고 이를 뽑기 위해 얼마나 챙기고 있으며 확보한 핵심인재를 성장시키는 데 얼마나 노력하고 있는지를 인사평가 기준으로 삼는 기업들이 많다. 실지로 핵심인재를 제대로 확보하지 못해 CEO로부터 질책을 받거나 인사 상 불이익을 받는 임원들이 늘고 있는 것은 이러한 사정을 잘 반영해 준다. 경영자가 리더십을 발휘하여 핵심인재에 대해 관심을 갖지 않으면 핵심인재 관리는 실패할 가능성이 많다.

일곱째, 핵심인재가 유지되고 있는지를 체크하라.

핵심인재가 회사에 잘 적응하여 장기근무를 하고 있는지, 즉 잘 유지되고 있는지를 체크할 필요가 있다. 핵심인재의 이직률이 기준 이상으로 높은 경우에는 대책을 수립해야 한다. 이들이 회사를 떠나는 이유가 무엇인지를 규명할 필요가 있고 이직에 있어서 경영자의 책임은 없는지를 점검할 필요가 있다. 핵심인재가 외국인인 경우, 본인과 가족이 한국생활에 잘 적응하는지를 점검하고 24시간 '콜센터'를 운영하면서 이들의 유지관리에 공을 들여야 한다. 해외 핵심인력 유지관리를 위해서는 주택, 병원, 학교, 비자, 세금 등 내국인에 비해서 챙겨야 할 것이 많기 때문에 전담인력을 배치하는 것도 고려할 만하다.

결국, 핵심인력관리의 요체는 '관계 관리'라고 할 수 있다. 경영자와 핵심인력간 긴밀한 관계를 형성하고 유지하는 것이 무엇보다 중요하다. 그래서 최근 '핵심인력 관계관리'(Talent Relationship Management: TRM)라는 용어가 생겼다. TRM은 평소 핵심인력 풀(pool)을 확보하여 핵심인력이 보유하고 있는 기술, 능력, 자격을 데이터베이스로 관리하면서 이들의 장점과 단점, 우리 회사에 기여할 수 있는 부분이 무엇인지를 모니터링 하다가 확보할 시점이 되면 적극적인 유치에 나서고 일단 유치에 성공하고 조직에 정착한 후에도, 심지어 회사를 떠난 후에도 사후관리를 통해 이들과 긴밀한 인간관계를 유지하는 것이다.

국내 S전자는 게임 프로그래밍에 발군의 실력을 가지고 있는 10대 청소년들과 평소 좋은 관계를 유지하고 이들에게 고성능 컴퓨터와 주변기기를 제공하며 약간의 '장학금'을 지원해주며 자사의 시제품을 평가해보게 하는 등 관계를 맺다가 회사가 필요로 하는 결정적인 시기에 이들을 특채하는 인사제도를 유지해왔다. 이 사례도 TRM을 활용한 핵심인력관리 프로그램이라고 생각된다.

국내 대기업은 연간 1~2명씩 해외 중량급 인재를 유치하는 '임원목표 유치제'를 시행하는 곳이 많다. 인사담당자들도 '해외 우수인력 유치단'을 구성하여 미국의 명문대학들을 순회하면서 이공계 석· 박사 및 MBA 한국 유학생들을 대상으로 채용설명회를 개최하고 이들과 평소 친분을 쌓으려고 노력하고 있다.

TRM은 선행관리적(proactive management) 인사관리의 전형이다. 또한 TRM은 조직의 경계관리에 해당하는 기능으로서 노동시장의 동향을 끊임없이 모니터링하여 회사가 필요로 하는 핵심인재를 적시에 공급하는 역할을 담당한다. TRM을 통해 회사와 핵심인재들 간의 긴밀한 관계형성에 성공하면 TM(talent management)은 성공한 것이나 다름없다.

10. 핵심인재 지키기: - Poaching과 Raid에 대한 대응전략 -

얼마 전 국내 유수 중공업 기업의 사장과 상무가 부정경쟁방지 및 영업비밀보호에 관한 법률 위반 혐의로 구속된 사건이 발생하여 업계에 충격을 주었다. 구속된 두 사람은 20 여 년 간 근무했던 경쟁사에서 현재 직장으로 이직하면서 전직 회사의 원천 핵심기술을 빼돌린 혐의를 받고 있다. 최근 '평생직장' 개념이 사라지면서 이직이 보편화된 환경에서 자신의 지위에 불안을 느끼는 임직원들을 경쟁사에서 공격적으로 스카우트해가는 과정에서 빚어진 사고라고 여겨진다. 이 사건은 기업의 경쟁력이 인적자원관리의 허술함으로 일시에 무너질 수 있다는 사실을 보여주고 있다.

인적자원의 경쟁력이 기업의 경쟁력을 좌우하는 요즘, 핵심인재를 확보하기 위한 전쟁, 즉 'War for Talents'가 실제로 벌어지고 있다. 이러한 전쟁은 미래에도 지속될 것으로 전망된다. 그 이유는 글로벌 경쟁력으로서 인적자원의 중요성이 앞으로도 계속 증대될 것이지만, 핵심인재의 공급이 수요를 충족시키지 못하는 현상이 지속될 것이기 때문이다.

인적자원의 존재와 적절한 활용이 기업의 재무적 성과에 영향을 미치는 것이 속속 증명되고 있는 최근, 우수한 인적자원의 유치와 유지에 기업은 사활을 걸고 있다고 볼 수 있다. 결국 공격적 리크루팅을 통해 핵심인재를 확보하는 것이 기업의 입장에서는 보유하고 있는 직원들을 훈련시켜 필요한 인재로 양성하는 것보다 전략적으로 득이 된다고 생각하는 기업들이 많아지면서 핵심인재 확보를 위한 전쟁에서 이길 전략과 전술의 개발에 힘을 쏟고 있다.

오늘날 핵심인재의 '확보' 못지 않게 기업이 보유하고 있는 핵심인재를 경쟁사로부터 '지키기'가 중요해진다. 왜냐하면 핵심인재를 둘러싼 경쟁은 직접경쟁의 형태로 진행되기 때문에 핵심인재를 확보한 측은 그만큼 경쟁에서 득을 보지만 빼앗긴 측은 그만큼 손해를 보는 제로섬 게임이라고 경영자들은 생각하기 때문이다. 따라서 '핵심인재 지키기' 전략은 기업의 경쟁적 우위 확보를 위해서 핵심이슈로 등장하고 있는 것이다.

웹브라우저 업체인 넷스케이프(Netscape)사의 전 직원들은 경쟁사에서 보낸 이메일과 편지의 전면적 '습격'(raid)을 받았다. 이메일에는 넷스케이프보다 좋은 조건을 제공할 테니 자리를 옮기라는 이직 권유의 내용이 담겨 있었고, 실제로 그 습격사건의 후유증으로 일부 직원은 그 모집 권유에 응하여 그 회사로 옮겨가기도 했다. 넷스케이프는 동일한 방법으로 그 경쟁사에 보복하였다. 즉 의도적으로 그 경쟁사의 몇몇 우수 직원을 넷스케이프로 스카우트한 것이다. 또 미국의 트럭 운송회사인 헌트(J. B. Hunt)는 경쟁사들로부터 양질의 우수 트럭운전자들을 스카우트하기 위해 초임을 큰 폭으로 올렸다. 경쟁사들은 헌트처럼 임금을 대폭 인상해 줄 형편은 못 되었지만 우수 인력이 유출되는 것을 막기 위해 운전자의 삶의 질을 대폭 개선하는 데 자원을 투입하였다. 예를 들면, 트럭에서 무선 인터넷 접속이 가능하게 해주고 전화카드를 무상으로 지급함으로써 우수인력의 동요를 최소화시키려고 애썼다. 이러한 실례에서 보듯이, 핵심인재를 둘러싼 기업 간 경쟁은 공개된 노동시장에서의 직접경쟁의 특징을 가지며 그러한 경쟁이 이루어지는 시장의 메커니즘은 다음의 세 가지 변수에 영향을 받는다. ① 인력의 질(quality), ② 인력의 희소성(scarcity), ③ 인력의 가격(price).

오늘날 '인재확보 전쟁'에서 빈번히 사용되는 대표적인 전술로는 'poach'와 'raid' 전술을 들 수 있다. 포우치(poach)는 어원적으로 '사냥할 짐승을 밀렵하다'는 뜻을 가지고 있다. 중세 유럽에서 남의 영지를 침범하여 사냥감을 몰래 사냥하는 밀렵행위를 의미하는 단어라고 한다. 오늘날 'poaching'이라고 하면 경쟁사의 특정 핵심인력에 개별적으로 접근하여 이들에게 보다 나은 근로조건을 제시하여 자기 회사로 스카우트하는 행위를 일반적으로 일컫는 용어가 되었다. 이에 비해서 레이드(raid)는 '습격'이라는 뜻을 지니고 있으며 불특정 다수의 인력을 대상으로 공격적인 모집행위를 하는 것을 의미한다. 넷스케이프 전 직원들에게 메일을 통해 스카우트 제의를 한 경우가 레이드의 예로 들 수 있다. 레이드 전술의 예를 구체적으로 들면, 해당 기업 부근에 인력 모집에 대한 경쟁사의 광고를 게시하거나, 자동차 윈도우 브러시에 광고물을 끼워 넣거나, 해당 기업 모든 직원들에게 대량 이메일을 발송하거나 비행선에 광고 문구를 부착하여 해당 기업 상공을 비행하는 경우 등 매우 다양한 전술들이 있다.

이러한 살벌한 인력확보 전략이 기승을 부리게 된 배경에 대해서 학자들은 다음과 같은 점을 원인으로 제시하고 있다. 첫째, 과거에는 경쟁사의 직원을 스카우트 하는 행위를 억제하던 사회적 규범이 존재하였으나, 오늘날 기업을 둘러싼 환경변화 속도가 빨라짐에 따라 필요한 우수인력을 회사의 내부에서 개발하기보다는 경쟁사의 우수인력을 데려오는 것이 시간을 절약할 수 있고 조직에 새 바람을 일으킬 수 있다고 생각하는 경영자가 증가하고 있다는 점이 주된 원인으로 지적되고 있다. 둘째, 과거에는 기업들이 핵심인력에 대해서 재무적인 인센티브를 제공하여 조직에 계속 머물러 있도록 유도하는, 이른바 '황금 수갑'(golden handcuffs)을 스카우트의 대상이 되는 핵심인재들에게 제시하여 경쟁사의 스카우트 손길로부터 보호할 수 있었으나 최근에는 경쟁사에서 황금수갑의 가치를 능가하는 파격적인 인센티브를 제시하여 황급 수갑을 상실하는 손실을 충분히 보상하고 데려가는, 이른바 'golden hellos' 사례가 증가하고 있다. 셋째, 헤드헌팅 산업의 급성장을 들 수 있다. 헤드헌터들이 증가하면서 우수 핵심인재에 대한 정보가 체계적으로 수집, 활용되고 있어서 노동시장에서 인력의 이동을 보다 원활하게 만드는데 기여하였다. 이에 대한 부작용으로서 우수 인재 스카우트를 둘러싼 기업 간 소송 건수도 급증하는 추세에 있다.

그러면 핵심인력이 경쟁사로 유출되는 것을 방지하는 전략과 전술에는 어떤 것이 있는가? 미국의 사례를 살펴보면, 퇴사 면담(exit interview)이 경쟁사의 포우칭과 레이드 공격으로부터 직원들을 보호하는 데 중요한 역할을 한다고 알려져 있다. 퇴사 면담을 통해서 경영자는 회사를 떠나는 근로자들이 이직 의사결정을 할 수 밖에 없었던 저간의 사정을 충분히 경청하여 회사 내부의 취약점을 파악하고 이를 즉각 시정하도록 한다. 이러한 일이 비록 '소 잃고 외양간을 고치는' 일이기는 하지만 미래의 핵심인력 손실을 방지할 수 있는 근본 대책을 세우는 데에는 큰 기여를 할 수 있다. 퇴사 면담에 퇴사자들이 잘 응하지 않는 경우도 있을 수 있다. 미국의 경우 퇴사 면담을 촉진하기 위해 면담에 응하는 퇴사자에 대해 상품권 등 금전적 보상을 주는 경우도 있다. 퇴사자 뿐 아니라 현직에 그대로 머물러 있는 직원들도 경쟁사 포우칭과 레이드에 대한 정보수집에 있어서 중요한 원천이다. 미국의 경우 타사로부터 포우칭과 레이드를 받은 경우 회사에 신고를 하면 신고 보상금을 지급하는 경우도 있다. 자신의 독자적 사업을 시작하기 위해 퇴사하거나 또는 경쟁사로 옮겨 이미 자리를 잡은 임직원들은 잠재적 포우처 또는 레이더가 될 가능성이 높다. 이들은 사업을 시작하면서 함께 일했던 전 회사의 구성원들에게 이직하고 함께 일할 것을 권유하는 사례가 많다고 한다.

자사의 핵심인력에 대한 경쟁사의 포우칭과 레이드에 대응하는 방식은 상대방의 전술에 따라 차별적이어야 할 것이다. [그림 2-4]는 기업이 경쟁사의 유출행위(poaching & raid)에 대해 취할 수 있는 대응 유형과 방식을 제시한 것이다. 이 그림에는 모두 4가지 상황에 대한 회사의 구체적인 대응방법을 보여주고 있다.

그림 2-4 핵심인력 Poaching/Raid에 대한 기업의 반응

반응의 강도 (저 → 고)

반응 유형	저	고
내부	• 의사소통 개선 • 업무 규정의 변경 • 직원들의 목소리 집중, 경청 • 동종 업체와 급여 정보 공유	• 급여인상, 복리후생의 개선 • 특혜적 대우(perquisites) 증가 • 심리적 계약 변경 • 시설의 이전
외부	• 경쟁사(raider)와의 대결 • 공동의 이해관계자의 중재 • 법적으로 처리하겠다는 위협 • 경쟁사와의 타결	• 경쟁사에 대한 보복적 Raiding • 소송제기 • 사업관계 단절 • 타사들에 사업관계 단절요구

① 반응의 강도가 낮으며, 회사내부 단속을 하는 방법

이 경우 경영자는 직원들과 커뮤니케이션의 빈도와 효과성을 높이면서 회사의 미래 비전을 설득력 있게 제시하고 직원들의 반응을 살핀다. 직원들의 불만사항을 체크하여 가능하다면 해당 업무규정을 개정하는 조치를 취한다.

② 반응의 강도가 높으며, 회사내부 단속을 하는 방법

이 경우 경쟁사의 회유 대상이 되는 임직원들을 중심으로 급여인상과 복리후생의 개선 등 근로조건의 개선을 위한 약속을 하고 방안을 강구하는 방법이다. 만약 회사 사정이 허락한다면, 경쟁사가 제시한 조건과 같거나 상회되는 조건을 역제의(counter-offer)하는 것도 해결 방법이 될 수 있다.

③ 반응 강도가 낮으며, 회사 외부에 반응하는 방법

이 경우 해당 경쟁사에게 인력 유출행위를 중단하도록 요구하거나 협회나 제3의 기관에 중재를 요청하는 방법을 채택할 수 있다. 만약 여의치 않으면 법적 대응을 하겠다고 경쟁사에 경고하거나 타협책을 적극적으로 모색할 수 있다.

④ 반응 강도가 높으며, 회사 외부에 반응하는 방법

이 경우 해당 경쟁사에 대해 적극적으로 보복하는 방법, 소송을 제기하는 방법, 경쟁사와의 거래관계를 단절하고 타사들도 거래 단절에 동참할 것을

요구하는 방법 등을 생각할 수 있다.

미국에서의 최근 연구에 의하면, 공개 노동시장에서의 이러한 핵심인력 확보 경쟁은 이론상으로 매우 치열할 것으로 생각되지만 실제로는 그렇지 않은 경우가 많다. 그 이유는 인력의 이동에 장애물 역할을 하는, 다음과 같은 몇 가지 제약을 들 수 있다. 첫째, 어떤 회사가 스톡옵션과 인센티브라는 당근을 제시하면서 JAVA 프로그래머들을 빼내오기 위해 공격적인 모집선략을 시행한다고 하더라도, 대부분 경쟁사들이 JAVA 보다는 C++ 언어에 통달한 프로그래머들을 필요로 하는 상황이라면 그 회사의 스카우트 전략이 타사에 영향을 미치기 어렵게 된다. 즉 인력의 질과 희소성이 발생하는 노동시장에서 대체인력이 존재하는 경우에는 인력이동의 빈도가 크지 않다는 의미이다. 둘째, 노동시장은 제품시장과는 달리 세분화의 정도가 높기 때문에 하나의 경쟁력 있는 제품이 해당 시장을 석권하는 경우가 드물다는 점이다. 한 유력한 기업이 노동시장에서 인력을 과감하게 확보하는 모집전략을 취한다고 하여도 타 경쟁사들은 한시적, 단기적으로 대체인력을 투입할 수 있으며, 여성과 외국인 인력 등 비전통적인 인력을 동원할 수 있으므로 실제로 시장에 미치는 영향은 그리 크지 않을 수 있다. 예를 들면, 초우량기업의 공격적인 리크루트 때문에 노동시장에 아이비리그 출신의 우수 인력을 확보하는 것이 어렵게 되면 경쟁사는 유명 주립대학 출신 우수인력이나 외국인 인력을 대체적으로 채용하여 경영공백을 메울 수 있다.

결국, 핵심인력을 지키는 것도 전략적 인적자원관리의 일환으로 추진되어야 한다. 핵심인재 쟁탈을 위한 전쟁에서 승리하기 위해서는 인력의 질, 희소성, 가격에 대한 정확한 파악이 있어야 하며 '지피지기이면 백전불태(知彼知己 白戰不殆)'라는 손자병법에 따라 상대방의 공격방식과 자사에 가해지는 공격자의 공격강도와 피해가능성에 대한 정보를 평소에 철저히 수집, 분석하는 것이 인재전쟁에서 승리하는 길임을 인사관리 담당자는 숙지하여야 한다.

참고문헌

김성국(1997), 『트렌디 인사관리』, 명경사.
김성국(2003), 『인적자원관리 뉴패러다임』, 명경사.
김성국 · 김민수(2004), 『이슈중심 인사관리』, 삼영사.
김영재 · 김성국 · 김강식(2010), 『신인적자원관리』, 탑북스.
김환기(2010), 『대한민국 해병대, 그 치명적 매력』, 플래닛미디어.
윤광희(2004), 『만점면접 노하우』, 물푸레.
윤광희(2010), 『취업면접 성공 노하우』, 중앙경제.
한국노동연구원 편(2000), 『21세기형 인적자원관리: 뉴패러다임과 실천과제』, 명경사.

Bohlander, G. & Snell, S. (2004), *Managing Human Resources,* 13th ed., Cincinnati: Thompson-South Western.

Cascio, W. F. (2003), *Managing Human Resources: Productivity, Quality of Work Life, Profits*, 6th ed., Mew York: McGraw-Hill.

Ivancevich J. M. (2001), *Human Resource Management*, 8th ed., New York: McGraw-Hill.

Mathis, R. L. & Jackson, J. H. (2003), *Human Resource Management*, 10th ed., Cincinnati: Thompson-South Western.

Negroponte, N. (1996), *Being Digital,* New York: Vintage Books.

Noe, R. A., Hollenbeck, J. R., Gerhart, B. & Wright, P.M. (2003), *Human Resource Management*, 4th ed., New York: McGraw-Hill.

Pfeffer, J. (1998), *Human Equation: Building Profits by Putting People First,* Boston: Harvard Business School Press.

Pfeffer, J. (2000), *Hidden Value,* Boston: Harvard Business School Press.

Ulrich, D. (1997), *Human Resource Champions,* Boston: Harvard Business School Press.

Ulrich, D., Losey, M. R. & Lake, G. (eds.)(1997). *Tomorrow's HR Management,* New York: John Wiley & Sons.

제 3 장
인적자원의 활용 이슈

제 3 장
인적자원의 활용 이슈

1. HR=조직의 기억력

1980년대 어느 날, 서울의 모 호텔에서 체크인을 하던 한 미국인은 프론트 여직원의 응대에 깜짝 놀랐다. 자신이 5년 전 묵었던 방 호실을 정확히 기억하고 있을 뿐 아니라, 자신이 접촉을 의뢰했던 서울의 거래선에 대해서 잘 알고 있음은 물론, 룸서비스로 시켜 먹었던 음식메뉴에 대해서도 줄줄 꿰고 있었다. 이 미국인은 첫 서울 방문에서 마음에 들었던, 시청광장이 한 눈에 내려다보이는 그 방을 다시 쓰게 되었고, 방 안 테이블 위에는 어떻게 알았던지 자신의 생일을 축하한다는 꽃과 함께 호텔에서 선사하는 조그만 선물도 놓여 있었다. 그 후 이 사람은 한국을 찾는 미국인 사업가들에게 이 호텔을 적극 권하게 되었고, 입소문이 좋게 난 이 호텔은 낡은 시설에도 불구하고 미국인이 가장 많이 찾는 비즈니스 호텔로 자리 잡을 수 있었다.

요즘은 정보통신기술의 발전으로 웬만한 업무용 컴퓨터 내에는 고객관리용 지식정보시스템이 내장되어 있어서 맘만 먹으면 언제든지 고객에 관한 정보를 불러와서 쉽게 고객의 마음을 사로잡을 수 있게 되었지만, 그 호텔은 이미 70년대부터 투숙객들의 정보를 면밀히 수집하여 고객장부에 수기로 기록하거나 구식 컴퓨터에 저장하고 있었던 것이다. 고객이 미국에서 전화로 방을 예약하는 순간부터 이 호텔 특유의 '고객만족 프로그램'이 시작된다. '지난번 묵었던 708호가 어땠느냐, 그 방을 다시 예약하기를 원하느냐, 지난번에는 골프예약을 부탁했는데 이번에도 골프를 치실 계획이냐…' 자신에 대해 소상히 알고 있는 호텔 측의 배려에 미국에 있는 고객은 이미 감동을 받기 시작한다.

기업이 지식경영의 중요성을 인식하게 된 것은 사람에 대한 정보가 비즈니스를 성사시키는 데 결정적인 역할을 하는 단서가 될 수 있다는 것을 알고부터이다. 특히, 서비스 산업에서는 고객에 대한 정보를 저장, 관리하고 적시에 리트리브(retrieve)하는 능력이 경쟁력을 좌우한다. 고객에 대한 '조직의 기억력'이 바로 경쟁력으로 이어지는 것이다.

그런데 조직이 잊지 말아야 되는 것이 있다. 조직의 기억력은 단지 컴퓨터 지식 정보시스템내에 내장되어 있는 것이 아니라 사람의 머리속과 마음속에 있다는 사실이다. 예를 들어, 자신의 잦은 해외 출장 시 항공권 구입과 스케줄관리, 현지관광 등 여행 일체를 수년 간 알아서 관리해 주던, '나를 잘 아는' 여행사 직원이 퇴사를 하고 그 자리에 나에게 대해서 잘 모르는 퉁명스런 직원이 전화를 받을 때 그 여행사를 계속 이용하고 싶은 고객은 그리 많지 않을 것이다. 그 직원이 타 경쟁사로 옮긴 것을 알게 되면 여행사를 옮겨서라도 나의 여행패턴과 취향을 잘 알아서 챙기는 그 직원과 계속 거래하고 싶은 것이 인지상정이다. 경제학자들은 이런 현상을 '거래비용'(transaction cost)으로 설명한다. 즉, 오랜 시간 동안 고객이 특정업체와의 거래를 통해 고객과 기업 간에 '자산특수성'(asset specificity)이 형성되고 이 자산특수성에 의해 고객은 만족을 얻고 거래의 질은 향상된다. 비록 시장에 신규로 진입한 업체가 거래가격을 낮춘다고 해도 양질의 거래를 계속 원하는 고객은 그 신규업체와 거래하지 않음으로써 장기적으로 오히려 거래비용을 감소시키려고 한다는 것이 거래비용이론의 요지이다.

그런데 경제여건이 나빠지고 불경기가 되면 기업은 직원을 해고함으로써 경쟁력을 유지하려는 전략을 채택하는 경우가 많다. 그러나 간과하지 말아야 할 것은 직원은 인건비만으로 계산할 수 없는 그 무엇을 가지고 있다. 그것은 고객과의 자산특수성이고 고객이 '조직의 기억력'이라고 느끼는 그 무엇이다. 가령, 언급한 서울의 그 호텔에서 고객관리 담당 직원들을 대량으로 해고했다고 가정해 보자. 그 호텔은 이 조치로 인건비는 절감할 수 있을 것이다. 그렇지만 이들이 고객과 수년 동안 형성한 자산특수성과 기억력은 통째로 날아갈 수밖에 없다. 지식의 양도가 어려운 것처럼, 이들이 가지고 있는 거래상의 지식과 기밀, 그리고 기억력은 남아 있는 직원들에게 넘겨주기도, 받기도 어려운 자산들이다.

「내 머릿속의 지우개」라는 영화 제목처럼, 유능한 직원들을 경쟁사에 뺏기거나 해고한 조직은 일시적으로 마치 머릿속의 기억이 지우개로 지워진 사람처럼 어벙하고 어눌해진다. 어떤 학자는 이런 현상은 '조직의 기억상실증'이라고 부른다. 서비스로 먹고 사는 기업에서 이런 기억상실증이 일시적이라도 발생한다면 경쟁력 저하는 불을 보듯 뻔하다. 어떤 기업은 직원을 해고하면서 그 직원이 가지고 있는 거래선 명단, 그리고 형성한 인간관계 계보를 모두 공개하고 회사에 반납하고 나가도록 하는 내부 규정을 만들어 시행한다고 한다. 그러나 이런 조치도 결국에는 부질없는 일이다. 자산의 특수성은 고객과 직원간의 눈에 보이지 않는, 인간적인 끈끈한 관계를 기반으로 형성되는 것이므로 다른 직원이 새로 끼어든다고 그 자산을 쉽게 차지할 수 있는 것이 아니다. 『어린왕자』에 나오는 이야기에서처럼 '길들여 진 관계'는 쉽게 형성되지도, 이전되지도 않는다.

지식정보화 시대를 맞이하여 기업이 경쟁력을 확보하고 유지하기 위해서는 조직의 기억력을 잘 유지, 발전시켜야 하고 지식의 생성과 전달, 그리고 유지・관리하는 주체인 사람을 잘 대우해주고 관리해야 한다. 사람은 컴퓨터 프로그램이 아니다. 사람의 기억은 지운다고 지워지는 것이 아니고 오히려 전 직장의 나쁜 기억까지도 저장되어 나중에는 부메랑으로 우리 회사에 돌아올 수 있다.

2. 인적자원 포트폴리오 관리의 원리와 실무

GE, DuPont, 3M… 100년이 넘는 세월 동안 성장과 수익이라는 두 마리의 토끼를 잡아온 기업들이다. 이들의 공통점은 신속한 사업 포트폴리오 조정을 통해 환경변화에 기민하게 대처하고, 현재 수익을 내는 사업이라고 해도 미래 성장성이 낮다고 판단되면 가차없이 처분하는 결단을 내렸다는 점이다. 하지만 사업 포트폴리오 변경을 통해 지속가능한 성장을 달성하는 일이 쉽지 않으며, 새로운 도전을 꺼리는 경영자가 많고 포트폴리오 평가 결과분석에만 매달리다 미래의 신규사업기회를 제대로 발굴하지 못하기도 한다.

오늘날 '포트폴리오'(portfolio)라는 개념은 여러 분야에서 다양하게 사용되고 있다. 예술가에 있어 포트폴리오란 그 사람의 미술작품 또는 사진작품들 가운데 남에게 보여주기 위한 목적으로 대표작을 모아 놓은 '작품 모음집'을 의미한다. 재무적 자산에 투자하는 투자자의 시각에서 분석하는 재무적 포트폴리오는 개인이나 기관의 투자상품의 전체를 의미하며 포트폴리오 관리(portfolio management)는 위험을 회피하기 위해서 투자자산 또는 투자상품을 가급적 분산한다는 '분산투자 전략'을 의미한다.

이 글에서 언급하는 포트폴리오는 인적자원의 다양한 스팩과 특성을 의미하며, 인적자원 포트폴리오 관리(human resource portfolio management)란 기업에서 내부노동시장과 외부노동시장의 동향을 파악하여 인적자원관리의 경쟁력을 확보하기 위해 다양한 인적자원들을 분산적으로 잘 관리하여 인적자원개발을 하는 것이라고 이해할 수 있다.

결국, 인적자원 포트폴리오 관리는 인적자원관리(HRM) 또는 인적자원개발(HRD)에 있어서 개인별, 부서별 차별화를 말하며 마치 주식을 분산투자하여 위험을 줄이고 수익을 극대화하는 것이 재무 포트폴리오의 목적이듯이, 인적자원의 다양성을 존중하고 차별적인 HRM과 HRD를 실시함으로써 인적자원의 능력과 성과를 향상시키고 인적자원 투자의 효율성을 높임으로써 궁극적으로인적자원관리의 경쟁력을 높이는 데 그 목적이 있다.

인적자원 포트폴리오 분석과 관리는 기업의 인적자원 관리목표와 현재의 실행상황을 지속적으로 비교, 분석함으로써 미래의 인력부족과 인력초과를 예측하고 이에 대한 대책을 강구할 수 있는 효과적인 인적자원 운영시스템을 개발, 운영하는 것을 말한다. 그리고 인적자원 포트폴리오 관리는 기업 내부적 요인들 뿐만 아니라 법률의 개정, 사회의 가치관 변화, 새로운 기술의 등장 같은 기업의 외부요인들도 동시에 고려한다.

인적자원 포트폴리오 계량적 분석과 관리가 가능하려면 데이터베이스(data base)의 지원을 받는 인적자원 통제시스템(Human Resource Controlling System)이 기업 내에 구축되어 있어서 항상 새로운 데이터를 확보할 수 있어야 한다. 지속적 수집과 업데이트가 필요한 핵심 데이터로는, 첫째, 인사비용에 관한 자료, 둘째, 인적자원에 관한 계량적 자료, 셋째, 종업원의 능력 및 자격획득 여부, 넷째, 종업원의 동기유발 정도(설문조사를 통해 얻어진 자료), 다섯째, 인적자원회계(Human Resource Accounting)에 관한 자료. 이와 같은 입력 자료들을 활용할 수 있으면 시뮬레이션 기법을 통해 인적자원 통제를 보다 효율적으로 수행할 수 있다.

이제 모두 다섯 가지 인적자원 포트폴리오 관리 사례를 분석하고자 한다. 각 사례에서 제시되는 그림에 표시된 원은 특정 집단(개인 또는 부서)을 의미하며 원의 면적은 해당 집단의 크기를 나타낸다.

사례 1

[그림 3-1]은 전형적인 인적자원 포트폴리오 분석도이다. 원래 이것은 마케팅의 '제품 · 시장 포트폴리오 분석'에서 아이디어를 차용한 것이다. 마케팅에서는 특정 제품의 시장성장 가능성이라는 측면과 현재 시장점유율이라는 측면에서 마케팅 믹스를 위한 전략을 수립하는데 이 포트폴리오 분석도를 사용하였다. [그림 3-1]에서는 개인과 부서의 업무성과와 잠재력이라는 두 가지 차원에서 포트폴리오 분석을 하여 인적자원관리 방향을 정하였다. 여기에는 계량적 분석이 뒤따른 것이 원칙이다. 포트폴리오 분석의 결과 가장 바람직한 상태는 '스타'이다. 업무성과도 높고 잠재력도 높기 때문이다. 따라서 업무성과는 높으나 잠재력은 낮은 '일하는 말', 그리고 잠재력은 높으나 업무성과는 낮은 '문제아'들은 각각 자질과 모티베이션을 향상시킴으로써 '스타'로 성장하도록 하는 것이 인적자원개발의 목표가 되어야 한다.

이에 비해서 업무성과와 잠재력이 모두 낮은 '죽은 나무'는 현재의 성과도 낮을 뿐만 아니라 미래 성장가능성도 낮기 때문에 인적자원에 대한 투자를 계속하는 것은 의미가 없다고 판단된다. 이들을 위해서는 퇴직관리 프로그램을 가동하여 퇴출될 수 있도록 유도하는 것이 바람직한 관리방향으로 간주된다. 그리고 일단 '스타'로 평가받았으나 경영자로부터 지속적인 관심과 관리가 소홀해지면 '문제아'로 전락할 위험이 항상 도사리고 있다. 그러므로 기업은 핵심인력관리 차원에서 '스타' 인력에 대한 지속적인 관심과 더불어 개인이 만족할만한 수준의 보상관리가 지속될 수 있어야 한다.

그림 3-1 전형적인 인재 포트폴리오 관리

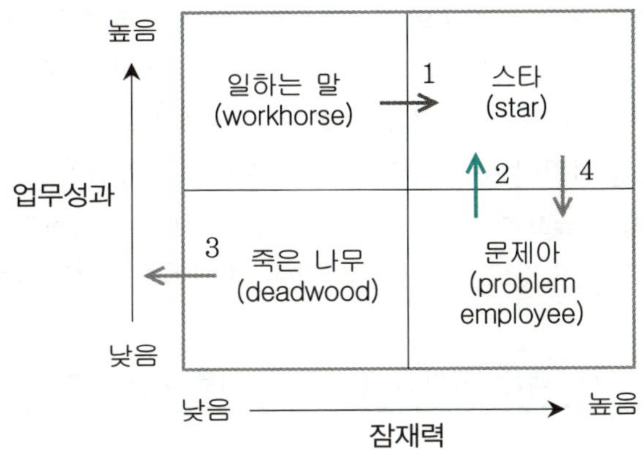

〈범례〉

1. '일하는 말'을 교육훈련 시켜 자질을 향상시킴으로써 '스타'가 될 수 있도록 관리한다.
2. '문제아'들을 경영자가 리더십을 발휘하여 모티베이트 시킴으로써 '스타'가 될 수 있도록 관리한다.
3. '죽은나무'에 대한 투자를 중단하고 조속한 시일내에 퇴출될 수 있도록 관리한다.
4. '스타'같은 핵심인력에 대한 관리가 부실하면 '문제아'로 전락할 수 있으므로 모티베이션과 보상관리에 만전을 기한다.

사례 2

[그림 3-2]는 전문인력(professionals) 관리의 방향을 제시하는 포트폴리오이다. 여기서 전문인력이라 함은 기업의 경쟁력에 영향을 미치는 핵심 전문인력을 의미한다. 산업에 따라 차이가 있겠지만 대체로 정보통신 관련 인력, 바이오 기술인력, 의료기기 관련 인력, 인간공학 인력, 기계설계 인력 등이 이에 속한다. [그림 3-2]는 외부노동시장의 인력공급과 내부 구성원들의 구성비와의 관계를 보여주고 있다. 노동시장에서의 공급이 거의 없고, 현재 회사내에 거의 존재하지 않는 전문인력들(집단 1)은 미래에 필요한 전문인력일 가능성이 있으므로 회사가 자체적으로 양성하여 미래의 도전에 대비하는 노력이 필요하다. 예를 들면, 항공우주관련 인력이라든지, 줄기세포 관련 인력 등이 여기에 속한다. 다음으로 노동시장에서의 공급이 적으며, 현재 조직내에 중간 정도 수준으로 존재하는 전문인력의 경우(집단 2)에는 외부 노동시장에서 채용하여 미래의 수요에 대비하는 것이 바람직하다.

집단 3의 경우는 노동시장에서의 공급이 많고 현재 회사내에 다수를 점하고 있는 전문인력이다. 이들은 이미 전문인력으로서 희소가치가 소멸되고 과잉공급으로 인해 유사직무의 과다와 업무 중복으로 인한 폐단이 나타나기 쉬우므로 해당 전문인력을 감축시키기 위해 재교육이나 직군전환을 통한 직무재배치 조치가 필요하다. 집단 4의 경우는 노동시장에서의 공급이 많고 우리 회사의 현 인원이 중간 수준인 경우를 말하는데, 이 경우에도 집단 3과 같이 인력감축이 필요하다. 결원의 보충을 않거나, 조기퇴직을 유도하는 인사전략을 채택하는 것도 고려할 수 있는 대책이라고 생각된다.

그림 3-2 핵심인력의 수요와 공급관리를 위한 포트폴리오

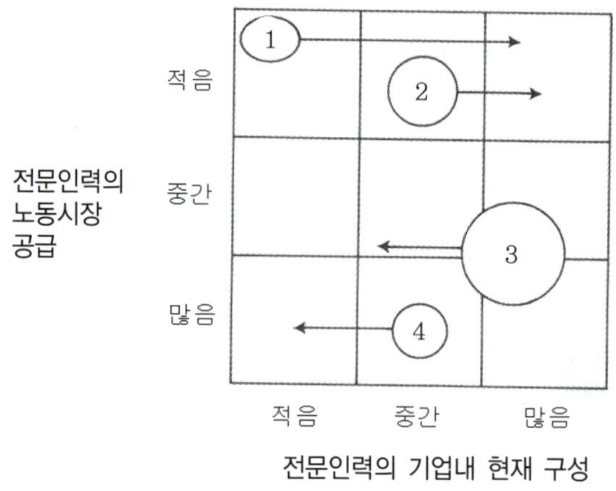

〈범례〉
1. 노동시장에서의 공급이 거의 없으며, 현재 우리 회사에 거의 없는 전문인력
2. 노동시장에서의 공급이 적으며, 현재 우리 회사에 중간 정도로 있는 전문인력
3. 노동시장에서의 공급이 많으며, 현재 우리 회사에 다수가 있는 전문인력
4. 노동시장에서의 공급이 많으며, 현재 우리 회사에 중간 정도로 있는 전문인력

* 화살표(→)는 인력 조정의 방향을 의미함.

사례 3

[그림 3-3]은 교육훈련 비용과 부서별 업무성과와의 관계를 분석한 포트폴리오이다. [그림 3-3]의 원은 부서를 나타낸다. 그림 내 부서 1의 직원들

은 교육훈련을 받지 않고도 가장 높은 업무성과를 달성하고 있다. 부서 2의 직원들은 교육훈련을 많이 받고 중간 정도의 업무성과를 달성한 것을 보여주고 있다. 부서 3의 경우는 교육훈련을 거의 받지 않고 중간 정도의 업무성과를 달성했다는 것을 나타낸다. [그림 3-3]은 교육훈련의 ROI(투자수익률) 분석 결과를 부서별로 분석한 포트폴리오인데, 부서 3의 ROI가 다른 두 부서에 비해 기대에 못 미친다는 것을 보여주고 있다. 부서 3에 대한 보다 정밀한 교육훈련과 성과간의 인과관계 분석이 필요하다.

그림 3-3 교육훈련 관리를 위한 부서별 포트폴리오

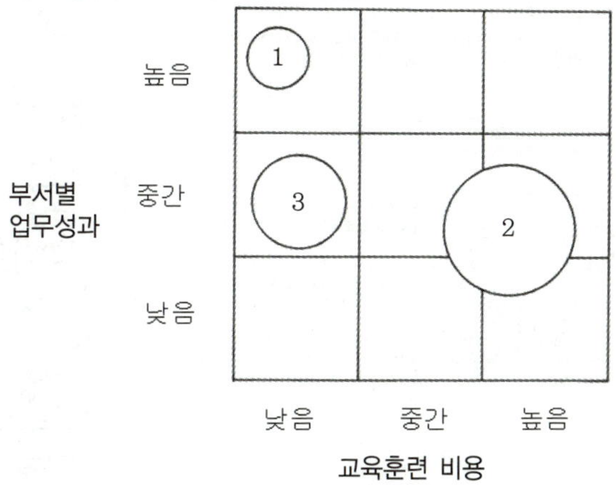

〈범례〉
1. 부서1의 직원들은 교육훈련 거의 받지 않고도 가장 높은 업무성과를 달성함
2. 부서2의 직원들은 교육훈련을 많이 실시하고 중간 정도의 업무성과를 달함
3. 부서3의 직원들은 교육훈련을 거의 받지 않고 중간 정도의 업무성과를 달성함

사례 4

[그림 3-4]는 직원들의 모티베이션(동기부여)과 자질(qualification)간의 관계를 분석한 포트폴리오이다. 이 포트폴리오는 신입사원 선발에 있어서 최종 성적을 토대로 분석한 그림이다. 그림에서 보이는 대각선은 신입사원의 선발선을 나타내고 있으며, 선발선 위쪽은 선발가능한 인력집단을 말하

고 선발선 아래쪽은 탈락시켜야 할 인력을 의미한다.

집단 1은 모티베이션은 높으나 자질수준은 낮은 인력을 의미하고, 집단 2는 자질도 낮고, 모티베이션 수준도 매우 낮은 인력을 뜻한다. 집단 3은 자질은 우수하나 모티베이션이 중간정도인 집단을 말하고, 집단 4는 자질은 우수하나 모티베이션이 거의 되어 있지 않은 인력을 의미한다. 집단 5는 모티베이션이 높고, 자질도 우수한 우수인력집단을 나타낸다. 원리적으로 말한다면, 3, 5 집단, 그리고 집단 1의 일부 인력은 합격자에 속하는 집단임을 나타내고, 반면에 2, 4 집단은 불합격 처리되어야 하는 인력임을 보여주고 있다.

그림 3-4 모티베이션과 자질향상을 위한 포트폴리오 관리

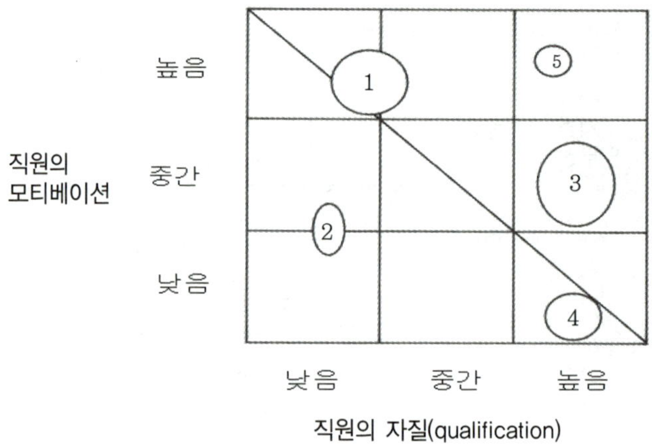

〈범례〉
1. 직원들의 모티베이션은 높으나 자질은 낮음
2. 직원들의 모티베이션과 자질이 모두 낮음
3. 직원들의 모티베이션은 중간 정도이나 자질은 높음
4. 직원들의 모티베이션은 낮으나 자질은 높음
5. 직원들의 모티베이션과 자질이 모두 높음

사례 5

[그림 3-5]는 직원의 연령과 조직 몰입도(organizational commitment) 간의 관계를 나타내는 포트폴리오이다. 여기서 조직 몰입도는 절대적 개념

이라기 보다는 경쟁사와 비교했을 때의 상대적 정도를 나타내는 차원이다. 집단 1은 20, 30 대의 젊은 직원들, 집단 2는 40대의 중견 직원, 집단 3은 50, 60대의 고령직원 그룹을 가리킨다. 원의 면적은 구성원의 수를 의미하므로 이 회사는 중년과 장년에 속한 직원이 많고 젊은 연령대의 직원이 상대적으로 적은, 가분수 모양의 고령화된 조직이라는 것을 보여준다. 흥미로운 것은, 40대 이상의 중, 장년 그룹의 조직 몰입도가 높고 20, 30대 연령집단의 조직 몰입도가 낮게 나오고 있다. 이 포트폴리오가 의미하는 바는, 20, 30대의 이직률이 높으므로 이들이 조직에 오래 머무르게 할 수 있는 정착대책을 세우는 것이 필요하며, 반면 40, 50, 60대 직원들은 이직률이 낮으므로 이들에게 '퇴직 상담제도', '퇴직관리 프로그램(outplacement)', 임금피크제 등 조직구성원의 고령화 대책을 마련하는 것이 필요하다는 것이다.

그림 3-5 근로자 연령과 조직몰입에 관한 포트폴리오

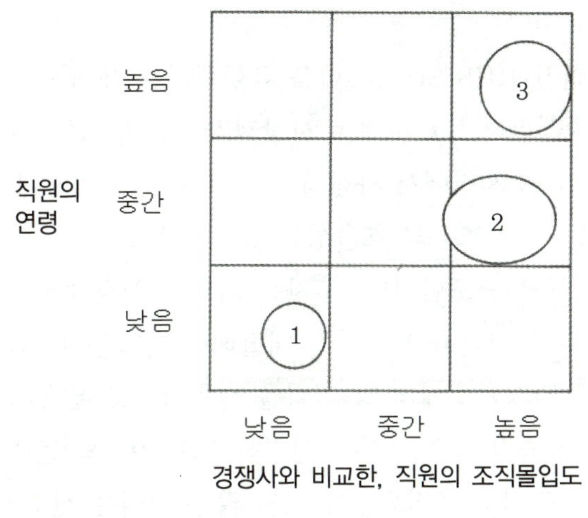

〈범례〉
1. 연령이 상대적으로 젊고(20-30대), 조직 몰입도가 낮은 직원들
2. 연령이 중간 정도이고(40대), 조직 몰입도가 높은 직원들
3. 연령이 높고 (50, 60대), 조직 몰입도가 높은 직원들

3. 인적자원전략의 4대 유형

최근 국내외에서 기업의 인적자원전략이 중요한 화두로 등장하고 있다. 기업이 환경에 적응하여 생존하기 위해서 기업의 경쟁전략이 필요하듯이 효율적인 인적자원관리를 위해서 인적자원전략이 필요하고 인적자원전략이라는 틀 안에서 인적자원관리의 효율성을 논하는 것이 합리적이라는 생각이 확산되고 있다. 성공적인 기업은 전반적인 사업전략과 인적자원전략이 조화를 이루는 기업이라는 것은 국내외 초 우량기업의 사례분석을 통해 속속 밝혀지고 있다. 생산전략이 우수해야 마케팅 전략이 성공을 거둘 수 있듯이, 기업의 인적자원전략이 우수하면 기업경영의 타 부문의 전략과 기능수행에 승수효과를 가져다 주는 것은 명약관화하다고 할 수 있다.

기업의 인적자원전략(HR Strategy)을 유형화하는 데 있어서 크게 두 가지 기본 방향(차원)이 존재한다. 그 첫째는 시장전략이고 두 번째는 인사정책의 기본틀이다. 전자는 기업이 시장에서 자신의 포지션을 높은 위치에 두기 위해서 원가절감과 품질향상을 통해 조직의 효율성을 높이는 목표와 혁신을 통해 타 경쟁자를 제압하는 혁신 목표를 포함한다. 후자는 기업이 시장에서 경쟁우위를 확보하기 위한 방편으로 기본인력을 유지하고 개발해야 한다는 유지목표와, 사업의 확장과 축소, 그리고 경쟁환경에 따라 인력을 신축적으로 운용해야 한다는 신축성 목표를 포함한다. 신축적 목표를 부연 설명하자면, 기업의 환경여건에 적합한 인재를 우선적으로 확보하고 조직요구에 맞지 않는 인력은 신축적으로 정리한다는 것이다.

결국, 인적자원전략이란 다음 두 가지 기본 목표군을 전략적 차원으로 삼는다:

첫째, 시장에서 경쟁력 확보를 위한 효율성 목표와 혁신 목표

둘째, 바람직한 인사정책을 위해서 기본인력의 유지목표와 신축적인 인력 운용목표이다.

이 두 가지 차원을 어떤 형태로 결합하는 가에 따라 인적자원전략의 유형이 결정되는데, 일반적으로 인적자원관리에 다음 네 가지 인적자원전략 유형이 존재한다. 네 가지 유형 중에서 어떤 인적자원전략 유형을 선택하는가는 해당 기업 경영자의 인사철학으로부터 많은 영향을 받는다. 즉, 경영자가 사람을 어떤 시각에서 바라 보며, 조직과 인간경영의 기본전제가 무엇인가에 따라 인적자원전략 유형 선택이 달라질 수 있다. 또한 조직이 처한 시장의 경쟁 포지션과 환경변화가 경영자로 하여금 특정 유형의 선택에 영향을 미칠 수 있다.

물론 기업의 인적자원전략을 네 가지 유형만으로 모두 설명하기는 어렵다. 실제로 기업은 두 가지 이상의 유형을 믹스하는 인적자원전략을 취할 수도 있을 것이다. 그러나 '인적자원전략의 4대 유형론'은 기업이 시장과 인력이라는 중요한 전략변수를 함께 고려하여 전략을 수립할 수 있도록 도움을 주며 그 틀 속에서 인적자원관리 체계를 혁신하는 데도 유용하다고 생각된다.

이제 인적자원전략의 4대 유형을 살펴보기로 한다.

[인적자원전략 1유형]: '잘 짜여진 팀'

이 유형은 시장전략에 있어서 '효율성 전략'을 취한다. 효율성 전략이란 시장에서 기업이 원가절감과 품질향상을 통해 우위를 차지하거나 유지하는 전략을 말한다. 그리고 인력에 관해서는 기존의 인력을 유지, 개발하는 전략을 취한다. 효율성을 제고하고 기존 인력을 유지함으로써 기업은 잘 짜여진 팀 조직 같은 팀워크를 이룰 수 있다. 이 1유형의 기업에서는 주로 정기적 공채를 통해 우수인력을 확보하고 조직 상하간 긴밀한 명령체계와 인간관계를 통해 조직의 효율성을 높이는 인적자원전략을 취하고 있다. 1유형의 인적자원전략이 성공할 수 있기 위해서는 두 가지 요인이 전제된다. 하나는 구성원 개개인의 기술과 능력이 상당한 수준에 도달해야 한다는 것과, 다른 하나는 구성원의 사기와 모티베이션이 높은 수준에 있어야 '잘 짜여진 팀' 내에서 팀워크가 계속 작동할 수 있다.

[인적자원전략 2유형]: '완벽한 시스템'

이 유형은 시장전략에 있어서는 효율성 전략을, 인력에 있어서는 인력의 신축적 운용을 추구하는 인적자원전략을 취한다. 이 유형에 속한 기업은 구조와 시스템(structure and system)을 중시하는 조직체계를 가지고 있다. 이 기업에서는 생산과 영업, 판매 등 모든 기업활동이 표준화되고 매뉴얼화 되어 있으며, 개별 직무에 대한 구체적인 직무기술이 잘 되어 있어서 신입사원이 입사해서 약간의 현장 교육만 이수하면 즉각 현업에서 성과를 내는데 큰 문제가 없다.

인적자원전략 2유형에 속한 조직에서는 구성원 개개인의 기술과 능력에 있어서 높은 수준을 요구하기 보다는 주어진 업무 프로세스와 시스템에 잘 적응하는 것을 요구한다. 조직이 하나의 시스템으로 유기적으로 굴러가는 것이 중시되며 업무의 표준화와 업무처리의 투명성이 강조되는 인사시스템을 가지고 있다. 이러한 유형의 기업에서는 성공의 척도를 시스템의 효율성과 효과성(efficiency and effectiveness)으로 측정하며 효율성과 효과성 제고에 기여하는 방향으로 인력을 운용한다.

[인적자원전략 3유형] : '지적인 유기체'

이 유형은 시장전략에 있어서 기존의 포지션을 유지하기 보다는 제품과 프로세스의 혁신(innovation)을 통해서 타 경쟁사와는 차별적인 전략과 포지션을 추구하는 전략을 취한다. 인력에 있어서는 1유형과 동일하게, 확보된 기존 인력의 유지와 개발을 추구하는 전략을 취한다. 이 3유형의 인적자원전략은 '지적인 유기체'(intelligent organism)라고 불린다. 그 이유는 마치 살아 있는 생물체와 같이 조직이 주어진 목표에 따라 일사불란하게 운영되면서도 혁신이라는 화두가 조직의 상위의 목표로 받아들여져서 구성원들은 자신들의 기술, 지식, 경험, 능력을 조직을 위해 기꺼이 발휘하며 다른 사람과 활발하게 교류하고 학습하는, '지적인 공동체'를 형성한다는 데 있다.

1유형과 마찬가지로 이 유형의 조직 내에서는 개개인의 기술과 능력이 어느 정도 수준에 도달해있다. 그런데 1유형과 차이가 있다면, 능력의 축적과 발휘에 있어서 개인-부서-회사전체 간 유기적인 조화를 이루고 있어 장기적인 혁신이 가능한 조직이라는 점이다. 그리고 효율성이나 기능별 최적화(기능분야 내에서 가능한 최선의 해를 찾는 것)가 3유형 조직에서는 그다지 강조되지 않고, 조직 전체의 장기적 혁신 프로세스에 포커스가 맞춰진 조직이라는 것이다.

3유형 조직에서는 구성원들이 자신들의 지식과 경험을 통해 스스로 학습조직을 이루는데 동기부여가 되어 있어서 결국에는 조직 전체가 장기적으로 혁신을 추구하게 된다. 하지만 단점이 있다면 혁신 추구를 위해 조직 내에 불가피하게 인력의 중복과 초과가 발생하기 때문에 혁신을 달성하지 못하게 되면 곧바로 인력운용의 비효율을 야기할 수 있는 위험이 있다는 점이다.

[인적자원전략 4유형]: '창조적인 진화'

이 유형은 시장전략에 있어서 혁신을 추구하는 전략을 취한다. 그러나 인력을 환경변화에 따라 신축적으로 운용하는 인적자원전략을 취한다. 4유형이 3유형과 얼핏 유사한 것 같지만 여러 가지로 차이가 있다. 3유형에서는 현 구성원들이 지니고 있는 기존 기술과 능력을 토대로 하여 지속적으로 발전시키는 전략을 취하고 있다면, 4유형에서는 '창조적 진화'과정을 통해 끊임없이 새로운 능력과 오래된 능력을 새롭게 결합한다. 즉 4유형의 조직에서는 직무기술이 끊임없이 변화하고 새로운 기술과 능력이 필요하면 조직 외부에서 새로운 인재를 영입하는 한편, 시장과 환경이 요구하는 기술과 능력을 갖추지 못한 구성원은 전환 배치되거나 해고되는 인적자원전략을 시행한다. 인적자원전략 4유형을 채택하는 조직은 시장여건에 신속히 적응하거나 단기적인 혁신을 달성하는 데는 효과적이지만, 기존의 유능한 인력을 소모시키거나 잃게 된다는 점이 단점으로 작용할 수 있다. 그러나 이 유형에서 '적자생존'이라는 진화의 법칙을 따르고 있지만, 기존 인력을 장기적으로 개발하고 유지하는 측면이 부족하여 기존인력의 애사심과 경험을 경영에 잘 활용하지 못한다는 점이 위험요인이 될 수 있다.

지금까지 인적자원전략의 네 가지 유형을 살펴보았다. 네 가지 유형 중에 절대적으로 우위를 보이는 유형은 있을 수 없으며, 특정 유형에서 강점으로 작용하는 요소가 다른 유형에서는 위험요소로 작용할 수 있다. 기업이 시장에서 경쟁우위를 확보하는 목표와 우수한 인력을 기업에 포진시키는 일, 그리고 기업이 원가와 품질측면에서 기존의 포지션을 유지하는 목표와 전혀 새로운 제품과 기술로 승부하고자 하는 목표들은 서로 간에 목표 갈등을 야기할 수 있지만, 전략이라는 것이 본래 그러하듯이, 조직이 처한 환경과 여건에 따라 가장 적합한 것을 선택하고 믹스하는 것은 경영자의 몫이 될 것이다.

그림 3-6 인적자원전략의 4대 유형

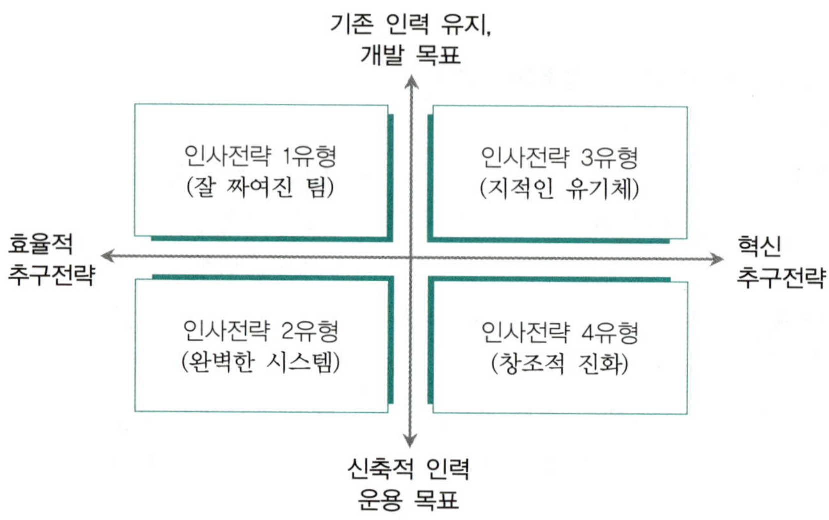

자료: Gmür & Thommen (2005).

4. 고관여 vs. 저관여 인적자원관리

인적자원관리에는 고관여 인적자원관리와 저관여 인적자원관리가 있다는 이른바 '인적자원관리 이중이론'(The Dual Theory of Human Resource Management)이 미국 UCLA 데이빗 레윈(David Lewin) 교수에 의해 2004년에 발표됨으로써 학계와 실무계에 흥미를 끌고 있다. 고관여 인적자원관리(High Involvement HRM: HIHRM)란 기업의 인사관리 실무에 있어서 기업이 특별한 관심을 가지고 보다 나은 처우를 하는 인적자원관리를 말한다. 예를 들면, 특별 상여금을 지급하거나 교육훈련을 통한 인적자원개발, 경력개발, 승진기회 부여, 경영 의사결정 참여 등 투자와 비용, 경영자의 관심 측면에 있어서 '특별한 대우'를 하는 인적자원관리를 의미한다. 이에 반해서 저관여 인적자원관리(low involvement HRM: LIHRM)는 인사관리 실무에 있어서 회사와 경영자의 관심이 덜 하며 인사비용과 처우에 있어서도 최소한의 혜택만을 제공하는 인적자원관리를 의미한다.

인적자원관리 이중이론은 인력을 핵심(core)과 주변(periphery)으로 구분하는 것을 전제로 한다. 핵심인력(core workforce)은 정규직 근로자를 의미하며 이들에게는 정규 임금 및 특별 상여금 지급, 교육훈련 및 개발기회 부여, 승진기회 부여, 경력개발계획(CDP) 수립, 경영의사결정 참여, 경영정보 공유 등, 비용과 관심 측면에서 회사로부터 특별하고도 유리한 인사처우의 대상이 되는 인력을 말한다.

이에 비해서 주변인력(peripheral workforce)은 비정규직, 파트타임 인력·임시·계약직, 외주 및 하도급 업체 근로자, 파견인력들이 이에 해당하는데 이들에게는 핵심인력이 누리는 인사처우에 못 미치는 부분적이고 최소한의 혜택이 제공된다.

결국 핵심인력에 대해서는 고관여 인적자원관리(HIHRM)가, 주변인력에 대해서는 저관여 인적자원관리(LIHRM)가 실무적으로 행해지고 있다는 것이 인사관리 이중이론의 골자이다.

고관여 인적자원관리는 기업의 성과지표에 긍정적인 영향을 미치는 것으로 알려져 있다. 이론 주창자인 데이빗 레윈 교수의 조사결과에 따르면, 기업의 시장가치, 자본회수율, 수익률 성장지표, 종업원 일인당 수익률, 생산성 등 성과지표에 고관여 인사관리 실무가 긍정적인 영향을 주는 것으로 조사되었으며, 이러한 사실은 인사관리 담당자들도 대체로 수긍하고 있는 것으로 알려졌다. 그러나 고관여 인사관리가 모든 조직과 종업원에 항상 최적의 인적자원관리라고 주장하는 것은 아니다. 조직과 종업원의 처한 여건과 상황에 따라서 비용통제 위주의 저관여 인적자원관리가 적합한 인사관리 실무일 수도 있다는 것이다. 따라서 인사관리자는 고관여 인적자원관리와 저관여 인적자원관리를 적절히 혼합하여 적정화함으로써 인사관리 실무의 효율성을 높일 수 있다는 것이다.

레윈 교수는 이 이중이론의 검증을 위해서 미국에서 총 289 기업, 313 사업부, 457 제조공장, 그리고 249 보험 판매 및 서비스 업체를 대상으로 고관여 및 저관여 인사관리 실태를 실증적으로 분석하였다. 분석 결과에 따르면, 가정했던 대로, 고관여 인적자원관리가 주변인력보다는 핵심인력을 대상으로 더 많이 시행되고 있는 것으로 나타났으며, 인적자원관리 영역 가운데 다음과 같은 8대 실무 분야에서 고관여 인적자원관리가 시행되고 있는 것으로 나타났다.

- 고용의 지속성(employment continuity)
- 선택적 채용(selective hiring)
- 교육 및 개발(training/development)
- 팀 활동 및 경영참여(teams/participation)
- 변동 급여(variable pay): 성과급 등
- 성과 관리(performance management)
- 승진 기회(promotion opportunity)
- 경영 정보 공유(business information sharing)

흥미로운 것은, 위의 8대 실무분야에서 고관여 인적자원관리가 시행된 정도를 대상별로 분석한 결과 핵심인력을 대상으로 실시된 것이 주변인력에 비해 2.5 배로 많은 것으로 조사되었다(5점 척도에서 핵심인력은 평균 4.1 점, 주변인력은 평균 1.5 점).

다음 단계로 저관여 인적자원관리가 기업의 성과에 어떤 영향을 미치는 지를 동일한 샘플을 대상으로 조사한 바, 자본의 수익률, 시장가치, 수익에 긍정적인 영향을 미치는 것으로 나타났으나 생산성과 생산품질과는 관계가 없는 것으로 나타났다. 그러나 제조업체에 있어서 총 영업비용, 그리고 판매수익 대비 급여비용에 있어서 저관여 인적자원관리가 부정적인 영향을 미치는 것으로 조사되었다.

조사결과를 종합하자면 다음과 같다. 조사대상이 된 미국기업에 대부분 핵심인력을 위해서는 고관여 인적자원관리, 주변인력에 대해서 저관여 인적자원관리를 적용하고 있는데, 두 인적자원관리 유형 모두 경영성과에 대체로 긍정적인 영향을 미치고 있는 것으로 나타났다. 즉, 핵심인력에 대해서는 HIHRM을 시행함으로써 인적자원에 대한 높은 수준의 투자를 통해 이들의 가치를 향상시키는 전략이 주효했다고 보여지며, 주변인력에 대해서 비용 통제 등을 통한 LIHRM을 시행함으로써 HRM의 부가가치를 높일 수 있다는 것이다. 결국 레윈 교수가 '인적자원관리 이중이론'에서 주장한 바를 기업실무에 적용하였을 때 기업의 성과에 대체로 긍정적인 영향을 미친 것으로 결론내릴 수 있다.

그런데 한 가지 의문이 제기된다. "핵심인력과 주변인력을 어느 정도 규모로 운용하는 것이 가장 적정한가?" 하는 것이다. 레윈 교수는 전술한 샘플을 대상으로 이에 대한 추가 연구도 실시하였다. 추가 연구의 결과, 성과지표에서 성공적인 회사들은 그렇지 않은 회사에 비해서 더 많은 비율의 주변인력을 사용하고 있는 것으로 나타났다. 그렇지만 주변인력을 많이 쓸수록 경영성과가 선형적(linear)으로 증가하는 것은 아니고 다음과 같이 구간에 따라 분석하면 그렇다는 의미이다.

즉, 레윈 교수가 재무적인 성과지표를 중심으로 구간(집단)별로 주변인력 비율을 분석하였더니 다음과 같은 결과를 얻었다.

- 상위 0-25 % 집단 : 주변인력 비율 0.34
- 상위 25-50% 집단 : 0.40
- 상위 50-75% 집단 : 0.26
- 상위 75-100% 집단 : 0.17

재무적 성과지표를 중심으로 말한다면 주변인력을 총 인력의 3분의 1 정도로 유지할 때 가장 좋은 성과를 낸다는 것이 이 연구의 시사점이다.

현대적 인적자원관리의 요체는 한 마디로 차별적인 인적자원관리라고 말할 수 있다. 인적자원관리를 위해 사용가능한 자원을 선택적으로 투자하여 투자성과를 극대화하는 것이 차별적 인적자원관리의 본질이라고 한다면 핵심인력(정규직)과 주변인력(비정규직, 계약직)에 대한 고관여 인적자원관리와 저관여 인적자원관리의 적절한 시행은 기업의 경영성과에 긍정적인 영향을 미친다. 그러나 주변인력의 비율은 대체로 1/3을 넘지 않는 수준으로 유지하는 것이 적정한 전략이라는 것이 이 연구의 시사점이다.

5. 성공하는 기업의 4+2 공식

지속적으로 성공하는 기업의 성공비결은 무엇인가? 이 물음에 답을 하기 위해 1997년부터 미국에서 다양한 산업과 규모가 다른 200개의 기업을 대상으로 성공과 실패요인에 대한 광범위한 조사연구가 있었다. 하버드, 다트머스, 펜실베이니아 등 유명 경영대학의 교수들을 비롯한 학자들과 21명의 기업 경영자들이 이 연구에 참가하였으며 10년간의 연구 끝에 2007년에 드디어 연구 결과를 발표하였다. 이 연구는 기업이 성공하고 실패하는 원인에 대해 여러 각도에서 심층적으로 분석한 것으로서 우리에게 시사하는 바가 많다.

먼저, 이 연구에서는 성공과 실패를 구분하는 기준으로서 두 가지 요소를 사용하였다. 그 첫째가 총 주주회수율(total returns to shareholders: TRS), 즉 기업이 주주에게 배당 등으로 돌려주는 금전적 보상이고, 둘째는 매출액 증가율이다. 실증분석 결과, TRS에 있어서 지난 10년 사이에 945 퍼센트나 주주에게 되돌려준 기업이 있었는가 하면, 같은 기간 동안 62 퍼센트를 되돌려 주는데 그친 기업도 있었다. 또한 10년 동안 매출액이 415 퍼센트가 늘어난 기업이 있었는가 하면, 해당 기간 동안 고작 83 퍼센트 밖에 매출이 늘지 않은 기업도 있었다. 그리고 이 연구에서는 성공하는 기업을 정도에 따라 winner(승리기업), climber(떠오르는 기업), 실패한 기업도 정도에 따라 tumbler(넘어지는 기업), loser(패배기업)로 구분하여 분석하였다.

결론을 말하면, 기업의 성공과 실패는 4+2 공식에 달려있다. 다시 말하면, 지난 10년간 지속적으로 성공한 기업은 4+2 공식에 충실하였고 실패한 기업은 4+2 공식에 따르지 않았다. 그렇다면 4+2 공식이란 무엇인가? 4는 기업의 네 가지 기본적인 기업 실무요소를 말하는데, ① 집중화 전략, ② 엄정한 정책 집행, ③ 성과지향의 문화, ④ 신속, 유연하고 평평한 조직구조가 바로 그것이다. 그리고 2가 뜻하는 것은 다음 네 가지 부차적인 실무요소 중에서 최소한 두 가지를 갖추고 있다는 것을 의미하는 데 부차적인 네 가지 요소란 ① 핵심인재의 확보, ② 몰입을 이끌어내는 리더십, ③ 혁신능력, ④ 기업합병과 파트너십을 통한 성장을 말한다. 10년 동안 지속적으로 성공을 거듭한 기업들에게는 기본 실무요소 네 가지 모두와 부차적인 요소 가운데 두 가지를 예외 없이 구비하고 있다는 것이 이 연구의 결론이다.

이 연구는 매우 흥미로운 점을 시사하고 있다. 먼저, 성공하는 기업은 필수적으로 네 가지 성공요소를 모두 갖추고 있다는 것이다. 알기 쉽게 설명하면, 성공하는 기업은 대체로 한두 가지 분명한 목표를 설정하고 그 목표에 집중하는 경향을 보인다. 그리고 설정된 전략을 집행하는 데 있어서 낭비요소를 없애고 비용을 감축하여 생산성을 개선하기 위해서 철두철미한 실행력을 보인다. 또한 성공한 기업은 공통적으로 성과지향적인 조직문화를 개발하고 유지한다. 끝으로, 성공하는 기업은 신속하고, 유연하며, 또 평평한 조직구조를 가지고 있다. 따라서 이러한 조직에서는 관료적인 병폐가 제거되며 업무처리가 매우 단순하고 신속하다. 다음으로 부차적인 요소로 제시된 네 가지는 무엇보다도, 핵심인재를 적시에 발굴하고 스카우트해서 유치할 뿐만 아니라 이들이 회사를 떠나지 않도록 유지시키는 일이 성공요인이 될 수 있다는 것을 말해준다. 또한 기업 내 리더들의 몰입을 이끌어낼 수 있는 리더십의 발휘가 중요하다는 것도 보여준다. 이 연구결과에 따르면, 기업이 성과를 내는 데 CEO가 미치는 영향력이 약 15 퍼센트 정도에 이른다고 한다. 즉 CEO가 관리자들을 선발하고 이들에게 동기를 부여함으로써 성과달성에 지대한 영향을 미치게 된다. 그만큼 리더십이 중요하다는 말이다. 다음으로는 산업을 변화시키는 혁신이 성공을 위해 중요한 요소가 된다. 패자들은 주로 주어진 여건에 피동적으로 반응을 보이지만, 성공한 기업들은 자기가 속한 산업의 변화를 예측할 뿐만 아니라 때로는 산업의 붕괴를 야기시키기도 한다. 승자들은 이러한 산업붕괴를 통해 기회를 창출하고 이를 성공을 위한 호기로 활용한다. 남보다 먼저 움직이기 때문에 때로는 위험에 처하기도 하지만 남을 앞설 수 있는 좋은 방법이 된다. 마지막으로, 성공적인 기업은 기업합병과 조인트 벤처 같은 파트너십을 통해 끊임없이 다른 경쟁력 있는 기업들을 인수하고 파트너와 손을 잡는다. 요즘처럼 무한 경쟁시대에는 기업이 혼자서 시장의 도전을 극복해나가기 어렵다. 투자의 위험을 분산하고 경쟁적 우위를 공유하여 획기적인 성장을 하기 위해서 기업합병, 파트너십을 통한 네트워킹이 매우 중요한 전략으로 등장하고 있다.

기업 성공을 위한 4+2 공식은 본질적으로 성공적 인적자원관리를 위한 공식이라고 볼 수 있다. 기본적인 네 가지 요소와 부차적인 두 가지 요소를 갖추기 위해서는 기업은 이에 걸맞는 인재를 외부에서 확보하거나 스스로 육성해야 한다. 사람이 경쟁력이라고 말하는 이유가 바로 여기에 있다.

6. 직급체계 혁신을 통한 '수평조직' 만들기 - SK 텔레콤을 중심으로 -

최근 우리나라 기업들이 직급체계를 단순화하는 등 조직과 인사제도에 있어서 혁신을 모색하고 있다. 무한성쟁의 글로벌 환경에서 기업이 성과를 내기 위해서는 의사결정 과정을 신속하게 하고 정보 흐름의 장애(bottleneck)를 극복하는 것이 선결과제라고 할 수 있다. 의사결정을 보다 신속히 하기 위해서는 의사소통의 채널을 단축시키는 것이 바람직하고 이를 위해서 직급체계를 보다 단순화하게 만드는 것은 필연적이라고 생각된다.

직급체계가 단순화된다는 것은 조직구조 위계상 단계가 축소되는, 이른바 '계층축소'(delayering)가 되면서 조직이 '수평조직'(flat organization)이 되는 것을 의미한다. 계층축소란 조직에서 업무적 과정을 개선하고 의사결정의 속도를 높여 관리의 효과성을 높이기 위한 목적으로 단행하는 의사결정 계층수의 감축이라고 정의할 수 있다.

그러나 직급체계를 단순화하는 것은 조직에 다른 위험을 불러올 가능성이 있다. 계층 수가 많은 수직적 조직에 비해서 수평조직에서는 경영자 한 사람이 담당하는 부하직원의 수가 많아지면서 이른바 '통제의 범위'(scope of control)가 넓어지면서 경영자의 조정역할이 증가하고 경영자가 처리해야 할 정보의 양도 많아져서 질적인 의사결정을 힘들게 만드는 위험에 노출될 가능성이 높다.

그럼에도 불구하고, 최근 SK텔레콤, 삼성물산, 하이닉스반도체, 롯데그룹 등 우리나라 굴지의 대기업들은 과거의 연공서열형 직급체계의 산물이라고 볼 수 있는 번잡한 직급체계를 축소하고 직급을 단순화하는 방향으로 조직 수술을 단행하였다. 이러한 직급체계 혁신은 만성적인 인사적체를 해소하고, 능동적이고 창의적인 업무수행이 가능한 유연한 조직체계를 구축하는데 기여하는 것으로 간주되고 있으며 다른 기업들도 이러한 추세를 따르고 있는 상황이다. 본 연구에서는 SK텔레콤이 그간 추진해온 '수평조직 만들기'를 위한 구체적인 조치와 문제점, 해결방안에 대해서 살펴보기로 한다.

1) SK 텔레콤의 직위체계 혁신: '밴드 체제'

SK텔레콤(SKT)은 2006년 인사제도 혁신의 일환으로 사원 대리 과장 차장 부장 등 기존 직위(급)체계를 역량과 성과 중심의 '밴드(Band) 체제'로 통합시켰다. 이에 따라 본부장 실장 팀장 등을 맡은 사람을 제외한 모든 직원의 호칭이 '매니저'로 통일되었다. 매니저는 '업무에 대해 전문지식과 책임을 가진 담당자'란 의미를 담고 있다. Manager의 역할 강화와 더불어 팀원들도 수평적 관계 속에서 업무에 대한 권한과 책임을 갖게 되었다. 매니저 단위에서는 승진 개념이 없어지고, 성과가 좋으면 언제든 연봉을 올려주는 방식으로 바뀌었다.

SKT는 글로벌 비즈니스 환경에 신속히 적응하고 새로운 사업을 추진해 지속 성장을 실현하며, 개인의 도전과 창의를 극대화할 수 있는 한편, 기존 직위 파괴를 통해 현장에서 뛰는 사람이 보다 많은 실무형 조직을 지향하는 것이 밴드 체제 도입의 목표라고 설명하였다.

직위(급)체계의 혁신이 SK텔레콤에서 처음 시도되는 것은 아니다. 하지만 대개 호칭만 바뀌었을 뿐 내부적으로는 기존의 수직적 상하관계가 존재하는 것이 사실이다. 이에 SK텔레콤은 조직문화까지 성과 중심의 수평적 · 창의적 방향으로 바꾸기로 했다. 승진연한을 폐지하는 대신 역량과 성과가 뛰어나면 연봉을 높이는 방식으로 보상해준다. 이에 따라 팀장의 역할은 강화되고 팀원들은 수평적 관계 속에서 창의력을 발휘하고 과감히 도전할 수 있게 되었다. SK텔레콤은 'SK텔레콤적인 유전인자(DNA)'란 뜻으로 'T-DNA'라는 용어를 쓰기 시작했다. 도전정신과 창조정신을 극대화하자는 취지로 만든 신조어다. 이에 따라 식스시그마 운동을 전개하고 교육체계와 회의문화를 바꾸는 등 조직원 개개인의 창조적이고 도전적인 'T-DNA'를 생성하는 데 주력하였다. SKT는 "구성원(People), 제도(System), 문화(Culture)의 혁신이 유기적으로 이뤄질 때 새로운 역량을 확보할 수 있다"며 "인사제도 혁신은 SK텔레콤이 글로벌 리더로 도약하는 발판이 될 것"이라고 강조한다.

SKT는 또한 임원 조직을 단순화 하고 CEO 직속으로 '미래경영실'을 신설했다. 그리고 기존 12개의 그룹과 담당 조직도 폐지했다. 대부분의 기업은 연말연초 임원 인사와 맞물려 조직개편을 실시하는 것이 통상적이기 때문에 SK텔레콤의 조직개편은 이례적인 일이다. '미래경영실'조직개편의 가장 큰 특징은 구조조정 없는 임원 재배치와 의사결정 구조 단순화다. 부장급 이하 실무 조직이 하는 일은 큰 변동이 없다. 관할하는 상위조직이 합쳐진 셈이다. SKT는 그동안 약 100개의 세부 조직을 각각의 담당 임원이 책임지는 구조였다. CEO-CIC사장-부문-실/본부-그룹-담당의 최대 6단계 조직 체계다. 이러다보니 한 가지 사업을 추진하는 과정에서 여러 조직이 함께 하게돼 담당 임원간 책임 소재가 명확치 않았다. 또 최대 6단계의 결재과정을 거치다 보니 최종 결정까지 걸리는 시간도 길었다. 이를 그룹과 담당을 없애 CEO-CIC사장-부문/사업단-실/본부의 4단계로 축소했다. 12개의 그룹 및 담당 조직은 실/본부로 승격되지 않고 없어졌다. 해당 임원은 보좌역 등으로 보직을 옮겼다. 대신 실/본부의 임원들의 맡은 범위가 늘어나 각 사안에 대한 책임이 명확해졌으며 의사결정 속도도 빨라졌다. SKT는 이러한 개편을 스피드 경영과 책임 경영의 범위를 확대하기 위한 결정이며 글로벌 경쟁 환경에서 조직개편이 필수적이라고 설명하고 있다.

2) SKT 팀제가 드러낸 문제점

팀제와 직위체계 파괴를 통해 얻을 수 있는 것도 많지만, 보완해야 할 점이 없는 것은 아니다. 기업의 규모 확대가 경제성장의 안정에 따라 정체되면서, 기업 조직 내 승진적체가 발생하고 조직원들의 불만이 쌓이게 됨에 따라 기능부서의 조직 명칭만 바꾸어 운영을 하고 이에 따른 직급과 직책을 분리 운영함으로써 조직원의 승진적체에 대한 불만해소 방편으로 활용하기 위해 팀제를 도입하게 되었다는 지적이 나오고 있다.

팀제 시행 후 드러난 문제점을 살펴보자면, 획일적, 일방적 도입으로 인해 사전 교육과 홍보가 부족했고, 조직원들의 의식 전환에 있어서도 문제점을 드러냈다. 그리고 팀제 도입 취지에 있어서도 본래의 팀제의 속성과는 무관한 목적을 추구함으로써 팀제 도입 취지에 혼란을 가져오는 경우도 있었다.

팀 운영상에 있어서도 평가시스템의 공정성 문제와 정보 공유 인프라의 미흡, 팀 목표와 조직 목표 간의 충돌, 기존 인사관리제도의 고착이라는 부작용을 낳았고, 팀제 도입에 따른 성과급제는 기존 관리자들에게 승진 상실감을 가져다주는 상처가 되었으며, 또한 팀장의 자질 부족이나 팀원의 능력 부족으로 팀이 제대로 운영되지 않는 문제도 노출되었다.

그리고 대외업무에 있어서 어려움이 발생하는 경우가 자주 발생하였다. 상대 기업이나 관공서 담당자가 팀원이나 매니저와 같은 생소한 명칭때문에 얕잡아 보고 대하려는 경우가 있었다. 이런 이유 때문에 SKT는 2010년부터 소비자 접점 부서를 중심으로 사원-대리-과장-차장-부장 등 기존 직위체계를 부활하였다.

3) 팀제 문제 해결을 위한 '팀 중심 역량 개발제도' 도입

전통적인 조직들에서는 인력개발이 중앙에서 통제하는 형식으로 이루어져왔다. 이에 비해 SKT는 핵심 인력 양성을 위한 인적자원개발(HRD)의 책임과 권한(예산권 포함)을 팀장이 가지는 '팀 중심 역량 개발제도'를 운영하고 있다.

그림 3-7 SKT의 팀 중심 역량 개발제도

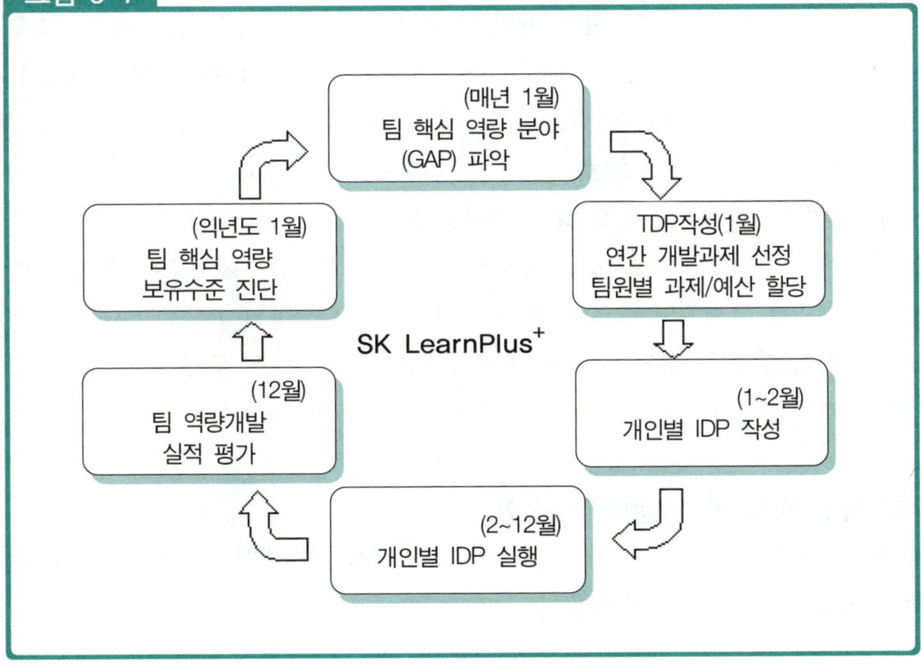

팀 중심 역량개발제도는 과거 중앙통제적인 인력개발에서 벗어나 팀 중심의 분권적인 인력개발체계로, 이를 지원하는 IT시스템인 'TMS'(Talent Management System)를 통하여 매년 1월 개인별 역량개발 과제와 예산을 할당하고 12월에 그 결과를 챙기는,'계획-실행-통제'(Plan-Do-See)가 이루어진다. 또한 TMS에서 장기적 관점의 역량개발 과제를 추출하고 이들 분야에 대해서는 전사 차원의 장기 집중연수를 실시하고 있다. 팀 중심 역량개발제도를 운영한 결과, 약 95%의 조직이 TMS를 활용하였으며 연초 역량개발 계획의 72%를 시행한 것으로 나타나 팀 중심 역량개발제도와 TMS의 조기 정착에 상당히 성공했다는 평가결과가 나왔다.

4) 수평적 의사결정 제도 강화

① Can Meeting의 지속적 실시

캔 미팅은 SK 그룹이 오랫동안 실시해 오고 있는 조직개발 제도로서 조직 구성원들이 수시로 업무활동과 다양한 장소에서 주어진 경영과정에 대해 자유롭게 논의하는 자발적 모임이다. 이는 '창의 및 혁신'을 일깨우는 의사결정 방식이라고 할 수 있다. 캔 하나만 들고 새로운 장소에서 모든 사람들의 자유로운 의견을 듣는 SK만의 회의방식으로 구성원 모두가 자신의 의견을 말해야 하며 마지막에 팀 리더가 의견을 취합하고, 최종 결정은 팀장이나 부사장이 내리는 방식으로 진행된다. 경영문제를 효과적으로 해결하며 동적 요소들을 효과적으로 관리하는 장인 동시에 효과적인 지식을 창출하는 장인 동시에 의견을 도출하는 과정에서 발생하는 이익을 함께 공유할 수 있는 시스템이다. 모든 사원이 부담 없이 자신의 의견을 말할 수 있는 분위기가 형성되므로 SKT는 캔미팅을 통해 집단 의사결정에서 발생할 수 있는 문제점들을 상당부분 해결하고 있다.

② 사내 인트라넷 '열린마당' 활성화

직급 파괴와 더불어 T-Cafe 등 사내 인트라넷을 활성화함으로써 회사가 사원들의 의견을 적극적으로 받아들이는 제도이다. 인트라넷 내에서 IP추적이 불가능하고 이를 위반하는 개인에게는 엄격한 제재를 가함으로써 익명성이 완벽하게 보장된다. 현장의 목소리를 가감 없이 들음으로써, 이전에 하나의 의견이 최종 CEO에게 전달되기까지 오랜 시간이 걸릴 뿐만 아니라 그 과정에서 내용이 변모되기도 하였던 문제점들을 개선시키고 있다. 실제로 출산 후 휴가로 인해 부당한 대우를 받았던 여직원의 어려움을 제도적으로 보완하고, 금연구역임에도 불구하고 담배를 피우는 임원실의 행각이 제재를 받는 등 위로부터의 압력에 구애되지 않고 사원들의 의견이 자유롭게 반영될 수 있는 소통의 장으로서의 역할을 담당하고 있다.

③ 모바일 오피스 실현

모바일 오피스(mobile office)는 출장, 외근 등 회사 밖에서 근무하는 시간이 많은 직원들이 모바일 기기를 이용해 사내 네트워크에 접속함으로써 회사에 들어올 필요 없이 외부에서 업무처리를 할 수 있도록 한 것이다. 모바일 오피스를 구축한 회사의 직원들은 이동 중에도 실시간으로 회사 업무를 파악하고 처리할 수 있어 보다 나은 업무 효과를 기대할 수 있다. 모바일 오피스를 통해 인트라넷 연동 이메일 시스템, 결제, 의사결정 등이 이루어지고 있어 어디에서나 업무를 볼 수 있다. 특히, SKT는 국내 이동통신사 중 가장 많은 플랫폼과 단말기를 지원하고 있는 만큼 기업 특성에 맞는 다양한 플랫폼과 단말기를 선택할 수 있어 직원들이 회사의 상품을 직접 사용하게 됨으로써 외부적으로도 선도적인 파급효과를 미치게 된다.

5) SK텔레콤의 '수평조직' 도입에 대한 평가

SKT가 수평적 조직구조를 도입하기 이전에는 수직적 구조를 취하고 있어서 관리자와 실무자의 역할 분담이 확실하게 구분이 되어 있었기 때문에 관리자들의 경우 받는 연봉에 비해 하는 역할이 적어 회사의 입장에서 볼 때 효율성이 떨어졌다. 또 부장, 과장, 팀장 등 수직적 체계였을 때는 결제의 체계가 복잡하고 시간이 오래 걸렸다. 이런 비효율이 수평적 직급체계로 바뀌고 나서는 많이 개선되었다.

'수평조직'도입 초기에 직급을 없애고 매니저로 통일한다고 발표했을 때 연차가 오래된 구성원들의 반대가 만만치 않았다. 한국 사회에서 직급은 중요한 부분이다. 수년간 기업에서 이뤄낸 성과에 따라 진급해온 많은 과장, 부장급 직원들은 박탈감을 많이 느꼈다. 실제로 연공서열에 따른 직급에서 오는 만족감이 상당하기 때문이다. 하지만 구성원 모두가 글로벌 경쟁 시대에서는 수직적 조직체계보다 수평적 조직체계가 적합하고, 개혁을 하지 않으면 기업의 생존에 큰 위협이 된다는 것을 이해해 현재는 원활히 운영 중이다. 기업 측에서 변화된 조직제도를 강제적으로 유도하지 않고 오랜 시간 임원들을 설득한 덕분에 직원들도 기업의 입장을 충분히 이해할 수 있었다. 팀제가 원활히 운영될 수 있게 많은 교육 프로그램과 시스템적 보완이 이루어져 지금은 SKT 구성원들이 조직구조 및 직위체계 혁신에 대체로 만족하고 있다고 생각된다.

수평적 직무체계에서 단점이 있다면, 회사 내부에서 마찰이 발생하기보다 외부에서 발생한다. 아직 많은 기업들이 수직적 직무체계를 유지하고 있기 때문에 '매니저'란 직급에 대한 이해도가 낮다. 거래처에서는 부장이 나왔는데 SKT 측에서 매니저가 나왔을 경우 불쾌해 하는 경우가 종종 있다. 우리나라는 아직 직급이 기업 간의 중요한 소통수단이기 때문에 외부 기업과의 거래가 어렵다는 점이 해결되어야 한다.

SKT는 이제 수직적 상하관계가 뚜렷한 조직문화에서 벗어나 성과 중심의 수평적 · 창의적 조직문화를 지향하고 끊임없는 조직 혁신을 추구하고 있다. 핵심인력 양성을 위한 HRD의 책임과 권한을 팀장이 가지는 '팀 중심 역량개발제도'를 운영하여 주목할 만한 기업성과를 냈다. 이처럼 SKT의 팀제 하에서는 구성원 간 커뮤니케이션이 더욱 신속하고 원활하게 될 수 있으며 더 많은 정보와 기회를 포착할 수 있기에 더 좋은 해결책과 결정을 내릴 수 있다. 연공서열 위주의 문화를 가지고 있는 우리나라의 문화에서 받아들여지기 힘들다는 점에서 SKT의 성공사례는 다른 한국 기업들에게 많은 시사점을 준다. 창의적이고 혁신적 조직문화가 요구되는 현재 시점에서 SKT의 수평 조직을 위한 각종 조치와 제도들은 선진적 조직 및 인사 시스템이라 평가할 수 있다.

7. 직무분석을 위한 새로운 시각

최근 한국노동연구원이 기업체 인적자원관리 담당 이사나 부장, 인적자원관리 전공 교수, 연구원, 컨설턴트 등 인사전문가들을 대상으로 '21세기 인적자원관리 변화에 관한 서베이'를 실시하였는데 전문가들이 예측하는 21세기 경영환경 변화를 중요도 순으로 열거하면 다음과 같다.

- 국제시장에서의 경쟁심화
- 외국자본과 외국기업의 국내진출
- 기업의 세계화(globalization)
- 품질과 고객만족을 강조하는 시장요구
- M&A, 빅딜, 전략적 제휴의 증가
- 조직구조 및 업무 프로세스 변화
- 실업증가와 노동시장의 수급 불균형
- 근로자들의 가치의식 변화
- 국내시장의 경쟁심화
- 정부의 노동정책
- 구조조정 및 인력감축 정책
- 실업증가와 노동시장의 수급불균형
- 자동화와 생산기술의 발전
- 정보/커뮤니케이션 기술의 발달
- 근로자 권익의 확대
- 노조의 형태와 활동

이러한 기업의 외적 환경의 변화가 예상됨에 따라 인적자원관리의 패러다임도 다음과 같이 달라지는 과정이 최근에 두드러지게 나타나고 있다.

첫째, 내부노동시장 중심에서 외부 노동시장 중심으로
둘째, 집단주의에서 개인주의로
셋째, 사람중심에서 직무중심으로
넷째, 인사의 스탭기능 중심에서 현장관리자(line manager)중심으로
다섯째, 연공중심에서 성과중심으로
여섯째, 범용적(汎用的) 인재중심에서 특성화된, 전문가형 인재 중심으로

이와 같은 인적자원관리의 패러다임 변화(paradigm shift)를 요약하면 '성과주의 인적자원관리' 또는 '직무중심적 인적자원관리'로 정리할 수 있다. 과거에는 직무와 사람이라는 인적자원관리의 기본적인 두 축 가운데 사람에 무게중심을 두었던 것을 이제 직무에 초점을 맞추는 형태로 이행하고 있다는 것은 여러 기업의 인력 구조조정과 경영혁신의 결과로 속속 입증되고 있다.

직무주의 인적자원관리를 정착시키기 위해서는 직무(job)에 대한 철저한 파악과 분석이 필요하다. 직무가 지니고 있는 상대적 가치를 파악하기 위해서 직무의 내용과 그 직무를 수행하는 사람이 갖추어야 하는 능력, 경험, 자격 등을 상세히 분석하는 직무분석(job analysis)이 수행되어야 하며, 모든 직무들의 상대적 가격을 결정하는 직무평가(job evaluation)가 선행되어야 한다. 직무주의는 일의 상대적 가치(comparable worth)에 기초하고 있기 때문이다.

직무주의 정착을 위해서는 직무와 직무를 수행하는 사람에게 요구되는 자질들에 대한 정보를 최대한 많이 수집, 분류, 정리할 필요가 있다. 정확도가 떨어지는 직무정보는 직무주의 인적자원관리의 적용에 어려움을 야기할 수 있기 때문이다. 그리고 직무간 비교가 가능하게 하기 위해서는 표준화된 직무분석 방법을 사용할 필요가 있다. 미국에서는 직원의 선발에 있어서 법으로 정한 '표준적 지침'(Uniform Guideline)을 지키고 있는데, 이 표준적 지침에는 직무기술, 직무의 활동내역, 기계·도구·장비 사용여부, 직무와 관련된 무형·유형의 산출물과 산출과정, 직무성과와 성과측정방식, 직무조건, 직무명세와 인적요구사항들을 반드시 기록하게 되어 있다. 이러한 지침으로 인하여 미국에서는 직무분석이 법으로 강제되고 있으며, 이러한 직무속성(job attributes)의 표준을 통해 직무의 비교와 가격 매김이 가능해지게 되었던 것이다.

이제 우리에게도 이러한 직무속성의 표준화가 필요한 시대가 되었다. 이른바

세계적인 기준(Global Standard)이 인적자원관리 분야에도 엄연히 요구되기 시작한다. 합리적인 기준에 의한 직무의 상대적 비교와 가치매김이 되어 있어야 직무주의 인적자원관리가 가능해지기 때문에 이제는 우리 기업이 직무분석을 제대로 할 때가 되었다고 생각된다.

최근 기업의 구조조정과 함께 '성과주의 인적자원관리'를 내용으로 하는 인적자원관리 혁신이 과감히 추진되기 시작하였고, 그 중심에는 연봉제가 있다. 연봉제는 개인간 차별화에 기초한 보상제도이다. 따라서 연봉제가 성공하기 위해서는 개인별 차별화를 가능하게 하는 인사평가제도를 필요로 한다. 성공적인 연봉제를 위한 인사평가는 사람중심이 아니라 철저히 직무중심, 성과중심이 되어야 하는데, 연봉제로 상징되는 인적자원관리 혁신에는 합리적이고 과학적 직무분석이 성패의 열쇠를 쥐고 있다고 해도 과언이 아닐 것이다. 직무분석이 제대로 되어있지 않으면, 이를 기초로 한 평가제도가 흔들리게 되고 평가제도 위에 집을 지은 연봉제는 사상누각일 뿐이다.

기업 구조조정 이후 대두되는 직원들의 핵심역량(core competency) 강화를 위해서 직원들의 역량에 대한 체계적인 분석이 필요하고, 경력개발의 기준을 제시하기 위해, 새로운 경영전략을 지원할 수 있는 인적자원관리 체계를 재정립하기 위해서 직무분석의 효용성이 제고되고 있다.

과거 직무분석은 지나치게 과거 지향적이었고 현재 업무 중심적이었지만, 이제는 미래업무, 미래에 사람에게 요구되는 요건을 파악하는 데 주안점을 두고 있다. 왜냐하면, 경쟁이 치열해지고, 시장개방이 가속화되면서 새로운 산업, 새로운 업무가 하루가 다르게 생겨나고 있기 때문이다. 지금까지 우리나라 기업에서 직무분석이 실패한 이유 가운데 주요한 것은 다음과 같다.

- 직급 및 사람 중심의 업무분장과 이에 따른 직무분석이 행해지고 있어서 직무의 정의가 명확하지 않고, 부서의 인원수, 직급구조에 따라 업무가 유동적인 경우가 많다.
- 한 직무내에 업무의 난이도, 중요도 등 업무특성이 매우 상이한 업무들이 공존하고 있어서 하나의 단위로 관리하기가 어려운 경우가 많다.
- 직무분류 및 직무관리를 개인의 직급, 근속년수 등 인적특성을 지나치게 고려함으로써 직무분류체계와 업무의 특성간 상관관계가 낮은 경우가 많다.

- 직무의 프로세스나 동태성(dynamic)을 무시하고 정태적이고 단편적인 직무를 기업내부적 관점에서 분석하려는 경향이 강했다.
- 직무기술서(job description)에 의한 직무수행보다는 위에서 그때 그때 시키는 수명(受命)업무 중심으로 수행해왔다.
- 개인의 전문영역(specialty) 개발에 실패하고 중간관리자의 고유업무를 개발하여 부여하는 데 실패했다.
- 유사한 직무를 여러 부서, 여러 계층에서 수행하는 폐단을 직무분석을 통해서 제대로 개선하지 못하였다.
- 호칭과 직급, 직무 타이틀에 너무 민감하다보니 직무의 내용보다도 직무의 외적인 데 치중했다.

최근에 이르러 이러한 직무분석의 문제점을 개선하려는 움직임이 일고 있는데, 직무분석의 새로운 경향을 정리하면 다음과 같다.

첫째, 직무의 변화속도가 빠른 현대 조직에서 직무기술서에 얽매이지 않고 직무가 변화함에 따라 유연하게 대처함으로써 경쟁력을 제고하려는 기업이 늘고 있다. 이러한 추세에 부응하여 직무(job)라는 개념보다는 일(work)의 개념을 더 중시하는 경향이 두드러진다. 과거에는 직원을 채용할 때 모집직무의 직무기술서에 규정되어 있는 직무를 잘 수행할 수 있는지를 예측하여 선발하였지만, Nissan, Honda, Southwest Airlines 같은 회사에서는 직무기술서에서 규정된 조건을 충족시키지 않는다고 하더라도 근본적으로 일을 잘하고 즐기는 사람을 위주로 선발한다고 한다.

둘째, 직무를 과업(task)중심에서 역할(role)중심으로 분석하려는 노력이 보이고 있다. 과업중심으로 직무분석을 한다는 것은 부서내에서 인적구성과 수직적, 수평적 관계와는 상관없이 전체 직열이나 직무의 어떤 부분이 어디에서 수행되는지에 관심을 기울이는 것이다. 이에 비해서 역할중심의 직무분석은 부서내 사람과 사람간 관계성에 초점을 두고 수직적인 상하관계, 수평적 동료관계 속에서 과업이 누구를 통해 어떻게 흘러가는가에 초점을 두고 분석하게 되어 직무분석을 통해 조직내 구성원간 역할관계가 규명될 수 있다는 장점이 있다.

셋째, 일상적이고 정규적 직무를 중심으로 정태적으로 직무를 분석하는 종래의 방식에서부터 문제해결(problem solving)과 혁신 중심으로 동태적 직무분석을 시도하는 경향이 두드러진다. 실제로 조직내에서는 일상적인 일 외에 비일상적인 일이 자주 발생하고 있으며, 비일상적인 일이 발생할 때 누가 어떻게 이것을 해결하는가가 매우 중요해지고 있다. 예를 들면 위험관리(risk management)를 해야 할 때가 발생하게 되는 데 이에 대한 직무할당과 분석은 종래의 방법으로는 어렵다. 또, 구조조정을 하고 경영혁신을 하는 데 있어서 과거의 일상업무, 정규업무 중심의 정태적 직무분석은 별 도움이 되지 않는 것이다.

넷째, 업무를 내용보다는 프로세스(process) 중심으로 파악하고자 하는 경향이 두드러진다. 과거 설문지 방법에 의존하던 직무분석 방식을 탈피하고, BPR(Business Process Reengineering) 기법 중의 하나인 'Process Mapping' 기법을 도입하여 조직의 직무구조와 직무수행방법, 직무수행자의 자격요건에 대한 정보를 수집하고 업무의 흐름, 즉 프로세스에 초점을 두고 수직적, 수평적 업무 프로세스가 직무수행자의 업무수행에 어떠한 영향을 미치는 지를 분석하는 'Impact Assessment' 분석을 통해서 직무와 직무의 연관관계와 과업내용의 변화와 결과에 대한 체계적인 분석을 시도하는 움직임이 보이고 있다.

다섯째, 과업, 직무, 대직무, 직렬 등 직무의 분류와 직무에 대한 가치매김에 있어서 시장원리가 도입되는 경향이 강하다. 이른바 '시가주의(市價主義)'에 입각한 직무분석을 통해 한 기업의 직무와 직무요건이 동종업계, 동일 노동시장내에 과연 일의 동등한 비교가치(comparable worth of work)를 지니는지를 분석하는 경향이 늘고 있다.

여섯째, 단위직무를 지나치게 세분화하기보다는 유사한 직무를 크게 묶는 이른바 '브로드밴딩'(broadbanding) 현상이 두드러지고 있다. 브로드밴딩은 직무의 묶음(clustering of works)을 통해서 유연한 인적자원관리(flexibility in HRM)가 가능하도록 하는 데 목적이 있다. 기업구조의 조정을 통해 과거 피라밋 조직, 관료제적 조직, 다 계층조직처럼 수직적인 긴 의사결정 체계를 가진 조직이 납작하고 단순한 조직(flat organization)으로 변화하는 추세에 맞추어 직무단위의 브로드밴딩 현상이 가속화되고 있다.

8. 글로벌 시대에 필요한 글로벌 플레이어

국제기업, 다국적기업, 글로벌 기업... 지난 30여 년 동안 우리는 기업의 국제화와 관련하여 이러한 용어를 섞어 사용해 왔다. 학자들 간 의견의 차이가 있기는 하지만, 국제기업(international firm)은 국제화의 낮은 단계에 있는 기업을 지칭한다. 주로 수출이나 해외 라이센싱을 통해 국경을 넘나들며 영업을 하는 기업이 이에 해당한다. 다국적기업(multinational firm)은 80년대부터 본격적으로 사용되기 시작한 용어로서 80, 90년대 기업 국제화의 대표적 형태였다. 다국적기업 전략은 세계적으로 경쟁력이 있는 제품군을 가진 선진국 기업들이 해외시장에서 가격우위를 통해 시장점유율을 높이기 위해 저임금 국가의 노동력에 의존하여 자사 제품을 싸게 만들어 판매함으로써 경쟁우위를 확보하는 기업 국제화 전략이다. 일본의 소니가 동남아시아 저임금 국가들에서 TV를 저렴하게 생산하여 세계 시장에서 소니TV의 시장점유율을 높인 것이 대표적인 다국적기업 전략 사례이다.

그러면 글로벌 기업의 특성은 무엇인가? 기존의 기업형태와 구분되는 세 가지 특성이 있다. 첫째, 글로벌 소싱(global sourcing)이다. 다국적기업 시절에는 제품의 기획과 설계, 마케팅과 판매 전략은 선진국내의 본사가 담당하고 저임금 해외 생산기지에서 제조를 담당하는 방식으로 운영되었다. 하지만 이제는 저개발 국가가 더 이상 제조공장에 머물지 않고 현지 소비자들에게 어필하는 디자인 전략을 수립하여 신제품을 개발하고 판매와 마케팅까지 담당하게 되었다. 다국적기업이 본사중심의 집권화 전략을 추진하였다면 글로벌 기업은 세계 각국에 센터가 흩어져 있으면서 경쟁우위를 중심으로 결합되어 있는 분권화된 기업이라고 말할 수 있다. 둘째, 글로벌 기업은 국적과 문화차이를 뛰어넘는 기업으로서 이문화 의사소통을 하는 다국적 팀으로 운영되는 기업이다. 다양한 국적을 가진 직원들이 한 팀을 구성하여 해외 여기저기에서 나름대로 마케팅과 생산계획을 수립하고 해외시장에서 경쟁력 있는 제품과 서비스를 세계인들에게 제공하기 위해 머리를 맞대고 의논하고 함께 뛰는 것이 글로벌 기업의 요체이다. 다국적기업이 국적이 분명하고 하나의 본사(HQ)를 중심으로 운영되는 기업이라면 글로벌 기업은 국적이 불분명하고 여러 개의 본사를 중심으로 전 세계적으로 운영되는 기업이다. 셋째, 글로벌 기업의 성공 측정 기준은 오로지 '경영의 우월성'(excellence of management)이다. 즉 국적이나 본사여부가 중요한 것이 아니라 문화차이를 극복하여 다양한 국적의 직원들을 하나로 통합하고 '문화적 시너지'(cultural synergy)와 생산요소의 최적 결합을 통해 경쟁력를 확보하는 경영자가 국적과 상관없이 최고의 대우를 받는 기업문화가 글로벌 기업에는 정착되어 있다.

좋은 예로 일본 닛산 자동차의 CEO였던 카를로스 곤(Carlos Ghosn)을 들 수 있다. 그는 1954년 브라질에서 태어났다. 그의 아버지는 레바논인이었고 어머니는 프랑스인이었다. 브라질에서 성장한 후 프랑스에서 대학까지 졸업하고 미쉐린 타이어에 입사해 최연소 공장장, 최연소 북미 미쉐린의 CEO 등을 거치며 빠른 출세가도를 달렸다. 1996년 르노자동차로 옮긴 후에는 200억 프랑의 비용삭감 계획을 성공시킴으로써 강력한 리더십을 인정받았다. 그는 그 공로로 닛산이 프랑스 르노자동차에 인수되자 1999년 6월 일본 닛산자동차의 최고영업책임자(COO)에 부임해서 '닛산 재건 계획(NRP)'을 추진해 파산위기에 몰린 닛산을 회생시키는데 성공을 거둔다. 카를로스 곤은 비록 일본인은 아니었지만, 닛산을 살리는 데 있어서 원재료, 기술, 직원의 모티베이션을 결합하여 경영의 우월성을 달성하는, 최적의 조합을 찾아내는 데 성공하였다고 볼 수 있다.

이러한 글로벌 플레이어(global player)들이 글로벌 기업을 운영하는 주인공들이다. 글로벌 플레이어의 조건은 단순히 복수의 외국어에 능통한 것만은 아니다. 이문화 소통을 통해 각자의 전문성이 발휘되는 '문화적 시너지'를 달성할 수 있는 능력이 있어야 한다.

우리나라에도 매출액이나 진출 국가 수에 있어서 해외 굴지의 글로벌 기업과 어깨를 나란히 할 수 있는 대기업들이 다수 있다. 그러나 이들 기업을 진정한 글로벌 기업이라고 말할 수 없는 이유는 이러한 문화적 시너지를 통한 경영의 우월성을 달성하는 데 아직 매우 미흡하기 때문이다. 우선 우리나라 대기업이 글로벌 기업합병(M&A)를 성공적으로 이루어낸 사례가 거의 없다. 기업합병이 단순히 재무적인 우위만 있으면 되는 것이 아니다. 피 합병기업 근로자들의 마음을 얻지 못한다면 핵심인재들이 썰물처럼 빠져나가게 되고 결국 합병기업은 껍데기만 남은 기업을 비싼 값에 인수하게 되어 해외 기업합병의 당초 목적은 달성되지 못하고 막대한 자금이 투입된 기업합병은 많은 경우 실패로 끝나게 된다.

한국기업이 글로벌 시대에 진정한 글로벌화를 달성하고 해외에서 '경영의 우월성'을 거두기 위해서 몇 가지 조언을 하고자 한다.

첫째, 한국기업은 뿌리 깊은 자국중심주의를 버려야 한다. 한국기업이 국경을 넘어 해외로 사업을 확대할 때 겪게 되는 가장 큰 어려움 가운데 하나는 한국인이 아닌, 현지국 사람들(host country nationals : HCN)이나 제3국인(third country nationals : TCN)을 종업원으로 채용하고 이들과 함께 일해야 한다는 점이다. 언어의 문제가 어느 정도 극복되었다고 하더라도, 외국인인 이들과 함께 사업을 하면서 문화와 관습의 차이, 법과 제도의 상이성에서 오는 어려움으로부터 자유로운 한국기업은 거의 없을 것이다. 그렇다고 무턱대고 언어와 문화가 잘 통하는 본국 직원들(parent country nationals : PCN)을 대거 해외자회사에 파견하면 더 큰 문제가 따른다. 왜냐하면 파견비용도 비용이거니와 요즘은 해외에 나갈 희망자를 모집하는 단계에서 많은 어려움을 겪기 때문에 자녀문제, 배우자의 직장문제, 귀국 후 보직문제 등으로 직원들이 해외근무를 기피하는 풍조가 만연해 있는 것이다.

본국직원의 해외파견과 현지인의 채용은 나름대로 장·단점이 있다. 막대한 비용을 감수하고 본국직원을 모집, 선발하여 해외자회사에 파견하는 이유는 현지국 직원을 채용하여 얻는 효익을 상쇄할 수 있다고 회사가 기대하기 때문이다. 그러나 세계화가 진전되면서, 자국중심주의(ethnocentrism)가 퇴조하고 현지국중심주의(polycentrism), 세계중심주의(geocentrism)으로 패러다임이 바뀌면서 해외자회사를 위한 인력 충원 정책(staffing)을 근본적으로 재고할 필요성이 대두되었다. 즉 이제는 본사의 한국인을 파견하는 인력정책을 지양하고 현지국인이나 제3국인을 효율적으로 활용하는 인사전략을 추진해야 한다.

둘째, 글로벌 소싱 전략에 능숙해야 한다. 글로벌 소싱이란 기업의 가치사슬(value chain)이 잘 굴러가 경쟁력을 키우기 위해 필요한 본원적 활동과 지원적 활동을 결합하는 데 필요한 자원을 전 세계적으로 조달하는 것을 말한다. 예를 들어 설명하면, 생명공학과 보건의료산업 기업은 바이오 의약품 분야에서 신제품을 개발하고 해외시장에서 판매를 확대하기 위해서는 R&D, 제조, 유통, 마케팅 등의 가치사슬 활동에 필요한 자원을 전 세계적으로 고품질, 저비용으로 조달하여 경쟁력을 키울 수 있는 네트워크를 확보해야 한다. 이를 위해서 이른바 '경계관리'(boundary spanning)를 잘해야 한다. 경계관리란 기업의 경계, 즉 외연을 확대하는 관리를 말한다. 우리나라 기업이 생명공학산업의 미래 개척자가 되기 위해서는 전 직원들이 '스파이더맨'이 되어야 한다. 마치 거미처럼 해외 네트워크를 촘촘히 구축하고 생명공학과 보건의료 분야의 첨단기술에 관한 정보를 수집하고 이를 회사에 전달하여 R&D의 아젠다로 삼고 이를 통해 기업의 변경을 확대해 나가는 스파이더맨이야 말로 진정한 글로벌 플레이어라고 말할 수 있다.

글로벌 소싱(global sourcing)의 사례는 오늘날 헤아릴 수 없이 많다. 나이키(Nike)는 80년도부터 글로벌 소싱에 눈을 뜬 기업이다. 제품 기획과 디자인, 그리고 마케팅 전략은 본사인 미국에서 수행하고 제조는 제조원가가 저렴한 아시아 및 아프리카 국가에서 담당하는 방식으로 제품 경쟁력 강화를 위해 생산요소의 최적 결합을 해외에서 추구하였다.

오늘날 항공기 제조분야에서 보잉(Boeing)의 강력한 경쟁자로 등장한 에어버스(Airbus)는 프랑스, 독일, 영국, 스페인 네 나라의 합작품이다. 프랑스가 디자인과 엔진부분을 담당하고, 독일은 객실과 꼬리 날개 및 도장, 영국과 스페인은 양쪽 날개 및 기타 부분을 담당하는 등 항공기 제조에 있어서 국제적 공조를 통해 글로벌 소싱을 성공적으로 수행하고 있다.

셋째, 한국기업은 글로벌 시대를 맞이하여 거래비용을 최소화하는 노력을 경주해야 한다. 경제학에서 말하는 거래비용(transaction cost)이란 대체로 다음과 같은 네 가지 비용을 포함하는 개념이다. ① 준비비용(preparation costs)이다. 예를 들면, 누가 잠재적인 거래상대자인지에 대한 정보를 획득하는데 드는 비용이 여기에 해당된다. ② 합의비용(agreement costs)이 있다. 거래당사자와 협상하고, 계약서를 작성하고 합의하는 과정에서 협상의 강도와 걸리는 시간을 고려하여 계산한 비용이다. ③ 통제비용(control costs)을 들 수 있다. 거래관계를 시작하고 유지하기 위해서 납기를 준수한다든지, 상품과 서비스의 양(quantity)과 질(quality), 가격조건의 준수, 그리고 거래에 관한 비밀을 유지하는데 드는 비용을 일컫는다. ④ 적응비용(adaptation costs)이 있다. 이는 거래계약의 유효기간 중에 발생하는 계약조건 변경(가령, 납기, 상품과 서비스의 가격, 양과 질 등에 있어서의 변동)으로 인하여 발생되는 비용을 말한다.

학자들은 글로벌 기업의 생존조건은 해외시장에서 어떻게 거래비용을 최소화할 수 있느냐에 달려있다고 말한다. 거래비용 이론은 기업에 적용시키면 기업 활동 가운데 어떤 부분을 내부화(internalize), 즉 어떻게 내부에서 충당하며, 어떤 부분을 외부화(externalize), 즉 시장에서 구입하거나 조달하는지를 설명하는 이론이다.

거래비용 이론의 출발점은 인간은 의사결정에 있어서 제한된 합리성(bounded rationality)을 지니고 있다는 데 있다. 해외자회사에 파견된 본사인력은 현지에서 문화충격(culture shock)을 겪으면서 해외환경에 적응하는 데 시간이 걸리게 되고 현지사정을 잘 알지 못하는 관계로 합리적인 의사결정을 내리는데 방해를 받게 된다. 이러한 제한된 합리성과 환경의 불확실성과 복잡성 사이에서 파견인은 정보의 불완전성(information imperfection)을 경험하게 된다. 이로 인해 해외 파견인은 본국에서보다 더 많은 양의 정보를 처리해야 할 필요를 느끼게 되며 현지에서의 문화와 환경으로부터 야기된 불확실성 및 복잡성과 이를 극복하기 위한 개인적 능력 불균형 및 비대칭성(asymmetry)으로 인하여 야기되는 문제와 마찰에 봉착하게 된다.

불확실성이 높은 국제거래라고 하더라도 특정당사자와 투자와 거래를 장기간 지속하게 되면 경험이 쌓이게 되고 사람 사이의 신뢰도 쌓이게 되어, 요령과 숙달이 생겨나게 되는데 이것을 거래비용이론에서 '자산 특수성'(asset specificity)이라고 한다. 자산특수성의 예로 한국기업이 해외자회사에서 특정 해외현지 직원들을 장기간 고용하게 되면 이들은 한국어에도 숙달되고, 한국식 경영방식에도 익숙하게 되어 본국에서 파견된 관리자들이 이들을 데리고 업무를 하기가 쉬워지게 되어 업무성과도 향상될 수 있다. 자산특수성이 형성되려면 무엇보다도 거래빈도가 많아져야 한다. 현지채용 직원들을 너무 빈번하게 교체한다든지, 한국에서 파견되는 관리자들이 너무 자주 교체되어서는 자산특수성이 형성되기 어렵다. 회사가 거래빈도를 높이고 본국과 현지자회사간 인간관계의 증진에 힘쓰면 자산특수성 형성에 도움을 주며 일단 자산특수성이 형성되면 거래에 따른 각종 불확실성이 감소되는 효과를 거둘 수 있으며 현지국 시장에서의 위협요소나 현지채용 직원에 의한 비리와 부정으로부터의 위험도 회피할 수 있다.

서방 유럽기업들이 해외 영업에 강한 이유가 단순히 언어의 우위에 있지 않고 오랜 역사적 경험을 통해 국가와 기업 간에 다져진 문화적 적응과 우의라는 자산특수성을 통해 미국이나 아시아 국가 기업들이 쉽게 넘볼 수 없는 진입장벽을 형성하고 있기 때문이다. 거래비용 이론은 최근처럼 경영환경의 변화가 극심하고 불확실성이 증대될 때 기업이 어떻게 경쟁우위를 확보할 수 있는지를 잘 설명해주고 있다. 따라서 한국기업은 단기적인 관점이 아닌, 장기적인 관점에서 글로벌 환경에 대처해야 하며, 해외 영업 강화를 위해 해외의 우수한 인재들을 자기편으로 만드는 노력을 장기간 꾸준히 경주하여야 한다. 단순한 비즈니스 관계를 뛰어넘어 불확실성을 극복하는 자산특수성으로 발전할 수 있도록 조직과 인사관리, 마케팅관리를 추구하여야 한다.

세계적 IT기업 소프트뱅크의 창업자 손정의 회장은 일본과 미국, 한국에서 폭넓게 다져놓은 인적 네트워크를 사업에 적극 활용하여 크게 성공을 거둔 글로벌 플레이어이다. 그는 지금까지 논의한 세 가지 주제, 문화적 시너지, 글로벌 소싱, 자산 특수성의 글로벌 경쟁력 강화 전략을 모두 실천에 옮겨 성공신화를 일군 경영자이다. 우리나라에도 이러한 글로벌 플레이어가 많이 나올 수 있기를 기원한다.

9. 나쁜 레스토랑

한 주간지에 '맛 기행' 칼럼을 연재하는 식도락 전문기자가 있었다. 그는 전국의 식당을 돌아다니며 직접 음식 맛을 보고 서비스 등을 꼼꼼히 관찰하여 그 식당에 대한 평가점수를 매기는 기사를 통해 독자들에게 인기를 얻게 되고 명성도 쌓여갔다. 그에게는 절친한 고향친구가 있었는데 그녀는 남편 실직 후 전 재산을 투자하여 서울 시내에 한 레스토랑을 개업하게 되었고 친한 친구인 이 기자에게 와서 음식 맛을 보고 우호적인 평가를 내려달라는 간청을 하였다. 절친한 친구의 부탁을 받은 기자는 그 레스토랑을 찾아 식당 분위기와 인테리어, 그리고 음식 맛 등 평소대로 평가를 해 보았다. 그런데 어쩌랴, 그 식당은 거의 모든 평가지표에서 낮은 점수를 줄 수밖에 없는 '나쁜 레스토랑'이었다. 전 재산을 레스토랑 오픈에 올인 한 친구는 자꾸 좋은 기사를 실어달라고 채근하고 이 기자는 심각한 고민에 빠졌다.

독자들에게 정확한 정보를 제공해야 하는, 기자로서의 의무를 생각한다면 그는 그 식당에 대해서 낮은 평가를 하고 사실대로 기사를 써야할 것이다. 그러나 그 식당의 여주인은 절친한 고향친구가 아닌가? 더욱이 그녀는 남편의 실직으로 생계가 어렵게 되자 전 재산을 투입하여 식당을 개업하였기 때문에 '맛 기자'로서 권위와 명성이 있는 그가 나쁜 평가를 내리게 되면 치명적인 타격을 입을 것이 뻔한 상황이다. 독자가 만약 이 기자의 입장에 처하게 된다면 어떤 쪽으로 결정하게 될 것인지 생각해 보기 바란다. 기자로서의 의무를 다해 사실대로 기사를 쓸 것인지, 아니면 곤경에 처한 친구를 살리기 위해 거짓 기사를 쓸 것인지....

90년대 중반, 네덜란드의 문화연구가인 트롬페나스는 동료와 함께 위와 같은 딜레마 상황을 설정하고 세계 30여 개국의 사람들에게 동일한 질문을 던졌고 그 결과를 분석, 비교하였다. 분석의 기준은 다음과 같다. "비록 그 식당에 문제가 많은 것은 사실이지만 절친한 친구의 어려운 사정을 십분 감안하여 나는 그 식당에 대해 우호적인 기사를 쓰겠다"고 응답하는 비율을 조사하여 국가별로 비교하였는데 75%로 가장 높은 응답률을 보인 국가는 핀란드였고 그 다음은 스위스(71%), 캐나다 및 호주(69%) 순이었다. 이들 국가에서는 100명 중에 70명 정도가 아무리 친한 친구라고 할지라도 사실을 사실대로 말하는 문화가 형성되어 있다는 것을 의미한다.

반면에, 세르비아(24%), 폴란드(43%), 한국(45%), 러시아(47%)와 같은 나라에서는 "비록 사실이 아니더라도 어려움에 처한 친구를 돕기 위해서 기꺼이 사실이 아닌 기사를 쓰겠다"고 응답하는 사람들의 비율이 전체 응답자의 각각 76%, 57%, 55%, 53%를 차지한다는 것을 나타낸다.

전자의 경우, 즉 핀란드, 스위스, 캐나다, 호주와 같은 나라에서는 '보편성 문화'가 강하다는 것을 의미한다. 보편성 문화란, 사회에는 살아가는데 있어서 보편적 원칙이 있고 구성원들은 예외없이 보편적 원칙을 지키려는 문화적 경향을 의미한다. 이 문화에서는 비록 절친한 친구라고 하더라도 레스토랑이 나쁘면(친구라는 예외를 인정하지 않고) 나쁘다고 사실대로 말하는 것이 중요한 가치로 자리잡고 있다. 이에 비해서 후자의 경우, 즉 세르비아, 폴란드, 한국, 러시아와 같은 국가에서는 특수성 문화가 강하다는 것을 의미한다. 특수성 문화란 원칙이 있기는 하지만 상황에 따라, 대상이 누구냐에 따라 그때그때 얼마든지 변할 수 있는 문화적 특성을 말한다. 이 문화가 우세한 국가에서는 가령 누가 범죄를 저질렀을 때 처벌을 받는 것이 원칙이지만 그 사람이 친척이거나 친한 친구인 경우에는 그 원칙이 변경될 수 있다는 것을 의미한다.

이 연구결과는 국가별로 갈등을 해결하는 방식에 있어서 문화차이가 존재한다는 것을 여실히 보여주고 있는 중요한 연구로서 오늘날 세계화 시대를 맞이하여 기업과 사람이 국경을 넘나드는 경영을 도모함에 있어서 시사하는 바가 많다. 예를 들어, 한국인이 미국이나 캐나다, 또는 스위스에서 현지인들을 상대로 사업을 할 때 한국적인 상관행이나 경영방식을 그대로 적용할 수 있을까? 가령, 사업을 통해 친하게 된 그곳 현지인들에게 '친구니까 좀 봐 달라'는 식으로 탈세나 불법을 묵인해 줄 것을 기대할 수 있을까? 한 마디로 그것은 어려울 것이다. 그 사회에 뿌리를 내리고 그 사람들과 장기적으로 좋은 관계를 가지고 사업에 성공을 거두려면 '로마에 가면 로마의 법을 따르라'는 말처럼 그들의 '보편적인 문화'에 적응하여 윤리경영에 촉각을 곤두세우고 순리대로 사업을 해야 할 것이다.

한국 사람이 일반적으로 인식하는 '우리'(we)의 개념은 좁은 울타리로서 혈연, 지연, 학연으로 엮어진 소규모 집단에 국한되고 '우리끼리'는 무슨 일을 해도 잘 통하는 사이이다. 그러나 미국이나 서유럽 사람들이 일반적으로 인식하는 '우리'의 개념은 비교적 넓다. 같은 도시에 사는 사람, 같은 직업이나 취미를 가진 사람은 다 '우리'의 범주에 들어올 수 있다. 그러나 '우리끼리니까 눈 감아 달라'는 식의 요구는 이들 국가에서는 통하지 않는다. 이것은 특수성 문화에서나 가능한 현상이다. 한국에서 승승장구하던 기업이 해외에서 고전하는 데는 이러한 문화차이를 잘 인식하지 못하고 현지의 문화적응에 실패한 것이 원인이 되는 수가 많다. 국제화 시대에 우리가 극복해야 할 과제가 바로 여기에 있다.

10. 함께 일하고 즐기는 피자헛의 기업문화

1980년대를 뜨겁게 달군 기업문화(corporate culture)열풍은 1990년대를 거치면서 '모든 기업의 문제'로 정착되었으나 1997년 외환위기 이후 시들해지고 있다.

기업문화, 조직문화라는 소프트한 것에 집착하기에는 국내외 경영여건이 어려웠고 환경변화가 너무나 급속했기 때문이라고 생각된다. 그런데 21세기 디지털 경제환경에서 다시 기업문화가 기업경쟁력의 원천으로 재조명되고 있다. 그 선두에 구글(Google)이 서 있다. 미국 캘리포니아주 마운틴뷰에 자리 잡은 구글 본사는 아예 명칭부터 '구글 캠퍼스'라고 불리운다. 직원 대부분은 회사에 다닌다기보다는 대학을 계속 다니는 기분으로 근무를 한다. 그만큼 분위기가 자유롭다. 애완견을 데리고 사무실에 출근하는 직원들도 있고 자유로운 복장으로 '공짜 음료'와 '유기농 공짜 점심'을 즐기며 쉬는 시간에 회사내에서 당구와 체스도 즐기는 이들은 직장인이라기보다는 학생 티가 난다. 구글의 조직문화는 한 마디로 '구글 답다'(googley)는 용어에 다 포함되어 있다. "다양성을 존중하면서 협력을 중시하는 것이 구글의 조직문화"이다. 실제로 구글에는 인종, 취미, 재능, 기술 등 배경이 다른 다양한 사람들이 들어오고 있다. 대학을 갓 졸업한 신입사원은 물론 운동선수, 과학자, 의사 출신도 많이 채용한다. 구글에는 다양한 사람이 있고 그들의 더 많은 아이디어와 에너지가 용광로처럼 녹아져서 'googley'한 독특한 기업문화를 창조하고 있는 것이다.

21세기 기업 인사관리의 주요 과제는 회사의 다양한 인재들을 어떻게 조직적으로 통합시킬 것인가 하는 것이다. 조직 구성원의 팀워크를 다지고 같은 공간에서, 같은 팀 구성원으로서 서로 원활하게 커뮤니케이션하고 협력하는 환경과 풍토를 만들어 내는 우수한 기업문화를 창조하고 정착시키는 것이 인재전쟁시대 인사관리부서의 핵심 과업으로 등장하고 있다. 이런 의미에서 '함께 일하며 함께 즐기는' 기업문화 정착에 성공을 거두고 있는 한국 피자헛(Pizza Hut Korea)의 사례를 소개하고자 한다. 우수한 조직문화가 경쟁력이 되는 시대에 곱씹어 볼 만한 이야기라고 생각된다.

한국 피자헛은 지난 1985년 피자 불모지나 다름없던 우리나라에 피자를 도입한 후 지금까지 20여 년 간 꾸준히 국내피자업계 상위권 자리를 지켜오고 있는 회사이다. Pizza Hut은 현재 100여 개국에 35,000개 이상의 레스토랑을 보유하고 있는 다국적기업이고 한국 피자헛은 Pizza Hut의 한국 현지 법인이다. 이 회사는 60여 종의 다양한 피자를 개발, 세계수준에 맞춘, 한국 피자헛만의 맛과 기술, 예를 들어 '치즈 크러스트 피자'와 같이 한국에서 개발해 낸 피자의 맛과 기술을 해외에 역수출하는 쾌거를 이루기도 하였다. 한국 피자헛의 이러한 성공은 맛에서도 그 요인을 찾을 수 있겠지만, 그 궁극적인 요인을 살펴보면 바로 서비스 마인드가 투철한 인간적인 인재를 끊임없이 발굴하고 투자한 노력에 있다. 피자 가게의 매출은 피자라는 상품의 맛뿐 아니라 종업원이 고객에게 어떠한 서비스를 어떻게 제공하느냐에 큰 영향을 받는다. 실제로 한국 피자헛의 고객만족카드를 분석해 보면 고객의 이용만족도가 높은 지점일수록 서비스 만족도와 직원의 친절도도 따라서 높은 것으로 조사되고 있다.

한국 피자헛은 독특한 기업문화를 가지고 있다. 그것은 한 마디로, 로고에도 표현되어 있듯이, '함께 일하는 문화'이다. 이 회사의 경영진은 '함께 일하는 직원들이 서로 즐겁게 일하다보면 자연스레 일의 효율이 높아진다'는 생각에서 직원들의 사기를 돋우고 회사에 대한 만족도를 높이며 동시에 업무에 몰입할 수 있는 환경을 조성하는데 최선을 다하고 있다. 한국 피자헛의 '함께 일하는 문화'는 다음과 같은 HWWT의 8가지 원칙에 잘 압축되어 있다.

HWWT(How We Work Together!)의 8원칙

① 고객 매니아(Customer Mania):
고객의 만족을 위해서라면 매니아가 될 정도로 최선을 다한다.

② 사람에 대한 믿음(Belief in People):
조직 구성원 각자가 서로를 존중하고 서로 다른 배경을 바탕으로 한 다양한 능력들을 적극적으로 개발할 수 있게 한다.

③ 인정(Recognition):
서로가 행한 작은 노력과 공로에도 칭찬을 아끼지 않으며 그로 인한 즐거움을 함께 나눈다.

④ 코칭 및 후원(Coaching and Support):
윗사람은 아랫사람들을 성심성의껏 지도하고 후원한다.

⑤ 책무성(Accountability):
구성원 모두가 주인의식을 가지고 각자의 업무에 책임을 다한다.

⑥ 업무의 수월성(Executional Excellence):
매일 매일의 업무에 최선을 다하고 개혁과 혁신을 꾸준하게 추진함으로써 매년 개선된 결과를 도출해낸다.

⑦ 긍정적인 에너지(Positive Energy):
항상 긍정적인 사고방식을 가지고 일하며 불필요하다고 생각되는 관료적인 절차나 생각들을 거부한다.

⑧ 팀워크(Teamwork):
생산적인 토론을 통해 상황에 따라 개인, 혹은 팀별로 업무를 충실히 이행한다.

한국 피자헛은 이 8가지 원칙을 실천하기 위해 실제로 많은 투자를 하고 있으며 다음과 같은 구체적인 제도로 뒷받침하고 있다.

칭찬하는 문화

"칭찬은 고래도 춤추게 한다"는 말도 있듯이 한국 피자헛은 사내보를 통해 '칭찬하는 문화'를 발전시키고 정착시켜 나가고 있다. 격월로 발행되고 있는 한국 피자헛의 사내보 「Team Work」는 칭찬문화가 얼마나 활발하게 이루어지고 있는가를 생생하게 보여주는 증거가 된다. 다른 사내보와는 다르게 이 회사의 사내보는 첫 장부터 마지막 장까지 직원들 서로간의 칭찬으로 가득하다. 다음은 사내보 'Team Work' 2007년 9-10월자에 소개된 내용으로서 모 점장이 부하직원 OO씨를 칭찬해서 올린 글이다.

.... 몇 년 전 아버지께서 큰 병으로 쓰러지시고 부터 집안 사정이 좋지 않았음에도 불구하고 언제나 변함없는 모습으로 매장을 지켜주는 OO가 참 고마워요. 더욱이 어려운 가정형편으로 그만두었던 학업에 대한 열망을 가지고 주경야독으로 공부하더니 올해는 대학까지 입학하게 되어 참 대견하기도 합니다. 제가 장학생으로 이 친구를 추천했지만 충분히 그럴 자격이 있다고 생각해요. 개인적으로 이 친구가 앞으로도 밝은 모습 잃지 않고 멋진 사회인이 되길 바라고 있습니다. 그리고 꼭 그렇게 되리라 믿고 있습니다.......

상하 직원 간에 엄격한 위계질서와 명령 대신에 서로의 집안사정과 성격을 훤히 꿰뚫고 있을 정도로 가깝고 정다운 모습이 참 보기 좋다. 이 밖에도 피자헛의 사내보는 고객의 직원에 대한 칭찬과 우수한 직원에 대한 격려와 칭찬 그 밖의 크고 작은 소식들 등이 다양하게 담겨 있다.

또 이 회사는 매주 월요일 아침 9시에 'Smile Monday!' 행사를 갖는데 이것은 한 주를 즐겁게 시작하자는 취지에서 월요일 아침 직원들에게 칭찬카드를 돌리는 행사이다. 이 알록달록 예쁜 카드에는 간단하게 칭찬하는 사람과 칭찬받는 사람, 그리고 그 이유를 쓰는 칸이 마련되어 있다. 또 'RR(RSC Recognition) Day' 행사라고 해서 한국 피자헛 본사의 모든 직원들이 2달에 한 번씩 모여서 다과를 나누며 친목을 도모하기도 하고 모임이 마칠 무렵엔 Lucky Draw라고 하는 상품권 추첨과 같은 이벤트를 즐기기도 하는 일종의 파티행사를 갖는다.

영어 이름 부르기

한국 피자헛은 직원들 서로서로가 영어 이름을 부른다는 것이 특징이다. '○○○ 부장님' 대신에 'Charles, 오늘 그 일 하셨어요? 빨리 부탁드려요!'라고 말한다. 얼핏 보면 작고 소소한 일인 것 같지만 딱딱하고 경직된 문화를 극복하고 계층 간의 장벽을 허물어 원활하고 가족 같은 커뮤니케이션이 가능하도록 함으로써 서비스 지향적 문화를 정착시키는 데 영어호칭이 도움이 된다고 이 회사는 생각한다.

Incentive Trip(포상 휴가 제도)

포상휴가 제도는 매장의 평가 점수에 따라 전국 매장 가운데 높은 점수를 받은 1위부터 5위까지의 매장에서 약간 명을 뽑아 국내 혹은 해외로 휴가를 보내주는 제도이다. 매장의 판매량과 이익 등 여러 항목들을 통해 평가 점수를 산출한다. 이직률(turnover rate)도 반영하는데 매장의 이직률은 각 매장에서 서비스를 제공함에 있어 숙달된 팀원들이 얼마만큼 상주하느냐와 관련이 깊기 때문에 아주 중요한 요소로 평가된다. 이와 같이 매장의 이익, 매출, 이직률 등을 평가하여 총 평가 점수(BSC: Balanced Scorecard)를 산출한다. 특이할 만한 점은, 위의 평가 항목 이외에도 CHAMPS(cleaness, hospitality, accuracy, make, product, speed of service)라는 평가항목을 추가하여 매장을 평가한다는 점이다. 많은 평가 항목 중에서도 CHAMPS는 상당히 중요한 평가항목으로, 수치화된 평가 척도를 이용하며, 영업조직에 포함되어있는 CRS (CHAMPS recognition specialist)가 평가한다. CHAMPS를 통해서 선발되기 위해서는 매장의 청결성, 친절도, 정확도, 속도, 생산성 등 직원들의 각별한 노력이 필요함으로 포상휴가 제도는 직원들의 업무에 대한 동기유발에 기여하고 있다.

CHAMPS Challenge

CHAMPS Challenge는 일종의 서비스 경진대회로 한국뿐 아니라 아시아 전 지역의 Pizza Hut 매장 직원들이 서로 서비스를 겨루는 일종의 서비스 올림픽이라고 볼 수 있겠다. 5명이 1조로 2명은 홀 담당, 1명 주방, 1명 배달을 담당하여, 특정 레스토랑을 하루 비우고 15~20개의 팀이 출전하여 가상의 손님에게 대처하는 방법을 평가한다. 가상의 손님이 주문을 하고, 일부러 포크를 떨어뜨리거나 피자가 짜다고 불평을 한다는 등의 돌발상황을 발생시켜 이에 대한 직원들의 대처능력을 평가하는 것이다. 또한 주문 시 15분 안에 피자가 나왔는지, 테이블 재방문이 몇 분 안에 이루어 졌는지, 포장 시 포장을 제대로 했는지, 제품의 토핑 및 커팅이 바른지 등을 평가한다. 우승한 팀은 홍콩에서 펼쳐지는 아시아 경진대회에 참가할 수 있는 자격이 주어지며 동시에 상금 또한 주어진다. 만약 아시아 경진대회에 출전하여 수상할 경우에 이력에 상당한 이익이 주어진다. 이 제도 또한 상당한 경제적인 이익뿐 아니라 앞으로 직업생활을 해 나감에 있어 상당한 이익이 주어짐으로 직원들로 하여금 업무에 대한 충실도를 높이는데 기여하고 있다.

Champion's Club이라는 것도 있는데 전 세계의 점장들 가운데 뛰어난 사람을 뽑아 진행하는 해외프로그램이다. 'Yri Best Top 10'이라고 부르기도 한다. 이것 또한 뛰어난 인재들은 뽑아 진행한다는 프로그램으로 점장급 직원들에게 동기요인으로 작용할 수 있다.

직원 라이센스 제도

한국 피자헛은 우수 직원에 한하여 퇴사 후에 피자헛 가맹점 운영권을 부여하는 직원 라이센스 제도(Employee Franchising Program)를 가지고 있다. 이는 피자헛에서 근무를 마치고 퇴사하더라고 미래를 개척해 갈 수 있는 여지를 마련해준다. 우수 직원에 한하여 부여하는 이 제도 또한 직원으로 하여금 일하는 동안 회사의 직무에 몰입할 수 있는 동기가 된다.

아르바이트생에 장학금을 주는 Teammate 제도

한국 피자헛에서는 아르바이트생을 팀메이트라고 부른다. 즉 아르바이트생이라고 하더라도 정규 직원과 같은 가족이라 생각하는 것이다. 그래서 이들에 대해 정규직에 버금가는 복리후생을 실시하고 있다. 구체적으로 살펴보면, 팀메이트 장학금은 상, 하반기 각각 최대 200만원-3명, 30만원-20명을 선발한다. 명절에도 팀메이트까지 모두 선물을 주며, 콘도사용 또한 차등은 있지만 사용이 가능하고 직원 할인쿠폰 또한 사용 가능하다. 정규직도 팀메이트 근무한 사람만 지원 가능하기 때문에, 입사당시에 이미 피자헛의 조직문화에 대해 잘 알고 있어 '함께 일하는 문화' 창달이 원활하게 이루어지고 있다.

즐거운 분위기에서 함께 일하는 문화(HWWT ; How We Work Together)를 추구하는 직원 중심의 기업인 한국 피자헛에서는 능력있고 본인이 일을 잘하는 것도 중요하지만, 혼자서 일하는 사람은 필요로 하지 않는다. 팀워크를 발휘할 수 있는 사람, 늘 함께 일할 준비가 되어있는 사람이 회사의 인재상이기 때문에 선발과 승진, 보상에 있어서 HWWT의 8가지 원칙이 중시된다.

오늘날 구글에 세계 최고의 인재가 몰림으로써 단시일 내 야후 등 경쟁사를 물리치고 MS의 지위까지 위태롭게 하고 있다. 이러한 구글의 성공에는 우수한 인재들을 끌어들이는 '문화의 힘'이 도사리고 있다. 한국 피자헛의 성공에도 '함께 일하고 즐기는 문화'의 힘이 작용하고 있다. 소프트한 지식과 기술이 중시되는 미래사회에서는 다양한 직원들의 에너지를 하나로 녹여내는 우수한 문화의 힘이 있는 기업이 강자가 될 수 있다.

참고문헌

김성국(1997), 『트렌디 인사관리』, 명경사.
김성국(2003), 『인적자원관리 뉴패러다임』, 명경사.
김성국 · 김민수(2004), 『이슈중심 인사관리』, 삼영사.
김영재 · 김성국 · 김강식(2010), 『신인적자원관리』, 탑북스.
윤광희(2004), 『만점면접 노하우』, 물푸레.
윤광희(2010), 『취업면접 성공 노하우』, 중앙경제.
한국노동연구원 편(2000), 『21세기형 인적자원관리: 뉴패러다임과 실천과제』, 명경사.

Ansoff, H. I. (1988), *The New Corporate Strategy*, revised ed., Penguin Books.
Becker, R. E., Huselid, M. A. & Ulrich, D. (2001), *The HR Scorecard: Linking People, Strategy, and Performance,* Boston: Harvard Business School Press.
DBR (2010), Portfolio Management: Speicial Report, *Bong-A Business Review*, 2, 65, 17-52.
Gmür, M. & Thommen, J.-P. (2001), *Human Resource Management-Strategien für Führungskräfte und das Personalmanagement,* Zürich: Versus.
Kaplan, R. S. & Norton, D. P. (2004), *Strategy Maps*, Boston: Harvard Business School Press.
Mathis, R. L. & Jackson, J. H. (2003), *Human Resource Management*, 10th ed., Cincinnati: Thompson-South Western.
Ordiorne, G. S. (1984), *Strategic Management of Human Resources*, San Francisco.
Papmehl, A. (1990), *Personal-Controlling,* Heidelberg: Sauer-Verlag.
Schmidt, F. L. & Hunter, J. E. (1998), The Validity and Utility of Selection Methods in Personnel Psychology: Practical and Theoretical Implications of 85 Years of Research Findings, *Psychology Bulletin*, 124, 2, 262-274.
Tichy, N., Frombrun, C. & Devanna, M. (1982), Strategic Human Resource Management, *Sloan Management Review,* 23, 47-52.
Treacy, M. & Wiersema, F. (1995), *The Discipline of Market Leaders*, Reading: Perseus Books.
Wunderer, r. & Jaritz, A. (1999), Unternehmerisches Personalcontrolling, Neuwied: Luchterhand.

제 4 장
인적자원의 개발 이슈

제 4 장
인적자원의 개발 이슈

1. Bauhaus 이념과 융·복합 인재양성

20세기 디자인혁명을 선도한 바우하우스(Bauhaus)운동은 1919년 독일의 바이마르(Weimar)에 건축가 발터 그로피우스(Walter Gropius)가 공예, 건축, 디자인 등의 종합예술 학교인 국립 바우하우스 학교를 창립하면서 시작되었다. 사실 20세기 초 독일 바이마르에는 1906년에 설립된 공립 공예학교 'Grand Ducal School of Arts and Crafts'와 미술학교인 'Weimar Academy of Fine Arts'가 따로 있었고 벨기에의 신예술(art nouveau)경향의 건축가 벨데(Henry van de Velde)가 두 학교의 학장직을 맡고 있었다가 사임을 하면서 독일인인 그로피우스를 후임으로 추천하기에 이른다. 학장으로 취임하자마자 그로피우스는 당시 장인들(craftsman)을 양성하던 공예학교와 예술가들(artist)을 양성하던 예술학교를 통합하고 학교 이름을 'Baushaus'(영어로 house of building)라고 명명하고, 장인과 순수 예술가, 표현주의자(expressionist)와 기능주의자(Functionist)들을 교육을 통해 통합하는 시도를 하였고 성공을 거두게 된다. 이러한 예술분야에서의 통합(융합과 복합)이 '바우하우스의 이념'(Idee des Bauhauses)이 되었다.

바우하우스 학교가 개교된 당시 유럽은 제1차 세계대전(1914-1918) 직후의 혼란기였다. 1917년 러시아에서 공산혁명이 성공하면서 공산주의와 사회주의 사상과 영향력이 온 유럽의 정치, 경제, 사회, 문화 영역에 요원의 불길처럼 미치던 격동의 시대였다. 이러한 사상적 혼란기를 맞아 그로피우스 학장은 당시 러시아에 만연했던 구성주의(constructivism) 예술의 갈래와 전통적인 로마네스크 양식을 고집하던 장식예술 등 극단에 치우친 경향을 배격하고 모더니스트(modernist)로서 정치적 중립적 입장을 취함으로써 학교를 안정시키고 구성원의 단합을 모색하였다. 그는 무엇보다 학교의 이념을 미술과 조각, 기술(technology)의 실용적 통합인 '종합예술'(Gesamtkunst)을 추구하는 디자인을 발전시키는 데 두었다.

"예술과 기술-새로운 통일"이라는 테마로 집약되는 그로피우스의 이념은 이후 '바우하우스 운동'(Bauhaus movement)으로 승화되었다. 시대를 앞서 간 바우하우스(Bauhaus)운동은 20세기 세계 조형 예술사에 한 획을 그을 만큼 큰 영향을 주었는데 바우하우스의 이념은 다음 세 가지 특징을 지녔다.

첫째, 바우하우스는 미술, 건축, 디자인 등 예술의 장르들이 서로 고립되어 있는 것이 아니라 하나로 통합될 수 있는 길을 모색했다. 이렇게 함으로써 개인적인 성향이 강한 예술가들 간의 협동심을 높이고 기술의 결합을 촉진시켰다.

둘째, 바우하우스는 의자나 램프를 만드는 장인(craftsman)의 지위를 미술가나 조각가 등 예술가(artist)의 반열로 승격시켜 두 집단을 동일한 수준으로 인정하였다.

셋째, 바우하우스는 장인과 예술가가 산업체와 직접 접촉하게 함으로써 그들의 디자인을 산업체에 판매하고 그에 대한 대가로서 이윤을 추구함으로써 경제적인 기반을 마련, 외부로부터 독립성을 유지하면서 창의적이고 파격적인 바우하우스 정신을 산학협동의 기초 위에서 지속적으로 발전시켜 나갈 수 있었다.

이러한 바우하우스의 이데올로기는 1920년과 1930년 당시에는 매우 혁신적인 것으로 비판과 견제도 많이 받았다. 1925년 바우하우스는 데사우(Dessau)로 학교를 옮겨 제2의 도약기를 맞이한다. 그러나 나치에 의해 학교는 폐교가 되지만 바우하우스의 이념은 유럽과 미국등지로 망명한 교수나 졸업생에 의해 계승되고 전 세계로 확산되었다.

세계 최초의 체계적 '디자인 스쿨'이라 할 수 있는 바우하우스는 최초 설립부터 1933년 국가사회주의 정당(나치당)에 의해 폐교될 때까지 두 번씩이나 교사를 옮기는 등 우여곡절을 겪었는데 바우하우스 학교의 활동 시기는 다음과 같이 세 시기로 구분할 수 있다.

Bauhaus 설립과 Weimar 교사시대: 1919–1924

(Grand Duke of Weimar–Saxe–Eisenach의 후원):

오늘날 "Baushaus Museum"이 Weimar에 있음

Dessau 교사시대: 1924–1932

(Grand Duke of Dessau의 후원):

Gropius 가 설계한 Dessau 학교 건물 완공:

1932년 Dessau 에 Nazi당(NSDAP)이 집권하고

교육 활동을 규제하자 베를린으로 교사 이전을 결정

Berlin 교사시대: 1932–1933

독일제국의 수도 Berlin–Lankwitz 로 이전하였으나

1933년 집권한 Hitler의 Nazi 당에 의해 폐교조치가 내려짐

바우하우스가 개교하자 당시 독일, 스위스, 오스트리아와 헝가리, 러시아 등지에서 활동하고 있던 우수한 예술계 인재들이 구름떼처럼 바우하우스로 모여들었다. 당시 교수진은 세계적으로 명성을 날리던 명사들로 채워졌으며, 국적, 종교, 전공영역을 초월하여 '문화적 시너지'(cultural synergy)가 달성되었다. 당시 교육을 담당했던 바우하우스의 교수진의 면모를 소개하면 다음과 같다.

건축:

Walter Gropius (학장: 1919–1928)

Hannes Meyer (학장: 1928–1930)

Ludwig Mies van der Rohe (학장: 1930–1933)

Marcel Breuer

예술 기초강의(Vorkurs): Johannes Itten,

Laszlo Moholy–Nagy

미술: Wasily Kandinsky, Oskar Schlemmer,

Alfred Arndt, Laszlo Moholy–Nagy

사진: Lazlo Moholy–Nagy, Walter Peterhans

유리공예: Josef Albers, Johannes Itten
금속공예: Johhnes Itten, Moholy-Nagy, Alfred Arndt
도예: Gerhard Marcks

오늘날 바우하우스를 '바우하우스 운동', '디자인 혁명'으로 부르는 데는 바우하우스의 이념 이외에도 그로피우스 등 리더들이 적극적으로 '통합적 리더십'을 발휘한 데서 그 연유를 찾을 수 있다. '바우하우스 운동'으로 발전한 '바우하우스의 리더십'의 내용을 정리하면 다음과 같다.

첫째, 바우하우스는 미술, 조각, 건축 등 각 예술 장르들이 개별적으로 존재하는 것이 아니라 하나로 통합할 수 있는 길을 모색하였다. 이렇게 함으로써 개인적인 성향이 강한 예술가들 간의 협동심을 높이고 예술과 기술의 결합을 촉진시켰다.

둘째, 바우하우스는 의자나 램프를 만드는 장인(craftsman)의 지위를 미술가나 조각가 등 예술가(artist)의 반열로 승격시켜 두 집단을 차별하지 않고 동일하게 교육하고 대우하는 '작업공동체'(Arbeitsgemeinschaft)로 운영되었다.

셋째, 바우하우스는 장인과 예술가가 산업체와 직접 접촉하게 하여 그들의 디자인 작품을 산업계에 판매하게 함으로써 경제적인 기반을 마련하고, 외부 권력으로부터 독립을 유지할 수 있게 하였다.

바우하우스의 융합, 복합적 종합교육의 성공을 위해서 교수들은 신입생이면 전공에 상관없이 누구나 기초강좌(독일어로 Vorkurs)를 의무적으로 수강하도록 하여 미술, 조각, 건축, 기술을 통합하는 강의를 받도록 하였고, 전공 수업은 학생들의 실습을 돕기 위해서 기능장인(craftman) 신분의 마이스터(Meister)들도 교수요원으로 투입되는 등 이론과 기술을 접목시킨 실용교육의 방식으로 진행되었다는 점도 특기할 만한 사실이다.

바우하우스 운동은 오늘날의 시각에서 살펴봐도 매우 창의적인 예술운동이었다고 평가할 수 있는데 바우하우스의 교육과 활동이 창의적인 이유는 다음과 같다. 첫째, 바우하우스의 교육이 코스코폴리탄(cosmopolitan)적이었으며 세계적(global)이었다. 바우하우스 학교에는 창립 초기부터 독일은 물론, 러시아, 헝가리, 스위스의 뛰어난 예술가들을 교수로 초빙하여 학생들에게 국경을 초월하는

그림 4-1 Bauhaus의 융합, 복합적인 교육 프로그램

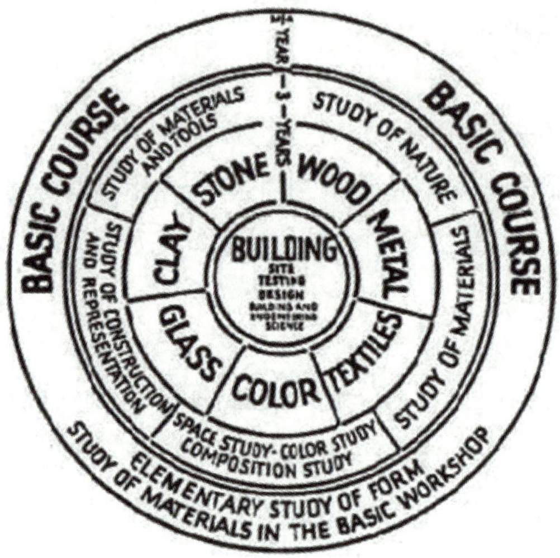

통합과 혁신의 정신을 고취시켰으며 교수와 학생 등 구성원의 다양함으로부터 '문화적 시너지'가 발휘될 수 있었다. 둘째, 재료의 확보와 구입이 어려웠던 점은 오히려 구성원들의 창의적인 시도를 촉진하였다. 제1차 세계대전 직후에 공예물의 재료를 구하기 어려웠다. 당시 대부분의 예술재료를 미국과 영국에 의존해야 했으나 당시의 정치적, 경제적 여건상 이들 국가로 부터의 수입이 쉽지 않았다. 따라서 교수와 학생은 재료에 의존하기보다 자유로운 상상력을 발휘하여 보다 정교한 숙련과 혁신적 방법을 통해 재료부족을 해결하게 되었다. 셋째, 미술, 조각, 건축, 기술의 통합 교육 프로그램 운영을 통해 어느 한 분야를 고집하지 않고 다양한 분야를 경험할 수 있게 함으로써 '창의적 결합'이 일어날 수 있었다.

바우하우스가 최초 설립된 바이마르를 떠나 데사우(Dessau)로 이전하게 된 동기는 바이마르시 의회에서 더 이상 예산지원을 거부하여 난처한 입장에 처하게 되자 당시 데사우 영주가 자신의 영지내에 새 교사를 신축하여 학교를 이전하도록 호의를 베풀었기 때문이다. 1926년, 바우하우스 학교가 데사우로 이전하면서 그로피우스가 설계한 새 학교건물이 완공되었다. 바우하우스의 데사우 교사는 당시 건축양식으로서는 매우 파격적이었으며 당시에는 거의 사용되지 않았던 유

리를 사용한 벽면과 편편한 직선 지붕 등 '매우 전위적인' 건축물로 여겨졌다. 이 건물은 현재도 데사우에 남아있으며 1996년 이 건물은 'UNESCO 세계문화 유산'에 등재되었다. 1932년 데사우 지방의회 선거에서 나치당이 집권하면서 박해를 가해오자 바우하우스의 교수와 학생들은 박해를 피해 제국수도인 베를린으로 옮겨가게 되지만 이듬해 히틀러가 이끄는 나치당이 연방총선에서 승리하고 총리에 당선되면서 베를린의 바우하우스는 폐교명령을 받게 된다. 당시 파시즘을 기치로 내건 나치당이 바우하우스의 활동을 방해하고 폐교하기까지 박해를 한 이유는 우선 교수와 학생들 중에 유태인이 많았다는 점과 바우하우스가 추구하던 세계적, 개방적 예술세계가 독일의 국수주의, 민족주의 노선과 맞지 않았기 때문이다. 가령, 바우하우스가 건축한 건축물에는 지붕이 평평하고 각진 건물이 대부분이었는데 전통 독일식 건축양식에 반하는 것이어서 파시스트들이 받아들이기 어려웠다.

1933년 독일 나치 정권의 등장과 함께 단행된 바우하우스에 대한 폐교조치로 인해 교수와 학생들은 박해를 피해 외국으로의 망명을 선택하였다. 이들은 주로 미국과 영국으로 망명하여 예술활동을 계속하였는데 바우하우스 핵심 구성원들의 해외망명이 결과적으로 바우하우스 운동의 세계화를 촉진하는 계기가 되었다. 초대 학장 그로피우스는 1937년 미국으로 건너가 모더니즘 건축을 미국에 전파하였으며 하버드 대학교 'Graduate School of Design'의 학장으로 부임하여 미국의 디자이너들을 육성하는 역할을 맡았으며, 1945년 The Architects' Collaborative(TAC)를 창립하여 미국의 젊은 건축가들의 멘토(mentor)로 활동하였다. 바우하우스 3대 학장을 지낸 Ludwig Mies van der Rohe는 시카고의 Illinois Institute of Technology (IIT)로부터 초청을 받아 건축학과 과장으로 임명되어 '바우하우스의 시카고 제2학교'(Second School of Chicago)로 불릴 정도로 바우하우스 정신에 입각한 후진양성에 힘썼다. 1937년 바우하우스의 미술 및 사진술의 전문교수였던 라즐로 모홀리-나지(Laszlo Moholy-Nagy) 교수는 미국 Container Corporation of America의 회장 월터 펩케(Walter Paepcke)의 초청으로 시카고에 정착하여 'New Bauhaus'의 디렉터로 부임하였다. 1939년 그는 시카고에서 'School of Design'을 설립하였고 후일(1949년) 이 디자인 스쿨은 IIT의 Institute of Design으로 통합되었으며 미국 최초로 디자인 박사학위 수여 기관이 되었다. 이후 시카고는 바우하우스 출신들이 활동하는 공간이 되었으며, 미국 Chicago의 건축 붐으로 이들의 작품들이 시카고의 스카이라인을 장식하면서 명실 공히 세계 건축과 디자인을 선도하는 메카가 되었다. 바우하우스 학생이었으며 후에 교수가 된 Marcel Breuer는 처음 영국으로 건너갔다가 후일 Harvard 건축대학에서 강의를 하였으며 미국의 메사추세츠 대학건물과 휘트니 예술박물관 건물을 설계하는 등 미국에서 활동하였다.

바우하우스 정신은 21세기 디지털 시대를 살아가는 우리에게 주는 교훈이 많다. 특히, 1920년대에 시작된 바우하우스의 이념은 80여년이 지난 오늘날에도 조직운영과 인재양성에 있어서 유용한 패러다임을 제공하고 있다. 무엇보다도, 바우하우스는 종래 예술의 개인주의적 경향을 배격하고 미술, 건축, 디자인 그리고 기술과 경제적 측면을 모두 고려하고 융합하는 종합적인 예술을 지향하였다. 현대 조직에서 개인적인 능력이나 기술만 가지고서는 조직의 문제를 해결하기 어렵다. 업무의 흐름이 팀 중심으로 흘러가기 때문에 여러 개인들이 협동하면서 각자의 능력과 기술을 융합하지 않으면 문제해결이 어렵다. 따라서, 바우하우스 이념은 80년이라는 세월을 뛰어 넘어 융합화, 복합화 된 기술과 능력을 요구하는 현재조직에 적합한 경영 및 인사 패러다임이 될 수 있다. 오늘날 디지털 컨버전스(digital convergence) 시대에는 모든 영역의 경계가 허물어지고 하나로 수렴되는 현상이 두드러진다. 바우하우스는 이러한 컨버전스(convergence)시대에 맞는 조직운영과 인재양성에 대한 지혜를 주고 있다.

바우하우스의 이념은 다름 아닌 '유연성'(flexibility)이라고 간단히 말할 수 있다. 21세기 디지털 시대에 조직과 개인에게 요구되는 것이 바로 유연성이다. 위계구조 속에서 획일화되고, 캡슐화 되고 매뉴얼화 된 조직과 개인은 더 이상 경쟁력을 발휘할 수 없는 것이 오늘날이다. 바우하우스의 선각자들은 이를 이미 80여 년 전에 내다 본 것이다. 예전의 획일적이고 분리된 예술과 기술을 지양하고 인간의 창의력과 유연성이 최대로 발휘될 수 있는 디자인과 공방작업을 장려한 바우하우스의 이념은 유연성과 창의력이 생산성의 근본이 됨을 다시한번 일깨워 주고 있다.

바우하우스 운동의 원동력이 된 것은 다름 아니라 바우하우스 이념을 따랐던 리더들의 헌신적인 리더십(Bauhaus Leadership) 덕분이라고 말할 수 있다. 바우하우스의 교육은 시대를 앞서가는 리더(Walter Gropius)와 그를 추종하던 동료와 제자들이 시대를 선도하는 주역들을 육성한, 인적자원개발(HRD) 프로그램이었으며 리더십 개발의 성공사례로 평가할 수 있다. 바우하우스 리더들은 융·복합 디자인을 주도하는 종합예술(Gesamtkunst)을 창안하고 이를 실천에 옮김으로써 디자인 혁명을 일으켰으며 그 영향력은 오늘날 디지털 컨버전스(digital convergence)의 실현에 기여하였다. 바우하우스 리더들은 구성원의 다양성(국적, 전공, 이데올로기)을 통해 시너지 효과를 달성함으로써 '통합적 리더십'을 발휘하였다. 이미 1920년대에 코스모폴리탄적 이상을 가졌던 이 선구자들은 나치 당국의 박해와 제2차 세계대전이라는 위기에도 불구하고 세계로 그들의 이상을 펼쳐 미국에서 건축과 디자인 부문에서 세계를 선도하는 성과를 거두었다. 소통이 화두로 등장하는 오늘날의 세계에 바우하우스의 정신과 리더십은 신분과 전공, 기능영역이라는 장벽을 허물고 동일한 목표를 달성하기 위해 진솔하게 소통하는 '전방위형'(all-channel형) 소통의 원형을 보여주었다고 생각된다.

그림 4-2 바우하우스 운동의 시작과 발전과정

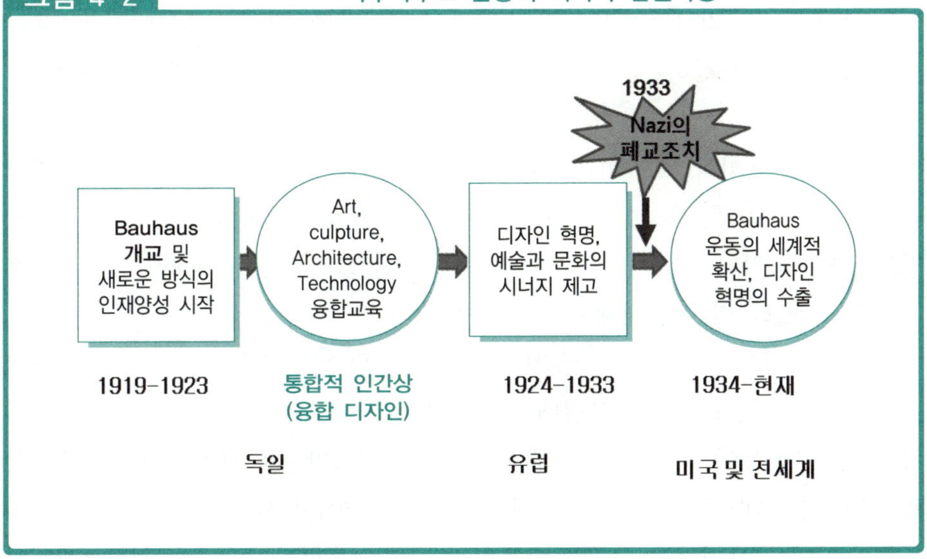

2. Scharnhorst의 리더육성 전략

리더십이 또 다시 핫이슈로 떠오르고 있다. 정치권에서는 현직 대통령의 위기관리 능력에 대해 야당이 연일 맹공을 퍼붓고 신임문제까지 거론하는가 하면, 야당에서는 대표의 리더십을 문제 삼는 의원들의 반발이 수그러들지 않고 있다. 경제계에도 난마처럼 얽힌 경제문제를 일관성 있고 강력하게 추진하는 경제수장의 강력한 리더십이 요청되고 있다. 어쩌면 리더십은 영원한 'endless story' 일지 모르며, 우리가 살아가고 조직이 굴러가는 한 리더십은 언제나 개인과 조직의 현안으로 남을 것이다.

리더에 대한 수요가 폭발적으로 증가한다고 해서 리더가 당장 공급될 수 있는 것은 아니다. 즉, 리더는 하루아침에 만들어 지는 것이 아니다. 난세에 영웅호걸이 혜성과 같이 등장하는 것처럼 보이지만, 그들은 한결같이, 평상시부터 잘 연마되고 준비된 재목인 것을 역사를 통해 알 수 있다. 우리에게 지금 진정 필요한 것은 한 사람의 리더라도 제대로, 착실하게 키우는 일이 아닌가 한다. 세계 역사의 무대에서 주역을 담당한 국가들은 예외 없이 우수한 리더육성 시스템이 가동되고 있었다. 리더 육성에 성공하여 기울어가던 프러시아를 세계적 강대국으로 만든 한 탁월한 리더에 대해 소개하고자 한다.

때는 1807년으로 거슬러 올라간다. 당시는 프랑스의 나폴레옹은 강력한 군대를 앞세워 연전연승하면서 유럽대륙을 지배하던 시대였다. 라인강 동쪽의 프러시아는 나폴레옹에 맞서 여러 차례 전쟁을 치루었지만 예나와 아우어스테트에서 프랑스군에게 대패하고 굴욕적인 틸지트 강화조약에서 서명할 수 밖에 없는 처지가 되었다. 나폴레옹이 요구한 강화의 조건은 가혹했다. 당시 프러시아 영토의 절반, 국민의 절반을 프랑스에 할양하고 상비군은 42,000명 수준으로 감축, 유지하는 치욕적인 조건이었다. 당시 프랑스의 정규군이 40~50만 명 정도인 것을 감안한다면 프러시아 군대는 이제 도저히 프랑스의 적수가 될 수 없는, 치안이나 담당할 정도의 지역민병대 수준으로 전락하고 말았다. 프러시아는 외국의 지배와 사실상의 무장해제라는 최대의 시련을 맞게 되었다. 당시 프러시아 국왕은 사회개혁과 더불어 군대의 근본적인 개혁을 위해서 샤른호르스트(Gerhard Johann David von Scharnhorst, 1755-1813) 장군을 군 개혁위원회 위원장으로 임명하였다. 그는 '전쟁론'으로 후세 유명하게 된 전략가 클라우제비츠의 스승으로서 탁월한 전략가요 리더였다.

그는 우선 프러시아 군대가 프랑스 군대에 비해 형편없이 약했던 근본적인 원인으로서 프랑스 군대는 프랑스 혁명에 고무되어 자발적으로 무장을 하고 나선 '국민의 군대' 였으며 절대군주의 억압으로부터 해방된, 자유 · 평등 · 박애의 프랑스를 지키기 위해 죽음을 무릅쓰고 스스로 자원한 시민군이었기 때문에 무엇보다 사기가 충천하였다. 최고사령관 나폴레옹 스스로도 귀족 출신이 아닌 서민출신의 장군이었기 때문에 병사들로부터 더욱 환호와 존경을 받고 있던 터였다. 국민의 군대의 높은 사기에다 나폴레옹의 탁월한 전략이 프랑스를 연전연승하게 만들었다. 이와는 대조적으로, 프러시아의 군대는 국내 각 영주로부터 차출된 용병으로 구성되었다. 즉 각 영주가 할당된 군대 숫자만큼 영지내 장정 중에서 뽑아 보내는 모병 시스템이었는데 대부분 군대에 가기 싫어했기 때문에 부채가 많은 가정의 자제를 부채탕감의 조건으로 징집한다든지, 영지 내 연고자가 없는 부랑자, 외국 청년들을 사서 군대에 보냈기 때문에 이들 오합지졸로부터 애초에 사기나 능력을 기대하기는 어려웠다. 설상가상으로, 프러시아의 장교들은 자격이나 경험과는 상관없이, 귀족이면 모두 장교가 되었기 때문에 군사학이나 실전경험이 부족하여 위태한 상황을 만나면 도망가기에 바빴다. 리더가 이지경이니 병사들의 선전을 기대한다는 것은 애당초 불가능한 일이었다.

샤른호르스트는 프랑스 군대와 싸워 이기기 위해서는 먼저 애국심 고취가 중요하다는 것을 깨닫고 무엇보다 '국민의 군대'를 만들어야 한다고 생각하게 된다. 그는 군 개혁을 위해 다음과 같은 방안을 제시하였다. 첫째, 군대내 구타를 금지한다, 둘째, 1814년부터 국민 개병제를 실시한다. 셋째, 장교를 전문적이고 체계적으로 육성할 사관학교를 창설한다. 넷째, 귀족 자제만이 장교가 되는, 이른바 귀족의 장교독점권을 폐지한다. 다섯째, 단기 군리더 양성제도를 도입한다. 여섯째, 프러시아 국적을 가진 자만이 군인이 될 수 있다(이로써 당시 만연하던 용병제도를 폐지하였다).

오늘날의 시각에서 보면 지극히 당연한 조치로 여겨지는 것들이지만, 당시 절대군주시대에서는 가히 혁명적인 것이었다. 샤른호르스트의 군 개혁안은 귀족들의 강력한 반발을 불러일으켰다. 그러나 국왕의 지원 하에 그는 반대에도 무릅쓰고 개혁안을 하나하나 실천에 옮기게 된다. 그의 개혁안 가운데 백년대계라고 불러도 좋을 획기적인 방안이 '단기 군리더 양성제도'이다. 잘 훈련된 예비리더 병력양성에 초점을 둔 이 제도는 오늘날에도 리더양성을 위한 의미있는 시사점을 준다.

샤른호르스트는 프랑스와의 조약에 명시된 상비군 42,000명 병력수준을 초과하지 않으면서도 프러시아군대를 단시일 내 강력하게 재건하기 위한 묘책으로서 바로 유명한 프러시아 군대의 '단기장교 양성제도'(Krümpersystem)를 확립하게 되는데, 이 제도는 한 마디로 리더를 단기적으로, 그러나 체계적으로 육성하는 제도라고 말할 수 있다. 42,000명의 병력수준에서 단 한 명도 늘릴 수 없는 제약조건 하에서 샤른호르스트는 병력을 항상 일정 수로 유지하되 사병이 소정의 단기 교육을 이수하면 곧 바로 휴직처리 하여 예비군으로 편입시키고 다음 리더후보들이 현역으로 교육을 받는 시스템으로 운영하여 훈련받은 리더의 수를 빠른 시일내에 계속 늘려갔다. 그 결과 1813년까지 6년 동안 상비병력 42,000명 선을 유지하면서도 약 15만 명의 예비 군 리더를 확보하는데 성공한다.

드디어 샤른호르스트의 개혁이 빛을 발하는 결정적인 때가 왔다. 1813년 프러시아군은 러시아와 동맹을 맺고 프랑스의 나폴레옹 군대와 라이프찌히에서 운명적인 일대 격전을 치루게 된다. 라이프찌히에 출병한 프러시아군은 과거와는 사뭇 달랐다. 사관학교에서 전문적인 훈련을 받고 임관된 서민출신 엘리트 장교들과, 「단기 군리더 양성제도」를 통해 체계적으로 훈련받은 사병들은 이제 막 모집된 신병들을 훌륭히 가르치는 리더의 역할을 충실히 수행해냈었고 프러시아 군대는 장교로부터 말단에 이르기까지 '국민의 군대'로서 잃어버린 국토를 되찾겠다는 의지로 뭉쳐있었고 이들의 애국심과 사기는 하늘을 찔렀다. 이들과 맞서 싸운 프랑스 군대는 결국 라이프찌히 전투에서 대패하였고 나폴레옹은 결국 엘바섬으로 귀양을 가게 된다.

이때부터 프러시아의 군대의 신화가 이루어졌다. 독일군, 독일병정하면 흔히 강군(强軍)의 대명사가 된 유례는 이때부터라고 할 수 있다. 이른바 '전격작전(Blitzkrieg)'으로 프랑스군을 단시간에 무찌르고 파리에 입성하여 독일의 통일의 위업을 달성한 몰트케 장군이나, 1차대전 초기 탄넨베르크에서 러시아군을 대파한 힌덴부르크 장군 등 쟁쟁한 리더들이 배출될 수 있었던 근저에는 약한 군대를 리더양성으로 강군으로 만든 샤른호르스트의 전략에 힘입은 바가 크다고 할 것이다.

오늘날 샤른호르스트의 리더육성 비결은 현대 조직에서 취할 바가 많다고 생각된다. 그러면 샤른호르스트 전략이 성공을 거둘 수 있었던 이유를 살펴본다.

첫째, 리더와 추종자들에게 강한 애국심을 심어주어 조직내 일체감을 형성하는 데 성공했다는 것이다. 마치 나폴레옹이 프랑스의 시민군들에게 "군대는 국가이다"(l'armée, c'est la nation!) 라고 역설하여 그들의 자발적 참여와 사기에 불을 지핀 것처럼, 샤른호르스트는 병사들 마음 속에 "나 스스로를 위해 싸운다"는 자발성과 애국심을 심는데 성공하였다.

둘째, 샤른호르스트는 개혁을 위해서 먼저 군내부의 신분상 특권과 보직독점을 타파하였다. 그는 지도층과 서민들 간의 벽을 허물어뜨려 "국민의 군대" 인식을 확산시켰고 이를 전력강화로 연결시켰다. 현대 조직도 마찬가지라고 생각된다. 상급자와 하급자간에 학연, 지연 등 신분상의 벽이 존재할 때 그 조직은 잘 굴러가지 어렵다. 벽이 허물어질 때 조직은 비로서 "우리는 하나"라는 인식이 생겨나고 이러한 일체감이 형성되면 어떤 어려움이 닥쳐도 일치단결하여 극복해 나갈 수가 있는 것이다. 리더의 자기희생과 솔선수범이 있을 때 비로소 부하직원의 충성과 협조가 따르는 것이다.

셋째, 그는 국가가 위기에 처했을 때 비분강개하며 허송세월하지 않고 차분히 리더를 양성하는 전략을 취함으로써 미래를 대비했다. 조직이 어려움에 처하면 사람들은 손쉽게 경영자 양성교육을 축소하거나 폐지하여 경비를 절감하고자 한다. 이것은 대단히 잘못된 전략이라고 할 수 있다. 조직이 어려울수록 역경을 극복할 수 있는 정예간부를 육성해내는 지혜가 필요하다. 사람이 바로 경쟁력이기 때문이다.

넷째, 그는 장교육성을 위해 사관학교 제도를 창안하여 장교가 단순히 군인으로서가 아닌 전인교육을 받게 하였다. 리더가 되기 위해서는 단순히 직무수행능력이 뛰어난 것으로만 되는 것이 아니다. 담당 직무와는 좀 거리가 있더라도 전인적인 교육, 예를 들면, 인성교육, 기초교양 등을 갖출 필요가 있다. 특히, 감성지수(emotional intelligence)가 높을수록 리더로서 성공할 가능성이 높다는 연구가 최근 속출하고 있는 것을 감안하면, 리더육성은 결국 리더가 훌륭한 인격을 갖춘 한 사람의 인격자를 양성하는 일이라고 할 수 있다.

다섯째, 그는 평소에 체계적 교육을 받은 정예 예비군을 많이 보유함으로써 유사시에 이를 전력화하는데 성공하였다. 이 전략을 현대 조직에 적용한다면, 조직은 평소 교육훈련과 경력관리를 통해 언제나 실무에 투입하면 성공을 거둘 수 있는 예비군을 양성해 놓아야 한다는 것이다. 이것은 단순히 여유인력을 많이 두라는 의미가 아니라 평소 관리자 승계제도(management succession plan)를 확립하여 관리자의 유고시에 동등한 자격과 경험을 갖춘 후임자가 무리없이 승계할 수 있도록 만들어 놓으면 조직의 유사시에 이들 예비군을 실전에 투입하여 혁혁한 전과를 올릴 수 있을 것이다.

마지막으로, 샤른호르스트의 개혁은 '리더십의 시너지 효과'를 거두었다고 말할 수 있다. 즉, 잘 훈련된 리더 밑에 배속된 숙달되지 않은 신병들은 리더의 체계적인 실무지도를 받아 단기간에 경쟁력을 갖춘 군인으로 육성될 수 있었다. 이것이 리더십의 묘미이다. 평소 패배를 거듭하던 약체 팀에 어느 날, 역량 있는 지도자가 임명되면 믿을 수 없을 만큼 그 팀이 단시일 내 강팀으로 변화하는 드라마틱한 사례를 우리는 스포츠에서 많이 보게 된다.

샤른호르스트는 군의 요체는 일체감과 사기, 우수한 리더 육성에 있다는 핵심을 잘 간파하였고 이를 우직하게 실천하여 위기에 빠진 군을 다시 일으켜 세웠다. 오늘도 우리 주위에는 리더를 찾는 목소리가 높다. 하지만 위대한 리더는 하루아침에 만들어지는 것이 아니다. 조직이 위기에 처할수록 사람을 키우는 것이 무엇보다 중요하다는 샤른호르스트의 교훈에 귀를 기울여야 될 것이다.

3. 인적자원관리의 Darwinism과 기회주의

최근 경영환경이 급변하면서 기업의 경영전략의 변화와 함께 인적자원관리에도 변화의 바람이 불고 있다. 독일의 경영학자 숄츠(Scholz) 교수는 인적자원관리에 요구되는 변화의 방향에는 다음과 같이 세 가지가 있다고 주장한다. 그 첫째가 핵심역량의 강화, 둘째가 통합의 유연화, 셋째가 새로운 정보통신 기술의 도입이다.

1) 핵심역량의 강화

인적자원관리는 기업의 핵심역량에 따라 차별화 될 수밖에 없다. 가령, 기업이 핵심역량을 판매에서 연구개발로 변환하게 되면 인적자원관리도 우수한 세일즈 인력의 확보와 유지, 개발과 평가에 초점을 두던 인사정책에서 벗어나 우수한 연구 인력의 확보, 유지, 개발 및 평가에 주력하게 될 것이다.

2) 통합의 유연화

많은 기업이 비용과 구성원의 통제가 주된 관리 메커니즘으로 간주되던 전통적 조직운영에서 탈피하여 인적자원관리가 창조적 과업과 개인의 창의력을 존중하는 유연화 된, 관리로 탈바꿈하는 추세를 보이고 있다. 이 과정에서 기업경영의 제 기능의 통합(integration)을 중시하던 사고방식에서부터 탈피하여 개인의 능력과 자율성을 중시하는 방식으로 인적자원관리가 변화하게 되는 데 이것을 통합의 약화 또는 유연화라고 한다.

3) 새로운 정보통신 기술의 도입

IT 등 새로운 기술과 미디어를 도입하여 시간과 공간을 초월한 관리가 가능해짐으로써 인적자원관리에도 질적인 변화를 가져와서 인적자원관리의 연결성과 전파성이 획기적으로 높아지게 되었다.

이러한 변화의 방향으로 오늘날 인적자원관리는 패러다임의 변화라고 말할 수 있을 정도의 큰 변화를 경험하고 있다. 인적자원관리의 패러다임 변화에 따라 사람과 조직간의 전통적인 관계가 근본적으로 달라져서 조직에의 충성심이나 종신 고용보장 같은 전통적 인사정책들은 역사의 뒤안길로 사라지기도 했다. 이제 인적자원관리의 패러다임 변화는 다음 두 가지의 힘이 주도해 나가고 있는데, 그 첫째는 집단적 다윈이즘(collective Darwinism)이고, 둘째는 개인적 기회주의(individual opportunism)이다.

1) 집단적 다윈이즘

다윈이즘(Darwinism)이란 찰스 다윈이 '종의 기원"에서 주장했듯이, 외부 환경에 대처하고 적응해야만 종이 생존을 계속할 수 있다는, 적자생존의 법칙이 기업에도 그대로 적용된다는 것을 의미한다. 즉 기업이 변화하는 경영환경 하에서 경쟁사들과의 치열한 생존경쟁에서 살아남기 위해서 모든 수단과 행동을 강구하게 되는 것을 말한다.

집단적 다윈이즘은 기업의 경영은 물론이고, 인사정책에 지대한 영향을 미치고 있다. 변화된 경영환경에 잘 적응하고 기업의 경쟁력 제고에 도움이 되는 인재는 적극적으로 유치하려고 하며, 경쟁력에서 밀리는 내부 인력을 평가를 통해 선별하고 이들에 대해서는 개발, 승진, 보상에 있어서 경쟁력 있는 인재보다 열악한 대우를 하거나 심한 경우 해고 등 퇴출도 불사한다. 한편으로 기업의 경쟁력과 생존가능성을 높이기 위한 방편으로 우수한 인재집단을 보유하고 있는 회사를 흡수하거나 합병(M&A)하기고 하고, 파격적인 대우를 제시하여 우수 핵심 인재를 외부 노동시장에서 스카웃하기도 한다.

2) 개인적 기회주의

기업만 변하는 것이 아니라 구성원들의 성향도 변하기 시작했다. 개별 종업원이 원하는 것은 무엇보다도 안정된 직장과 적절한 수준의 보수일 것이다. 개인으로서는 자신의 경력에 적합한 자리와 개인적인 라이프스타일이 중요할 것이다. 경제학적으로 설명하자면, 기업의 구성원들은 자신의 이익을 극대화하는 방향으로 행동하는 기회주의자(opportunist)들로 간주되며, 이들은 자신들에게 경제적으로 유리한 기회를 포착하고 자신의 시장가치를 극대화하기 위해 다른 동료 직원들, 심지어 조직의 이익도 고려하지 않는다.

오늘날 다윈이즘과 기회주의는 기업의 경영정책과 인사정책을 좌우하는 기본적인 입장이다. 다윈이즘과 기회주의의 다이내믹으로부터 각종 인적자원 관련

프로그램이 생성되기도 하고 폐지되기도 한다. 다음 그림에서 보는 바와 같이, 한 조직의 집단 다윈이즘의 높음과 낮음, 그리고 개인적 기회주의의 높음과 낮음에 따라 2×2 매트릭스가 생성되며, 인적자원관리의 네 가지 유형이 제시될 수 있다.

그림 4-3 인적자원관리의 네가지 유형

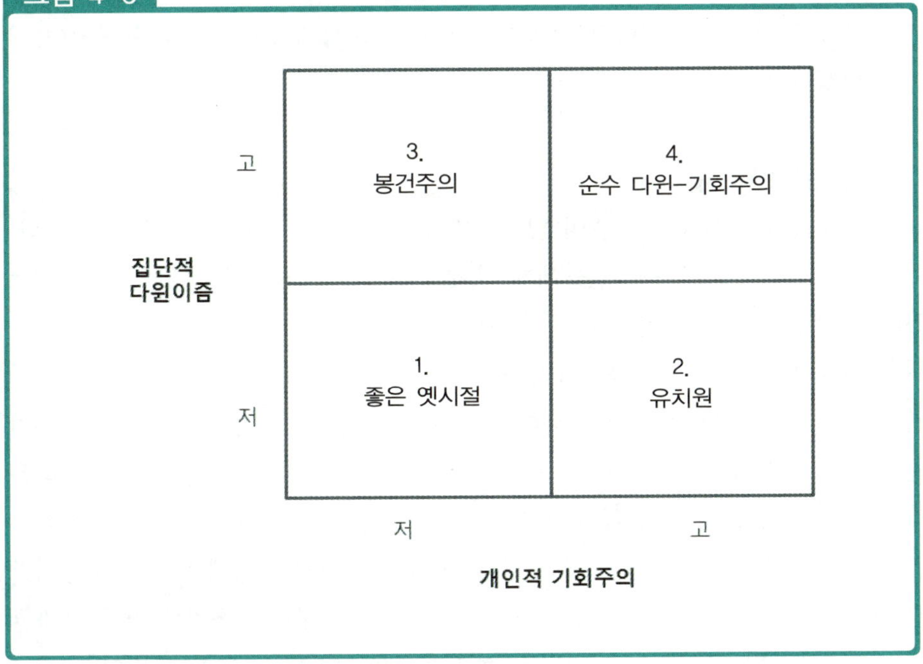

자료 : Scholz, C. (2011).

먼저, 기회주의가 낮다는 뜻은 개인의 이익을 챙기기보다 기업에 대한 애사심이 높다는 의미이다. 반면 기회주의가 높다는 뜻은 구성원들이 기업전체의 이익보다는 자신의 개인의 이익을 먼저 챙기는 분위기가 팽배되어 있다는 의미이다. 집단적 다윈이즘이 높다는 뜻은 기업이 혹독한 경쟁환경에 노출되어 치열한 적자생존의 경쟁을 하는 상태를 의미한다. 그리고 집단적 다윈이즘이 낮다는 뜻은 기업 환경이 그리 적대적인 것은 아니고 생존 경쟁도 그리 심하지 않다는 의미이다. 이제 다윈이즘과 기회주의의 높고 낮음에 따라 분류된 인적자원관리의 네 가지 유형에 대해서 살펴보기로 한다.

1) "좋은 옛 시절"(Good old times)

이 유형은 집단적 다원이즘이 낮고, 개인적 기회주의 성향도 낮은 유형이다. 기업 환경이 적대적이지 않고 경쟁도 심하지 않아 기업은 순항하고 있으며, 구성원들의 애사심도 높은 상태로서 정말 '좋은 옛 시절'의 인적자원관리가 행해졌었다. 종신고용이 거의 보장되었으며, 직원들의 단결을 위해서 개인간 경쟁을 조장하는 성과주의 인사실무도 억제되었다. 그리고 외부인력의 유입도 거의 차단되고 내부 노동시장이 활성화되어 내부 승진과 연공적 보상이 인적자원관리의 핵심을 형성하고 있다.

2) "유치원"(Kindergarten)

이 유형은 집단적 다원이즘이 낮고, 개인적 기회주의 성향이 높은 유형이다. 어쩌면 이 유형은 조직 구성원들에게 있어서 지상 낙원과 같은 상황이라고 볼 수 있다. 기업을 둘러싼 경영환경과 경쟁이 그리 호전적이거나 극심하지 않은 상황에서 종업원들은 자기 자신의 이익을 최대한 챙길 수 있다. 이 유형의 인적자원관리는 유치원의 원아관리와 유사하다고 말할 수 있다. 유치원의 유아들은 유치원들 간의 경쟁이 어떻게 치열하고 소속된 유치원의 운영상황이 얼마나 어려운지에 대해 전혀 알 필요가 없다. 다만 자신들이 원하는 것, 놀고 싶고 하고 싶은 일을 하면서 즐겁게 시간을 보내면 되는 것이다. 유치원 유형에 해당하는 인적자원관리는 종신고용의 보장과 내부 노동시장의 보호, 개인별 평가에 따른 성과급의 확충, 개인별 경력관리와 차별적 복리후생제도의 발달 등이 특징이다.

3) "봉건주의"(Feudalism)

이 유형은 집단적 다원이즘이 높고, 개인적 기회주의 성향은 낮은 유형이다. 이것은 기업을 둘러싼 환경이 적대적이고 경쟁이 치열한 상황에서 구성원들은 이직도 제한을 받고 있는 심각한 상황을 의미한다. 마치 중세 유럽의 봉건주의 하에서 농노들이 영주들의 수탈을 피해 영지를 떠나고 싶어도 영주들이 무력으로 제재를 가해 떠나지 못하게 하는 상황과 비슷하다. 기업은 경쟁력을 높이기 위해 종신고용 제도를 포기하고 외부에서 경쟁력을 갖춘 인재를 적극 영입하고, 경쟁력이 없는 인재는 퇴출시키지만, 회사가 필요로 하는 실력이 있는 인력에 대해서는 이직하지 못하도록 애사심에 호소하는 상황으로서 구성원들은 회사에 대한 충성심이 강한 편이어서 열악해진 인사제도에 불만이 있어도 쉽게 이직을 하지 못하고 있는 상황을 이 유형은 설명하고 있다.

4) "순수 다윈-기회주의"

이 유형은 집단적 다윈이즘이 높고, 개인적 기회주의 성향도 높은 유형이다. 즉 순수한 다윈주의와 순수한 기회주의가 공존하고 있는 상황이라고 말할 수 있다. 경영환경이 매우 도전적, 호전적이어서 적자생존의 법칙이 적용되고 있는 상황에서 기업 내부적으로는 구성원들이 각자의 경제적 이익을 극대화하며 자신이 살 길을 찾아나서는, 조직과 개인이 모두 정글(jungle) 속에 내 던져진 상황이라고 보면 된다. 이러한 기업환경 하에서 인적자원관리를 효과적으로 수행하기 위해서는 조직의 이해와 개인의 이해의 상충을 인정하는 토대 위에서 공존할 수 있는 길을 마련하는 것이 무엇보다 중요하다. 따라서 과도한 개인적 기회주의나 과도한 사내 경쟁을 지양하고 제재를 가하는 한편, 기업의 경쟁력을 높이기 위해 경쟁력 있는 인재의 확보와 유지, 개발, 보상을 공공연하게 수행하는 성과주의 인적자원관리 제도를 정착시켜야 할 것이다. 그리고 개인의 욕구를 중시하고, 창의력 발휘를 존중하며 개인의 발전과 조직 발전을 조화시키는 방안을 적극적으로 추구하는 인적자원관리가 필요하다. 개인 연구의 장려, 개인별 스톡옵션제도, 사내 기업가 제도(intrapreneurship)가 가능한 대안이 될 수 있을 것이다.

결국 인적자원관리도 환경의 지배를 받으며, 아울러 개인의 기회주의에 영향을 받을 수 밖에 없다. 패러다임의 변화를 요구하는 최근 상황에서 기업이 변화하는 환경에서 생존하고 구성원의 직무만족을 추구하기 위해서는 인적자원관리는 핵심역량의 강화와 아울러 유연화된 제도와 기술의 진보에 적극 순응할 수 밖에 없을 것이며 이에 따라 각 기업이 속한 외적, 내적 환경에 적합한 인적자원관리 전략적 유형을 선택하여야 할 것이다.

4. 해외 우량기업의 인적자원개발 성공 사례

1) 미국 Gore 사의 인적자원 개발사례

고어텍스를 생산하는 고어(Gore)사의 경영철학은 자유(freedom), 워터라인(waterline), 몰입(commitment) 그리고 공정성(fairness)이라는 네 가지로 요약될 수 있다. 첫째, 자유란 개별 직원(동료, 즉 'associate' 라고 부름)이 지식과 능력을 연마하고 책임과 행동반경을 넓혀 가는 데 있어서 스스로 알아서 할 수 있는 자유를 부여하는 것을 말한다. 고어사에는 계층과 직위명, 직무기술서, 조직도, 명령 · 보고체계가 존재하지 않는다. 개별 직원이 종업원(employee)이 아닌 동료(associate)로서 회사의 경영에 자유롭게 참여하여 스스로 즐거움을 찾을 수 있도록(money and fun) 회사는 충분한 자유를 보장한다. 둘째, 워터라인이란 회사를 배로 비유한 것인데, 배가 물위로 항해할 때 수위를 나타내는 흘수선을 워터라인이라고 한다. 그런데 배의 흘수선 위에 구멍이 난다고 해도 흘수선 밑에 이상이 없는 한 배는 가라앉지 않는다. 직원이 열심히 일하는 과정에서 비록 경영상 실수가 있다고 하여도 그것이 워터라인 밑에 구멍을 내는 사안이 아닌 한, 즉 회사의 존립에 위협을 주는 중요한 실책이 아닌 한 업무수행에 있어서 '실패의 자유'가 인정된다는 것을 말한다. 이 흘수선 원칙(waterline principle)에 의해서 직원들은 사소한 실수에 개의하지 않고 충분한 재량권과 행동의 자유를 누리며 과감하게 업무를 수행할 수 있다. 셋째, 고어사의 조직구조가 수직적 위계구조와는 거리가 먼 이른바 격자(lattice)조직으로 되어 있어서 상 · 하급자간 수직적 계층구조가 존재하지 않으며 직원들끼리 맨투맨 식으로 의사소통을 하게 되어 자연스레 개인의 조직과 직무몰입이 중시된다. 각자는 자기의 책임 하에 의사결정을 내리게 된다. 넷째, 공정성은 모든 직원들은 자신들이 달성한 기여도에 의해서 공정하게 보상을 받을 수 있는 보상체계가 확립되어 있어 직원들을 적절히 동기부여(motivate)시키고 있다는 뜻이다.

고어사는 이러한 독특한 기업문화를 기반으로 매우 성공적인 인적자원 개발시스템을 보유하고 있다. 앞서 설명한 것처럼 고어사의 조직은 격자형 조직으로서 계급과 타이틀(rank and title)이 아무런 의미를 주지 못하는 독특한 조직구조를 이루고 있다. 이러한 조직구조하에서는 이른바 '자연적 리더'(natural leader)가 활약하게 된다. 수직적 계층구조에서처럼 조직이나 역직중심의 장(長)이 리더가 되는 것이 아니라 업무를 처리하는 데 있어서 유능한 사람이 동료직원들의 자연스러운 추대에 의해 소그룹을 이끄는 리더(팀장)의 역할을 하게 된다. 최근 조사결과에 따르면 고어사 미국인 직원의 47퍼센트가 스폰서십의 리더의 역할을 하고 있는 것으로 나타났다. 이러한 자연적 리더의 활동 덕분으로 고어사의 직원들은 그 어느 조직보다도 주인의식이 높은 것으로 알려져 있다.

다음으로 고어사에는 스폰서십(sponsorship)이라는 제도가 있어 인적자원개발에 도움을 주고 있다. 스폰서십이란 직원들에 의해 자연스럽게 선정된 리더가 스폰서(sponsor)가 되어 자신이 돌보아야 할 피후원자간 스폰서십이라는 독특한 관계를 형성하는 제도이다. 스폰서의 역할은 피후원자가 자신의 잠재력을 회사내에서 충분히 개발하고 발휘할 수 있도록 도와주는 역할을 하는 데, 특히 조직내에서 가장 적합한 직무를 찾아서 활동하는 데 결정적인 도움을 준다. 스폰서십은 일 대 일 관계를 통해 서로의 장·단점을 잘 알고 있는 직원들 간 긴밀한 상호작용을 통해 업무를 수행하므로 일 대 다수인 계층제하의 상·하급자 관계보다 인간관계의 증진은 물론 인적자원 개발에도 큰 도움을 주는 제도라고 볼 수 있다.

고어사에는 '성공팀'(winning team)이라는 독특한 제도가 있는데, 이것은 하나의 특정한 프로젝트를 성공으로 이끌기 위해서 다양한 전공과 기능에 종사하는 직원들로 구성된 다기능팀(cross-functional team)이며 유연성이 강조되는 아메바 팀(amoeboid team)이다. 성공팀은 소비자들에게 만족을 줄 수 있는 제품이나 서비스를 개발하는 데 있어 관료주의나 직위에 구애받지 않고 문제해결중심으로 운영되므로 '속도의 경제'(economies of speed)를 달성할 수 있을 뿐만 아니라 다양한 전공자들끼리 한 팀을 이루어 업무를 수행하는 과정에서 학습효과가 제고될 수 있다. 성공팀은 한마디로 자율학습적인 수평적 팀조직(self-learning horizontal team)이라고 할 수 있다.

고어사는 그룹내 한 회사의 규모가 150명을 넘지 않도록 조정한다(교대근무 형태인 경우는 200명까지). 이렇게 인원수를 제한하는 이유는 경험에 의하면 150명이 넘는 경우 고어사의 문화인 일 대 일 관계와 직원들의 자율적인 경영참가가 위협을 받기 때문이다. 그러나 여러 회사들이 지리적으로 인접하게 자리잡도록 함으로써 회사들간 인적, 물적교류가 용이하게 하고 있다(이를 'cluster'라고 부르고 있다). 이러한 cluster 조직을 통해서 인적자원과 기계 및 장비, 그리고 정보를 공유할 수 있어서 조직의 효과성이 증대될 수 있다.

끝으로, 고어사는 정보가 물흐르듯 원활히 흐르는 조직으로서 인적자원 개발이 용이한 조직이라는 점이다. 고어사는 'Gore-com'이라고 불리는 사내 전자음성사서함제도(electronic voice mailbox system)를 활용하여 세계 각국에서 활동하는 아메바 팀간에 정보를 신속하게 공유하는 24시간 깨어 있는 조직이기 때문에 개별 직원은 지식과 경험을 쉽게 공유할 수 있으며 꾸준한 자기계발과 자유로운 보직배치를 통해 세계적으로 우수한 '고어맨'(Gore-man)으로 성장할 수 있다.

2) 독일 Bertelsmann의 관리자 육성 사례

독일 유수의 언론·출판 그룹인 베르텔스만(Bertelsmann)은 독특한 관리자 양성 제도를 가지고 있다. 관리자가 되기 위한 후보자는 사장이나 본부장의 조수(Assistent) 또는 비서로 2~3년가량 근무를 하게 된다. 이 기간동안 후보자는 고급관리자의 의사결정 과정을 지켜보면서 관리의 전반적 흐름에 대한 이해를 가지게 되고 특정 기능에 국한되지 않은, 여러 기능들을 총괄하고 조정하는 관리자의 능력을 배우게 된다. 조수로서의 육성기간을 이수한 후에 비로소 의사결정을 하는 초급관리자의 지위에 배정되게 된다.

다음으로, 이 회사에는 청년사원 모임(Juniorenkreis, 영어로 Junior Board)이 활성화되어 있는데, 이 모임은 각 계열사별로도 구성되어 있으며, 분야별로도 구성되어 있다. 청년사원 모임은 일년에 4회정도 개최되는데 그룹차원의 청년사원 모임은 일년에 2회 소집된다. 매 모임은 이틀정도의 기간이 소요된다. 이 청년사원 모임의 목적은 미래의 관리자가 될 사원들끼리 친목을 도모함과 아울러 최고경영자와의 대화의 시간을 가지고 현안문제에 관해서 배석한 2-3명의 임원들과 함께 토의하는 시간도 가진다. 이 토론회를 통해서 참석자들은 기업의 경영상태에 대한 정보를 접할 수 있으며, 최고 경영층에 그들의 결집된 의견을 제출할 수 있는 기회를 가질 수 있어서 후일 이들이 관리자가 되었을 때 훌륭히 직을 수행할 수 있는 역량을 키우게 된다.

베르텔스만에는 사내 '대부(代父)'제도(Patensystem)이 있는데, 이 제도는 관리자 후보들(조수들)에게 일 대 일로 대부역할을 하는 선배 관리자를 회사가 지정해준다. 이 제도는 마치 가톨릭 교회에서 영세를 받는 초신자에게 그의 신앙을 지도할 수 있는 모범적인 선배신자를 대부나 대모(代母)로 세우는 것처럼 관리자가 되고자 하는 후보자들이 관리자로서 필요한 기초적인 능력과 경험, 그리고 관리자의 역할에 대해서 지도를 받도록 하는 제도이다. 대부가 되는 자격은 해당 후보자보다 직급이 상당히 높은 위치에 있는 관리자로 하고 있으며, 직접적 라인에 속하지 않는 사람 가운데 임명이 된다. 대자(代子)는 대부와 비공식적인 모임을 자주 가지면서 허심탄회한 대화를 통해 관리자로서 필요한 자질이 무엇이고, 유의해야 할 점은 무엇이며 바람직한 경력관리를 위해 거쳐야 할 경력경로는 무엇인지 등에 관해 대부로부터 유용한 정보를 얻을 수 있고, 그의 노하우를 이전받을 수 있어서 인적자원 개발에 큰 도움을 주고 있다.

3) 일본 마쓰시다 전기의 인적자원 개발 사례

일본 마쓰시다 전기(松下電氣)의 창업자인 마쓰시다 고노스케 前회장은 "제품을 만들기에 앞서서 사람을 만들라"는 말을 남겼다. 이 말에는 평소 인적자원 개발을 중요시했던 그의 사상이 깃들어 있다. 마쓰시다 전기의 인적자원 개발 사례를 살펴보면, 먼저 신입사원들은 전공과 직군에 상관없이 6개월간의 연수교육(trainee program)을 받는다. 신입사원들은 아직 직장경험이 없기 때문에 이 기간동안 주로 생산과 판매(영업)에 관한 교육을 실시하며, 어학(영어)교육을 집중적으로 실시하여 이들이 마쓰시다의 사원으로서의 기본적인 소양을 갖추는 데 초점을 두고 육성한다.

연수교육후 부서에 배치된 후에는 '일을 통한 육성' 계획에 따라 정기적인 전환・배치(이른바 job rotation)를 통해 관리자가 되기 위한 능력과 경험을 습득하는 기회를 가진다. 마쓰시다 전기의 직무순환은 매년 전체 종업원의 5~8%가 보직을 이동하는 것을 내용으로 한다. 사원들은 입사후 첫 3년 동안 평균 2~3개 부서를 번갈아 가며 근무를 하면서 해당 부서의 핵심업무를 접하는 기회를 가진다. 그리고 이러한 '연수기간'을 이수한 후에는 4~6년을 주기로 새로운 부서로 이동을 하고 있다. 직무순환제도의 목적은 특정분야의 전문가 양성에 있지 않고 종합적이고 전사적인 관리역량을 습득하는 것을 목적으로 하고 있다. 가령, 엔지니어들은 입사후 5년 동안은 엔지니어링과 상관없는 부서(예컨대 영업부)에서 근무를 하고 나서 비로소 자신의 전공과 관련이 있는 부서(예컨대 생산부)에 근무를 하는 것이 관행으로 되어 있다. 이러한 직무순환을 통해서 생산 부서에 근무하는 엔지니어는 영업이나 마케팅에 대해 지식과 경험을 쌓음으로서 영업과 생산부문간 갈등도 해소될 뿐만 아니라 생산부문의 엔지니어들이 소비자들의 요구를 잘 파악하여 생산에 반영하는 등 긍정적인 효과를 거둘 수가 있었다.

마쓰시다 전기는 인적자원 개발의 일환으로 소그룹 활동(분임조 활동)을 적극 장려하고 있다. 생산부문의 QC-Circle은 물론이고, 사무관리 부문에서도 직원들의 소그룹 활동은 대단히 활성화되어 있다. 이러한 분임조활동은 회사측의 요구나 지시에 의해서가 아니라 직원들이 자발적으로 시행하고 있다는 데 특징이 있다. 이 밖에 마쓰시다 전기에는 다양한 교육·훈련 프로그램이 제공되어 있어서 새로운 부서로 전환·배치된 자, 승진 자는 반드시 몇 주에서부터 6개월까지의 다양한 입문과정을 수료하도록 되어 있어 교육을 통한 인적자원 개발이 매우 체계적으로 이루어지고 있다.

4) 네덜란드 Philips의 관리자 육성 사례

네덜란드의 대표적인 제조기업인 필립스는 독특한 관리자 육성(management development) 프로그램을 가지고 있다. 오래 전부터 필립스는 관리자 육성을 위해 'Oktogon'이라는 소그룹 교육을 실시해오고 있다. Oktogon이란 8명으로 구성된 그룹이라는 뜻으로서 관리자 세미나는 항상 8명으로 구성된 소그룹이 3개가 모여 시행되고 있다. 이 관리자 세미나는 처음 8일간의 훈련으로 시작되며 약 6개월 후에는 이틀간 계속되는 패널 토론(panel discussion)으로 마무리된다. 패널 토론에는 4~5명의 최고 경영자가 패널을 구성한다. 최고 경영층은 Oktogon에 과업을 부여하는 데 이 과업은 기업의 현안 경영문제와 관련된 것이 대부분이다. 과업의 내용을 예를 들면, "오디오 시장 점유율을 높이기 위한 전략" 또는 "독일시장에서 특수 조명 기기 판매전략" 같은 구체적인 경영문제가 과업으로 주어진다. 주제가 주어지면 각 Oktogon은 해당 주제에 대한 해결방안을 수립하고 발표하기 위해 자료를 모으고 토론을 벌이는 등 활동에 돌입하게 된다.

관리자 육성 세미나는 약 15-6일 정도 소요되며 구체적인 일정은 다음과 같다. 개회세미나(8일), 본 회의(6일), 최종 토론회(2일). 그러나 이 모임들이 처음부터 끝까지 연속적으로 개최되는 것이 아니고 최장 6개월 정도의 시한 동안 간헐적으로 개최된다. 이 세미나 프로그램은 적잖은 비용이 소모됨에도 불구하고 참석하는 관리자들의 학습효과가 크기 때문에 필립스사는 지속적으로 이 세미나 프로그램을 시행하고 있다.

이 Oktogon 활동은 관리자들의 큰 호응을 받고 있는 데, 그 이유는 소그룹에게 부여된 과업의 주제가 회사의 최고 경영자가 직접 부여한 것이고, 그 내용도 회사의 실제 경영상황을 반영하고 있기 때문에 참석자들은 회사의 현안문제를 해결한다는 점에서 참석자들의 관심과 열기가 대단하다. 참석자들은 자신들이 제시하는 해결방안이 실제로 회사의 최고 경영층에 의해서 회사의 정책으로 받아들여질 수가 있기 때문에 자신의 능력을 과시할 수 있는 좋은 기회라고 생각하고 Oktogon활동에 몰입하게 된다.

최고 경영자의 입장에서도 Oktogon을 통해 제시되는 경영전략은 비정치적이고 참신한 제안을 담고 있으므로 실제 경영문제를 해결하는 데 최적의 대안을 얻을 수 있다는 장점이 있다. 그리고 패널 토론회를 통해서 일선에서 근무하는 관리자들과 심도 있는 대화와 토론의 장을 마련할 수 있고 이들을 통해 생생한 현장의 정보를 수집하고 참신하면서도 충분히 검토된 제안을 접할 수 있고, 나아가 최고 경영층의 경영의사결정에 대해 건설적인 비판도 받을 수 있으므로 Oktogon 활동을 적극 장려하고 있다.

필립스의 Oktogon 세미나는 관리자들을 육성하는 데 매우 유용한 도구로 인정되고 있으며 네덜란드뿐만 아니라 해외 지사나 현지법인에서도 실시하고 있으며, 회사의 경쟁력 제고와 인적자원 개발에 상당한 도움이 되고 있다.

5. 정보통신 기업의 인재양성 - HP를 중심으로 -

정보통신 기업, 즉 정보기술(Information Technology)을 기업의 핵심성공요인(Critical Success Factor)으로 삼고 있는 기업은 지식집약적인 산업에 속하면서 부가가치의 창출이 인적자원의 기술과 지식에 의해 결정된다는 특징이 있다. 정보기술 산업에 속하는 세계적 초우량기업인 Hewlett-Packard(HP) 의 인재양성 실태를 살펴봄으로써 타산지석을 삼고자 한다.

HP는 '종업원이 우리의 최대 자산'이라는 기본철학 위에 오늘날 같은 경쟁력 있는 기업으로 키워왔다. IT산업으로서 어쩌면 당연한 일이 아닐까 생각된다. HP의 경영자는 이러한 경영철학으로 종업원들이 자기 주도적(self initiative)으로 창의력을 계발하도록 지원을 아끼지 않고 있으며, 기업의 목표를 달성하는 데 있어서 구성원의 의사결정 범위를 넓혀주는 리더십을 보여주고 있다. 종업원의 업적은 개인별로 인정받고 있으며, 작업실은 개인의 능력을 최대한 발휘할 수 있도록 설계되어 있다. 또한 기업이 올린 성과의 배분에 개인이 참여할 수 있는 길이 있으며, 이를 통해 구성원은 자긍심을 가질 수 있을 뿐만 아니라, 조직의 목표와 개인의 목표가 조화를 이루는 직장에 애착을 가지게 된다.

HP는 다음과 같은 독특한 문화를 형성하였기 때문에 컴퓨터 분야의 유능한 인재들이 양성되었고 이들의 헌신적인 노력을 통해 오늘날 경쟁력이 뛰어난, 초우량기업으로 성장할 수 있었다.

첫째, **목표합의에 의한 경영**: 매년 HP는 모든 부서와 개인은 달성할 목표에 합의하는 과정을 거친다. 합의에 의해 설정된 목표의 실천은 전적으로 개인의 몫이다.

둘째, **신뢰와 자기통제**: HP에는 개인의 근태를 감시하기 위한 출근체크기가 없다. 시간통제는 구성원이 스스로 한다. 구성원이 실수를 할 수도 있으나, 이를 처벌하고 나무라기보다는 실수에 너그러운 조직분위기가 조성되어 있어서 구성원은 스스로 자기통제를 할 수 있는 능력을 키운다.

셋째, **구성원 모두에 대한 존경과 지위와 관련된 상징의 포기**: HP는 계층구조(hierarchy)가 거의 존재하지 않는 조직으로 높은 직위에 있는 사람에게 흔히 주어지는 지위심벌(status symbol)이 HP에는 없다. 따라서 업무수행에 있어서 모두가 차별없이, 공동으로 참여하고 복리후생도 차별없이 고루 분배된다. 이는 개인주의와 차별성이 강조되는 미국의 일반적 문화와는 다소 거리가 있다고 여겨진다.

넷째, **물질적이고 비물질적인 인정**: 구성원은 회사의 성과에 이익분배나 주식분배 형식으로 참가하고 있으며 매년 경영자와의 대화시간을 통해 한해 동안의 공적에 대해 인정을 받는다.

다섯째, **능력개발을 통한 직무안전성**: HP는 종업원들에게 직무안전성(job security)을 약속하지 않는다. 왜냐하면 조직은 시장에 적응하기 위해 직무를 재설계해야 하고 이로 인해 직무는 끊임없이 변화하기 때문이다. 조직이 시장에 적응하기 위해 직무의 재설계는 매우 빈번하게 일어난다. 직무재설계로 자리를 상실하게 되는 직원들은 인사계획에 의해 재교육을 받게 되며, 재교육을 받은 후 다른 직무에 배치된다. HP의 직무안전성은 직무수행자의 능력여부에 달려 있다.

여섯째, **공개적인 정보와 커뮤니케이션**: HP는 한마디로 정보가 물처럼 흐르는 조직이다. 인사관리가 인사카드에 의하지 않고 구성원 간 얼굴과 얼굴을 맞대면하는 질적으로 수준 높은 대화와 의사소통을 통해 이루어진다. HP에 독특한 '배회관리'(徘徊管理, Management by Wandering About)를 통해 상·하급자간에 격의 없는 대화가 작업현장에서 이루어지고 이러한 벽이 없는 대화를 통해 진정한 인간관계가 정립된다.

유연하고 투명한 HP의 조직문화가 세계적인 경쟁력을 갖춘, 우수한 인재를 양성할 수 있었다. 이러한 HP의 사례로부터 우리는 IT조직 인재양성의 비결을 다음과 같이 정리할 수 있다.

첫째, IT조직 인재양성을 위해서는 조직 전체가 하나의 학습조직(learning organization)이 되어야 한다. 학습조직은 다음과 같은 특징을 지닌다. 구성원들은 끊임없이 새로운 역할을 학습하는 기회를 갖게 되며, 조직은 구성원의 실수를 용납할 뿐만 아니라 불확실한 환경을 극복하기 위한 정보의 경계(information boundaries)를 넓혀나가는데 온 힘을 모은다.

둘째, IT조직은 상·하급자 간, 동료 간 커뮤니케이션이 활성화 되어 있어서 구성원 개인의 직관과 감정도 존중받는 분위기가 조성되어 있어야 인재양성이 가능하다. 이러한 분위기는 강하고 개방적인, 특유의 조직문화로 발전될 수 있다.

셋째, IT조직은 책임감이 있고, 생산적이며 창의적인 개인을 육성하기 위해서 직원들의 권한을 확장(empower)시키는 데 힘쓴다.

HP는 실리콘 밸리 제1호 입주기업이라는 자부심을 가지고 있다. 창업자들이 당시 포도밭이 끝없이 펼쳐져 있던 실리콘 밸리의 한 차고를 빌려서 컴퓨터와 주변기기를 만들었던 그 차고가 지금도 HP의 유산으로 잘 보존되고 있다. 직원들은 그 낡은 차고를 보면서 HP가 시대를 앞서가는 개척자와 같은 기업이 되어야 하겠다는 무언의 메시지를 접할 수 있으며 이러한 메시지는 스토리텔링을 통해서 은영 중에 직원들에게 전파된다. 이것이 HP가 가지고 있는 문화의 힘이며, HP 사람들이 즐겨 말하는, '실리콘 밸리의 경쟁력'(Silicon Valley Edge)다.

6. 조직개발과 개인의 변화 유형

'변화'라는 말 처럼 요즘 사람들의 입에 자주 오르내리는 단어도 없을 것이다. 미국 역사상 최초의 흑인 대통령으로 당선된 오바마 대통령이 선거유세 기간 내내 유권자들에게 호소한 것이 바로 '변화'(change)였다. 미국의 유권자들은 전임자인 조지 W. 부시 대통령시절 두 차례의 전쟁과 다수 자국민들의 희생, 그리고 국내 주택시장의 붕괴와 글로벌 금융위기라는 연속되는 악재를 겪으면서 하루속히 정치, 경제의 악몽상황에서 벗어나고 싶어했다. 그래서 비록 흑인이지만 젊고 새로운 리더인 오바마의 변화카드를 선택하였다.

'변화'라는 화두를 던져 대권을 거머쥔 오바마지만 대통령으로 취임한 지금은 무언가 변화된 모습을 보여주어야 한다는 강박에 사로잡혀 오히려 변화가 미국을 위한 변화의 전도사를 자처한 오바마 스스로를 옥죄는 양상으로 발전하는 아이러니를 최근 보게 된다.

조직을 이끌고 있는 경영자들은 조직분위기가 침체되어 있다고 느낄 때, 그리고 위기상황을 맞이하여 이를 극복하는 임팩트를 조직내에서 찾기 위해 조직개발(organization development)을 위한 여러 가지 개입을 하게 되고, 조직 구성원들을 변화시킬 적합한 프로그램을 구상하고 이를 도입하려고 하는 경향이 있다.

국내에서는 노사화합을 위한 '한 마음 모임'이라든지, 신입사원의 조직 조기적응을 돕기 위한 '신입사원 축제'같은 대형 프로그램은 우리나라 대기업에서 자주 도입하는 대표적인 조직개발 프로그램으로 알려져 있다.

일반적으로, 조직개발이란 조직 구성원들의 복지를 증진시키고 조직의 효과성(organizational effectiveness)을 높이기 위해 행동과학의 기법을 통한 계획적인 개입을 수행하는 과정으로 정의할 수 있다. 조직개발은 조직의 거시적 및 미시적 변화를 목표로 한다. 거시적 변화란 조직 효과성을 궁극적으로 향상시키는 것을 의미하며, 미시적 변화란 개인과 팀, 부서의 인식 변화를 말한다.

로버트슨(Robertson, et al, 1993) 같은 학자들은 개인이 조직개발을 통해 겪게 되는 인식 변화(cognitive change)에는 다음 네 가지 수준에서 일어날 수 있다고 설명하고 있다.

1) 알파 변화(Alpha change)

기존의 패러다임 내에서 업무 형태나 설계를 변경하지 않고 업무수행에 있어서 개인이 수준의 변화를 인식하는 것을 말하는데, 예를 들면, 스킬의 향상을 들 수 있다. 이른바 실무적으로 숙달이 되고 업무처리 속도가 빨라지고, 어려운 업무도 척척 처리해 내는 경지에 도달하여 이른바 '내공이 쌓였다'는 것을 개인이 느낄 수 있을 정도의 수준 변화를 알파 변화라고 말한다.

2) 베타 변화(Beta change)

베타 변화는 기존의 패러다임 내에서 업무 형태를 바꾸지 않고 '업무가치'의 변화를 개인이 인식하는 것을 의미한다. 즉 업무를 처리하는 데 있어서 우선순위가 바뀌는 등 업무의 중요도나 가치가 변경되어 결국, 업무 표준(standard)에 변화가 발생하는 것을 개인이 인식하는 것을 말한다. 예를 들면, 과거에는 별로 대수롭지 않게 치부되던 소비자의 품평과 피드백을 반드시 다음 업무에 반영을 하도록 업무처리 순서가 조정되었다든지, 예전과는 달리 특정 업무를 처리하기에 앞서서 노동조합 대표들과 협의과정을 거치도록 변경되었을 때 업무를 수행하는 개인이 느끼는 변화가 베타 변화에 속한다.

3) 감마A 변화(Gamma A change)

기존의 패러다임 내에서 업무 형태의 변화로 인해 개인이 인식하게 되는 변화를 말하는데, 예를 들면 '생산성 추구'라는 패러다임은 변경하지 않고 단지 '비용절감 우선'이라는 업무 형태에서부터 '품질관리 우선'이라는 업무 형태가 변경될 경우 개인이 인식하게 되는 변화를 감마A 변화라고 정의한다. 패러다임이라는 큰 틀은 그대로 두되, 우선순위만 조정되는 것으로 이해할 수 있다. 예를 들어 '성과주의 인사관리'라는 패러다임은 변경하지 않으면서 그 패러다임 내에서 연봉제와 같이 보상관리에 먼저 적용하기 보다는, 성과를 제대로 측정할 수 있는 인사평가에 성과주의를 도입하는 것을 우선시하는 정책으로 변화할 때 개인이 느끼는 변화의 정도라고 설명할 수 있겠다.

4) 감마B 변화(Gamma B change)

마지막으로 감마B 변화는 기존의 패러다임이 새로운 패러다임으로 대체됨으로써 개인이 겪게 되는 인식의 큰 변화를 의미한다. 예를 들면, 기업이 오랫동안 금과옥조로 여겨오던 생산성 향상을 통한 이윤 증대라는 패러다임을 버리고 과거와는 다른, 새로운 패러다임, 즉 '소비자 만족 제일주의'라는 패러다임으로 전환할 때 개인이 인식하고 느끼게 되는 정도가 큰 변화를 말한다.

조직개발이 성공을 거두려면 개인이 변화를 인식하고 느낄 수 있어야 한다. 기업에서 이따금씩 도입하는 조직개발 프로그램이 '그 나물에 그 밥'이라는 식으로 구성원들로부터 무시당하고 변화를 변화로 느끼지 못하게 된다면 기업이 당초 목적했던 조직개발이 달성되기는 어려울 것이다.

조직개발이 궁극적으로 추구하는 목표는 개인의 인식변화를 통해 조직의 성과가 개선되거나 개인이 성장하고 발전하는 것이다. 그런데 개인이 변화를 느낄 수 있도록 하는 단계가 가장 넘기 어려운 고비라고 실무자들은 입을 모은다.

조직개발을 통한 변화관리에 있어서 결정적인 영향을 하는 것은 변화된 개인이 '변화의 촉진제', 즉 'change agent'의 역할을 자발적으로 수행하는 단계로 발전하는 일이다.

'변화의 베타 광선'을 쐬게 되는 구성원들은 X-광선을 조사한 세포에서는 세포 속의 구성물질이 변화되어 새로운 물질이 생성되고 새로운 형태로 발전되듯이 '변화 담당자'들이 되어 조직개발과 변화의 견인차 역할을 하게 되는 것이다.

조직이 진정으로 필요로 하는 것은 변화하는 시늉이 아니라 실제로 변화된 개인이 필요한 것이다. 그리고 변화된 소수의 개인만 있어도 거대한 조직이 종국에는 변화되는 사례를 우리는 주위에서 많이 볼 수 있다. 결국 개인의 변화, 구체적으로 말하면, 개인이 감마A, B 형의 변화를 인식하게 되면 조직은 조직개발 프로그램 도입에 성공하는 가능성이 높아진다.

7. 리버스 멘토링(Reverse Mentoring)

멘토링 제도(mentoring program)란 개인의 조직 사회화를 돕기 위한 지원제도로서 신입사원이 입사직후 조직에 잘 적응할 수 있도록 회사가 선배 사원 한 명을 멘토로 지정하고 후배 사원의 조직 적응과 경력개발을 후원할 수 있도록 보살펴 주는 제도이다. 전통적으로, 멘토링 프로그램은 선배직원이 후배에게 자신의 경험과 지식을 전수하는 형태로 실시되어 경험과 지식의 전달이 위에서 아래로, 즉 선배에서 후배로 경험과 지식이 이전되는 것이 멘토링의 기본 방향이었다.

최근 디지털 경제시대로 이행하면서 기술의 발전이 가속화 되면서 신입 및 하급직원들이 관리자나 선배 사원들보다 정보나 기술에 대한 이해와 숙련도가 앞서는, 이른바 '디지털 격차'(digital divide) 현상이 심화되어 오히려 선배가 후배에게 '한 수 배우는' '역 멘토링'(reverse mentoring)제도를 시행되는 기업이 생겨나고 있다. 공자님 말씀에도 '후생가외(後生可畏)'라는 말이 있듯이, 나이 지긋한 관리자들이 한참 아래의 젊은 직원들로부터 정보기술을 배우고 익히는 광경을 상상해 보라! 그런데 실제로 이러한 일이 미국의 기업에서 일어나고 있다.

리버스 멘토링을 도입하는 목적은 기업이 업무수행에 필요한 기술의 이전과 공유를 조직하부에서부터 상부로 확산시켜 의사결정자인 관리자들이 신기술에 대한 이해를 돕고 젊고 참신한 하급직원들의 지식과 아이디어를 배울 뿐만 아니라, 그들의 시각을 경영에 반영하여 경쟁력을 제고하도록 후원하는 데 있다. 오랫동안 GE의 CEO로 활동하다고 최근 은퇴한 잭 웰치는 재직당시 리버스 멘토링을 공식적으로 기업에 도입한 사람이다. 1999년에 웰치는 그의 휘하에 있는 500명의 고위 관리자들에게 젊은 부하직원들 가운데 인터넷 전문가를 찾아서 일대 일로 멘토와 멘티를 구성할 것을 지시하였다. 웰치 자신도 한 명의 인터넷 멘토를 구해서 업무시간 틈틈이 그로부터 인터넷 검색요령과 경쟁사의 웹사이트 벤치마킹에 대해 배웠다. 이렇게 시작한 GE의 리버스 멘토링제도는 오늘날에도 이어져 오고 있으며 인터넷 이외의 다양한 주제로 확산되고 있다. GE는 리버스 멘토링의 결과, 젊은 부하직원들의 경험과 지식이 상급 관리자들에게 이전되어 조직학습이 확산되고 경쟁력이 강화되는 긍정적 효과를 거두게 되었다.

리버스 멘토링은 인턴십(internship)을 통해서도 실시될 수 있다. 취업을 희망하는 대학졸업자나 재학생들이 인턴으로 기업에 근무하면서 그들의 사고방식과 태도, 그리고 정보기술을 다루는 요령이 리버스 멘토링을 통해서 기업의 현직자들에게 이전되어 기업이 인턴들의 참신한 아이디어와 지식을 학습을 하고 이를 생산에 반영하면 경쟁력 강화에 도움이 될 수 있을 것이다. 이러한 리버스 멘토링의 원리는 동료와 동료 사이의 '수평적 멘토링', 직원과 고객간 '외부 멘토링'에도 적용될 수 있을 것이다.

리버스 멘토링이 지향하는 것은 멘토링에 있어서 지식의 흐름 방향을 다양화하는 것이다. 전통적으로 top-down 방식을 벗어나 bottom-up 방식을 지향함으로써 조직내 의사소통을 보다 원활하게 하고 계층 간의 벽을 허물고 기존의 고정관념에 도전하는 아랫사람의 참신한 아이디어를 접함으로써 사물을 새로운 각도에서 보게 되는 학습효과를 거둘 수 있다.

최근 인사평가에 있어서 360도 다면평가가 유행하고 있는데 이러한 다면평가의 원리에 지식의 공유와 학습 원리를 접목하여 지식 흐름의 방향을 다변화하는 시도는 지식경영시대에 추구해봄 직한 시도라도 생각된다. 이러한 리버스 멘토링이 성공을 거두기 위해서는 GE의 사례에서 볼 수 있듯이, 최고경영자의 솔선수범이 전제되어야 한다. 모든 면에서 우위에 있는 경영자 스스로가 위계의 벽을 허물고 겸손하게 부하 직원에게 먼저 손을 내밀 때 이 제도는 성공할 수 있을 것이다.

8. 창조경영을 위한 성과주의 인사제도

1990년대부터 우리나라 대기업을 중심으로 '신인사제도'를 도입하면서 경영체질을 강화하기 위해 성과주의 인사로의 전환을 목표로 '성과급제도'를 정착시켜왔다. 그 형태는 연봉제, 스톡옵션, 인센티브제도 등 다양하게 나타난다. 성과주의를 도입한 국내기업의 비율이 외환위기가 닥친 1997년 이전에는 10% 이하였으나 그 이후에는 20~30%로 급상승하여 왔다.

성과주의는 개인과 팀이 달성한 실적과 연계하여 보상을 실시하는 인사시스템을 지칭한다. 이는 조직의 분권화를 촉진시켜 정체된 분위기에서 벗어나 훨씬 다이내믹한 조직으로 활성화 시키고 생산성 향상, 실력주의 정착 등 긍정적인 효과가 적지 않다. 하지만 상대적인 박탈감, 동료 간 지나친 경쟁, 업무 노하우의 전수 기피, 단기적인 성과 치중 등 부작용도 만만치 않은 것이 현실이다. 이에 따라 기업들은 성과주의의 부작용을 줄이기 위한 방안을 모색하거나 도입하고 있다. 또한 성과주의 인사가 강조되면서 조직 내 '부익부 빈익빈 현상'에 따른 직원들의 '패배주의' 확산 등의 부작용에 대처하는 것이 인사팀의 새로운 과제로 떠오르고 있다.

최근 삼성그룹이 일본과 중국 사이에 낀, 아른바 '샌드위치' 상황을 극복하고 미래 성장동력을 찾기 위해 '창조경영'을 화두로 삼고 경영혁신의 드라이브를 걸고 있다. '창조경영'하면 창의적인 기업을 떠올리게 되고 세계적으로 창의력에 있어 뛰어난 기업인 3M의 성공비결을 생각나게 한다. 3M은 잘 알려진 대로 '15%룰'과 '35%룰' 등 창의력을 자극하는 보상시스템을 가지고 있다. 15%룰은 직원이 업무시간의 15%를 자신의 개인 연구에 할애할 수 있도록 하여 개인 발명과 신제품 개발을 촉진시키는 제도이고, 35%룰은 과거 성공한 제품에 집착을 방지하는 제도로서 사업부 매출의 35%가 최근 4년 이내에 개발된 제품의 판매로 채워져야 한다는 룰이다. 이러한 3M의 독특한 성과보상제도는 3M 직원들로 하여금 항상 새로운 것을 추구하게 만드는 원동력이 되었고 직급과 근속년수와 상관없이 생산적인 아이디어를 낸 사람은 회사로부터 개발비와 사업부장 승진이라는 특혜를 얻도록 함으로써 젊고 유능한 직원들의 창조경영 마인드에 불을 질러 회사가 창의적인 기업으로 성장하는 데 결정적인 역할을 하였던 것이다.

이렇듯 성과급제도의 장점은 직원들로 하여금 '자신의 능력만큼 보상 받는다'는 의식을 심어주는 것이다. 성과급제도가 성공적으로 정착되면 성과주의가 경영개혁으로 이어질 수 있다는 것이 선진국의 사례들에서 배울 수 있다.

그러나 성과급제도의 틀을 만드는 본사의 입김이 너무 강하거나 성과급을 강화한다는 명분으로 조직의 중앙집권화를 강화시키게 되면 '현장 자율적'인 회사의 문화는 한순간에 '본사 집중' 체질로 변했다. 더욱이 성과급제도의 기반을 강화한다는 명분으로 엄격한 직무기술서를 요구하고 전사적으로 목표관리(MBO)를 도입하는 경우가 많다. 이렇게 함으로써 업무의 표준화, 목표의 평준화라는 목표는 달성될지 모르나 과연 이러한 제도적인 속박 속에서 창조경영이 발휘될지는 의문이다.

우리나라 기업에 있어서 창조경영의 성공적 정착과 이에 따른 성과주의 인사제도, 특히 성과급제도의 도입을 위해 몇 가지 제언을 드리고자 한다.

첫째, 창조경영은 근본적으로 자율성과 창의성, 유연성이 활성화되는 방향으로 조직을 관리해야 하는 것인데 성과주의를 정착시키면서 보편성, 비교가능성을 강조하는 인사제도를 만들게 되면 직원들을 하나의 틀 속에 속박하는 어리석음을 범하기가 쉽다. 창조경영의 성공을 위해서는 경영혁신 비전에 기초하여 요구되는 인재상이나 요구되는 행동 요건을 설정하고 그 요건에 맞는 인재를 많이 육성하여 행동을 환기시킬 수 있는 인사제도를 설계해 나가는 것이 바람직하다.

둘째, 창조경영이 활성화되기 위해서는 제도나 규칙보다는 '장(場)'을 만드는 것이 중요하다. 치밀한 직무관리와 규칙화가 아닌 핵심 인재 데이터베이스 등의 자원 구축이나 경영 간부의 핵심 인재 정보와 육성 방침의 '공유의 장'을 만드는 것이 성과주의 정착과 창의력 증진에 도움이 된다.

셋째, 창조경영의 도입 초기부터 완벽하게 운용할 수 있는 인사제도를 만들려고 해서는 안된다. 창조경영에 걸 맞는 인사제도는 처음부터 제도를 완성해서 적용시키는 것이 아니라 현장과 함께 2인3각처럼 한 걸음 한 걸음 앞으로 나아가면서 '성찰'(reflex)을 통해 제도를 수정해가는 자세가 올바른 인사제도를 도입하는데 도움이 된다.

넷째, 국내의 기업들은 그동안 성과주의를 도입하는 과정에서 개인별 능력과 성과에 따라 연봉과 성과급을 차등 지급하는데 주력하고 있다. 이것은 능력과 성과에 따라 개인 간 보상 차이가 얼마나 커졌느냐가 성과주의 인사의 성패를 결정하는 것으로 잘못 이해하는데서 오는 행동으로 승자독식 방식의 과도한 개인별 차등은 구성원간의 위화감을 조성하여 조직성과에 부정적 영향을 미치는 결과를 초래한다. 창조경영을 위해서는 개인의 노력도 중요하지만 팀과 집단의 노력도 중요하므로 집단 기여도에 따른 성과보상 프로그램과 조화시키는 방안이 중요하다.

다섯째, 창조경영을 위해서는 직원들의 금전적 동기보다는 비금전적 동기를 보다 중시하는 방향으로 인사제도가 변화되어야 한다. 우수인재는 경력개발 기회, 도전적 직무, 인정, 책임과 자율성, 일의 즐거움 등 비금전적 요소를 더 중요시한다는 연구결과가 많다. 돈으로 환산되지 않는 보상프로그램들을 다양하게 개발해야 한다.

여섯째, 기업의 경쟁원천이 유형자산에서 무형자산으로 이전하고 있음은 세계적 추세이다. 따라서 성과지표에 있어서 재무적 성과뿐 아니라 비재무적 성과도 측정하고 관리해야 한다. 조직의 미래성과를 좌우하는 품질, 서비스, 혁신 등과 같은 전략적이고 질적인 변수들을 개발하여 다양한 시각에서 기업과 구성원들의 실제활동으로 인한 성과를 평가해야 한다. BSC 처럼, 가칭 '창조경영 성과표'를 만들어 평가와 보상을 위해 부서별, 개인별로 구체적인 활동지표를 제시할 필요가 있다.

일곱째, 단기적인 결과만으로 승부하려는 결과지상주의가 정도경영을 해치고 기업의 비리와 스캔들을 초래한다. 결과만이 아니라 Input과 Process를 포함하는 보다 넓은 개념으로 성과주의를 재정립해야한다. 그러나 Process 평가가 말처럼 쉬운 것은 아니다.

Process 평가를 통한 성과주의 인사를 정착시킨 성공사례로서 일본의 '후지쯔'(Fujitsu)사례가 잘 알려져 있다. 성과주의 인사의 선도기업인 일본 후지쯔는 주어진 목표달성에만 열중하는 과거의 목표관리 제도를 수정하여, 부하직원 육성이나 코칭, 타 부문 지원 등의 프로세스를 중시하는 '성과평가제도'를 도입하고 단기 업적 위주의 승진/승격을 보완하기 위해 Competency Review(역량평가)를 실시하였고 이를 등급승격에 반영하고 있다.

후지쯔의 Process 평가제도의 핵심은 도전정신을 상실하고 주어진 목표달성에만 관심을 가지도록 만드는 기존의 목표관리 제도를 수정하여 보다 높은 수준의 목표에 도전하도록 하고, 프로세스(행동양식 타부문 지원 등)를 중시하며, 사업단위(BU)별로 전사공통목표의 공헌도(환경, 브랜드)를 평가함으로서 보완한 데 있다. 또 프로세스를 경시하는 사내풍조에 역량평가를 실시하고 단기적인 성과를 보완하기 위해 중장기적인 평가에 의하 승급제도를 도입함으로서 보완하고자 노력하였다. 또 조직구성원 간 칭찬과 자율을 강조하고, 자립적인 인재의 육성과 자기선택 기회제공을 위한 경력관리를 실시하고 관리자의 능력향상을 도모하는 'Global Knowledge Institute'를 설치하였다.

창조경영을 위해서는 '한 가지 올바른 성과제도'라는 정답을 추구해서는 안된다. 또 일본이나 미국같은 선진국 기업에서 성공한 성과제도가 다 우수하고 우월한 것이라는 생각도 버려야 한다. 우리나라 고유의 장점, 속해 있는 기업의 장점과 글로벌 스탠더드의 장점을 동시에 살리는 복합형 시스템을 창출하는 것이 바람직하며, 또한 자사의 경영혁신 비전에 기초하여 요구되는 인재상이나 요구되는 행동 요건을 설정하고 그 요건에 맞는 인재를 많이 육성하여 행동을 환기시킬 수 있는 인사제도를 설계해 나가는 것이 바람직하다.

참고문헌

김성국(1997), 『트렌디 인사관리』, 명경사.
김성국(2003), 『인적자원관리 뉴패러다임』, 명경사.
김성국 · 김민수(2004), 『이슈중심 인사관리』, 삼영사.
김영재 · 김성국 · 김강식(2010), 『신인적자원관리』, 탑북스.
한국노동연구원 편(2000), 『21세기형 인적자원관리: 뉴패러다임과 실천과제』, 명경사.

Broad, M. L. & Newstrom, J. W. (1992), *Transfer of Training*, Reading: Addison-Wesley.

Burke, W. W. (1995), Organization Change: What We Know, What We Need to Know, *Journal of Management Inquiry*, 4, 158-171.

Goldstein, I. L. (1974), *Training: Program Development and Evaluation*, Monterey: Brooks/Cole Publishing.

Goldstein, I. L. (1980), *Training in Work Organizations*, Annual Review of Psychology, 31, 229-272.

Goldstein, I. L. (1986), *Training in Organizations*, 2nd ed., Monterey: Brooks/Cole Publishing.

Kirkpatrick, D. L. (1998), *Evaluating Training Programs: The Four Levels*, New York: Barrett-Kohler.

McCall, Lombardo & Morrison (1988), *The Lessons of Experience: How Successful Executives Develop on the Job*, Lexington: Lexingtonbooks.

McLagan, P. A. (1989), Models for HRD Practice, *Training and Development Journal*, 41, 53.

Robertson, P. J., Roberts, D. R., & Porras, J. I. (1993), Dynamics of Planned Organizational Change: Assessing Empirical Support for a Theoretical Model, *Academy of Management Journal*, June, 619-634.

Scholz, C. (2011), *Grundzüge des Personalmanagements,* München: Vahlen.

Wunderer, R. & Dick, P. (hrsg.)(1997), *Frauen im Management: Kompetenzen -Führungsstile-Fördermedelle*, Neuwied.

제 5 장
인적자원의 평가 및 측정 이슈

제 5 장
인적자원의 평가 및 측정 이슈

1. 인적자원관리 측정과 평가의 기본원리

인적자원관리의 측정과 평가(measurement and evaluation of HRM)는 인적자원관리의 성과를 결정하는 수단이 된다. 회계나 재무관리는 기업의 정량적 성과지표를 사용하여 측정하고 평가한 결과물을 기업의 이해 당사자들에게 공시하는 데 표준화된 방법이 있는 반면에 인적자원관리의 성과 측정과 평가에는 이러한 표준화된 정량적 방법이 드물뿐더러 상당부분 정성적인 요소로 구성되어 있어서 오랫동안 다루기 까다로운 영역으로 남아있었다. 그러나 최근 인적자원관리의 성과를 정량적, 정성적으로 측정하고 평가하는 다양한 기법들이 개발되어 인적자원과 인적자원관리의 가치와 경쟁력을 객관적으로 측정, 평가, 공시, 비교하는 것이 가능해지고 있다.

인적자원관리의 측정과 평가는 '인적자원관리 통제'(HRM-Controlling)라는 용어로 표현하기도 하는 데 1980년대 중반 미국 등 서방 선진국을 중심으로 인적자원관리의 경제성과 합리성을 검증하는 도구로 사용되어 왔다. 회계나 재무관리처럼 기업의 인적자원관리 활동의 결과에 대해서 비용과 수익같은 경제적인 성과지표를 사용하여 측정, 평가하는 일이 시도된 것이다. 이러한 시도를 통해 인적자원회계(Human Resource Accounting)나 인적자원 균형평가표(Human Resource Scorecard)같은 기법들이 인적자원관리 분야에 선을 보였고 방법상의 문제에도 불구하고 이 기법들은 인적자원관리 분야의 새로운 평가지표로 각광을 받게 되었다. HRA, HRS 같은 새로운 기법들이 기업실무에 적용되고 있다는 것은 인적자원과 인적자원관리 영역도 어떤 방식으로든 객관적인 측정과 평가가 필요하다는 공감대가 학계와 실무계에 형성되고 있다는 것을 말해준다.

그러나 인적자원과 인적자원관리의 부가가치와 잠재력에 대해 폭 넓은 공감대는 형성되어 있지만 그 가치와 비용 등을 어떻게 측정하고 평가하는가에 대해서는 통일된 의견이나 확립된 공준(公準)이 존재하고 있지 않을 뿐만 아니라, 계량적인 측정이 어려워 실무에 적용하는데 한계가 있었다. 이러한 점이 인적자원과 인적자원관리의 측정과 평가를 어렵게 만드는 걸림돌로 작용했다.

1980년대 중반 이후부터 명시적이고 암묵적인 인적자원관리 측정과 평가가 시도되면서 지금까지 완벽한 기법이 개발되었다고 말하기는 어렵지만 인적자원관리를 한 층 업그레이드시키고 발전시키는 기능을 수행하였다고 평가할 수 있다.

인적자원관리의 측정과 평가, 즉 인적자원관리 통제기법이 조직과 사람들에게 기여하고 있는 긍정적인 기능들은 다음과 같다.

첫째, 투명성과 조기 경보 기능

기업은 인적자원관리 활동에 대한 비용과 성과를 정량적인 지표를 사용하여 비교적 충분한 정보를 얻을 수 있기 때문에 투명성이 확보될 뿐 아니라 인사업무 처리에 문제가 발생하여 수습하는 의사결정이 필요할 경우 이를 제때 구성원들에게 경고하고 공지하는 기능을 한다.

둘째, 전략적 기능

인적자원관리의 장기적인 성공을 위한 정보를 지속적으로 제공함으로써 기업의 자원을 활용하여 경쟁력을 높일 수 있는 전략적 목표를 달성할 수 있어서 전략적 인적자원관리(SHRM)를 위한 기반을 마련한다.

셋째, 통합과 결합 기능

인적자원관리 부문에 국한되지 않고 기업내 타 부문들과의 업무적 통합을 달성하는데 HR측정/평가를 통한 정보가 부서간 연결핀으로서 역할을 한다.

넷째, 자문 및 선도 기능

측정과 평가를 통한 정보의 확보와 공유를 통해 인사부서가 인적자원의 최적 활용을 위한 자문기능과 선도 기능을 수행할 수 있게 된다.

그러면 인적자원의 측정과 평가를 통해 얻고자 하는 정보는 무엇인가? 여기에는

그림 5-1 인적자원관리 측정/평가의 세 가지 시각

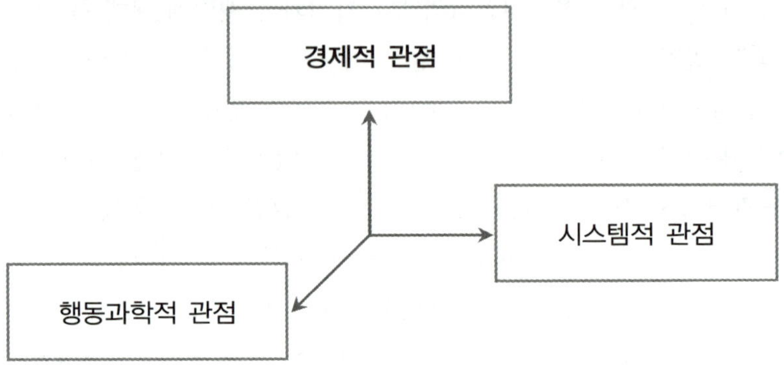

경제적 관점, 행동과학적 관점, 그리고 시스템적 관점이 있다([그림 5-1]). 경제적 관점은 인적자원관리의 결과로 달성하고자 하는 결과에 해당하는 정량적 지표들과 관련이 있다. 행동과학적 관점은 인적자원관리의 대상이 되는 구성원 개인과 집단, 그리고 조직 전체 지표들과 관련이 있으며, 시스템적 관점은 기업을 하나의 사회 시스템으로 보았을 때 투입과 산출, 변환과정, 피드백과 관련된 조직지표들과 관련성이 높다. 각 관점에서 수집하고자 하는 인적자원관련 정보를 구체적으로 열거하면 다음과 같다.

1) 경제적 관점

- 수익성
- 업무의 분할
- 과업관련 조직설계
- 업무처리 권한의 한계
- 수단 활용의 효율성
- 비용통제
- 표준화된 업무흐름

2) 행동과학적 관점

- 권력과 권한의 분권화
- 구성원 욕구의 충족
- 구성원 동기부여
- 바람직한 조직분위기
- 조직내 신뢰의 구축
- 책임의 증대
- 총화와 대화

3) 시스템적 관점

- 전사적인 문제해결
- 집권화 및 분권화
- 환경과의 상호작용
- 시너지 효과의 달성
- 네트워크 관점

다음으로 인적자원관리의 측정과 평가의 수준은 개별 구성원수준, 집단(부서) 수준, 그리고 조직전체 수준 등 세 가지 수준이 있으며 이 세 가지 수준을 통합하여 정보를 수집하고 처리한다([그림 5-2]).

인적자원관리의 측정/평가의 차원으로는 주안점(point), 과정(process), 그리고 대상(object)을 들 수 있다. 주안점이란 측정/평가에 있어서 핵심이슈를 말하는데 투입, 산출, 방법, 결과 등 요소들이 이에 해당한다. 과정이란 주로 측정/평가의 방법을 말하는데 설문조사, 면접조사, 평가센터 등 다양한 방법이 사용된다. 측정/평가의 대상으로는 개인과 부서, 그리고 조직전체의 핵심역량(competency), 자격, 성과, 경쟁력 등이 주된 대상이 되고 있다(〈표 5-1〉).

그림 5-2 인적자원관리 측정/평가의 통합적 접근법

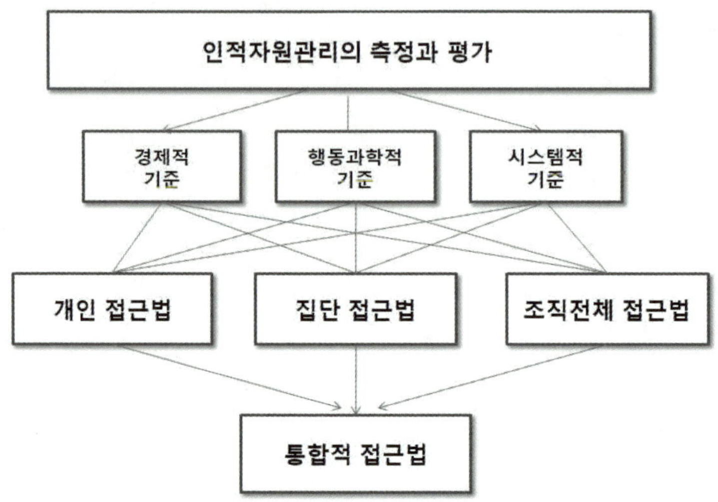

〈표 5-1〉 인적자원관리 측정/평가의 3차원

측정/평가의 주안점 (Points)	측정/평가의 과정 (Process)	측정/평가의 대상 (Object)
- 투입요소의 측정/평가 (인사선발, 교육훈련, 몰입, 동기부여) - 프로세스 측정/평가 (조직분위기, 비용) - 산출요소의 측정/평가 (성과, 만족, 재화) - 결과요소의 측정/평가 (수익, 소득)	- 설문조사 - 평가센터(assessment center) - 면접조사(interview) - 검사 (test) - 노동분석 - 성과평가 - 인건비 평가	- 자격, 재능, 경험, 관계 - 컴피턴시 - 성과 - 신분, 인정, 소득, 경쟁력

종합하면, 인적자원관리의 측정과 평가는 이해당사자들의 높아진 요구와 기업 경쟁력 제고를 위해 이제 기업들이 더 이상 피해갈 수가 없고 오히려 적극적으로 추구해야 할 경영의 목표가 되었다. 창조경영으로 미래의 도전에 대응해야 하는 21세기 기업들에게 인적자원의 잠재력을 탐구하고 개발하는 것이 경쟁력의 원천

그림 5-3 HR 측정과 평가의 목표

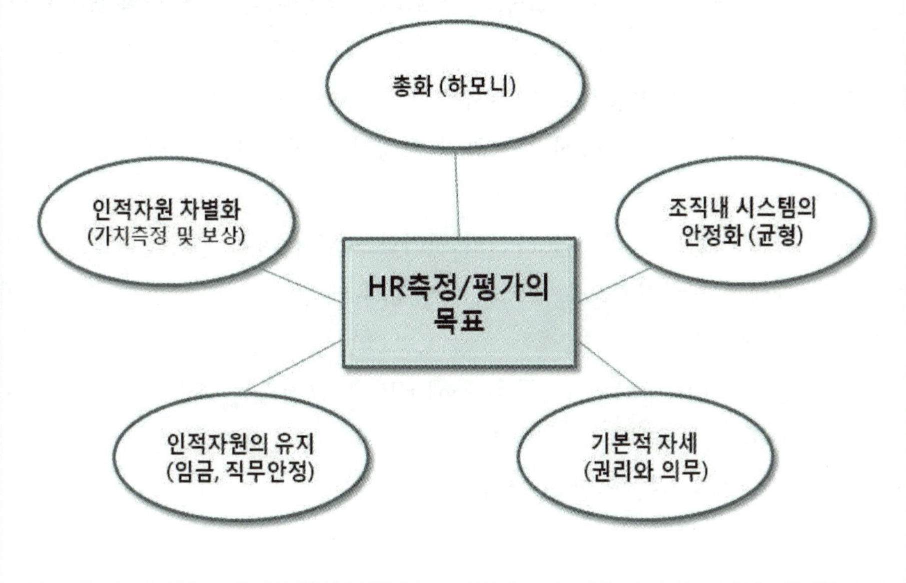

으로 인식하는 요즘의 경영환경에서 인적자원과 인적자원관리의 측정과 평가는 인적자본(human capital)과 인사관리시스템의 부가가치를 정당하게 평가하는 것은 마치 회계결산을 통해 기업의 정확한 경제적 가치를 평가하는 것과 마찬가지로 경영의사결정을 위해 중요한 정보를 공시하는 일이 된다.

인적자원과 인적자원관리 측정/평가가 추구하고자 하는 목표는 무엇인가? 크게 다섯 가지 목표를 제시할 수 있을 것이다([그림 5-3]).

첫째, 인적자원의 차별화에 도움을 준다. 21세기 인적자원관리의 화두는 개별성과 차별화에 있다. HR 측정/평가는 핵심인재와 같은 탁월한 인적자원을 발굴하고 정당한 가치를 매기고 보상을 하는 기초적인 정보를 제공함으로써 핵심인재관리(talent management)와 같은 차별화된 인적자원관리를 가능하게 한다.

둘째, 인적자원을 유지(maintain or retain)하는 데 도움을 준다. 핵심인재 뿐만 아니라, 기업의 모든 인재군에 있어 임금과 직무안정(job security)을 통해 인적자원을 유지시키는 데 필요한 임금수준과 구성원 만족도를 모니터링하여 지속적인 동기부여를 통해 안정된 조직분위기를 정착시키는 일을 한다.

셋째, 기업이 하나의 사회시스템이라면 투입, 산출, 변환과정, 피드백 등 모든 조직의 운영과정에서 원활한 소통과 상호의존이 일어날 수 있도록 HR 측정/평가가 기여한다. 예를 들면, 정확한 평가자료 제공을 통해 인사선발, 평가, 능력개발 기능이 제대로 작동하고 있는지를 점검하여 인사관리 시스템 뿐만 아니라 전체 경영시스템이 원활하게 기능하여 경영자의 질 높은 의사결정을 유도하는 역할을 한다.

넷째, 조직 구성원들로 하여금 자신의 권리와 의무에 관한 인식을 제고시켜 일에 임하는 자세를 개선시킴으로써 조직의 방향과 개인의 방향을 정열(align)시키는 역할을 담당한다.

다섯째, 결국 이러한 모든 기능들을 통해 HR 측정/평가는 조직 구성원들이 조직내 갈등과 불화를 극복하고 개인과 조직의 가치와 경쟁력을 높이는 데 총화(consensus) 단결시키는 역할을 한다.

2. 인적자원 투자의 본질과 원리

인적자원 투자(investment on human resources)란 인적자원에 대한 경제적인 요소 투입을 통해 성과나 효익을 달성하고자 하는 행위라고 정의할 수 있다. 그런데 인적자원 투자는 일반적으로 생산설비나 부동산, 그리고 금융상품에 투자하는 것과는 다른 특성을 지닌다. 인적자원 투자에도 성과와 효익 달성을 목표로 한다는 점에서는 다른 여느 투자와 다르지 않다.

인적자원 투자의 목적은 반드시 재무적인 성과를 달성하는 것은 아니지만, 재무적인 성과 못지 않게 중요한 것은 투입요소의 최적의 결합(optimal combination)을 통해 인적자원의 성과를 도출해 내는 것이다. 이러한 최적 결합을 통해서 인적자원에 투입된 재화나 비용이 당초의 성격으로부터 경제성을 지니는 새로운 가치로 변환시켜 부가가치를 창출하는 것이 인적자원 투자의 요체이다.

앤소프(Ansoff) 같은 학자들은 투자란 자본(capital)을 투입하여 이를 재산(property)으로 변환시키는 것이라고 정의하고 있다. 이 정의는 인적자원 투자에도 그대로 적용될 수 있다. 즉 인적자원에 자본이 투입되면 이 자본은 가치창출 과정을 통해 경제적 가치가 있는 재화나 재산이 창출될 수 있다. 일반적으로, 인적자원에 투입되는 자본으로는 다음과 같은 요소들을 들 수 있다:

인적자원에 투입되는 자본

- 인적자원의 확보 비용(모집 및 선발 비용)
- 인적자원의 배치, 전환에 소요되는 비용
- 인적자원의 평가에 소요되는 비용
- 인적자원 개발에 소요되는 비용(교육훈련비, 연수비 등)
- 인적자원 보상에 소요되는 비용(급여, 복리후생 등)
- 인적자원의 이직관리에 소요되는 비용(희망퇴직 수당 등)

이러한 자본의 투입으로 창출되는 재산에는 다음과 같은 요소들이 있다:

투자를 통해 창출되는 재산

- 생산성
- 매출액
- 고객확보
- 납품기간
- 사고 발생률
- 생산시 불량률
- 종업원 직무만족
- 갈등
- 애사심
- 기술개발

인적자원 투자의 형태로는 크게 재무적 투자와 비재무적 투자로 구분할 수 있다. 재무적 투자란 문자 그대로 화폐와 재화를 투입하는 것을 말한다. 예를 들면, 교육훈련비와 인건비(급여 및 복리후생)가 이에 해당된다. 비재무적 투자는 인적자원 제도나 시설, 프로세스 등 인사업무와 관련하여 생산요소를 조합하는 것을 말한다. 예를 들면, 인적자원이나 부서의 재배치, 인적자원의 대체, 합리화 조치 등이 이에 해당된다. 그러나 대부분의 인적자원 투자는 재무적 요소(비용 등)를 포함한다고 볼 수 있다.

인적자원 투자에는 원칙이 있다. 여기서 원칙이란 인적자원에 투입되는 요소들을 부가가치를 지니는 재산이나 재화로 변환시키는 과정에서 기업이나 경영자가 무엇에 중점을 두고 추진할 것인지를 정하는 기준을 말한다. 인적자원 투자의 원칙에는 ① 순서의 원칙, ② 시간의 원칙, ③ 지불의 원칙, ④ 소유의 원칙, ⑤ 성과측정의 원칙이 있다. 이제 구체적으로 살펴본다.

1) 순서의 원칙

순서의 원칙이란 인적자원관리의 기능들이 순차적으로 시행되는 데 따른 원칙이다. 가령, 인적자원의 확보가 이루어진 다음에 교육훈련이 시행되므로 인적자원 투자는 인적자원 확보 → 교육훈련의 순서로 이루어진다. 그리고 보상관리의 특성에 따라 반드시 평가관련 투자를 시행하고 난 이후에 급여와 복리후생 등 보상에 대한 투자를 해야 한다는 원칙이 순서의 원칙이다.

2) 시간의 원칙

시간의 원칙이란 인적자원에 대한 투자의 회수기간이 얼마나 걸리는지에 따라 투자를 결정하는 기준이다. 즉 한 사람의 인력에 투자한 후에 기대한 결과를 얻는 데 까지 걸리는 시간에 따라 단기투자, 중기 및 장기 투자로 구분할 수 있다. 고용계약 기간이 짧은 경우에 인력에 대한 투자는 단기투자에 그칠 수밖에 없고, 고용계약 기간이 길면 길수록 인력에 대한 장기적 투자가 가능할 것이다. 기업이 인적자원 투자를 통해 경쟁력을 제고하기 위해서는 단기투자보다는 중기 및 장기투자가 바람직하다.

3) 지불의 원칙

지불의 원칙이란 인적자원에 대한 초기 투자가 어느 시점에 가장 많이 이루어지는 지, 그리고 비용의 지출이 정기적인지 아니면 부정기적인지를 정하는 기준을 말한다. 투자에 있어서 지불 시점과 액수 등 지불방식은 기업의 재무관리를 위해 중요한 기준이 된다. 대체로 인적자원의 모집과 선발, 인적자원의 훈련과 개발, 그리고 이직관리에는 비교적 초기에 많은 액수의 비용이 지불된다. 이에 비해서 인적자원 보상은 일정한 기간 마다 일정한 액수의 지불이 수반된다.

4) 소유의 원칙

소유의 원칙이란 인적자원에 대한 투자 결과물에 대한 소유권의 귀속을 정하는 기준이다. 특정 인력에 대한 투자가 이루어졌다고 해서 그 사람 자신이 기업의 소유물이 되는 것은 아니지만, 해당 인력의 성과 및 성과잠재력에 대한 독점적인 권리는 인정받을 수 있다. 예를 들면, 연예기획사가 특정 연예인을 확보하고 독점계약을 체결하고 훈련과 개발에 대한 투자를 한 후 회사가 그 연예인에 대한 독점적 활용권리를 갖는 경우를 들 수 있다. 이러한 독점적 권리가 인정되는 이유는 그 인력에 대한 투자에 따르는 당사자들의 의무와 권리가 인정되기 때문이다.

5) 성과측정의 원칙

성과측정의 원칙이란 인적자원 투자도 경영의 다른 투자, 가령 생산과 판매에서 처럼 투입과 산출을 일정한 잣대로 측정할 수 있어야 한다는 원칙이다. 마치 생산에 대한 투자와 그에 따른 생산성 및 생산량의 증대, 마케팅 분야에 대한 투자와 이에 따른 판매결과를 계량적 지표를 사용하여 측정하듯이, 인적자원에 대한 투자의 결과로 얻어지는 성과와 효익에 대해서는 구체적인 측정이 가능해야 한다는 원칙을 말한다.

그런데 성과측정지표가 단지 사후적인 결과만을 측정하는데 그친다면 큰 의미가 없다. 인적자원 투자의 측정은 사후적인 결과 확인뿐 아니라 사전적인 예측까지도 포함한다. 즉 인적자원에 얼마만큼 투자하면 어느 정도의 성과를 달성할 수 있는지를 예측할 수 있어야 하며 이러한 예측가능성이 주어지면 사람들은 인적자원투자 의사결정을 위한 정보를 얻을 수 있게 된다. 성과측정이 정교해지면 예컨대 인력확보와 선발에 있어서 해당 인력의 미래가치를 측정할 수 있게 되고, 이는 그 인력에 대한 보상과 인센티브 책정에 유용한 참고지표가 될 수 있다.

3. 인적자원 통계의 작성과 활용방안

1) 인적자원 통계의 개념과 과제

인적자원 통계(HR Statistics)는 인적자원관리의 과학화를 위한 가장 기초적인 자료를 제공한다. 인사실무에서 가장 빈번하게 사용하는 인적자원 통계는 조직별 인원수, 인건비, 임금액, 초과근로시간 등이다. 지금까지 인적자원 통계는 기업이 노동법적인 요구를 충족시키거나 인사 의사결정을 위한 최소한의 자료를 수집하는 데 목적이 있었다. 그러나 오늘날처럼 경영환경이 급격히 변화하고 불확실성이 높아지고 있는 상황에서 경영자가 미래지향적인 인적자원관리 관련 의사결정을 하기 위해서는 단순히 현재나 과거의 상황이나 결과만을 알려주는 통계정보 보다는 조직의 미래예측이 가능하도록 하는 양적으로 다양하고 질적으로 우수한 정보가 필요하다.

마치 건강검진을 위해서 체중, 신장, 흉부 X-선 촬영, 혈압 등 기초적인 검사도 하지만, 혈액검사를 통해 여러 생화학적인 지표를 측정하여 분석한다든지, CT나 MRI 촬영, 심전도 검사 등을 통해서 한 사람의 현재 건강상태를 체크하는 것처럼 기초적 검사로서는 진단해 내기 어려운, 암과 같은 심각한 질병을 사전에 예측하는 일이 훨씬 중요한 이치와 같다.

인적자원 통계를 작성하는 것은 먼저 기업이 사용자로서 지고 있는 노동법적인 의무를 이행하는 데 필요하기 때문이다. 예컨대 최저임금 및 초과근로수당 지급을 제대로 하고 있는지를 확인하기 위해서는 인원현황 및 인건비 지출상황에 대한 통계자료의 작성이 필수적이다. 또한 인적자원 통계는 경영자의 의사결정을 위해 필요한 양적, 질적 자료를 제공한다. 예를 들면, 직군별 평균 근속년수, 여성 관리자 승진률, 핵심인재 퇴사율 등은 경영자의 의사결정에 중요한 영향을 미칠 수 있는 통계치들이다.

그러면 기업의 인사실무와 미래지향적 인적자원관리를 위해 어떤 정보를 수집하고 활용하여야 하는가? 먼저 기업이 수집, 활용할 수 있는 인적자원관리 관련

그림 5-4 HR 관련 통계치 및 지표의 종류

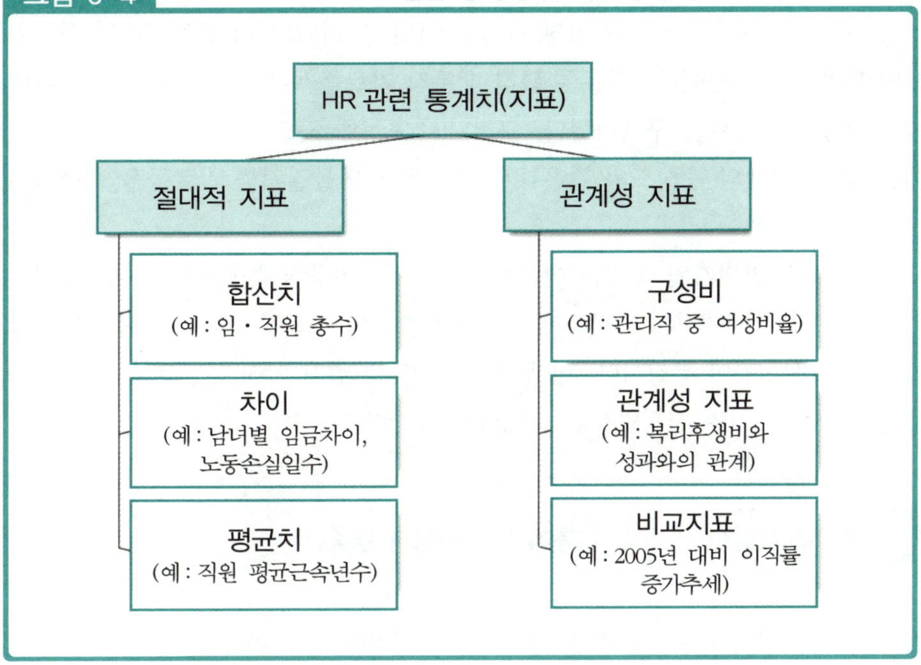

통계치 및 지표를 열거하면 [그림 5-4]에서 보는 바와 같이, 절대적 지표와 관계성 지표를 들 수 있다. 절대적 지표는 통계치 자체에 의미를 두고 산정하는 것을 말한다. 관계성 지표는 통계치나 지표간의 관련성(비율, 상관관계 등)에 초점을 두고 산출하는 통계치를 말한다. 미래지향적인 인적자원 통계는 전자보다는 주로 후자를 통해 의미 있는 통계적 결과를 산출하고 이를 해석하는 경향이 높다.

2) 인적자원 통계의 수집과 작성

인적자원 통계의 수집과 작성에 있어서 유념해야 할 것은 통계치나 지표의 개념 조작화(operationalization)가 가능하도록 하며 또한 타 지표와의 비교가능성(comparability)을 높이는 일이다. 이를 위해서 모든 통계치를 동일한 단위로 만들고, 같은 시기, 분야, 같은 조직단위로 통일하는 일이다.

일단 통계치가 얻어지면 이를 한 눈에 쉽게 알아 볼 수 있도록 다양한 표와 그림으로 제시할 필요가 있다. 오늘날 통계패키지와 그래픽의 발달로 색상이 다양한 다이아그램, 그래프, 동영상 등으로 제작하는 것이 가능해졌다.

경영통계의 수집과 작성에 가장 탁월한 기업 중 하나가 미국계 다국적 화학회사인 뒤퐁(DuPont)이다. 뒤퐁은 특히 재무적 자료를 수집, 정리하여 거의 완벽한 경영통계 시스템을 구축하였다. 그러나 소프트한 자료, 즉 직원의 노하우, 신제품 개발, 고객의 충성도와 같은 비재무적이고 비물질적인 자료들을 포함시키지는 않았다.

미래지향적 인적자원 통계는 이러한 비재무적, 비물질적인 자료를 포함시키는 한편, 과거의 통계에서는 고려하지 않은 요소를 계산과정에 고려하는 혁신적인 방법을 채택하는 것이 특징이다. 이제 이러한 미래지향적 인적자원 통계 방법을 사용한 인사 통계치와 산정방식을 소개하고자 한다.

3) 미래지향적 인적자원 통계 개발과정과 검증

미래지향적인 인적자원 통계를 개발하는 데 있어서 '균형성과표'(BSC)나 'Skandia-Navigator'와 같이 나름대로의 철학적, 논리적 체계를 갖추어야 한다. 즉 과거의 재무성과 위주의 평가를 지양하고 고객관점, 내부 프로세스관점, 학습 및 성장관점을 추가하여 성과 평가를 전략적, 통합적 관점에서 균형 있게 실시한다는 논리적 근거를 위의 두가지 미래지향적 평가모형이 제시한 것처럼, 미래지향적 인적자원 통계 개발에 있어서 단순히 새로운 통계치나 지표를 그때그때 개발하여 사용하는 것이 아니라 조직전체 경영관점에서 조직의 목표와 문화, 그리고 전략에 맞는 논리를 개발하고 다음 단계로 이러한 논리에 따라 개발된 통계치가 이론과 실제에 적합한지를 검증하는 한편, 활용이 가능한 비교적 단순한 통계모형으로 사람들에게 제시할 수 있어야 한다.

논리적 근거 제시 부분에서는 해당 통계치에 대한 명확한 정의를 내리고 다른 개념간의 관계를 명확히 제시하고 구분할 수 있어야 하며, 수학적으로 확립된 공식을 보여줄 수 있어야 한다. 일단 논리적으로 개발되고 근거가 제시된 통계치에 대해서 과연 실무적으로 개념정립이 명확하며 산출과정을 통해 구해질 수 있는 값인지를 검증할 수 있어야 하는데 이에는 전문가들의 의견을 청취하여 그들의 인정을 받을 수 있어야 한다. 그리고 개발된 통계치에 대한 타당성 검증을 통과

그림 5-5 인사통계치 개발의 논리적 근거와 절차

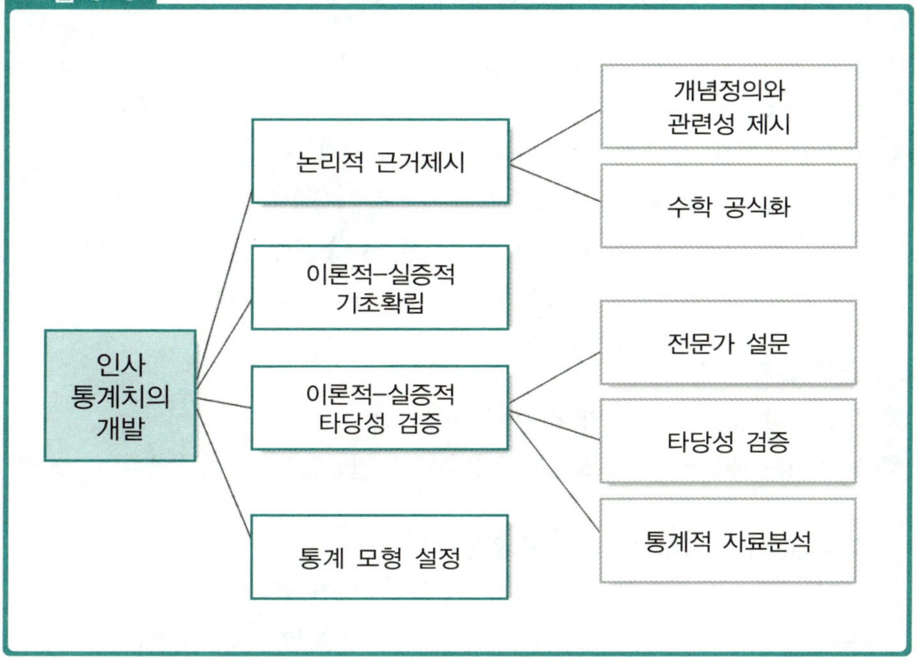

해야 하며, 최종적으로 누구나 쉽게 사용할 수 있는 모형으로 제시할 수 있도록 외부적으로 검증을 얻을 수 있어야 한다([그림 5-5] 참조].

일반적으로 인적자원 통계치가 이러한 개발과정을 거쳐 실무에 활용될 수 있기 위해서 다음과 같은 물음에 답할 수 있어야 한다. 이것은 실무에서 체크리스트로 사용될 수 있을 것이다.

① 우리 조직에서 해당 통계치를 실무적으로 수집, 작성할 수 있는가?
② 해당 통계치를 사용하는 데 드는 비용이 효익을 상회하는가?
③ 해당 통계치가 우리 조직의 경험에 비추어 반드시 필요한 것인가?
④ 해당 통계치가 우리 조직의 경영목표에 부합되는 것인가?
⑤ 누가 해당 통계치를 수집, 작성해야 하는가?

4) 미래지향적 인적자원 통계의 사례와 공식

(1) 근로 시간

◎ 유효근로시간 = 규정근로시간 − 손실근로시간 + 초과근로시간

◎ 유효근로시간 비율 = 유효근로시간 ÷ 규정근로시간 × 100(%)

◎ 손실근로 비율 = 손실 근로일 수 ÷ 한 해 총 근로일 수 × 100(%)

◎ 병가(病暇) 비율 = 병가 시간 수 ÷ 규정근로시간 × 100(%)

(2) 근로 성과

◎ 노동생산성 = 노동의 양 ÷ 시간단위

◎ 노동 가치 창출 = 금년도 노동가치 창출분 ÷ 전년도 노동가치 창출분 × 100(%)

(3) 이직율(다음 3가지 산정방식이 있음)

◎ 독일 경총(BDA) 공식 = 연간 이직인원 ÷ 연간 평균 근무인원 × 100(%)

◎ 슐리터(Schlütter)공식 = 연간 이직인원 ÷(연초 근무인원+연간 전입인원) × 100(%)

◎ 평균 이직율 공식 = 연간 이직인원 ÷ 연간 평균 규정근무인원 × 100(%)

(4) HRD(인적자원개발)

◎ 교육훈련 비용 = 총 교육훈련 비용 ÷(참가자 수 × 교육일수)

◎ 교육훈련 수익률 =교육훈련을 통해 달성된 계량적성과÷교육훈련 투자비용 × 100(%)

4. 인적자원관리의 부가가치 측정

경영에서 말하는 부가가치(value added)는 어떤 활동이나 조치가 조직의 목표 달성도와 목표관련 성과의 성취도를 객관적으로 나타내는 측정지표라고 정의할 수 있다. 가령 신제품을 시장에 출시함으로써 얻어지는 기업의 부가가치는 그 신제품을 판매해서 얻게 된 매출액과 수익이 될 것이다. 일반적으로 기업경영에 있

어서 생산, 마케팅, 물류에 있어서 부가가치의 측정은 매출액, 생산성, 수익, 시간 등 정량적 지표가 사용될 수 있으므로 비교적 용이하다고 볼 수 있다.

그러나 인적자원관리에 있어서 부가가치를 측정하는 문제는 사안이 매우 중요하다고 인정되나 구체적인 부가가치 측정법을 개발하는 일이 쉽지 않다. 그 이유는 인적자원관리 활동가운데 정량적 지표도 있지만 정성적 지표로 측정될 수 밖에 없는 활동들이 많기 때문이다. 그러나 최근 균형성과표(BSC), 핵심성과지표(KPI) 등 정량적 측정지표들이 인적자원관리의 성과측정에 중요한 지표로 활용되면서 인적자원관리의 부가가치도 정량적 지표의 활용을 통한 측정이 가능해지게 되었다.

부가가치의 창출이 기업경영의 목표로 자리를 잡아가고 있는 최근의 상황에서 부가가치와 그 창출을 측정하는 방법에 대해서 살펴보기로 한다. 먼저 부가가치 창출을 보는 시각에 는 여러 가지가 있다. 이를 간략히 정리하면 다음과 같다.

① 경제학적인 부가가치 창출

경제학에서 말하는 부가가치 창출은 투입과 산출 간의 차이를 뜻하는데, 이를 사회 전반을 위한 효익(benefit)을 창출하는 것으로 이해한다.

② 경영학적인 부가가치 창출

경영학적 부가가치 창출은 투입과 산출 간의 차이를 의미하는데, 이를 기업의 이해관계자(주주, 고객, 종업원 등)를 위한 효익 또는 성과를 창출하는 것으로 이해한다.

③ 생산 프로세스의 부가가치 창출

적절한 자원들의 선택과 결합으로 기업의 생산성을 달성하는 것으로 이해한다.

④ 전략적 부가가치 창출

적절한 전략의 선택을 통해 투자자들을 위한 가치를 증가시키는 것으로 이해한다.

⑤ 품질관련 부가가치 창출

제품과 서비스의 품질을 통한 외부고객과 내부고객을 위한 최적의 효익을 창출하는 것으로 이해한다.

결론부터 말하자면, 인적자원관리에 있어서 부가가치 창출은 위에서 언급한 다섯 가지 시각을 통합한 개념으로 이해할 수 있다. 즉 인적자원관리의 부가가치를 파악하고 측정하는 데 있어서 경제학, 경영학, 생산 프로세스, 전략, 품질 등 다섯 가지 차원에서의 개념이 모두 녹아들어 있다고 볼 수 있다. 특히 자원의존이론 관점에 입각하여 인적자원관리란 경쟁여건의 지속적인 변화로부터의 요구를 충족시키기 위해서 경쟁우위를 창출하는 도구로 이해한다.

1) 인적자원관리의 부가가치 창출의 두 가지 수준

인적자원관리에 있어서 부가가치 창출은 두 가지 수준에서 시행된다. 첫째는 협의의 개념으로서 인사부서 수준이며, 둘째는 광의의 개념으로서 기업의 인적자원관리 시스템을 형성하고 영향을 주는 모든 활동을 통합한 수준이 그것이다. 부가가치 측정과 평가는 주로 두 번째 수준인 인적자원관리 시스템의 모든 영역과 활동의 결과로 얻어진 가치를 토대로 산출한다. 왜냐하면 인적자원관리의 부가가치는 인사부서나 특정 경영자에 국한시켜 파악하는 것보다 기업 인적자원관리 전체 활동을 포괄적으로 파악하는 것이 더 의미 있다고 여겨지기 때문이다.

2) 인적자원관리 부가가치 창출의 영역

인적자원관리를 통해 부가가치를 창출할 수 있는 영역은 일반적으로 다음과 같다:

- 인적자원 조사 및 인적자원개발 영역:
  인적자원의 잠재력 분석, 직원 여론조사, 교육훈련 등
- 인적자원 마케팅:
  외부 및 내부 노동시장에 매력적이고 효율적인 노동조건을 조성
- 인적자원의 배치와 확보:
  최적의 작업설계, 성과달성의 지원
- 인적자원관리와 관리시스템:
  계획, 조직, 통제, 정보시스템

3) 인적자원관리 부가가치 측정의 차원

〈표 5-2〉 인적자원관리의 부가가치 측정 차원

	인적자원 조사 및 인적자원개발	인적자원 마케팅	인적자원의 배치와 확보	인적자원관리와 관리시스템
관리 차원	전략적이고 질적인 성공에의 기여도			
서비스 차원	서비스에 대한 고객의 만족도			
사업 차원	금전적인 사업성공도			

〈표 5-2〉에는 스위스의 경영학자 분더러(Wunderer) 교수가 제안한 인적자원관리 부가가치 창출을 위한 4×3 매트릭스가 제시되어 있다. 그는 가치창출 측정을 위해서 인적자원관리의 4 가지 기능영역과 3가지 분석차원이 중요하다고 주장하고 이 매트릭스를 통해 전략적 성공지표, 고객 만족도, 금전적 사업성공도에 기여하는 인적자원관리 지표를 개발하였다.

4) 인적자원관리 가치창출 센터 개념

인적자원관리의 부가가치 창출은 기업의 사업과 관리, 그리고 사업차원에서 분석할 필요가 있다. 인적자원관리가 기업전체의 가치창출 가운데 차지하는 위치와 비중을 파악해야 인적자원관리 부가가치 창출이 차지하는 비중과 역할을 이해할 수 있기 때문이다.

〈표 5-3〉에는 분더러 교수가 분류하는 기업의 가치창출 센터의 개념이 정리되어 있다.

인적자원관리의 모든 기능이 수익센터나 이익센터에 속한다고 말하기는 어렵다. 왜냐하면 인적자원관리의 속성이 직접 영업이나 수익활동에 참여하기 보다는 이러한 활동을 지원하는 것을 주된 미션으로 삼고 있기 때문이다. 그렇지만 인적자원관리의 모든 기능이 비용센터에 속한다고 단정하는 것 또한 적절한 주장은 아니다.

〈표 5-3〉 가치창출 센터 개념의 차원

가치창출 센터	
관리 및 서비스 차원	사업 차원
비금전적인 효익 평가	금전적 효익 평가
- 관리 및 서비스의 양 - 관리 및 서비스의 질	- 비용 센터 (cost center): 비용의 비교 분석이 운영도구 - 수익 센터 (revenue center): 성과의 비교 분석이 운영도구 - 이익 센터 (profit center): 성공의 비교 분석이 운영도구

비록 금전적으로 가치를 따지기는 어렵지만, 인사부서의 서비스 기능은 오늘날 기업의 시장경쟁력으로 자리 잡았다. 서비스의 양과 질이 부가가치 창출의 원천이 되는 것은 틀림없는 사실이다. 따라서 인적자원관리는 관리 및 서비스 차원에서 부가가치를 창출하는 센터가 된다. 인적자원관리의 서비스의 양과 질을 개선하기 위한 구체적인 방법으로는 외부 고객과 내부 종업원을 대상으로 한 설문조사를 들 수 있다. 기업은 외부고객과 내부고객의 니즈(needs)를 항상 파악하고 충족시킴으로써 인적자원 마케팅 활동에서 좋은 성과를 거둘 수 있을 것이다.

다음으로 사업차원에서 살펴보면, 인사부서는 인사비용을 정확히 계산, 측정하고 투명성을 제고하는 방법을 통해서 비용센터로서 비용의 최적화(optimization)를 추구하는 것을 기본적인 사명으로 삼아야 할 것이다.

인적자원관리가 이익센터 기능을 할 수 있을 것인가에 대해서 많은 학자들은 타 기능과의 목표 갈등으로 설명하고 있다. 즉 생산, 마케팅, 재무와 같은 기능은 단기적 경제적 성과를 추구하는 것을 목표로 하고 있으며 성과지표의 측정도 정량화되어 있어서 이익센터로서 관리하기가 용이하다. 이에 비해서 인적자원관리 기능은 그 성과가 단기에 나타나기가 어렵고 경제적 성과보다는 기업의 사회적 목표를 우선적으로 추구하고 성과지표의 측정도 정량화가 어려운 속성을 지니고 있다. 따라서 인적자원관리의 부가가치 창출에 있어서 이익센터로 관리하기는 어렵다고 볼 수 있다.

인적자원관리의 부가가치란 바로 인적자본(human capital)을 보는 관점에 달려 있다고 해도 과언이 아니다. 인적자원을 자본으로 볼 것인가 아니면 부채로 볼 것인가가 바로 가치창출 센터 개념의 핵심 토의과제이다. 만약 인적자본의 가치를 측정하는 정량화된 지표 개발이 이루어질 수 있다면 인적자원관리는 수익센터는 물론이고 이익센터로 자리매김할 수 있다. 이러한 일이 현실화될 날도 그리 멀지 않다.

5. 인적자원 모집관리의 평가방법

신입사원이나 경력사원을 채용할 때 먼저 모집(recruitment)을 하게 되는데 선발이 성공적으로 되기 위해서는 그 전 단계인 모집이 성공적이어야 함은 두말할 필요가 없다. 그런데 기업이 사람을 채용하기 위해 여러 가지 모집방법을 동원하고 모집의 원천(recruiting source)도 매우 다양하기 때문에 모집의 성공여부를 가리기 위해서는 여러 가지 지표를 측정하여 다양한 평가기준으로 평가할 필요가 있다. 그러면 모집의 효과성을 평가하는 방법에 대해 구체적으로 알아보기로 한다.

1) 비용-효익 분석

모집의 효과성을 평가하는 가장 기본적인 방법 가운데 하나가 비용-효익 분석(cost-benefit analysis)이다. 실제로 기업의 모집활동에는 상당한 비용이 소요되기 때문에 투입된 비용 대비 달성한 성과(효과)를 측정하는 것은 모집평가에서 매우 중요하다. 회사 입장에서는 최소한의 비용으로 최대의 효과를 거두는 모집이 되어야 하기 때문이다. 모집에 지출되는 비용에는 직접비용과 간접비용이 있다. 일반적으로, 직접비용에는 광고비, 모집인(recruiter)의 급여, 여행경비, 에이전시 수수료, 전화요금 등이 포함되고, 간접비용으로는 모집에 투입된 임직원들의 노력, 대외관계(PR), 기업 이미지 등을 들 수 있다. 각 모집의 원천을 통해 채용된 지원자들이 실제로 회사에 근무하는 근속기간을 그 사람에 투입된 모집비용과 비교하면 모집 원천별 비용-효익 분석이 가능해지고 분석결과에 따라 해당 모집원천의 효과성을 측정할 수 있게 된다.

2) 공석을 채우는데 걸리는 시간측정

다음으로, 모집의 효과성을 평가하는 데 있어서 '공석'(job openings)을 채우는데 걸리는 시간'을 측정하는 방법이 있다. 일반적으로 공석이 발생하여 오랫동안 채우지 못하고 방치되면 조직의 생산성에 악 영향을 끼칠 수 있다. 공석을 채우기 위해 모집작업이 시작되고 노력의 결과로 공석이 된 직무에 자격을 갖춘 적합한 인원을 최종적으로 선발하여 채우기 까지 걸리는 시간을 측정하여 평가하면 그 회사의 모집 노력정도를 계량적으로 측정할 수 있다. 시간측정 방법은 회사에서 처음 지원자를 접촉하는 시점과 최종합격하여 채용되는 시점의 차가 들쭉날쭉할 경우(예: 경력사원 모집의 경우)에는 평균하여 사용하는 경우가 많다.

3) 모집의 정량적/정성적 평가

모집에 투입된 노력을 과거의 자료와 타 회사의 모집성과와 비교하는 것도 모집의 중요한 방법이다. 모집원천별로(채용된 신입사원의) 직무성과, 근태, 훈련비용, 그리고 이직에 대한 정보는 미래의 모집을 개선하는데 매우 중요한 참고자료가 된다. 이 자료들은 정량적(quantitative)자료와 정성적(qualitative)자료로 구성된다. 모집의 정량적, 정성적 평가 방법에는 다음과 같은 것들이 있다.

- **지원자의 인원수**: 모집 프로그램이 성공적인 것이 되기 위해서는 기본적으로 지원자의 숫자가 충분한 풀(pool)을 형성해야 한다. 선발인원에 비해 모집인원이 충분히 크지 않으면 모집의 효과성을 저하시킬 수 있다. 이 경우, 설사 선발이 되었다고 해도 과거에 비해, 타 경쟁사에 비해 자질이 낮은 인력이 선발될 가능성이 높다.
- **지원자의 질**: 지원자의 숫자가 충분히 크다고 하여도 지원자의 자질이 평균에 미치지 못한다면 이 또한 모집의 효과성은 저하될 수 있다. 즉 지원자의 풀을 형성하는 지원자들의 평균적 자질이 과거나 타 경쟁사의 그것과 비교하는 것도 중요한 모집평가의 방법이다.

- **법률저촉 여부 체크:** 기업의 모집행위에 있어서 관계 법률을 위반하지는 않았는지를 점검하는 것도 매우 중요하다. 모집과 관련해서 우리나라에서는 '근로기준법', '남녀고용평등법', '채용에 있어서 성차별적 고용관행 개선 권고', '남녀차별 금지 기준' 등 법률과 권고 등이 있으므로 이러한 법규에 저촉되지 않는지를 사전에, 그리고 모집이 시행되는 과정에 면밀히 모니터 하는 것이 중요하다.

4) 모집평가 관련 주요 지표

(1) 산출율(Yield Ratio)

산출률이란 지원자들이 모집과 선발의 각 단계에서 어떻게 축소, 배치되는지를 보여주는 비율이다. 산출률을 측정하는 이유는 각 선발단계에서 선발이 효과적으로 되기 위해서 필요한 적정한 인원의 지원자의 풀(pool)이 주어져 있는지를 알고자 하는 것이다. 산출률은 각 단계별로 실제로 선발되는 인원을 대상이 되는 지원자 총수로 나누어 측정한다. 예를 들어, 지원자 총수가 100명이고 서류전형 결과 30명을 추렸다면, 서류전형에 있어서 산출률은 30/100=30%이다. 다음으로 서류전형을 통과한 30명에 대해서 1차 인터뷰를 실시하여 10명을 선발하였다면 산출률은 10/30=33.3%, 다음 10명 중에서 2차 인터뷰를 통해 최종 5명을 선발하였다면 산출률은 5/10=50%가 된다. 마지막으로, 최종 선발된 5명에게 채용 제의를 하였더니 그 가운데 3명 만이 채용에 응하고 입사하였다면, 이 단계의 산출률은 3/5=60%가 된다[그림 5-6] 참조).

회사는 과거의 경험과 자료를 통해 각 선발단계별로 적정한 산출률이 얼마인지를 파악한 다음, 해당 모집과 선발에서 적정 산출률이 지켜지는지를 점검해 볼 필요가 있다. 만약, 모집을 위해서 신문이나 방송 같은 매체에 모집광고를 하였다면, 매체별로 단계별 산출률을 측정해 볼 필요가 있다. 산출률이 높은 매체일수록 그 매체를 접하고 지원한 합격자를 많이 배출했다는 뜻이므로 다음 번 모집광고에 있어서 매체를 선택할 때 중요한 정보를 제공한다. 산출률이 높은 매체에 우선을 두고 광고를 해야 모집의 효과가 상승될 수 있을 것이다.

그림 5-6 모집단계별 산출률의 예

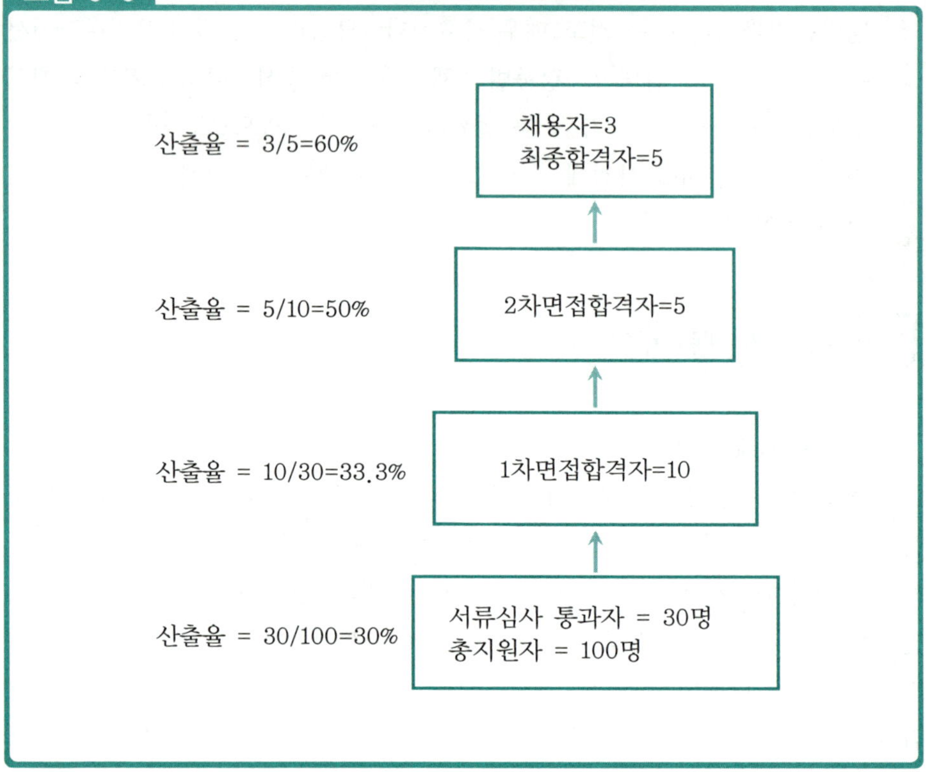

(2) 선발률(Selection Rate)

선발률이란 지원자 가운데 최종 선발된 인원의 비율을 말한다. 선발률은 특정 집단의 인력 중에서 실제로 선발되는 인력이 얼마인지를 보여준다. 예를 들어, 실업률이 낮아질수록 기업이 원하는 특정 집단의 선발률은 저하될 것이다. 반대로, 실업률이 높아지면 회사가 선발하기를 원하는 집단의 선발률은 높아지게 된다.

(3) 수용률(Acceptance Rate)

수용률이란 선발에 최종 합격하고 회사측으로부터 채용제의(job offer)를 받은 지원자가 실제로 채용제의를 받아들여 입사하는지를 나타내는 지표인데, 최종합격자 가운데 입사자의 비율로 측정한다. 수용률은 해당 조직이 채용하기를 원하는 지원자를 성공적으로 유치할 수 있는 능력을 나타낸다. 만약, 특정회사의 수용률이 과거나 타 경쟁사에 비해 낮다면 그 회사의 모집과 선발에 문제가 있다는 것을 의미한다. 수용률이 낮은 것은 여러 가지 이유가 있겠으나 합격자가 해당 회사보다 더 나은 직업기회나 타 조직 근무를 선택했다는 뜻이므로 그런 선택을 한 이유, 입사를 거부한 이유를 철저히 분석하여 대책을 강구함으로써 수용률을 높이는 조치가 필요하다. 입사예정자의 거부율(rejection rate)이 높아지게 되면 모집의 효과성이 저하되고 적격한 인력을 적시에 채용하지 못하게 되므로 회사의 생산성과 이미지에 타격을 줄 수 있다.

(4) 기초율(Success Base Rate)

기초율, 또는 기초성공률은 모집의 질적 성공을 측정하는 지표이다. 기초율은 지원자들 가운데서 선발과정을 거치지 않고 무작위로 선택하여 채용했을 때 일정기간이 경과한 후 업무수행에 성공적인 사람이 얼마나 있는지를 보여주는 비율이다. 또한, 기초율은 지원자 가운데 채용될 경우 성공적으로 회사 직무를 수행하고 이직하지 않은 지원자가 얼마나 되는지를 측정하는 지표이다.

기초율이 높다는 의미는 총 지원자 가운데 자격을 갖춘 지원자의 수가 많다는 의미이다. 기초율은 속성상 과거의 자료를 기초로 현재의 모집여건을 비교하는 방법을 사용한다. 기초율은 모집하고자 하는 업무의 난이도와 성격에 따라 달라진다. 예를 들어, 단순 반복 업무를 수행할 인력을 선발할 때 지원자들의 기초율은 높을 것이지만, 첨단기술이나 고난도의직무 선발에 있어서는 지원자의 기초율은 낮을 수밖에 없다.

5) 모집의 효과성을 높이는 방법

모집의 효과성을 높이는 것은 회사가 필요로 하는 우수한 인재를 선발하는 데 있어서 전제가 되는 중요한 일이다. 기업은 모집의 효과성을 높이기 위해서 과거의 모집관련 자료를 잘 관리하고 분석하여 모집과 선발에 반영하는 노력을 경주해야 한다. 모집의 효과성을 높이는 방법은 다양하다. 선발의 타깃이 되는 인력에 대한 데이터를 관리하여 이들이 모집에 응할 수 있도록 유인하는 방법, 노동시장에서 폭 넓게 지원자를 획득할 수 있도록 노력하는 한편, 모집인에 대한 교육을 실시하여 모집능력을 키우는 방법, 우수인력을 획득하는데 공을 세운 모집인에 대한 인센티브 지급 등을 들 수 있다.

현실적 직무소개(realistic job preview)를 통해 지원자들이 사전에 회사에 대해 충분한 정보를 갖고 모집에 응할 수 있도록 하는 방법은 회사가 원하는 우수집단에 대한 선발률을 높이고 채용제의를 받아들이는 수용률을 높일 수 있는 좋은 방법이라고 판단된다. 또한, 우수인재들을 적극적으로 유치하기 위해서 개별적으로 접촉하고 추가적 인센티브를 약속하는 등, 이른바 '타깃 리크루팅'(target recruiting)도 모집의 효과성을 높이는 방법이 될 수 있을 것이다.

6. 핵심인재 관리(Talent Management)의 측정과 평가

'한 명의 핵심인재(Talents)가 10만 명을 먹여 살린다'라거나,'핵심인재가 기업의 미래이다' 라든지 '핵심인재 확보 전쟁(War for Talents)이 벌어지고 있다'는 말을 요즘 많이 듣는다. 디지털경제시대, 지식정보화시대를 맞이하여 핵심인재관리가 기업의 인적자원관리의 '핵심'으로 등장하였다. 사람들은 핵심인재 관리의 중요성에는 공감하면서도 핵심인재의 개념과 범위, 핵심인재의 선발과 관리에 대해서 논의하게 되면 의견이 사뭇 엇갈린다.

먼저 핵심인재의 개념에 있어서 '모든 인재는 핵심인재이다'라고 주장하는 관점과 '핵심인재는 소수의 집단이다'라는 주장이 맞서기도 한다. 후자는 예컨대 조직내에서 '상위 10%'또는'상위 2~5%'에 해당되는 우수 성과자 집단에 속해야 핵심인재라고 말할 수 있다고 보는 견해로서 잭웰치(Jack Welch)를 비롯한 많은 CEO들이 이러한 견해에 동조하고 있다. 그러나 핵심인재를 어떻게 정의할 것인지에 대해서 오늘날 확립된 정설은 없이 의견이 분분하다. 핵심인재관리를 실시하고 있는 기업의 입장에서도 '누가 핵심인재인가?'라는 명제에 대한 컨센서스가 이루어지지 않으면 핵심인재의 선발과 보상에 있어서 구성원들의 저항에 직면하게 된다.

핵심인재의 개념과 정의에 대해서 대체로 다음과 같은 세 가지 기준으로 학계의 의견이 수렴하고 있다.

① **성과**(performance): 한 사람이 달성한 업무성과 및 업적
② **잠재력**(potential): 한 사람의 발전가능성
③ **능력**(competence): 한 사람의 업무수행과 관련된 능력

즉 핵심인재는 개념적으로 위의 3요소에 있어서 매우 높은 수준을 갖추고 있는 인재를 의미한다는데 대체적인 의견접근이 이루어지고 있다고 생각된다([그림 5-7] 참조). 위의 핵심인재의 개념에 대해서 사람들이 동의한다고 해서 문제가 해소되는 것은 아니다. 다음으로 제기되는 문제는 위 3요소를 어떻게 측정하고 평가하는가이다. 즉 핵심인재를 결정하는 세 가지 지표를 어떻게 측정하고 평가하는지가 핵심인재관리의 핵심중의 핵심이라고 말할 수 있다.

그림 5-7 핵심인재의 3요소 모델

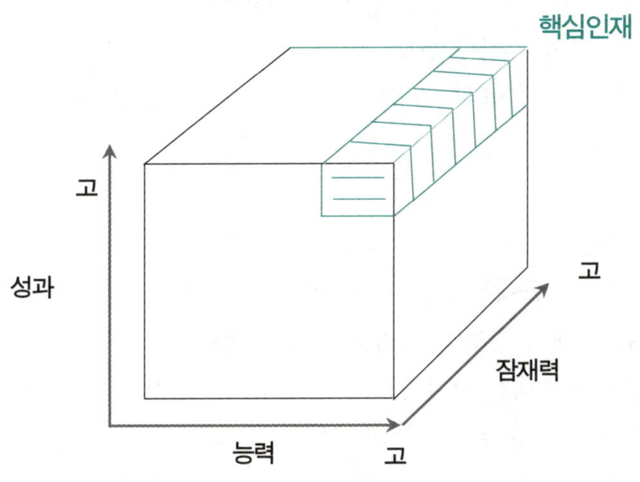

1) 핵심인재의 측정

(1) 성과의 측정

핵심인재의 측정에 있어서 성과(performance)의 측정이 비교적 용이하고 객관적인 잣대를 활용하여 측정할 수 있다. 한 인재의 성과를 직접적으로 관찰하고 측정하면 되므로 이론의 여지가 비교적 적다고 볼 수 있다. 성과측정에 있어서 활용될 수 있는 지표로는 생산실적, 판매 및 영업실적, 고객만족도 등을 들 수 있다.

(2) 능력의 측정

핵심인재의 능력측정을 위해 활용될 수 있는 기준요소로는 지식, 경험(직무경험), 특성, 행동 등을 들 수 있다. 핵심인재의 능력을 측정하는 데 있어서 주의해야 할 점은 현재의 업무성과와 관련된 능력의 측정에 집중해서는 안된다는 것이다. 핵심인재는 조직의 미래를 선도해야 한다고 생각하면 핵심인재를 구분하는 능력도 단기적인 성과를 올리는데 필요한 능력보다는 조직의 미래 발전에 기여할 수 있는 능력요소들도 함께 측정되어야 한다.

(3) 잠재력의 측정

핵심인재의 3요소 중에서 가장 측정하기가 어려운 요소가 바로 잠재력(potential)이다. 잠재력 측정이 어려운 이유는 첫째, 잠재력에 대한 개념이 애매모호하고, 둘째, 잠재력을 관찰하는 것이 어렵기 때문이다. 이러한 두 가지 이유 때문에 잠재력에 대해서는 분명하고 통일된 견해가 없다고 볼 수 있다. 그렇다고 해서 잠재력을 전혀 측정할 수 없는 것은 아니다. 잠재력 측정을 위해서 다음과 같이 두 가지 대안을 모색할 수 있다.

① 상황 시뮬레이션을 통한 측정

마치 수사나 재판에 있어서 명백한 증거가 없을 때 '정황 증거'를 수집하고 증거로 제시하듯이, 한 인재를 둘러싼 상황적인 과정을 파악하여 잠재력을 간접적으로 측정할 수 있다. 핵심인재의 정황증거란 주로 시뮬레이션 방법으로 측정한다. 예를 들어 한 인재가 리더십 능력을 가지고 있는지를 알고 싶다고 가정한다. 이 인재는 아직 리더의 포지션에 가본 적이 없기 때문에 리더십 발휘능력을 현재 시점에서 측정할 수는 없다. 그러나 이 인재에게 한 조직의 리더가 되었을 때 당면하는 리더십 상황을 제시하고 어떻게 대처할 것인지를 실제로 행동해 보도록 하고(역할 연기) 이러한 역할 연기를 종합하여 리더십 능력을 시뮬레이션할 수 있다. 이러한 상황 시뮬레이션을 통해 전문가들은 인재의 잠재력에 대한 지표나 단서를 수집하고 이를 해석해서 판단할 수 있다.

② 핵심인재들의 공통적인 능력을 갖추었는지를 측정

이미 핵심인재로 인정을 받고 선발되어 경력상에 우대를 받는 핵심인재들이 공통적으로 갖추고 있는 능력들을 파악해서 특정 인재가 이러한 공통 능력을 얼마나 갖추고 있는지를 비교해서 측정하는 방법이 대안으로 제시될 수 있다. 이 대안이 잠재력을 파악하는데 흔히 동원되는 방법이다. 그러면 무엇이 핵심인재들의 공통적인 능력인가? 물론, 산업과 업종, 조직의 특성에 따라 달라질 수 있다. 학자들이 대체로 의견을 모으고 있는 공통능력으로는 다음과 같은 것들이 있다.

- **학습 능력**: 변화능력과 유연성
- **모티베이션**: 성과 달성 의지
- **지적(知的)능력**: 지능 및 인지(認知) 능력

종합하면, 한 인재가 학습능력, 모티베이션, 지적 능력에 있어서 높은 수준에 있다고 측정된다면 그 인재는 핵심인재로서의 높은 잠재력을 갖추고 있다고 판단할 수 있다.

2) 핵심인재관리의 4대 과제

기업이 핵심인재에 대한 개념과 기준을 정립하였다면 핵심인재를 선발하고 관리에 들어가야 한다. 이것은 기업이 핵심인재관리(Talent Management)를 시작하는 것을 의미한다. 핵심인재관리는 본질적으로 다음과 같은 두 가지 질문에 답을 제시하는 것이다.

첫째, 핵심인재를 어떻게 찾을 것인가?(핵심인재의 확보)
둘째, 핵심인재를 조직에 어떻게 묶어둘 것인가?(핵심인재의 유지)

핵심인재를 확보하고 조직내에 잘 유지하기 위해서는 핵심인재가 기업에 잘 유입되고 정착될 수 있도록 유인하고, 개발하고, 유지하며, 적재적소에 잘 배치할 필요가 있는데 이 네 가지를 핵심인재관리의 4대 과업이라고 부른다.

(1) 유인(Attraction)

핵심인재를 유인하기 위해서는 무엇보다도 해당 조직이 핵심인재들에게 매력적으로 보여야 한다. 이것은 외부에서 유입되는 핵심인재 뿐만 아니라 조직내에서 키워진 핵심인재들에게도 마찬가지이다. 조직내에서 육성된 핵심인재라고 하여도 조직이 더 이상 그들에게 매력을 보여주지 않는다면 쉽게 조직을 떠날 수 있기 때문이다. 핵심인재를 유인한다는 것은 쉽게 말하면 핵심인재의 성공적인 모집관리(recruitment)를 의미한다. 이를 위해서 다음과 같은 전략을 채택할 수 있다.

- 기업의 브랜드 전략: 핵심인재들은 직무보다는 기업과 기업이미지에 더 민감하게 반응하는 경향이 있기 때문에 기업의 브랜드 가치를 높이면 핵심인재들을 유인하는데 효과적이다.
- 소싱(Sourcing) 전략: 핵심인재들은 희소한 자원이기 때문에 기업이 필요할 때 언제 어디서든지 확보할 수 있는 자원이 아니다. 따라서 성공적 모집을 위해서 기업은 기업의 현재수요와는 상관없이 평소에 핵심인재를 스카우트 하는 노력을 경주해야 하며 '핵심인재 풀(pool)'을 만들어 관리할 필요가 있다.
- 채널 관리(Channel Management): 핵심인재들이 육성되고 배출되는 채널이 어디인지를 확인하고 핵심인재들이 배출되는 '파이프 라인'을 평소에 잘 관리해야만 기업의 수요만큼 핵심인재들을 효과적으로 공급받을 수 있다. 여기에서 말하는 채널로서는 국내외 명문 대학이나 연구소, 인재의 산실로 손꼽히는 특정기업 등을 들 수 있다.

(2) 개발(Development)

핵심인재를 대우하는데 있어서 높은 보수나 높은 수준의 복리후생을 생각하기 쉬운데 핵심인재들이 원하는 것은 반드시 그런 물질적인 것만은 아니다. 핵심인재들은 자신이 계속해서 배워서 자기 성장을 도모할 수 있는 직장을 선호한다. 미국 실리콘 밸리의 핵심인재들이 보수수준이 뛰어난 마이크로소프트(MS) 보다는 성장잠재력이 높아 자신의 개발가능성이 높은 구글(Google)을 많이 선택한 이유가 바로 여기에 있다.

핵심인재를 개발시키기 위해서 필요한 인적자원관리의 조치는 능력에 따른 공정한 평가와 보상, 그리고 풍부한 학습기회의 제공을 들 수 있다.

(3) 유지(Retention)

핵심인재 관리에 있어서 가장 중요한 대목이 바로 유지관리가 아닐까 생각한다. 핵심인재를 확보하는 것 못지 않게 핵심인재들을 오랫동안 조직내에 유지시키는 것이 중요하다. 힘들게 확보한 핵심인재가 오래 버티지 못하고 조직을 떠나는 데는 여러 가지 이유가 있겠지만 크게 두 가지에 문제가 있어서이다. 첫째, 성과관리(Performance Management)이다. 핵심인재가 자신의 능력을 충분히 발휘해서 성과를 낼 수 있는 여건이 마련되지 않는다면 비록 보수가 낮다고 해도 성과를 낼 수 있는 다른 조직으로 옮기게 될 것이다. 둘째, 경력관리(Career Management)이다. 핵심인재의 입장에서 미래에 대한 경력의 비전은 매우 중요하다. 열심히 일한 만큼 미래의 경력발전이 약속되어 있는 직장을 선호하는 것은 당연하다. 조직의 문화나 분위기도 핵심인재 유지에 영향을 미친다. 핵심인재를 확보는 하였으나 조직의 문화나 분위기가 연공서열을 중시하는 관료적이거나 성과지향적인 것과 거리가 있는 경우에는 핵심인재들은 조직 적응에 실패하게 되고 오래 근무하지 못하게 될 것이다.

(4) 배치(Placement)

핵심인재들을 어렵게 확보하여 적성이나 능력과는 맞지 않는 엉뚱한 곳에 배치한다면 개인이나 조직 모두에게 불행한 일이 될 것이다. 핵심인재들이 선호하는 직무는 대체로 업무의 내용이 핵심인재들만이 잘 할 수 있을 정도로 어렵거나 직무의 성격상 조직의 성과와 직결되는 중요한 직무들이다. 그리고 자신이 의사결정에 미치는 영향력이 크고 업무수행에 있어서 자율성이 비교적 많이 주어져 있는 포스트에서 근무하기를 원하는 경향이 있다.

3) 핵심인재의 리스크 관리

핵심인재관리의 최대 애로사항은 핵심인재를 확보하는 데 적잖은 비용이 발생하였는데 이들이 조직내에 오래 근무하면서 성과를 실현하여 이러한 확보비용을 상쇄할 수 있어야 하는데 실제로는 확보비용을 상쇄하기 이전에 조직을 떠나게 되면서 핵심인재 확보와 관리에 적자가 발생하는 리스크가 발생하기 쉽다는 것이다.

독일의 컨설팅업체인 킨바움(Kienbaum)에서는 핵심인재 관리에 있어서 위험요소를 사전에 파악하고 이를 수치화하여 기업이 핵심인재의 리스크를 계량적으로 관리를 할 수 있는 방안을 마련하였다(〈표 5-4〉 참조). '킨바움 핵심인재 리스크관리 인덱스(Index)'에 의하면 리스크 요인은 크게 세 가지로 구분된다. 첫째, 핵심인재의 연령과 이동성향(mobility), 둘째, 현 직위 근무연수(연수가 길수록 리스크 증가), 셋째, 시장경쟁적 능력보유 정도가 바로 그것이다.

〈표 5-4〉 핵심인재의 이직 리스크(Kienbaum Risk Index)

기준	핵심인재의 프로필 내용	리스크 점수
개인별 연령과 이동성향 (mobility)	이동성향이 낮고, 현 조직에의 몰입도가 높음. 40세 이상 연령대임	10점
	이동성향이 높음. 희망경력에서 뒤처져 있음. 유연성이 낮은 편임	20점
	40세 미만의 젊은 연령대. 이동성향과 유연성이 높음	30점
현 직위 근무연수	현 직위 근무연수가 2년 미만	10점
	현 직위 근무연수가 2년 이상 5년 미만	20점
	현 직위 근무연수가 5년 이상	30점
시장경쟁적 능력보유 정도	시장에서 통하는 특별한 기술과 능력이 적음 시장에서 비교적 쉽게 채용할 수 있는 스팩을 보유하고 있음	10점
	쉽게 대처할 수 없는 특별한 기술과 능력/경험을 몇 가지 보유함	20점
	외부 노동시장에서 수요가 몰리는 특별한 기술과 능력/경험을 다수 보유하고 있음	30점
합 계		(　　)점

위의 세 가지 요소를 세부적으로 계량화하여 리스크 합산점수가 높을수록 그 핵심인재는 조직을 떠날 가능성이 그만큼 높다는 의미이다. 킨바움에서 제시하는 리스크의 정도는 다음과 같다.

① **낮은 리스크**: 40점 이하(이직 가능성이 매우 낮음)
② **중간 리스크**: 41점 – 55점(이직 가능성이 보통 수준임)
③ **높은 리스크**: 56점 – 75점(이직 가능성이 높음)
④ **매우 높은 리스크**: 76점 – 90점(이직 가능성이 매우 높음)

이직 가능성이 높다고 판단되는 ③과 ④에 해당되는 핵심인재에 대해서 기업은 특단의 관심을 기울여서 이들이 조기에 회사를 떠나는 일을 방지하는 방향으로 인적자원관리의 초점을 맞출 필요가 있다.

그러나 핵심인재가 강한 이직의도를 가지고 있는데 인적자원관리를 개선한다고 해서 이직을 하지 않도록 막는 일은 쉬운 일이 아니다. 그리고 핵심인재라고 해서 반드시 못나가게 하는 것만이 능사는 아니다. 킨바움에서는 핵심인재의 이직과 관련해서 두 가지 잣대를 제시하고 이 잣대에 따라 개인별로 차별화된 관리를 하는 것을 권고하고 있다([그림 5-8]). 킨바움에서 제공하는 '리스크 포트폴리오'(Risk Portfolio)에 나타난 가이드라인에 따르면, 기업이 가장 신경써야 하는 인물은 A유형이다. 왜냐하면 A유형의 핵심인재는 이직 리스크가 가장 크면서 기업성과에 가장 큰 영향을 미치는 포스트에 근무하기 때문이다. A유형이 조기에 이직을 하게 되면 조직에 미치는 데미지는 상당히 크다고 할 수 있다. 반면, D유형의 경우에는 이직 리스크가 낮으며 조직내에서 별로 중요하지 않은 포스트에 근무하기 때문에 오히려 조직으로 봐서는 이직을 내심 반길 수도 있는 상황이다. B와 C유형은 이직 리스크와 포스트의 중요성을 고려하여 선택직으로 적절히 관리해야 할 핵심인재들이다.

그림 5-8 핵심인재의 리스크 포트폴리오(Risk Portfolio)

개인적 측면

핵심인재 이직 리스크

조직의 측면

해당 직위의 조직내 중요성

	낮음	중간	높음
높음			A
중간		B	C
낮음	D		

이러한 핵심인재를 위한 리스크 목록과 개인별 리스크 포트폴리오 관리는 핵심인재의 확보와 유지, 그리고 이직관리를 해야하는 기업을 위해 핵심인재의 측정과 평가, 나아가서 핵심인재 관리를 획기적으로 개선시킬 수 있는 중요한 도구가 될 것으로 생각한다.

7. 적재적소 인사배치를 위한 계량적 접근방법

인사의 상식 가운데 하나로서 '적재적소(適材適所)의 원칙'(right persons for right places)이 있다. 중국의 역사를 살펴보면 춘추전국시대에 제자백가(諸子百家)라고 할 만큼 다양하고 수 많은 인재들이 저마다의 주장을 펼치며 백화제방(百花齊放)의 시대를 열었지만 춘추전국의 혼란한 시기를 평정하고 통일을 이룬 춘추5패, 전국7웅, 그리고 진(秦)나라의 공통점은 신분과 출신을 묻지 않고 인재들을 널리 구하고 능력과 자리에 맞게 적재적소의 인사배치(HR placement) 정책을 펴는데 성공했다는 점이다.

오늘날에도 '적절한 인재', '적절한 포스트'에 대한 명확한 정의를 내리고 합리적, 시스템적으로 인사배치를 하는 기업에는 우수인재들이 모여들고 있지만, 적재적소의 인사가 구호에만 그치고 실제로는 혈연, 학연, 지연을 앞세우는, 무원칙한 정실인사가 판치는 기업은 우수한 인재들을 잃게 되고 얼마 못가서 경쟁력까지 잃게 되는 사례를 자주 볼 수 있다.

인사배치는 사람(적성과 능력)과 직무(직무요건)가 최적의 매치가 될 수 있도록 조직내 인력을 포진하는 작업이다. 인사배치의 영역은 ① 신입사원에 대한 직무 배치, ② 기존 인력에 대한 보직이동은 물론이고, ③ 직원들의 자격취득을 위한 향상교육 등 인적자원개발(HRD)과 ④ 직무와 조직의 재설계(redesign of work and organization)를 포함하고 있다.

실무적으로 볼 때, 인사배치 작업은 다음과 같은 세부적 과업으로 구성되어 있다.

- 공석이 발생하거나 신설된 포스트에 대해 최적의 인력을 배치하는 작업
- 공석이 발생한 때 조직내 보직의 수평이동(전보인사)을 통해 충원하는 작업
- 인력배치가 잘못된 경우 능력에 맞는 인력으로 수정배치하는 작업
- 종업원의 능력을 직무요건에 맞게 적합시키는 작업, 예를 들면, 조직내 타 직무로 이동이 가능하도록 자질과 능력을 향상시키는 작업 및 종업원들이 관리직 포스트에 진출이 가능하도록 체계적인 후계자 양성 프로그램을 운영하는 것
- 반대로, 종업원의 능력에 맞게 직무요건을 변경하는 작업으로서 종업원이 지닌 자격요건과 잠재력을 실현할 수 있도록 업무프로세스를 변경하거나, 장애인, 고령근로자, 여성과 청소년과 같이 특수한 여건 하에 있는 종업원에 대해서 이들이 능력을 충분히 발휘할 수 있도록 업무내용을 변경하는 작업

인사배치와 관련된 의사결정은 과거에는 경영자의 경험과 판단에 의존하였지만 조직이 커지고 배치해야 할 포스트의 숫자가 증가함에 따라 사람의 판단에 의한 인사배치는 한계에 도달할 수 밖에 없게 된다. 더욱이, 새롭고 다양한 직무가 자꾸 생겨나고 인력의 이동이 빈번해지는 오늘날 기업환경에서 인사배치 작업을 통계적이고 과학적인 방법에 의존하지 않을 수 없게 되었다. 적재적소의 인사배

치를 위한 과학적, 계량적 방법에 대해서 살펴보는 것은 인사의 공정성 확립을 위해서도 매우 의미가 있는 일이라 여겨진다.

여기에서 소개하는 인사배치 방법은 개별 직원의 능력요건(적성과 동기 등)과 효용(utility)간의 관계를 계량화하여 인사배치의 최적 해(optimal solution)를 찾는 방법이다. 여기서 효용은 양적, 질적 효용을 모두 포함한 개념이며 일반적으로 화폐금액으로 측정된다.

기업은 최적의 인사배치를 추구하기 위해 일반적으로 다음 두 가지 접근방법 중 한 가지를 선택할 수 있다.

[접근법 1] 개별 직원들의 절대적 효용을 고려하여 효용치가 절대적으로 가장 큰 포스트에 우선적으로 배치한다(개인의 특수한 능력을 고려한, 개별적 절대적 인사배치).

[접근법 2] 개별 직원들을 다른 직원들과의 능력 비교를 통해 효용치가 상대적으로 큰 포스트에 배치한다(비교 서열에 의한 상대적 인사배치).

인사배치를 위한 계량적 방법을 설명하기 위해서 이제 몇 가지 가정을 소개할 필요가 있다. 어떤 기업에는 n명의 직원(사람)이 있고, 모두 m개의 포스트(post)가 존재하고 있다고 가정한다. 즉 직원(i) i = 1, 2, 3, ..., n; 포스트(j) j = 1, 2, 3, ..., m 라는 조건이 성립되어 있다고 가정한다. 그리고 인사배치의 효율성을 측정하는 연산방법으로서 계량경영학에서 흔히 사용하는 선형계획법(Linear Programming: LP)이 주로 사용된다.

직원들이 조직내 포스트(직무 또는 직위로도 설명할 수 있음)에 배치되는 것을 수학적 모형으로 만들기 위해서 선형계획법(LP)의 목적함수(objective function)가 사용되며 목적함수의 최적화 기준은 인사배치 효용의 최대화(maximization of utility)가 된다. 따라서 목적함수(Z)는 수학적으로 다음과 같이 표현된다.

목적함수: $$\text{Max. } Z = \sum_{i=1}^{n} \sum_{j=1}^{m} e_{ij} \cdot z_{ij}$$

e_{ij} : 직원(i)가 포스트(j)에서 실현하는 효용치(금액으로 표시)

z_{ij} : 직원(i)가 포스트(j)에 배치되는 경우의 수

그런데 설명을 쉽게 하기 위해서, 기업내 직원의 수와 포스트의 수가 동일하고, 모든 포스트에 직원 한 사람만이 배치된다고 가정한다. 그러면 추가적으로 다음과 같은 조건이 성립하는 것이다.

$$\sum_{i=1}^{n} \cdot z_{ij} = 1 \qquad \sum_{j=1}^{m} \cdot z_{ij} = 1$$

이해를 돕기 위해 가상의 예를 들어 설명하고자 한다. 어떤 기업 A에는 모두 5개의 포스트가 존재하고, 5명의 직원이 각각 한 개씩의 포스트를 차지하고 있다고 한다(직원 i=1~5; 포스트 j=1~5). 그러면 기업 A의 인사배치 매트릭스는 다음 〈표 5-5〉와 같이 제시될 수 있다. 여기서 각 셀의 숫자는 해당 직원이 해당 포스트에 배치되어 실현하는 효용치(utility)를 의미한다.

먼저 기업A가 [접근법 2]에 기초하여 인사배치 작업을 실시한다고 가정하고 설명해 본다. [접근법 2]란 조직내 타 직원들과의 비교를 통해 효용이 상대적으로 큰 포스트에 직원들을 배치되는 '상대적 방법'을 말한다. 따라서 여기서는 특정 포스트에 상대적으로 가장 높은 효용치를 나타내는 직원을 찾아 배치하는 것이 인사배치의 기본 원칙이 된다.

〈표 5-5〉 기업 A의 인사배치 매트릭스

포스트 j=1~5 / 직원 i=1~5	j1	j2	j3	j4	j5
i1	72	95	85	123	105
i2	60	108	37	24	44
i3	12	23	144	36	36
i4	89	85	156	120	97
i5	69	83	80	76	78

먼저 포스트 j1, j3 에 있어서 적임자는 직원 i4이다(각각 89, 156이라는 가장 높은 효용치를 보이기 때문이다). 이에 비해서 포스트 j4, j5 에 있어서 적임자는 직원 i1이다(각각 123, 105 라는 가장 높은 효용치를 나타내기 때문이다). 그런데 한 포스트에 한 사람의 직원이 배치되는 것을 가정하였으므로 i4, i1는 가장 높은 효용치를

취하여 각각 j3, j4에 배치된다. 다음으로 포스트 j2에는 경합없이 i2가 배치된다(108). 그렇다면 남은 포스트 j1, j5에는 각각 누가 배치되어야 할까? 남아있는 직원들 중에 j1, j5에 배치될 후보자는 i3, i5이다. 먼저 j1을 살펴보면 i5가 i3에 비해 높은 효용치를 가지므로(69>12) i5가 배치되어야 하지만, i5의 입장에서는 j5로 가는 것이 보다 높은 효용치를 가질 수 있다는 측면에서 유리하다(78>36). 결국 i5가 j5에 배치되고 공석이 된 포스트 j1에는 마지막까지 남은 i3가 배치될 수 밖에 없다.

기업 A는 [접근법 2]에 따른 최적의 인사배치를 위해서 다음과 같은 배치원칙을 확립할 수 있을 것이다.

[원칙 1] 각 포스트에 상대적으로 가장 높은 효용치를 보이는 직원을 배치한다.
[원칙 2] 원칙 1에 따라, 특정 포스트의 효용치 최고 득점자가 타 포스트로 배치된 경우 차점자를 해당 포스트에 배치한다.

이 두 배치 원칙에 따라 결정된 인사배치 결과는 다음과 같다.

직원 i1 : 포스트 j4(효용 123)(원칙 1)
직원 i2 : 포스트 j2(효용 108)(원칙 1)
직원 i3 : 포스트 j1(효용 12)(원칙 2)
직원 i4 : 포스트 j3(효용 156)(원칙 1)
직원 i5 : 포스트 j5(효용 78)(원칙 2)

총 효용 477

따라서 기업 A가 [접근법 2]에 따른 최적의 인사배치를 시행하여 달성한 총 효용(total utility)은 다음과 같이 계산된다.

$$12 + 108 + 156 + 123 + 78 = 477$$

다음으로 기업 A가 [접근법 1]에 기초하여 최적의 인사배치를 시행한다고 가정한다. [접근법 1]이란 직원의 개별적 절대적 효용치를 중시하는 접근방법으로서 개별 직원들의 특수한 능력을 고려하여 자신의 절대적 효용이 가장 큰 포스트에 배치되도록 조치하는 직원의 역량중심의 인사배치를 말한다. 이 접근법을 따른다면, 〈표 5-2〉에서 포스트 j2, j3에는 각각 직원 i2, i3가 배치된다. 여기서 j3의 입장에서는 직원 i4의 효용치가 i3보다 앞서지만(156>144), 직원 i3의 입장에서 보았을 때 포스트 j3가 자신의 역량을 가장 잘 발휘할 수 있는 곳이기 때문에 일단 j3는 i3가 차지한다. 구체적으로 설명하자면, i4는 j3에서 가장 높은 효용치를 보이고 있으나 i3의 경우, 최우선 순위 포스트 j3와 차순위 포스트 j4, j5 간 효용치의 격차를 산출했을 때 108(144-36=108)이나 되는데 비해 i4의 경우는 36(156-120=36)에 불과하다. 따라서 i3가 포스트 j3에 특화된 인재라는 것이 자명하므로 i4 보다는 i3가 포스트 j3에 더 적합하다고 판단하여 배치한 것이다.

직원 i1는 j4에서 가장 높은 역량을 발휘할 수 있으므로(123) 경합없이 포스트 j4에 배치된다. 그러면 i4와 i5는 어떤 포스트에 배치되어야 할까? 먼저 i4는 차선으로 j4를 선호할 수 있지만 자신보다 효용치가 높은 i1(123)가 우선적으로 차지하므로 할 수 없이 차차선으로 j1(89)를 차지하게 된다. j5에는 직원 i5가 배치되는데(효용치 78), 그 이유는 포스트 j2, j3에 이미 자신보다 능력이 뛰어난(효용치가 높은) 다른 직원들이 우선적으로 배치되었으므로 차선책으로 자신이 가장 잘 능력을 발휘할 수 있는 j5에서 일하는 것이 바람직하다고 판단되기 때문이다. 따라서 [접근법 1]의 취지를 살리기 위해서 다음과 같은 배치원칙을 수립할 수 있다.

[원칙 1] 개별 직원의 입장에서, 자신이 가장 높은 효용치를 실현할 수 있는 포스트에 우선적으로 되도록 한다.

[원칙 2] 특정 포스트에 복수 직원 간 경합이 있는 경우, 개별 직원의 입장에서 포스트 차순위와의 격차가 큰 순서대로 포스트를 배치한다.

결국, 기업 A가 [접근법 1]을 적용하여 시행한 인사배치의 결과는 다음과 같다.

직원 i1 : 포스트 j4(효용 123)(원칙 1)
직원 i2 : 포스트 j2(효용 108)(원칙 1)
직원 i3 : 포스트 j3(효용 144)(원칙 1)
직원 i4 : 포스트 j1(효용 89)(원칙 2)

직원 i5 : 포스트 j5(효용 78)(원칙 2)

총 효용 542

이 경우 기업A가 인사배치를 통해 달성한 총 효용은 다음과 같이 계산될 수 있다.

$$89 + 108 + 144 + 123 + 78 = 542$$

결론적으로 주어진 가정과 자료에 입각해서 말하자면, 기업 A는 [접근법 1]을 채택하는 것이 [접근법 2]를 따르는 것보다 인사배치의 총 효용 측면에서 유리하다(542>477). 즉 기업 A의 시각에서는 개별 직원들의 능력 및 효용에 있어서 절대적인 가치를 고려하여 배치하는 것이 타 직원들과의 상대적 가치를 비교하여 배치하는 것보다 조직내 총 효용을 높일 수 있는 더 나은 대안이라고 평가할 수 있다. 그러나 주어진 효용치의 구성이 달라지면 결론 또한 달라지기 때문에 두 접근방법 중에 어느 한쪽이 절대적으로 우세한 방법이라고 말할 수 없다.

실무에 있어서 기업은 가급적 금액 베이스로 인재들의 능력과 효용치를 보다 정확하게 산출할 수 있으면 합리적인 인사배치 방안을 모색하는 데 유리한 고지를 차지할 수 있을 것이다. [접근법 1]과 [접근법 2] 중에서 어떤 방법을 선택하는가 하는 문제는 기업내 인적자원의 구성과 기업이 취하는 인적자원 전략, 나아가서는 경영전략에 따라 달라질 수 있다.

8. 임원들의 업적측정과 평가방법

기업에서 임원들의 위치는 군대로 치면 장성급에 해당한다. '장군은 주특기가 없다'라는 말처럼 임원들이 하는 일은 딱히 고정되어 있다기 보다는 회사업무 전체를 책임지는 입장에서 그때그때, 이것저것 닥치는 대로 임무를 수행하는 경향이 있다. 임원들의 업무내용은 비정형적이지만 중요도가 높은 일들로 구성되어 있어서 임원들이 기업의 성과에 기여하는 부분은 매우 높다고 볼 수 있다. 임원들의 임기가 정해져 있기는 하지만, 임기는 이들에게 큰 의미는 없다. 기업내에 정치적인 소용돌이가 있거나 인사 회오리바람이 불게 되면 임기와 상관없이 무더기로 사표를 내는 수도 있고 잘하면 오랫동안 임원자리에 머물러 있을 수도 있다.

임원들은 근로자가 아니기 때문에 인사처우에 있어 근로기준법에 입각한, 최소한의 안전장치를 통한 보호를 받지 못한다. 임원이 누리고 있는 보상수준은 조직내에서 가장 높은 수준이지만 어떤 기준에 의해 임원의 업적이 측정, 평가되어 보상이 주어지는지 그 메커니즘을 정확히 알기 어려운 경우가 많다. 미국기업의 임원들의 업적평가는 주로 주주들에 대한 배당과 주가에 의한 '주주가치'(shareholder value)라는 기준에 따른다. 회사의 주가가 곤두박질치거나 연말 배당액이 예년에 비해 낮아졌을 때 주주들은 임원들을 성토하고 해임을 요구한다. 이에 비해서 일본이나 우리나라의 임원들은 주주들로부터의 압력은 비교적 적게 받는 편이라고 할 수 있다.

임원들의 평가와 보상은 어쩌면 기업의 인적자원관리 기능 중에서 가장 중요한 영역이라고 볼 수 있다. 왜냐하면 임원들의 업적과 성과는 그대로 기업의 성과와 직결될 정도로 기여도가 높기 때문이다. 그럼에도 임원들의 성과측정과 업적평가는 베일에 싸여 있거나 규정화된 기준이 부재한 경우가 많다. 그만큼 임원의 업무 자체가 비정형적이고 기준이 불명확하기 때문일 것이다. 그러나 기업이 성장함에 따라 임원들의 숫자가 늘어나고 업무의 범위와 한계도 비교적 명확해지면서 임원의 성과측정과 평가가 정량화되는 추세가 늘어나고 있다.

최근 미국의 대기업을 중심으로 최고경영자나 임원들을 평가하는 전통적 지표로서 주주가치와 같은 재무적인 지표 이외에 고객만족에 영향을 주는 몇몇 비재무적 지표를 측정하여 임원들을 평가하는 추세가 늘고 있다(〈표 5-6, 5-7〉 참조). 기업의 입장에서 이러한 변화를 받아들이는 근본이유는 비재무적 요인이 결국 재무적 요인과 밀접한 관계가 있다는 것이다. 특히, 고객만족과 종업원만족과 같은 비재무적인 지표가 기업의 수익이라는 재무적 지표와 관련이 있다는 것이다. 그뿐 아니라 경영전략의 질과 같은 정성적인 요소들이 임원평가의 주요 지표로 활용하는 경향도 발견된다.

〈표 5-6〉 재무적 성과와 밀접한 관련이 있는 비재무적 측정지표

기 업	비재무적 지표 활용의 논거
American Express	거래 여행사의 총자산수익률(ROA)이 높을수록 직원들의 만족도가 높아진다
MBNA	고객유지율(customer retention)이 5% 증가하면 향후 5년간 기업의 이익(profit)이 60%가 증가한다
Taco Bell	종업원유지율(employee retention) 상위 20% 점포가 하위점포에 비해서 매출규모가 두 배이며, 이익에 있어서도 55%가 더 많다.
Waste Management	- 고객만족도가 높은 업무부서는 고객만족도가 낮은 부서에 비해 이익이 65%를 더 달성하였다 - 고객만족도가 가장 높은 업무부서는 종업원 만족도도 가장 높은 것으로 나타났다
Xerox	만족도가 최상등급의 고객들은 만족도 하위 고객에 비해 재구매율에 있어서 6배가 높다.

〈표 5-7〉 고위 임원들의 성과를 측정하는 정성적 측정 지표

기 업	정성적 측정 지표
Fidelity	기업발전계획의 수립과 실천정도
Goldman Sachs	팀워크(정보의 공유, 신용자원 공유, 정치적 행동 회피 정도)
Hewlett-Packard	직원들의 사기, 마케팅 계획, 신상품 성공도
Kera Vision	리더십, 경영승계, 팀 빌딩
Kodak	종업원 만족도
Motorola	직원 개인에의 존경, 직원개인의 정직성
PepsiCo	전략계획의 질, 조직개발, 경영자개발, "아이디어 리더십"
SAS Institute	핵심인재의 유치 및 유지

미국기업의 임원평가에 있어서 비재무적인 기준과 정성적 기준을 도입하는 이유와 논리, 그리고 결과를 잘 분석하면 우리나라 기업이 타산지석으로 삼을 수 있는 대책을 마련할 수 있다고 생각된다. 이제 미국기업의 '임원평가의 5대 신경향'에 대해서 자세히 살펴보기로 한다.

1) 주주의 이익과 재무적 성과에 기여하는 비재무적 지표 중시

현재 많은 미국기업이 균형성과표(BSC)를 임원평가의 방법으로 활용하고 있다. 균형성과표에는 재무적 관점과 비재무적 관점이 균형을 이루고 있다. 임원평가에 BSC를 활용하는 이유는 기업의 성과에 많은 영향력을 행사하는 임원의 업적을 측정, 평가하는 데는 재무적 지표와 비재무적 지표간의 균형적 결합이 중요하다고 생각하기 때문이다([그림 5-9] 참조).

예컨대 소매 유통업체인 Sears는 오랜 경험을 통해서 수익률의 증가는 고객만족도와 종업원 만족도 간에 높은 상관관계가 존재한다는 사실을 알고 있다. Sears는 특정 분기에서 어떤 점포의 종업원 만족도가 올라가면 다음 분기에 그 점포의 고객만족도가 반드시 높아진다는 것을 안다. 또한 이런 일이 반복되면 그

그림 5-9 임원 성과 측정을 위한 BSC 평가의 예

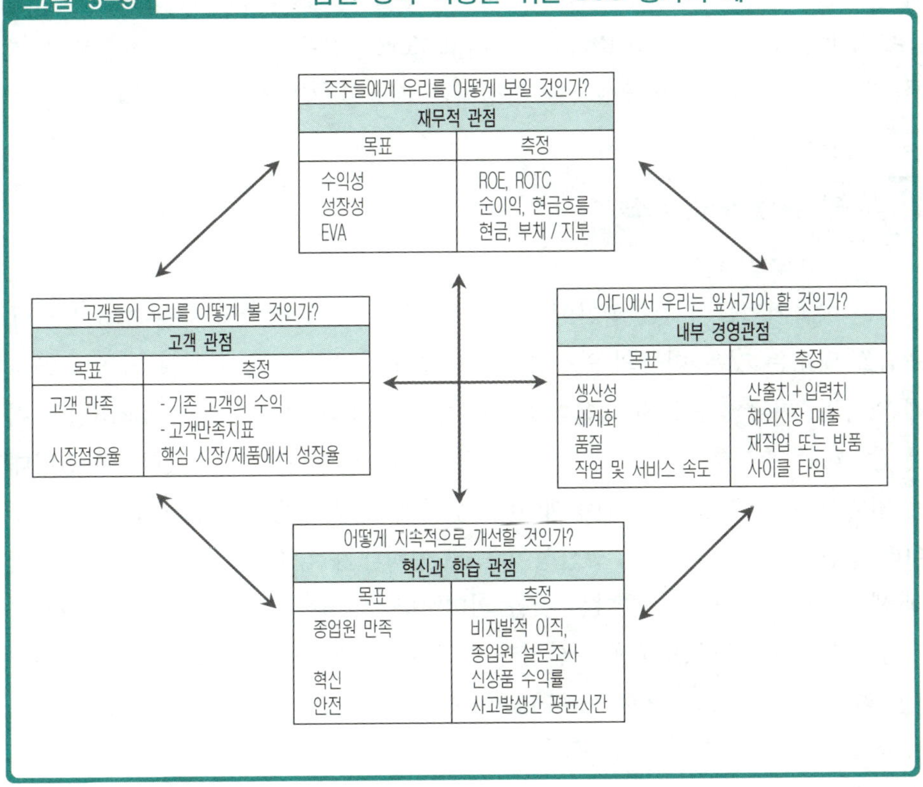

해 그 점포의 매출과 수익은 평균 이상의 성과를 내게 된다는 것을 확인할 수 있었다. Sears가 임원들의 상여금을 책정할 때 종업원 만족도와 고객 만족도를 측정하여 반영하는 이유가 바로 여기에 있다.

컨설팅 기업인 Ernst & Young에서 관리의 공평성, 기업문화의 강도, 전략 집행도 등 15개의 비재무적인 지표가 기업공개(IPO)업무의 성공에 긍정적인 영향을 미친다는 것을 확인하고 15개 지표를 중심으로 임원들을 평가하고 보상에 반영하고 있는 것도 같은 맥락이다.

2) 고객 충성도의 중시

고객 충성도(customer loyalty)가 미국기업 임원들을 평가하는 데 중요한 잣대로 등장하고 있는 것도 중요한 추세 가운데 하나이다. 고객 충성도는 고객의 자사 제품 재구매율, 고객의 서비스 만족도 등을 종합한 개념이다. 최근 미국의 AT&T, Federal Express, Kodak, 그리고 Xerox 같은 기업들은 임원들의 상여금 지급을 위해서 고객 충성도를 측정하는 지표를 개발하여 반영하고 있다.

3) 인적자원개발 강조

최근 미국기업들이 임원평가에 있어서 인적 요소, 특히 인적자원 개발 능력에 초점을 맞추는 것은 미국의 인구통계학적 변화추세와 무관하지 않다. 인구조사에 의하면, 미국의 근로자 가운데 35-44세 연령대의 인구가 2001-2015년 사이에 감소하는 추세를 보이고 있으며 앞으로도 감소할 것으로 나타났다. 이 연령대는 기업을 위해 한창 일할 연령대이며, 성과에 가장 많은 기여를 하는 근로자들이라고 할 수 있다. 이러한 생산성이 높은 연령대가 감소한다는 것은 기업의 미래 생산성과 수익이 감소한다는 것을 의미한다. 이러한 문제를 해결하기 위해서 기업은 인적자원개발을 통해 생산성과 수익의 감소에 대처하려고 노력하고 있다.

이러한 노력의 일환으로 McKinsey & Co. 같은 컨설팅 회사, ABB Asea Brown Boveri 제조사는 임원들을 평가할 때 핵심인재와 우수 관리자를 얼마나 개발했는지를 측정하여 평가에 반영하고 있다. 특히 ABB는 후계 경영자를 외부에서 얼마나 영입했는가를 임원평가의 기준으로 삼고 있다.

4) 기업의 'Bottom Line' 과의 연계 중시

IBM 그리고 일본계 Matsushita는 임원의 보수를 책정하는 데 있어서 고정급 또는 기본급의 비중을 줄이는 대신 성과급과 상여급과 같은 변동급을 늘리면서 이러한 변동급은 임원들이 비즈니스의 핵심, 즉 'Bottom Line'과 관련된 성과를 얼마나 달성하는지를 측정하여 반영토록 하고 있다. 예를 들면, 판매회사의 경우, 우수 판매원들을 얼마나 확보하였는지, 판매망을 늘리는 데 얼마나 기여했는지에 초점을 맞춘다. 제조업의 경우에는 품질향상을 위해 임원이 얼마나 노력했으며 우수한 엔지니어의 확보와 교육훈련에 얼마나 기여했는지를 측정하여 평가에 반영하고 있다.

5) 다양한 측정지표에 의한 평가

임원평가의 최근 추세에서 두드러지는 점은 임원의 업적과 성과를 평가하는 데 다양한 요인들이 평가기준으로 등장하고 있다는 것이다. 고객만족도, 종업원 만족도 이외에도 팀워크, 리더십, 핵심인력의 유치 및 유지, 그리고 개발, 정직성 등 다양한 요인들이 임원평가에 활용되고 있다.

임원평가의 기준이 다양해지고 있을 뿐 아니라 평가방법에 있어서도 종래 CEO에 의한 일방적 평가에서부터 360도 다면평가가 도입되어 부하직원, 동료, 자기 자신, 고객들에 의한 평가가 임원평가 시에 실시되는 경향이 늘고 있다.

임원평가: 정량적 평가 vs. 정성적 평가?

임원평가 기준이 다양해지고 있지만 아직까지는 정량적 측정지표들이 미국기업에 있어서 대세를 이루고 있다. 임원평가에 주로 사용되는 정량적 지표와 정성적 지표로는 다음과 같은 것들을 들 수 있다.

〈임원 평가를 위한 정량적 평가지표〉

생산성, 매출액, 수익, 현금 흐름, 운전 자본, 종업원 이직률,

투자지분 수익률, 자기자본이익률(ROE), 총자산수익률(ROA), 시장점유율, 고객 만족도, 종업원 만족도

〈임원 평가를 위한 정성적 평가지표〉

리더십, 전략, 의사소통 스킬, 기업 가치와의 적합도

임원평가에 있어서 정량적, 정성적 지표 중에서 임원평가에 어느 것에 더 중점을 두어야 할까? 한 마디로 어느 쪽이 더 중요하다고 말하기는 어렵다. 정량적 지표는 기업의 성장과 발전을 가시적으로 확인할 수 있기 때문에 임원들이 정량적 지표를 달성하도록 독려함으로써 기업이 양적으로 발적하고 성장하는 데 그들이 기여하도록 할 수 있다는 측면에서 정량적 지표는 중요하다. 그러나 정량적 지표를 사용하여 평가할 때는 외부적 제약조건을 반드시 함께 고려하여야 평가가 정확할 수 있다. 예를 들면, 정부의 규제와 개입, 이자율의 변동, 경기변동, 자본시장과 금융시장 상황 같은 외부요인들을 고려하지 않는다면, 열악한 조건 하에서 최선을 다한 임원들의 입장에서는 억울하다고 느낄 수 있으며 평가의 공정성에 의문을 제기할 수 있기 때문이다.

정성적 평가지표를 임원평가에 적극적으로 활용하는 회사는 PepsiCo일 것이다. 이 회사에서 임원들의 업적과 성과를 평가할 때 중요시 하는 평가요소로 'idea leadership'이라는 것이 있다. 이 평가요소는 임원들이 수립한 경영전략의 질(quality)과 전략집행의 성공여부를 따져서 정성적으로 평가한다. 다음으로 임원평가에 최근 자주 활용되는 지표로서 조직개발과 경영자개발을 들 수 있다. 임원들이 조직 구성원이 단결과 긍정적 조직문화 창달에 얼마나 기여를 했는지, 후계 경영자들을 얼마나 개발했는지가 기업의 경쟁력에 중요하다고 간주되어 이 요소들을 임원평가에 정성적으로 반영하고 있다.

Jack Welch가 GE의 회장으로 있던 1990년대 중반에 그는 임원 다섯 명을 교체하는 충격적인 인사를 단행했다. 그 가운데 네 명은 재무목표를 충족시키지 못한 것이 이유였고, 한 명의 임원은 재무목표 달성에는 문제가 없었으나 회장의 경고에도 불구하고 수년 동안 GE의 가치에 일치된 행동을 보여주지 못한 것이 해고의 이유라는 점을 그는 분명히 하였다. GE의 사례에서 보듯이, 최근 미국기업은 임원평가에 있어서 리더십, 전략, 개발, 기업문화와 같은 정성적 지표를 중시하는 추세가 증가하고 있다.

정성적 지표를 평가에 활용할 때 어려운 점은 측정이 쉽지 않고 평가자의 주관적 판단과 편견이 평가에 개입하기 쉽다는 점이다. 그러나 기업의 전략과 기업문화, 그리고 핵심성공 요인(KSF)을 계량화하는 지표들이 속속 개발되면서 정성적 평가지표를 사용한 평가가 확대 실시되고 있다.

[그림 5-10]은 미국의 한 보험회사에서 개발한 임원성과에 대한 정성적 지표이다. 임원평가지표가 경영전략, 기업문화, 핵심성공요인 등과 일관된 논리체계하에 개발된 것임을 잘 알 수 있다.

Wal-Mart는 1993년에 물류 및 유통에서부터 기술분야, 그리고 점장의 개발과 승계관리에 이르기까지 기업경영의 핵심부문에 있어서 정성적 평가지표를 개발하여 관리자와 임원에 대해 실시하는 평가시스템을 도입, 실시하였다. 5년 후인 1998년 Wal-Mart는 경쟁사인 Sears보다 수익과 이익에 있어서 3배가 많은 일류기업으로 성장하게 되었다. Sears가 임원평가에 있어서 정성적 요소 도입을 과감하게 시도하는 것은 경쟁사인 Wal-Mart의 성공에 자극을 받았기 때문이다.

그림 5-10 미국 모 보험사의 임원평가를 위한 정상적 지표의 예

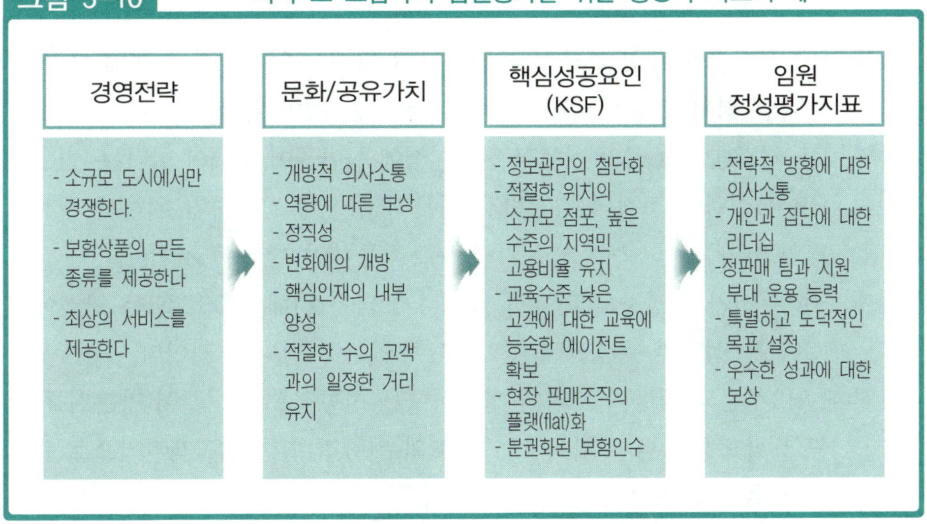

9. HR 스코어카드의 목표와 활용

균형성과표(Balanced Scorecard: BSC)가 조직과 구성원의 경영성과 평가에 있어서 재무적 및 비재무적 요소를 결합하여 균형잡힌 관점에서 평가하는 전략적인 평가방법으로 각광을 받고 있음은 주지의 사실이다. BSC는 과거지향적이고 재무적 관점에 과도하게 집중하는 종래의 평가방법을 극복하고 성과의 결과만을 평가하는 것이 아니라, 역동적인 프로세스의 측정을 통해서 조직과 구성원의 '성과 동인'을 파악하고 모든 부서가 전략실행에 참여하도록 유도한다는 점에서 전사적이고, 역동적이며 미래지향적인 평가방법이라고 말할 수 있다.

그런데 최근에 인적자원관리 분야에 있어서도 BSC 평가가 적극 도입되어야 한다는 주장이 학자들과 실무자들에 의해 제기되었다. 이러한 주장의 당위성에 대해서 다음과 같이 정리될 수 있다:

첫째, HR 서비스에 대한 효율성을 검증하기 위해서 업무성과에 대해 보다 객관적인 평가가 실시되어야 할 필요하다는 것이다.

둘째, HR 시스템이 조직의 전체적 전략실행에 녹아들어 있어야 한다는 것이다.

셋째, HR 시스템이 조직의 경쟁력과 재무적 성공에 기여하기 위해서 거시적 경영관리시스템 속에서 유기적으로 작동해야 한다는 것이다.

넷째, HR 부서가 경영자의 전략적 파트너가 되기 위해서 BSC 모든 관점에서 HR업무 성과가 측정되고 평가될 수 있어야 한다는 것이다.

다섯째, HR부문의 역량이 조직의 전략실행을 성공적으로 이끌어 가는지를 검증할 필요가 있다는 것이다. 즉 HR의 전략적 영향력을 객관적으로 규명하고 측정할 필요가 있다는 것이다.

조직의 중요한 목표중 하나는 개인과 조직역량의 성장을 촉진시키는 데 있다고 말할 수 있다. 그러므로 개인과 조직 역량의 차이를 파악하고 성과를 위한 동인이나 결과를 측정하는 일이야 말로 조직의 경쟁력을 향상시키는 데 중요한 작업이라고 여겨진다. 이러한 이유로 HR 스코어카드가 기업실무에 도입되고 있는

그림 5-11 HR 스코어카드의 4대 관점

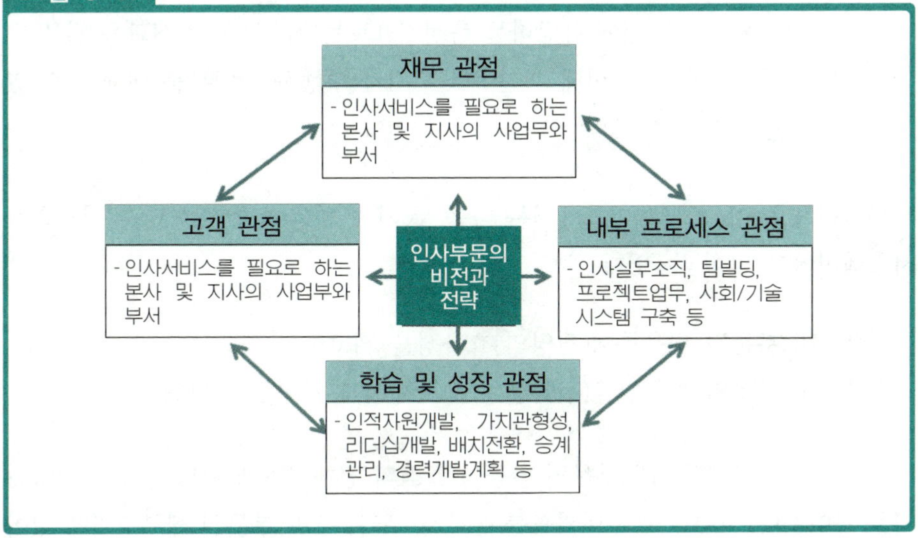

것이다. HR 스코어카드는 BSC의 네 가지 관점(재무, 고객, 내부 프로세스, 학습 및 성장관점)에 입각하여 HR 성과를 균형잡힌 시각에서 객관적으로 이해하고 측정, 평가한다.

먼저 HR 스코어카드의 관점은 어떤 내용으로 구성되어 있는지 살펴본다. [그림 5-11]에서 보듯이, HR 스코어카드의 4대 관점은 다음과 같다.

① **재무 관점**: 인사부문의 재무관점은 인사관리 활동에 대한 재무적 성과에 대한 정보를 제공한다. 재무관점의 측정지표로는 인사관리 활동에 대한 예산, 직원 1명당 가치창출 및 생산성 등을 들 수 있다.

② **고객 관점**: 인사관리 활동의 대상고객은 내부고객과 외부고객으로 구분할 수 있다. 내부고객에 속하는 집단으로서 일반 직원, 종업원, 관리자, 고위경영자, 그리고 노조간부 등을 들 수 있다. 외부고객으로서는 고객, 협력업체, 공급자, 주주, 그리고 동업종 협회 등을 들 수 있다. 고객관점의 측정지표로는 고객만족도, 직원들의 사기 및 동기부여 등이 사용된다.

③ **내부 프로세스 관점**: 인사부문의 내부 프로세스는 인사부문에서 수행되는 업무의 과정을 의미한다. 예를 들면, 직원의 모집, 선발, 배치, 재교육 등이 HR 업무의 전형적인 내부 프로세스에 해당한다.

④ **학습 및 성장 관점**: 인사부문의 학습 및 성장관점은 임·직원들의 훈련된 정도를 가리킨다. 이에 해당하는 측정지표로는 직원 1인당 재교육 비용 및 교육일수, 제안건수, 현재 개인이나 부서가 수행하는 업무를 대체할 수 있는 직원의 수 등이 있다.

본질적으로 HR 스코어카드에서는 다음 두 가지 차원에 초점을 맞춘 성과측정 시스템이라고 말할 수 있다.

첫째, HR부문의 비용통제(경영의 효율성을 제고하는 차원)
둘째, HR부문의 가치창출(전략실행 프로세스에 기여하는 차원)

HR 스코어카드에는 HR부문의 활동이 조직의 전체성과에 어느 정도 기여하는지를 보여준다. 이 HR 스코어카드를 통해서 우리는 HR 부문의 세부영역에 있어서 계획, 실행, 그리고 통제를 할 수 있는 동인(動因)을 파악할 수 있다.

BSC와 마찬가지로 HR 스코어카드를 성공적으로 작성하기 위해서는 다음과 같은 세 가지 과정을 통해 작성하여야 한다.

① 인사업무에 있어서 전략적 지향성(strategic orientation)에 유념하여 인사전략을 적절히 수립한다.
② 인사업무가 조직 전체의 가치창출 프로세스에 속한다는 것을 이해하고 인사서비스를 통해 고객이 원하는 산출물(제품)을 생산하는 인과관계의 사슬(causal chain)을 파악한다.
③ 인사업무의 산출물과 효율성을 지표화하여야 한다. HR부문의 성과지표로는 재무적 성과지표와 비재무적 성과지표(무형의 지표)로 구분된다. 일반적으로 자주 사용되는 HR 효율성 지표로는 대표적으로 다음과 같은 것들이 있다.
- 직원 1인당 보상비용(급여 및 복리후생비)
- 직원 1인당 고용비용
- 직원 1인당 인건비
- 직원 1인당 교육훈련비
- 직원 1인당 매출액, 생산성, 부가가치

〈표 5-8〉에는 HR 스코어카드의 4대 관점에 따른 전략목표, 측정지표, 목표값,

〈표 5-8〉 HR 스코어 카드 4대 관점 예시

	전략 목표	측정 지표	목표값	구체적 조치(이니셔티브)
재무 관점	인건비 감축	총 인건비	인건비 10% 절감	-고비용 부문 확인 -인사서비스간의 비용 비교 강화
고객 관점	조직내 승진가능성 강화	배정된 연수생 인원수	최소 90%	-연수생 선발 개선 -연수생의 조기정착
		내부 승진으로 배치된 관리자 수	최소한 2/3	-경력개발의 강화 및 개선
	고객욕구의 충족	직원의 서비스시간에 대한 만족도	만족한다는 응답 90%이상	-고객 설문 -서비스 시간의 조정
내부 프로세스 관점	인적자원개발을 위한 신속한 조치	신청부터 승인까지 걸린 시간	20% 단축	-신청서 양식의 표준화
	직원들의 질문에 신속하게 응답	질문접수로부터 응담까지 걸린시간	응답시간 30% 단축	-시간관리에 대한 강의 참가 -질문의 유형화와 응답의 표준화
학습 및 성장 관점	자기주도 학습의 증대	자기주도 학습 프로그램의 대여 횟수	15% 증가	-프로그램의 업데이트 -학습자료의 다량구입
		웹기반의 자기주도 학습프로그램의 확충	20% 증가	-학습시간의 기술 -광고/홍보 -사용자 친화적인 환경여부를 점검
	국제화의 증대	어학교육 참가 직원 수	5% 증가	-직원대상 수요분석
		해외경험자의 수	10% 증가	-해외경험자 채용 -본사직원의 해외파견

그리고 구체적 조치(또는 이니셔티브)가 예시되어 있다. 결국 HR 스코어카드를 작성하고 관리하는 목적은 HR부문의 비용통제와 가치창출을 위해서 어떤 전략실행 프로세스를 포착해야 하는지를 파악하는 데 있다.

결론적으로, HR 스코어카드를 통해서 우리는 다음과 같은 세 가지 중요한 목적을 달성할 수 있다.

첫째, 인적자원을 전략적 자산으로 이해하고 효율적으로 관리할 수 있다. 여기서 전략적 자산이란 결국 지적자본(intellectual capital)을 의미한다고도 볼 수 있다. 지적자본은 ① 인적자본, ② 구조자본, ③ 관계자본을 모두 포함하는 개념이다([그림 5-12] 참조). HR 스코어카드 운영을 통해 조직 구성원들의 지적자본이 확충될 수 있다고 볼 수 있다.

둘째, HR 부문의 산출물을 통해서 HR이 기업의 성과에 기여하는 정도를 명시적으로 보여줌으로써 HR부문 활동의 전략적 의미를 확인할 수 있도록 한다.

셋째, 인사부문의 비전과 전략에 부응하는 인전자원관리 업무수행을 다양한 관점에서 균형잡힌 시각에서 측정하고 평가하므로 인사부문 본연의 사명을 인사관리를 수행하는 개인이나 부서가 다하고 있는지를 명시적으로 평가하는 툴(tool)로서 미래지향적 인적자원관리를 위한 이정표가 될 수 있다.

그림 5-12 지적자본의 구성요소

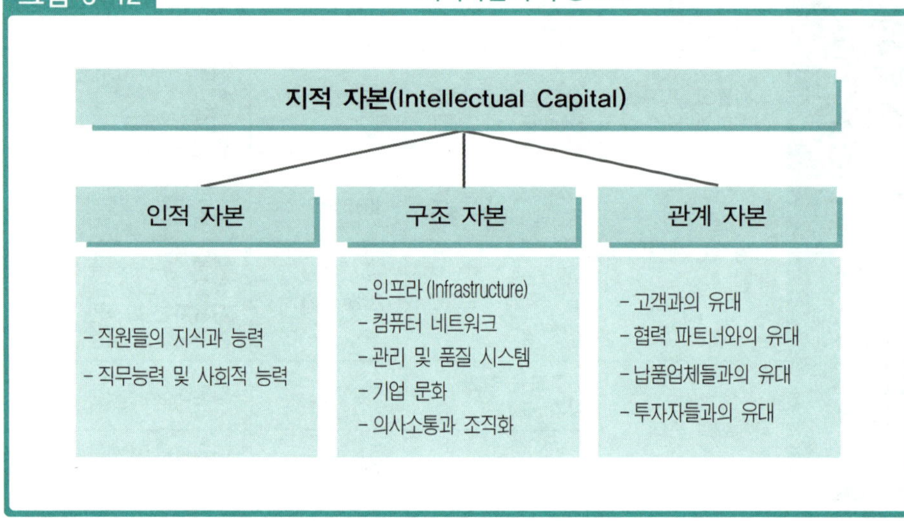

10. 다양성 경영(Diversity Management)의 측정과 평가

세계화와 양성평등 정책의 확산에 따라 기업 구성원의 다양성이 나날이 증가하고 있다. 이제는 성별뿐만 아니라 인종, 피부색, 언어, 종교 등 구성원의 다양성을 효과적으로 관리해야 조직의 효과성을 달성할 수 있는 시대가 도래했다. 기업 인사관리의 핵심 이슈로 등장한 '다양성 경영'(diversity management)의 본질에 대한 이해를 토대로 이 제도가 기업의 경쟁력을 제고하는 방향으로 추진하는 것이 인사 담당자의 역할이라고 생각된다.

다양성 경영의 역사적 배경으로 기업의 전략적 인적자원관리(strategic human resource management), 60년대 미국 사회의 인권운동(U.S. Human Rights Movement)을 들 수 있다. 이러한 사회적 분위기는 개인의 다양성을 존중하고 소수집단을 보호하고 차별을 방지하는 입법조치로 이어졌으며, 외국인 고객의 증가와 가치관의 변화와 같이 인구통계학적인 변화와 문화적 변화를 선도하게 되었고 결국 고객관계와 노사관계와 같은 대인관계의 변화를 초래하여 이러한 환경변화는 다양성 경영이 기업의 매출신장, 생산성 증가를 통해 수익성을 개선하는데 긍정적으로 작용한다고 판단된다([그림 5-13] 참조).

다양성 경영 확산의 배경에는 조직내 '개인화'(individualizing) 추구의 트렌드도 한 몫을 하였다. '대를 위해 소를 희생하던' 과거와는 달리 개인의 행복추구권에 대한 관심이 높아지고 개인의 다양한 성향과 개인적 목표추구에 대해서 사회

그림 5-13 환경변화와 다양성 경영의 도입

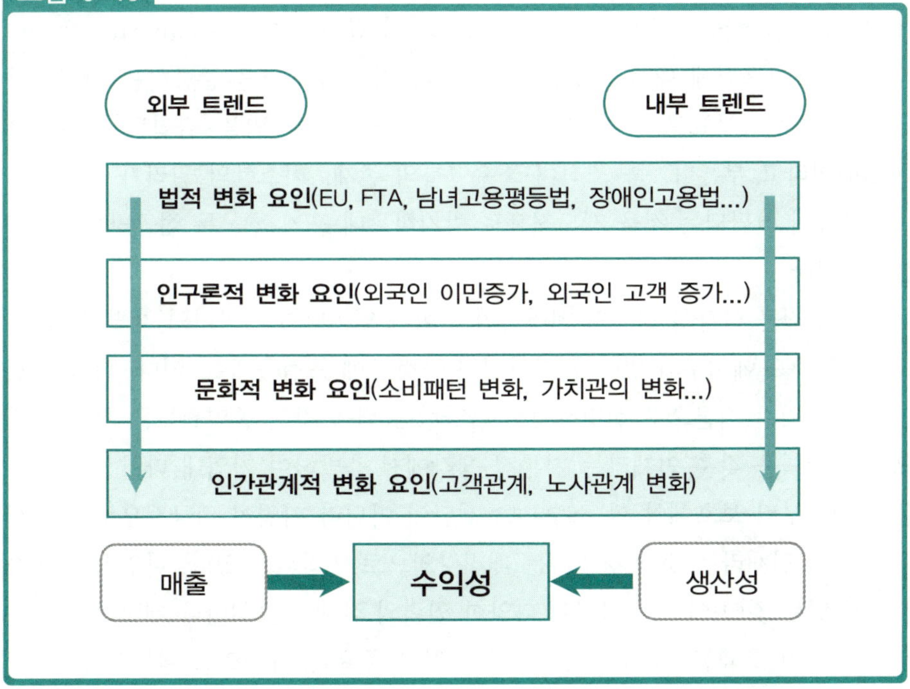

가 허용하고 장려하는 사회 분위기가 만연하면서 개별 근로자의 다양성이 억제되기 보다는 개발되고 활용되는 것이 조직의 효율성에 도움이 된다는 것을 경영자들이 인식하게 되었고 동질성(homogeneity)보다는 다양성을 존중하고 효율적으로 관리하는 방향으로 기업경영의 목표를 수정하게 된 것이다.

그러면 다양성(diversity)란 무엇인가? 다양성이란 일반적으로 구성원들의 이질성(heterogeneity)을 의미한다. 이질성에는 외형적 그리고 내면적 차이를 포함한다. 먼저 외형적 이질성으로는 성별, 연령, 피부색, 언어, 지위/타이틀, 기능과 같은 외형적인 차이를 말한다. 이질성의 내면적인 측면으로는 종교, 성적 지향성(sexual orientation), 가치관, 성격과 같은 특성을 들 수 있다. 다양성 경영의 개념에 대해서 Cox 같은 학자는 "다양성이 구성원들의 잠재적인 장점이 최대화되고 단점이 최소화되는 방향으로 조직의 시스템을 계획하고 실행하는 관리"라고 정의한다. 결국 다양성 경영이란 기업이 개발하고 활용해야 할, 종업원의 잠재력 장점을 최대화하는 관리를 의미한다.

최근에 이르러 국제적으로 다양성 경영의 개념에 있어서 패러다임 변화가 있었다. 과거 90년대까지는 다양성 경영의 핵심내용은 차별의 철폐에 있었기 때문에, 미국의 긍정적 조치(affirmative action)와 같이 소수집단(minority group)의 최소 구성요건에 대한 규정을 제정한다든지 소수집단을 존중하는 기업문화의 정립을 핵심목표로 설정하였다. 이러한 다양성 접근법을 '결핍모형'(deficit model)이라고 부른다. 즉 조직내 소수그룹의 존재, 최소한의 권리가 박탈되어 소수그룹에 결핍되는 것을 제도적으로 방지하는데 포커스를 둔 접근방법이라고 볼 수 있다.

그런데 최근 다양성 경영의 패러다임 변화가 일어나면서 과거의 차별철폐라는 소극적인 목표에서부터 벗어나 '다양성의 긍정성'에 초점을 두고 있다. 다양성 경영을 자원의존 이론으로 설명하면서 다양한 능력을 갖춘 종업원들은 기업이 필요한 경쟁력을 갖춘 인재라는 기본적 생각에서 출발하여 기업내 다양성 인재들은 차별로부터 보호해야 할 소수 보호집단이 아니라 기업이 적극적으로 의존해야 할 핵심인재라는 것을 강조하는 패러다임으로 변화되고 있다. 다양성 자체가 문제가 있는 것이 아니라 기업이 다양한 인력의 잠재력을 얼마나 개발하고 활용하여 시너지 효과를 낼 수 있는가 하는 것이 중요한 내용으로 대두되었다.

오늘날 기업이 다양성 경영을 추진하는 데는 크게 경제적, 윤리적, 법적인 동기와 이유가 있다.

- **경제적인 이유**: 다양하고 우수한 인력들이 근무를 통해 시너지 효과를 거두어 매출액과 생산성, 고객만족도를 제고할 수 있다.
- **윤리적인 이유**: 기업의 사회적 책임에 적극 부응하여 다양한 인력을 채용하고 활용하여 조직내 차별을 철폐하고 소수집단의 권익을 옹호할 수 있다.
- **법적인 이유**: 차별금지법, 고용평등법, 장애자 고용법, 해고방지법 등 고용과 근로와 관련된 법률을 준수할 수 있다.

이 밖에도 다양한 인적구성을 통해 창의력과 혁신을 촉진할 수 있으며, 침체된 조직에 새바람을 불어넣을 수 있다는 점도 중요한 동기로 꼽을 수 있다.

다양성 경영에 대한 연구를 위해서 2006년에 미국의 인사관리협회(Society for Human Resource Management)와 Fortune Magazine이 공동으로 실시한 설문조사에 의하면 Fortune 1000 기업과 '근무하고 싶은 100대 기업'에 속한 기업들 중 91% 기업들이 다양성 경영이 기업의 경쟁력 제고에 도움이 된다는 응답을 하였다. 그리고 다양성 경영의 긍정적 효과로서 다음과 같은 사항을 제시하였다.

- 기업문화의 개선(79%)
- 신입사원 채용에 유리(77%)
- 고객과의 관계 개선(52%)

종업원 2,000명 이상의 78개 독일계 글로벌 대기업을 대상으로 독일 인사관리협회(DGFP)가 2002년에 실시한 설문조사에서 응답기업들은 다양성 경영의 장점으로 인력 모집과 채용(85%), 차별의 철폐(78%), 창의력과 혁신(76%), 기업이미지의 제고(72%) 순으로 장점을 열거하고 있다([그림 5-14] 참조).

그림 5-14 다양성 경영의 장점 (설문조사 결과)

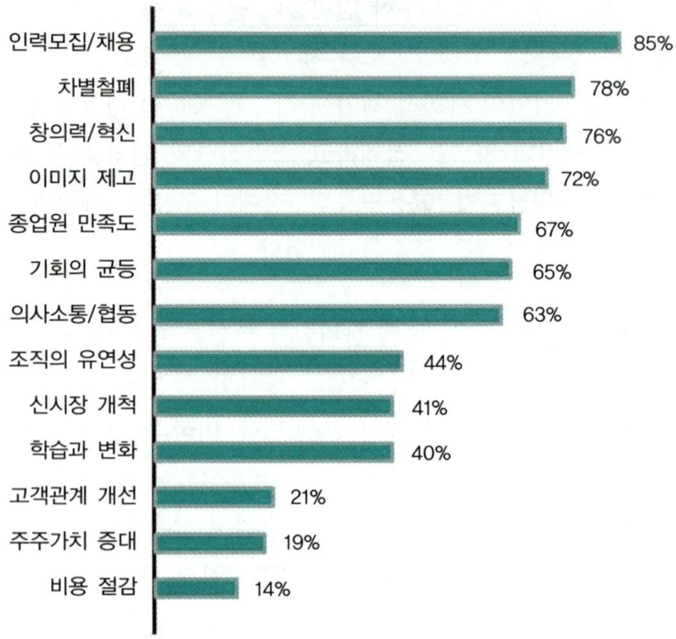

다음으로 다양성 경영의 차원과 이슈에 대해서 살펴보기로 한다. 학자들에 의하면 다양성에는 내부적 다양성, 외부적 다양성, 조직적 다양성 등 세 가지 층이 있다.

첫째, 주로 개인의 내면적 상황과 관련된 문제를 다루는 내부적 다양성 차원에는 다음과 같은 이슈와 요소를 포함한다.

- 연령
- 성별(gender)
- 인종
- 민족(ethnicity)
- 신체적 능력(장애 유무)
- 성적 지향성(동성애 여부)

둘째, 주로 개인의 외부적 상황과 관련된 문제를 다루는 외부적 다양성 차원에는 다음과 같은 이슈와 요소를 포함한다.

- 혼인 관계(결혼, 미혼, 이혼 등)
- 종교
- 교육수준과 배경
- 직무 경험
- 소득
- 부모 관계(자녀 유무)
- 외모
- 개인적 습관
- 여유생활 습관
- 출신 및 거주 지역

셋째로, 조직적 다양성 측면은 다음과 같은 이슈와 요소를 포함한다.

- 수행 기능
- 직위
- 업무 내용
- 노동조합 가입여부
- 소속 부서
- 근속년수
- 작업장 위치

이 가운데 다양성 경영에서 주로 논의되는 이슈는 주로 내부적 차원에 해당되는 이슈들이다. 다양성 경영의 이슈에 대해서 학자별로, 국가별로 차이가 많다. 특히 국가별로 문화차이로 인하여 다양성의 이슈도 다르다. 미국에서는 다음과 같은 8가지 요소를 'Big 8'로 사용되고 있다.

- 인종
- 성별
- 민족/국적
- 조직내 역할 및 기능

- 연령
- 성적 지향성
- 정신적/신체적 능력
- 종교

참고로, 독일에서는 미국보다 세 가지가 빠진 'Big 5'를 주로 사용하고 있다.

- 성별
- 문화(민족/국적/이민 배경)
- 연령
- 장애여부
- 가정 상황(일과 직장의 균형)

다음은 다양성 경영의 성과측정에 대해서 살펴본다. 성과측정을 위해서 먼저 목표를 파악해야 하는데 일반적으로 다양성 경영의 주요 목표로는 다음 세 가지를 들 수 있다. ① 환경에 적합한 구성원의 다양성 확보, ② 구성원을 위한 생산적인 작업환경 조성, ③ 다양성에 대한 외부의 인정(〈표 5-9〉 참조).

〈표 5-9〉 다양성 경영의 성과 측정

목 표	현황 파악	성과 측정
환경에 적합한 구성원의 다양성 확보	- 고객과 근로자들의 인구통계학적 다양성	- 다양한 집단의 대표성의 변화
구성원들을 위한 생산적인 작업환경 조성	- 기업문화 - 조직내 인간관계 - 개인의 가치관	- 다양성에 대한 설문조사 - 개인의 가치관에 대한 설문조사
다양성에 대한 외부의 인정	- 다양한 외부 이해관계자(전문가)들의 인식	- 포상, 칭호, 언론의 보도 및 평가

다양성 경영의 목표에 따른 추진 성과를 측정하는 일은 간단하지가 않다. 왜냐하면, 기업의 다양한 이해관계자 집단의 입장을 고려하여야 하며 유형과 무형의 성과를 모두 포괄해야 하는 작업이기 때문이다. 다양성 경영의 평가를 용이하게

하기 위해서 최근 균형성과표(Balanced Scorecard: BSC)의 원리를 적용한, '다양성 성과표'(Diversity Scorecard: DSC)가 Hubbard 등에 의해 개발되었다.

BSC가 ① 재무관점, ② 고객관점, ③ 내부 프로세스 관점, ④ 학습 및 성장 관점에서 성과를 평가하는 도구로 개발되었다면, 다양성 성과표(DSC)는 다음 여섯 가지 관점에서 기업의 다양성 경영의 성과를 측정, 평가하는 도구이다([그림 5-15] 참조): ① 재무적 임팩트 관점, ② 고객 관점, ③ 학습 및 성장 관점, ④ 인력 프로파일 관점, ⑤ 조직문화 및 분위기 관점, ⑥ 리더십 관점.

이제 DSC 6대 관점에서 다양성과 다양성 경영을 측정, 평가하는 지표를 예시하고자 한다. 여기에 제시된 평가지표들은 주로 독일기업에서 개발되어 사용되고 있는 평가지표들을 선별적으로 제시한 것이다. 우리나라 기업들은 DSC 활용의 효율성을 높이기 위해서 해당 기업의 업종과 고객층, 그리고 조직문화에 적합한 평가지표를 개발하여 사용하면 다양성 경영의 성공을 평가하는 유익한 정보를 얻을 수 있을 것이다.

그림 5-15 다양성 평가표(Diversity Scorecard: DSC)의 6대 관점

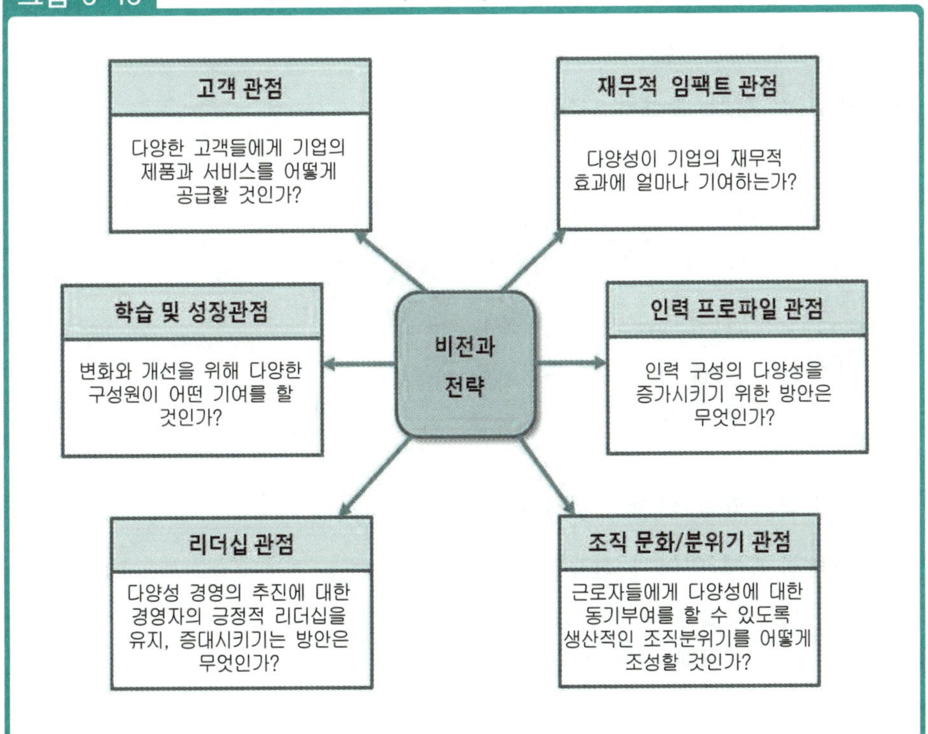

① 재무적 임팩트 관점의 다양성 측정

◎ 다양성 경영에 의한 재무적 절약도(액)

= 다양성 경영 도입 전 A 부문의 비용

− 다양성 경영 도입 후 A 부문의 비용

◎ 다양성 경영 투자수익률(Diversity Return on Investment; DROI)

$$= \frac{\text{다양성의 효익} - \text{초기 투입비용}}{\text{초기 투입비용}}$$

② 고객 관점의 다양성 측정

◎ 민족집단 A에 속한 신규 고객 수

t+1 시점에서 민족집단 A에 속한 고객 수

− t 시점에서 민족집단 A에 속한 고객 수

= 민족집단 A에 속한 신규 고객 수

◎ 신규고객 중 민족집단 A 비율

$$= \frac{\text{민족집단 A에 속한 신규 고객 수}}{\text{신규 고객 총 수}}$$

③ 학습 및 성장 관점의 다양성 측정

◎ 근로자 1인당 제안 건수

$$= \frac{\text{당해 기간 중 총 제안건수}}{\text{당해 기간 중 근로자 수}}$$

◎ 근로자 1인당 교육훈련 투자액

$$= \frac{\text{당해 기간 중 교육훈련 비용(액)}}{\text{당해 기간 중 총 근로자 수}}$$

④ 인력 프로파일 관점의 다양성 측정

◎ 연령층 A에 있어서 신규채용 비율

$$= \frac{\text{연령층 A에 있어서 신규채용 인원수}}{\text{전체 신규채용 인원수}}$$

◎ 관리자 직위에 있어서 여성의 비율

$$= \frac{\text{관리자 직위에 있어서 여성의 수}}{\text{총 관리자 직위의 인원수}}$$

⑤ 조직 문화와 분위기 관점의 다양성 측정

◎ 소수집단 A의 근로자 만족도

$$= \frac{\text{소수집단 A 에 있어서 만족하는 근로자의 수}}{\text{기업내 만족하는 근로자 총수}}$$

◎ 근로자 고충 비율

$$= \frac{\text{고충을 제기한 근로자 수}}{\text{전체 근로자 수}}$$

⑥ 리더십 관점의 다양성 측정

◎ 다양성 경영에 대한 리더의 긍정적 태도(비율)

$$= \frac{\text{다양성 경영에 대한 긍정적 응답 문항수}}{\text{다양성 경영에 대한 전체 문항수}}$$

◎ 소수집단 근로자의 승진비율

$$= \frac{\text{소수집단에 속한 근로자 중 승진자 수}}{\text{당해 기간 중 전체 승진자 수}}$$

다양성 경영이 경영자에게 주는 메시지는 크게 두 가지이다. 첫째, 다양성 경영을 무시하고 관리하지 않은 채로 방치하면 기업은 다양성을 통한 시너지 효과를 살리지 못하고 오히려 생산성과 수익의 감소, 조직내 갈등 증가 등 경제적·사회적 문제에 봉착할 수 있으며, 둘째, 경영자가 다양성 경영에 대한 책임감을 가지고 체계적으로 잘 관리하면 이를 통해 기업의 경쟁력을 제고시킬 수 있다는 것이다.

11. 인적자원관리의 비용편익 분석

1) 비용편익분석의 개념

비용편익분석(費用便益分析, Cost-Benefit Analysis: CBA)이란 의사결정을 하는 데 있어서 가능한 모든 비용과 가능한 모든 편익(혜택 또는 성과)을 따져 대안들 중 최적의 대안을 선정하는 의사결정 기법을 말한다. 비용편익분석을 통해서 의사결정자는 대안들 중에 비용이 같다면 그 중 편익이 가장 큰 대안을 선택하거나, 반대로 편익이 같다면 그 비용이 가장 적게 드는 대안을 선택하게 된다.

정부나 공공기관에서는 공공사업의 경제적 가치를 평가하는 과학적이고 객관적 평가방법으로 비용편익분석을 선호하고 있으며 기업에서도 사업이나 투자에 대한 성과를 측정하는 계량적 방법으로 비용편익분석을 자주 사용하고 있다. 비용편익분석은 분석의 시기에 따라 사전적 분석(ex-ante CBA), 사후적 분석(ex-post CBA), 그리고 중간타당성 분석(interim CBA)으로 구분할 수 있다.

사전적 비용편익분석은 예비타당성 분석이라고도 하는데, 사업을 개시하기 전에 평가하는 것으로, 미래에 발생하리라고 예상되는 비용과 편익을 추정한 후 사업의 경제성을 검토하는데, 불필요한 예산지출을 막고 효과성이 높은 사업을 사전에 파악하기 위해 이루어진다. 사전적 비용편익분석은 아직 발생하지 않은 예상성과를 기준으로 평가하기 때문에 분석과정 전반이 잘 설계되지 않을 경우 자의적인 결과가 나올 수 있다는 한계가 있다. 사후적 비용편익분석은 해당 사업의 완료 후에 그동안의 실적을 바탕으로 경제성을 평가한다. 향후 유사한 사업이나 투자가 고려될 경우 참고할 수 있는 지표를 생성함으로써 성공적인 사업의 경우 그 효과를 지속적으로 극대화하며, 실패한 사업이나 투자의 경우 전철을 되밟지 않기 위하여 사후적으로 평가한다. 사후적 분석의 경우 실제 성과를 기준으로 평가한다는 점에서 사전적 분석과는 달리 임의성을 배제할 수 있다. 한편 사업이 다단계적으로 진행될 경우 중간검토를 통해 사업의 확장, 축소, 또는 철회 등의 방안을 검토할 수 있는 중간타당성 평가를 실시하는 경우가 있다.

2) 내부수익률 분석과 비용편익분석

비용편익분석과 유사한 비용대비 성과분석으로서 '내부수익률(Return on Investment: ROI) 분석'이 있다. 내부수익률(ROI)이란 한마디로 투자한 자본(비용)에 대한 수익(이익)의 비율이다.

ROI는 프로젝트에 있어서 소요된 비용이 단순한 비용이 아니라 '투자'라는 것을 강조하기 위해서 특정 비용이 전체 사업비에서 차지하는 비중을 알기 위해 프로젝트 수입과 절감에 쓰인 정도를 알아보는 재정적 성과측정 도구이다. 가장 쉬운 용어로 표현하자면, ROI는 수익(주어진 회계기간 동안 발생된 이익) 나누기 투자된 자본으로 정의할 수 있다. 공식은 다음과 같다.

$$\text{ROI} = \frac{\text{Return}}{\text{Investment}} = \frac{\text{수익의 증가분 - 비용}}{\text{비용}}$$

좀 더 구체적인 예를 들어보면 어느 기업이 특정 교육을 실시하여 성과를 높이기 위해서 처음 1년 동안 교육에 \$100만을 썼고, 그 결과 당해 연도에 \$125만의 추가 매출이 발생했다면 공식은 다음과 같을 것이다.

$$\frac{\text{1년 동안 교육으로 인한 매출 증가 \$125만} - \text{1년 동안의 교육비용 \$100만}}{\text{1년 동안의 교육비용 \$100만}}$$

$$= \frac{\text{\$25만(return/yr)}}{\text{\$100만(investment/yr)}} \times 100(\%) = 25\%\ \text{ROI/year}$$

ROI 분석에서 중요한 것은 일정 기간(예를 들면, 회계연도) 동안의 투자와 그 수익(성과)를 분석한다는 것이다. 그리고 교육훈련에 대한 ROI 산정에 있어서 과제는 '향상된 성과'에 대해 추상적인 부분을 구체적인 원 단위까지 금액화, 수량화하는 것이다.

비용편익분석(CBA)은 ROI분석의 역(逆)이라고 볼 수 있다. CBA와 ROI분석은 계산에 포함되는 요소는 거의 같지만, ROI는 사전적 분석 및 사후적 분석에 모두 활용되는 비해서 CBA는 주로 사전적 분석에 치중하며, ROI는 백분율(percent)로 산출하지만, CBA는 비율(ratio)로 나타낸다는 차이점이 있다.

교육훈련의 성과분석을 예를 들면, ROI는 교육시작 전이나 후에 계산될 수 있다. 만약 교육 후에 계산한다면 투자시기 동안에 대한 교육훈련의 회수분 또는 수익을 평가해야 한다. 비용편익분석도 ROI와 마찬가지로 투자 전이나 후에 계산될 수 있다. ROI와 마찬가지로 비용편익분석은 매우 복잡하게 구성되어 있으나 투자가치가 있는지 없는지에 대한 결정이라는 동일한 기본 목적을 위해 사용된다.

비용편익분석은 어떤 사업을 시작하기 전 또는 실시한 이후에 투자에 따른 경제적 결과를 측정하여 전략적 계획과 의사결정을 하는데 도구로 주로 사용된다. 비용편익분석에서 제기하는 기본적인 질문(research question)은 "특정 사업(프로젝트)에 투입된 비용보다 장기적으로 더 많은 수익(편익)을 가져다 주는가?"이다.

앞서 예시한 기업의 교육훈련 성과를 ROI로 산출하면(비용 $100만, 이익 $25만) 연간 25% 이고, 이를 다음과 같이 비용편익분석으로 산출하면 연간 비용 : 편익 = 4 : 1 이 된다.

$$\frac{\text{비용(Cost)}}{\text{편익(Benefit)}} = \frac{\text{\$100만(Investment)}}{\text{\$25만(Return)}}$$

3) 인적자원관리의 비용편익분석 실례

인적자원관리는 일련의 프로젝트 투자를 수반하고 있으며 인적자원 투자에 있어서 최적의 대안을 모색하기 위해서 의사결정과정을 거치고 있다. 이런 점에서 인적자원관리에 있어서 비용편익분석은 매우 유용한 의사결정의 도구가 될 수 있다. 그런데 비용편익분석은 본질적으로 화폐가치를 산출하여 계량적으로 분석할 수 밖에 없기 때문에 비계량적인 요소가 많은 인적자원관리에 있어서 과거에 활용빈도가 낮았던 것이 사실이다.

인적자원관리의 특정한 사업 또는 서비스에 대해 그것이 바람직한 결과를 산출하였는지, 아니면 산출할 것인지를 아는 것은 인적자원관리 의사결정에 있어서 대단히 중요하다. 최근 비용요소와 편익요소에 대한 계량적 지표가 다수 개발되면서 인적자원관리의 비용편익분석이 가능해졌다.

기업은 최근 핵심인재 관리 차원에서, 우수한 인재의 확보 차원에서 엄청난 규모의 투자를 시행하고 있으며 인적자원관련 투자 총액이 해마다 늘어나고 있는 실정에서 정확한 비용대비 편익을 산출하는 일은 장기적이고 안정적인 인적자원 투자를 유인하기 위해서도 중요한 과업이다. 경영자의 입장에서 여러 가지 대안이 존재할 때 특정 대안을 선택하는 것이 최적이라는 것을 알려주는 비용편익분석 결과는 인적자원 투자 의사결정에 있어서 결정적인 영향을 미칠 수 있다.

비용편익분석은 인적자원의 여러 분야에 폭 넓게 활용될 수 있으나 가급적 투입 및 산출요소의 계량화가 비교적 용이한 교육훈련, 인사선발, 배치전환, 보상관리 등 에 주로 활용되고 있다.

인적자원관리 실무에 비용편익분석이 활용되는 것을 사례를 들어 설명하고자 한다.

〈표 5-10〉에는 모기업이 관리자 선발을 위해 연수원 시설을 빌려 연간 200명의 후보자를 대상으로 '평가센터 방법'(assessment center method)에 입각한 선발 세미나를 개최한다고 한다. 세미나는 1, 2, 3 세 가지 종류를 실시한다고 한다. 인사담당 경영자의 입장에서 알고 싶은 것은 세미나 1, 2, 3 중에서 어떤 대안이 비용을 가장 절감할 수 있는지를 사전 또는 사후에 알고 싶고 최적의 대안을 찾아내어 앞으로 관리자 선발 세미나의 전형으로 삼고자 한다.

〈표 5-10〉 인사선발 세미나 개최 비용 비교 분석의 예

(금액단위 : $)

인사선발 비용 항목	세미나 1	세미나 2	세미나 3
개발비(또는 프로그램 구입비)	80,000	70,000	100,000
활용기간 (년)	5년	5년	5년
연간 참가자 수 (명)	200명	200명	200명
연간 감가상각비	16,000	17,500	20,000
지급이자 (개발비의 5% /년)	4,000	3,500	5,000
기타 비용 (선발 비관련)	1,000	1,500	1,200
선발 비관련 비용 합계	21,000	22,500	26,200
연간 인건비(강사비)	25,000	20,000	18,000
연간 재료비(유인물, 장비)	5,000	4,000	7,000
연간 광열비	1,800	2,000	800
기타 비용 (선발 관련)	1,000	800	500
선발 관련 비용 합계	32,800	26,800	26,300
총 선발비용 ($/year)	53,800	49,300	52,500

이 문제를 해결하기 위해서 각 대안별로 소요되는 비용을 사전 또는 사후적으로 산출하여 비교하면 된다. 결국 세 가지 세미나 대안 중에서 비용이 최소인 것은 세미나 2($49,300)이다.

다음으로 비용편익분석의 편익측면을 살펴보기로 한다. 편익의 크기를 비교하기 위해서 대안별로 투자에 대한 수익률을 계산하여야 한다. 일반적으로 수익률은 다음과 같은 공식으로 산출된다.

$$\text{수익률} = \frac{\text{수익}}{\text{투입 자본}}$$

즉 수익률은 투입자본(invested capital)에 대한 수익(revenue 또는 profit)의 비율을 의미한다. 그런데 투입자본을 어떻게 측정하는지가 문제해결의 관건이다. 인적자원관리에 있어서 투입자본은 핵심인재의 인적자본(human capital)가치, 핵심인재 확보에 투입된 비용, 인적자원관리 프로그램이 가지는 브랜드 자본가치 등이 있는데 계량화가 쉽지 않는 요소들이다.

그렇지만 일단 투입자본이 구해지면 수익률을 산출하는 것은 쉬워진다. 핵심인재에 투입된 비용대비 수익률을 구하는 것은 핵심인재가 시현한 매출이나 수익, 생산성 지표가 수익률 지표에 포함될 수 있다. 〈표 5-11〉은 대안별 수익률

〈표 5-11〉 자본과 수익에 따른 수익률 비교

(금액단위: $)

	투자안 1	투자안 2
투자액 (In)	20,000	16,000
상환 이익 (L)	0	0
투자 기간 (T)	5년	5년
평균 투입 자본금 (K) $K = (In-L) \times \frac{T+1}{2T} + L$	12,000	9,600
평균 이익 (G)	2,880	2,496
수익률 (R) $R = \frac{G}{(In-L) \times \frac{T+1}{2T} + L} \times 100$	24%	26%

비교분석을 보여주고 있다. 이 표에서 주어진 수치로 판단하면, 투자안 2가 투자안 1보다 수익률에 있어서 우수한 대안이라고 볼 수 있다.

비용효익분석의 요체는 인적자원관리의 활동을 사전적 또는 사후적으로 평가하여 인사관리 투자의 효율성을 높이는 데 있다. 그런데 정확한 의사결정을 위해서는 가능한 모든 비용과 가능한 모든 편익을 따져 최적 대안을 선택해야 한다. 인적자원관리도 하나의 사업이라고 본다면 사업의 타당성(feasibility)을 사전에 또는 사후에 검증하는 것은 반드시 필요하다고 생각된다. 따라서 인적자원관리에 있어서 비용편익분석은 매우 중요하다고 볼 수 있다. 비용편익분석이 인적자원관리 프로젝트의 타당성 분석기법으로 정착되기 위해서는 비용과 편익 요소에 대한 정교한 계량화와 필요하며, 인적자원관리 투입과 산출요소에 대한 현재가치와 미래가치에 대한 정보의 양과 질을 높이는 것이 선결과제라고 할 수 있다.

12. 인사 의사결정에 있어서 베르누이의 원리

여러분은 지금 아프리카 남부 세렝게티 초원에 살고 있는 한 마리의 표범이라고 상상해보라. 표범은 지금 다른 맹수들이 먹고 남은 짐승의 시체를 먹이로 골라 뜯어 먹고 있다. 그런데 얼마 떨어지지 않은 곳에 맛있게 생긴 얼룩말이 유유히 지나가고 있다. 표범의 머릿속에서 갑자기 계산기가 빠른 속도가 돌아가고 있었다. 표범은 두 가지 의사결정 대안 중 한 가지를 선택해야 하는 상황에 놓이게 된다.

대안 1: 썩은 고기를 먹기보다는 맛 좋고 싱싱한 얼룩말을 따라가서 사냥해 오는 의사결정이다. 이 일이 성사된다면 정말이지 대박이다. 표범은 품질이 낮고 맛이 없는 썩은 고기를 포기하는 대신에 살아있는 얼룩말의 고기로 실컷 배를 채울 수 있다(위험 선호형).

대안 2: 얼룩말을 사냥하러 가지않고 계속 앉아서 썩은 고기를 마저 먹는 의사결정이다.

물론, 살아 움직이는 얼룩말을 따라 잡아서 사냥을 해올 수 있다면 좋은 일이겠지만 만약 노력을 했는데도 얼룩말을 잡지 못하고 허기가 져서 돌아왔을 때, 표범이 먹던 썩은 고기는 주위의 동료들이 이미 먹어 치워버린 후가 될 것이다. 이 경우 표범에게는 최악의 상황이 될 수 있다. 따라서 사냥하러가는 위험을 감수하기 보다는 안전하게 먹던 썩은 고기를 계속해서 먹는 것이 좋다(위험 회피형).

이 이야기는 독일의 학자 만프레드 스피처(Manfred Spitzer)가 쓴 『자기결정(*Selbstbestimmen*)』(2004)이라는 책에 등장하는 예화이다. 이 책에서 작가는 개인이나 조직의 의사결정에 있어서 불확실성이 존재할 때 빠지는 딜레마를 설명하고 있다. 이 예화에서 제기되는 핵심적 질문은 "확실한 작은 보상과 불확실한 큰 보상 중 어떤 것이 가치가 있는가?"라는 것이다. 여기에 대한 대답은 언제나 쉽지가 않다.

인사담당자는 표범과 같은 의사결정의 딜레마에 빠지는 경우가 많다. 예를 들어, 기업의 경쟁력을 키우기 위해 외부 노동시장에서 능력을 인정받고 있는 외부인력을 영입할 것인지(buy), 아니면 내부노동시장(즉 기업내부)의 인력을 육성하여 활용할 것인지(make)를 놓고 의사결정을 고민하는 일이 인사부서에서는 일상적으로 일어난다. 교육훈련의 경우에도 이러한 선택의 문제가 자주 일어난다. 외부기관에서 개발한 유명 프로그램을 구입하여 임직원 교육훈련을 시킬 것인지, 아니면 기업 실정에 맞는 맞춤형 교육프로그램을 자체적으로 개발할 것인지를 놓고 연수담당 부서에서는 심각한 고민에 빠지는 경우가 많다. 마치 표범의 머릿속 계산이 복잡하듯, 인적자원관리 담당자의 머릿 속은 오늘도 매우 복잡하다.

사람과 제도를 선택하는 일은 조직에 장기적인 영향을 주며 결과에 따르는 효익과 비효익의 차이도 매우 큰 것이 특징이다. 인적자원에 대한 투자와 선택의 문제는 조직의 부가가치 창출이라는 측면에서 다른 어떤 투자보다도 중요하다는 인식이 확산되어 있다. 기업의 인사담당자는 인사실무 집행에 있어서 이러한 표범과 그러나 이러한 중요한 선택의 문제가 기업에서는 일상적으로 별 생각 없이 수행되고 있는 것도 사실이다.

미국과 유럽같은 선진국 기업에서는 인적자원관리도 경영 의사결정으로 인식하고 의사결정 이론을 적용하여 보다 신중한 결정을 하는 추세에 있다. 일반적으로 인적자원관리 의사결정에는 다음과 같은 세 가지 요소가 개입되어 있다.

① **의사결정자의 행동 요소**: 의사결정자의 의사결정 스타일, 위험을 다루는 태도 등
② **환경 요소**: 불확실성과 위험의 확률 등
③ **결과 요소**: 의사결정으로 얻게 될 효익

위 세 가지 요소가 인적자원 관리 실무에 있어서 의사결정에 영향을 주는 변수라고 볼 수 있다. 기업마다 인사 의사결정이 다른 것도 위 세 가지 요소를 분석하고, 해석하며, 실천에 옮기는 것이 다르기 때문이다.

위 세 가지 요소 중에서 특히 두 번째 요소인 환경 요소는 기업의 인적자원관리 실무를 어렵게 만드는 요소이다. 즉 불확실성과 위험(risk)이 높은 환경에서 의사결정을 해야 하는 일이 증가하면서 표범이 얼룩말을 보면서 느끼게 되는 것 같은 딜레마에 빠지게 되지만 이러한 불확실성과 위험을 체계적으로 관리할 수 있다면 의사결정도 그만큼 용이해 질 수 있겠다는 생각이 든다. 이러한 불확실성과 위험 하에서 개인과 기업의 의사결정의 효율성을 증대시키는 데 베르누이의 원리(Bernouilli Principle)가 타산지석이 될 수 있을 것이다.

18세기 스위스의 수학자 다니엘 베르누이(Daniel Bernouilli, 1700-1782)는 '상트 베테르부르크의 역설'(St. Petersburg Paradox)을 통해 "사람들이 불확실한 상황에서 의사결정을 할 때에는 예상 화폐가치를 극대화하려고 하는 대신 기대효용(expected utility)을 극대화하려 한다"고 주장하였다. 베르누이의 기대효용 개념은 후에 폰 노이만(von Neumann)과 모르겐스테른(Morgenstern)에 의해 발전되어 불확실성 하의 효용지표가 확립되었으며, 의사결정자의 기대효용 극대화 선호에 대해 학문적인 설명이 가능해졌다.

베르누이가 이 원리를 주장하게 된 데는 자신이 살고 있던 러시아의 상트 페테르부르크에 있는 카지노에 가서 도박게임을 목격한 것이 계기가 되었다. 그 게임의 내용은 이렇다.

A라는 사람이 '동전 던지기 게임'에 참여하여 동전을 던지는데 앞면이 나올 때까지 계속 던지다가 앞면이 나오면 멈추고 돈을 받는 게임이다. 동전을 첫 번째 던졌을 때 앞면이 나오면 A는 상금으로 1달러를 받는다. 두 번째 던졌을 때도 앞면이 나오면 2달러를 받고, 세 번째 시도에서 앞면이 나오면 4달러, 네 번째는 8달러 ...... 이런 식으로 던지는 횟수가 추가되고 앞면이 나올 때마다 상금이 두

배로 늘어나는 것이 게임의 법칙이다. 그러면 이 게임에서 A가 받게 될 장래의 기대치는 얼마가 될까? 확률적 사건의 기대치는 각각의 실현치에 그 확률을 곱해서 더한 값이다. 따라서 A가 이 게임을 계속한다면 기대할 수 있는 상금의 기대치는 다음 공식에서 보는 바와 같이 무한대가 된다.

$$E=\frac{1}{2}\cdot 1+\frac{1}{4}\cdot 2+\ \cdots\ =\sum_{n=1}^{\infty}\left(\frac{1}{2}\right)^{n}2^{n-1}\rightarrow\infty$$

따라서 이 공식대로라면, 사람들은 당연히 카지노에서 이 게임을 계속하는 것이 수지맞는 일이다. 무한대의 수익이 보장되기 때문이다. A는 이 게임을 하는 권리의 대가로 1,000만 달러를 내놓는다고 해도 손해보는 일이 없어 보인다. 하지만 이 세상 어느 누구도 카지노의 그런 제안을 받아들일 리가 없고, 또한 현실적으로도 사람들이 이 게임을 통해서 무한히 부유해질 수도 없습니다. 결국 이 게임을 통해 베르누이도 기대치가 무한대가 되는 결론이 불합리함을 1738년 발표한 논문에서 지적했다. "정상적인 사람이라면 그런 기회를 50달러만 받고도 기꺼이 팔 것이다. 이론적인 계산으로는 A의 장래 기대치는 무한한 것으로 평가되지만, 그것을 오늘 높은 가격으로 사려는 사람은 없을 것이다."

베르누이는 그의 '상트 페테르부르크 패러독스'에서 다음과 같은 결론을 도출하였다. 즉 투자나 도박에 있어서 기대치(기대되는 수익금액)만으로는 미래의 불확실한 결과를 지금 평가하고 의사결정을 하는 데 충분하지 않다는 것이다. 그리고 매우 수익성이 높고 따라서 매우 불확실성이 높은 결과는 기대치 보다 낮게 평가되어야 한다는 것이다. 베르누이는 '고 위험, 고 수익' 상황의 의사결정을 위해 단순히 기대치만을 사용하는 대신에 자신이 개발한 '베르누이의 공식'을 사용할 것을 권유했다.

베르누이의 공식

$$\sum_{j=1}^{n} Pj\cdot u(Aj)\rightarrow max$$

j = 투자횟수
Pj = 특정 환경에서 (게임에) 참가하여 투자하는 확률
Aj = 특정 환경에서 투자 대안에 대한 결과(효용)
u = 리스크 효용공식(risk utility function)

"부의 증가로 발생하는 효용의 증가는 그가 이미 소유하고 있는 재화의 양에 반비례한다. 그리고 같은 기대치를 갖는다 하더라도 발생 확률이 적은 사건이 주는 효용은 그 확률에 비례해서 작아진다." 이것이 베르누이 원리의 핵심 내용이다. 베르누이는 위험상황하에서의 의사결정에 있어서 의사결정자(개인 또는 단체)의 위험에 임하는 태도를 고려에 넣어야 한다고 주장했는데, 우리가 흔히 말하는 위험선호형, 위험회피평, 위험중립형 태도를 의미한다([그림 5-16] 참조).

그림 5-16 의사결정자의 리스크 태도에 따른 효용곡선

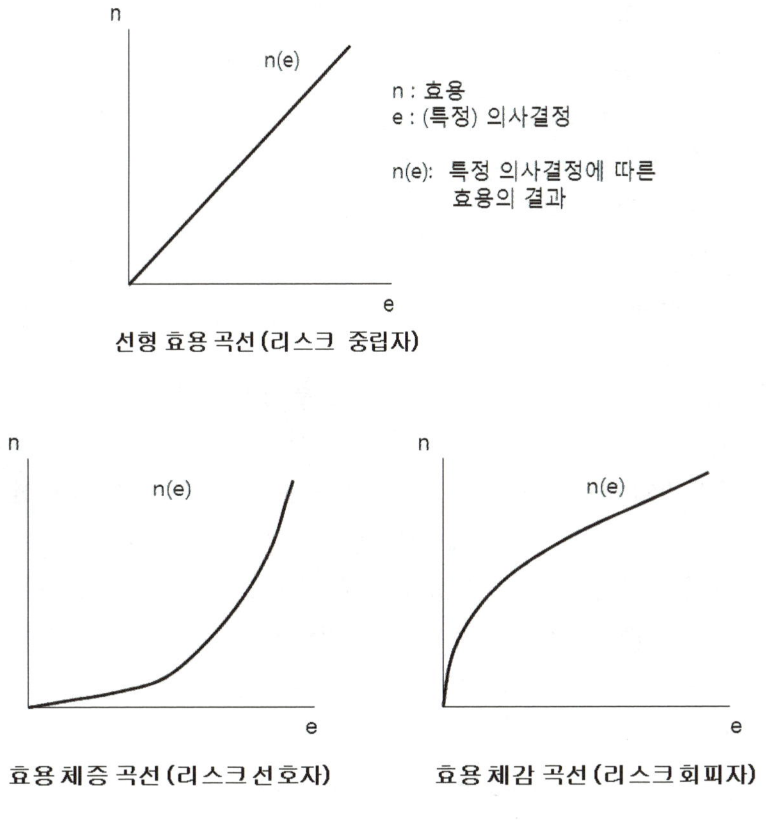

오늘날 경영의사결정, 특히 인적자원관리 실무와 관련된 인사 의사결정에는 재무적 투자 못지 않은 불확실성과 위험을 감수하여야 한다. 재무적 투자, 가령 기업이 특정 금융상품이나 유가증권에 투자할 경우에는 그 결과가 단기에 피드백이 되지만, 인력의 선택과 양성과 관련된 투자는 그 회수되는 효익(return)이 장기간에 걸쳐 나타나고 조직에 주는 임팩트도 매우 크다.

인적자원관리 실무 중에서 베르누이의 원리가 적용될 수 있는 것을 열거하면 다음과 같다.

- 기업의 인력계획(인력의 수급 계획) 수립
- 인적자원 모집과 선발
- 교육훈련 프로그램의 개발과 선택
- 인적자원 개발 모형 설정
- 핵심인재 관리(talent management)
- 차별적 경력개발 관리
- 보상관리
- 비정규직 채용

인적자원관련 투자와 관련된 투자대비 효용을 따지는 사안에 있어서 인사담당자는 개인과 조직의 투자결과와 효익에 대한 체계적인 분석을 할 필요가 있다. 베르누이의 원리에서 강조하고 있는 것처럼, 중요한 것은 투자안에 대한 회수금액이 중요한 것이 아니다. 상트 베테르부르크의 게임에서처럼 어리석은 사람은 미래의 기대되는 화폐가치나 수익성만을 계산해서 돈을 거는 사람이다. 인적자원관리에서도 동일한 실수를 할 수가 있다. 인사 의사결정에서 중요한 기준은 기대수익이 아니라 기대효용이다. 그리고 기대효용은 이론적, 객관적이라기 보다는 주관적인 성격을 띠는 경우가 많다.

주관적 기대효용이론(subjective expected utility theory)에 의하면 사람들은 의사결정시 자신에게 유익한 것(positive utility)이 최대로 되는 것이나 해가 되는 것(negative utility)이 최소로 되는 것을 일반적으로 선택한다고 한다. 타자기와 컴퓨터 키보드(keyboard)의 예에서 보는 것처럼 우리가 쓰고 있는 영문자판은 QWERTY 자판이라고 하고, 인체공학학자들이 최근에 개발한 DVORAK

자판이라고 있는데 이를 사용할 경우 과학적으로 훨씬 편리하고 사용의 효율성이 증가된다고 한다. 그러나 지금에 와서 수 십 년간 써오던 영문자판 대신에 새삼스럽게 DVORAK 영문 자판을 배워야 할 경우 엄청난 혼란이 야기될 것은 명약관화하다. 결국 DVORAK 자판은 QWERTY 자판보다 사용이 편리하다는 장점(positive utility)이 있는 반면, 새롭게 학습할 필요(negative utility)가 있다는 단점도 있는데, 오늘날 절대다수의 사람들이 과학적으로 우수한 DVORAK 자판을 사용하지 않고 불합리점이 다수 있는 QWERTY 자판을 계속 사용하는 이유는 일반적으로 사람들은 사용성이 증가된 정의 효익(positive utility) 보다 새롭게 학습해야 하는 노력인 부의 효익(negative utility)이 더 크다고 판단하기 때문이라고 설명할 수 있을 것이다.

인사 의사결정에 있어서 베르누이의 원리가 강조하는 바는 인사실무에 있어서 직원들의 기대효용이 예상되는 화폐가치 보다 중요하다는 것이다. 이론적, 수학적, 객관적으로 우수한 인사제도라고 하더라도 그 인사실무나 제도를 받아들이는 내부 고객인 종업원들의 기대효용에 미치지 못하는 인사제도는 지속가능하지 않다. 이것은 이미 18세기에 수학자 베르누이가 '상트 페테르부르크 패러독스'를 통해 명쾌히 밝힌바 있다.

끝으로, 기업에서 인사 의사결정을 할 때 베르누이의 원리를 적용한, 다음과 같은 기대효용 공식을 활용할 것을 권유한다.

인적자원관리 기대 효용 공식

$$Ei = \sum_{j=1}^{n} N(eij) \cdot wj \rightarrow max$$

j = 참가횟수
eij = 특정 인적자원 실무에 대한 결과
N(eij) = 특정 인적자원 실무 결과에 따른 효용
wj = 가중치(참가확률에 상응한)

13. 인체공학을 활용한 인적자원관리

인체공학(Ergonomie 또는 Human Factors Engineering)은 사람이 작업을 하는데 있어서 신체적으로 어떠한 부담을 지게 되는지, 또 체력적으로 어디까지 견딜 수 있는지, 기계와 사람간에 조화를 이루고 있는지 등 주제를 과학적으로 분석하여 인간이 직장생활을 하는데 있어서 적합한 작업환경을 마련하기 위한 목적으로 발달한 학문이다. 우리나라에서도 얼마 전부터 '근골격계 질환'이 업무상 질병으로 인정되어 산업재해보상을 받게 되면서 산업안전과 이를 뒷받침하는 인체공학에 대한 관심이 높아지고 있으며 이에 대한 연구도 활발해지고 있다.

인체공학의 주된 관심사는 크게 두 영역이다.

첫째, 인간의 정보처리와 관련된 영역

이것은 작업자가 작업과정을 통해 외부환경으로부터 자극이나 신호를 선택적으로 받아들이고, 이를 분류하고 해석하여 평가, 판단하고 행동하는, 이른바, 지각과정(perception process)에 인체공학이 관여하는 것을 의미한다. 인체공학의 사명은 작업자가 주어진 상황과 사물을 보다 정확하게 이해하고 해석하여 올바른 작업 의사결정을 할 수 있도록 돕는데 있다.

둘째, 체력과 에너지 생성과 관련된 영역

체력과 에너지(여기서는 신체에너지를 말함)의 생성은 성공적인 작업수행을 위한 근력(筋力)을 발휘하는 데 필수의 요소이다. 체력과 에너지가 충분해야 작업 및 상황과 관련된 부담을 감내할 수 있기 때문이다. 체력과 에너지는 동적인 작업과 정적인 작업 모두에 필요한 근력을 생성한다. 동적인 작업을 하는데 있어서는 피로감을 줄여주고, 정적인 작업에 있어서는 왕성한 정신 활동을 지원하는 혈액순환을 원활하게 하는 것이 인체공학의 주안점이다. 인체공학은 동적, 정적 작업수행에 필요한 체력과 에너지를 확보할 수 있는 방안을 과학적인 분석을 통해 제공한다.

인체공학이 추구하는 목표는 다음 세 가지로 압축될 수 있다.

첫째, 작업자의 건강보호
둘째, 작업에 있어서 사회적인 적합성 제고
셋째, 작업의 기술적, 경제적 합리성 제고

인체공학은 작업자의 신체적이고 정신적인 부담을 최소화하여 작업능률을 올릴 뿐만 아니라 조직의 작업환경을 개선하는 것을 목적으로 삼기 때문에 오늘날 기업은 근로자의 복지증진과 효율성 제고차원에서 인체공학을 적극적으로 도입하고 활용할 필요가 있으며, '노동의 인간화'를 달성할 수 있기 때문에 이를 인적자원관리의 중요한 과제로 삼아야 할 것이다.

이제 인적자원관리에 있어서 인체공학의 활용방안과 사례를 살펴보기로 한다.

1) 부담(負擔)과 부하(負荷)관리

인체공학에서는 작업자가 어떤 작업에 투입되면 작업자에게 영향을 미치는 요인들을 먼저 분석하게 된다. 영향요인에 포함되는 것은 작업내용(육체적 또는 정신적 작업), 환경요인(소음, 조명도, 기후, 색체, 진동, 발광 등), 화학 및 생물학적 요인(화학물질, 박테리아, 먼저, 냄새, 가스 등)이 있다. 다음 단계로 인체공학에서는 작업자가 업무수행에 있어서 받게 되는 객관적이고 주관적인 업무부담을 측정한다. 객관적인 부담은 물리적, 화학적, 생물학적인 부담요인을 의미하고, 주관적인 부담은 스트레스, 업무변화의 부담, 시간적 압박, 단조로움 등을 의미한다.

작업자가 받는 부담의 각각의 양을 측정한 다음 강도와 시간을 알 수 있으면 다음 공식을 사용하여 부담의 총량을 산출할 수 있다.

부담의 총량 = f (특정기간 동안 받게 되는 모든 부담의 강도)

그런데 여기서 반드시 고려해야 하는 것은 개인 작업자의 반응(reaction)이다. 동일한 부담이 존재한다고 해도 개인의 특성에 따른 차별적 반응으로 부담의 정도는 달라질 수 있고 또한 대인관계가 부담의 정도에 영향을 준다. 즉 부담이 발생하여도 처리하는 방식(반응)에 따라 부담의 정도가 달라진다. 이렇게 부담의 처리에 따라 변화된 부담량은 '부하'라고 정의한다. 따라서 부하량은 다음과 같은 공식에 의해 측정될 수 있다.

부하 = f (부담, 개인적인 능력과 특성, 욕구)

일반적으로, 개인이 감내할 수 있는 부하의 범위가 존재하는데 작업의 요구수준(신체적, 정신적 요구)이 너무 낮거나 너무 높으면 일을 하고자 하는 의욕이 떨어지게 되고 부하가 증가하게 되어 결과적으로 업무 성과가 하락한다. 그러나 개인이 감내할 수 있고, 수행할 수 있는 일, 즉 작업의 요구수준이 적절한 범위내에 있을 때 작업 의욕이 생기고 부하가 줄어들게 된다.

[그림 5-17]에서 보는 바와 같이, 작업의 요구수준이 적절한 범위내에 있을 때 개인의 부하가 감소되어 작업능률이 증대되고 아울러 실제 작업성과도 증가하게

그림 5-17 부하량과 작업성과와의 관계

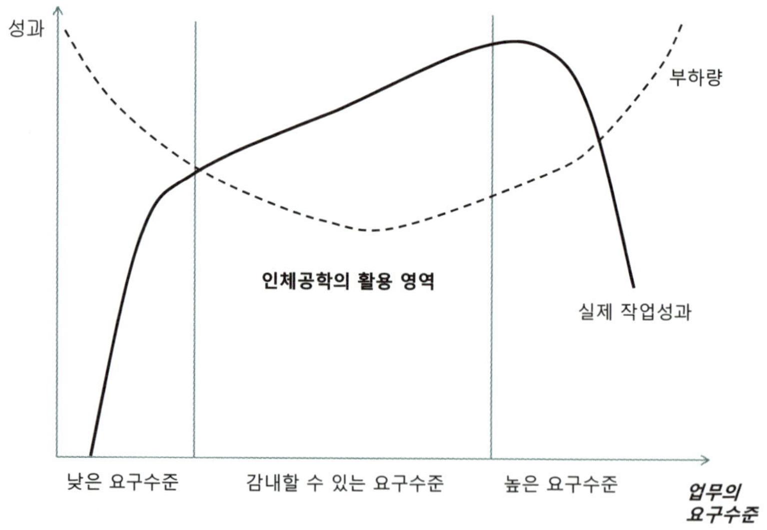

된다. 이러한 범위를 '인체공학의 적용범위'라고 부른다. 이 인체공학의 적용 범위내에 작업자가 작업에 임할 수 있도록 작업조건을 개선하고 작업의 내용을 조정하여 부하가 줄어들 수 있도록 하는 것이 인체공학의 과제라고 볼 수 있다.

따라서 인체공학이 인적자원관리의 발전을 위해 기여할 수 있는 것은 작업자의 부담과 부하를 적정수준으로 관리하여 이른바 '노동의 인간화'(humanization of work)를 달성함으로써 종업원의 직무만족을 증가시키고 경영성과를 달성하도록 하는 데 있다.

2) 작업성과의 변동

부하가 계속되면 불가피하게 작업성과는 감소하게 된다. 계속된 부하로 인한 피로감으로 야기된 작업성과의 손실은 휴식을 통해서 만회될 수 밖에 없다. 적절한 휴식은 작업성과의 손실을 일정수준 방지할 수 있다. 휴식시간을 얼마나 가지는 것이 적절한가는 작업자의 부하량을 분석하여 결정할 수 있다.

노동의학자들의 연구에 의하면, 신체적 부하가 많은 작업의 경우 짧은 휴식을 자주 갖는 것이 긴 휴식을 적은 횟수로 갖는 것보다 효과적이라고 한다. 또한 노동의학계의 보고에 따르면, 인간은 생리적으로 하루 동안 동일한 수준의 성과를 보이기 보다는 시간에 따라 들쭉날쭉한 성과수준을 보인다고 한다. 다시 말하면, 하루 24시간 동안 개인적으로 성과의욕이 특별히 높은 시간대가 있고, 낮은 시간대가 존재한다고 한다. 이것은 인간의 신체가 일과 휴식을 위한 나름대로의 규칙적인 생체 리듬이 있기 때문에 생기는 현상이다.

[그림 5-18]은 인간의 생리적인 성과의욕 변화를 24시간 단위로, 평균적으로 분석한 자료를 보여준다. 그림에서 보는 바와 같이 사람은 평균적으로 오전 시간대와 오후 4시 이후에 비교적 높은 성과의욕을 보이는 반면, 이른 아침이나 늦은 저녁 시간대에는 낮은 성과의욕을 나타낸다.

이 자료는 인적자원관리 차원에서 귀중한 시사점을 주고 있다. 야간근무나 교대 근무조 제도의 도입시에 반드시 이 시간대별 성과의욕 커브를 고려해야 할 것이며, 안전사고 방지와 생산의 불량률 감소를 위한 대책을 수립하는 데 있어서도 중요한 참고 자료가 될 것이다.

그림 5-18 인간의 24시간 생리적인 업무성과 곡선

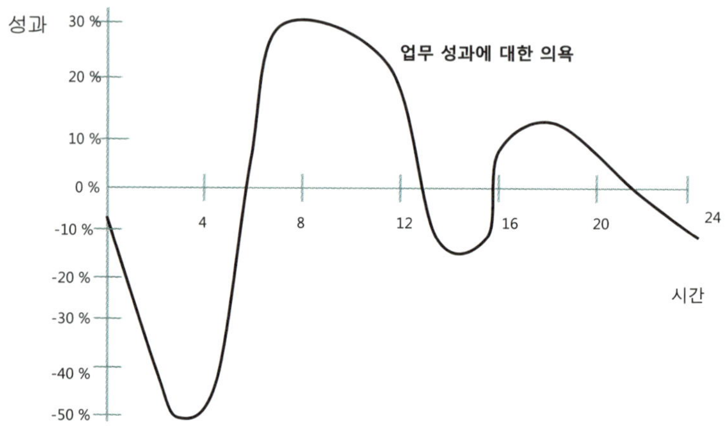

작업과정에서 발생하는 스트레스를 줄이는 것도 오늘날 인체공학의 중요한 과제 중 하나다. 스트레스를 인체공학적으로 정의하면, 스트레스는 작업과 작업환경이 요구하는 부하와 작업자 개인의 관리능력이 균형을 이루지 못하고 과도하거나 오랫동안 축적된 스트레스에 의해 균형이 깨어져서 신체적, 정신적인 과부하가 걸린 상태를 말한다. 스트레스가 쌓이면 사람의 신경시스템에 영향을 주어 심장박동이 증가하게 되어 심근경색 등 위험한 질병을 유발시킬 수 있다.

따라서 작업자가 스트레스 유발 상황에 오랫동안 노출되지 않도록 하는 것이 인체공학의 과제이다. 인적자원관리 측면에서도 스트레스를 많이 받는 직무군을 파악하고, 직원 중에서 스트레스를 많이 받는 위험군(stress-prone)을 사전에 파악하여 직무전환, 전보, 로테이션 등 인사조치를 통해서 직원들이 신체적, 정신적으로 건강한 상태에서 근무할 수 있도록 환경을 조성할 필요가 있다.

오늘날 많은 기업에서 '펀 경영'(fun management)의 도입을 추진하는 것도 인체공학 측면에서 의미가 있다. 성공적인 펀 경영을 통해 종업원과 고객의 스트레스를 해소해 주고 사회적인 유대감을 증진시키며, 작업을 통해 필연적으로 부과되는 부담과 부하를 줄여주는 효과를 거둘 수 있다.

인체공학은 그러나 경제성을 결코 무시하지는 않는다. 작업자의 부하를 감소시켜 쾌적한 작업환경을 마련해 주면서도 경제적으로 최소의 비용을 추구한다. 편 경영에 그리 많은 예산이 들지 않는 것처럼, 직장에서 인체공학적 방법들을 채택한다고 해서 막대한 비용이 드는 것은 아니다. 인체공학이 추구하는 것은 작업을 둘러싼 환경을 보다 안전하고 건강하게, 그리고 인간적인 정이 넘쳐나게 만드는 데 있으며 기술적으로 가능한 범위 내에서, 그리고 경제성이라는 큰 틀 내에서 이를 추진하는 것이다.

이제 근로자의 직무만족을 노동사회학이나 노동심리학의 관점에서만 바라볼 것이 아니라 인체공학의 측면도 포함시켜 종합적으로 조망할 필요성이 제기 되고 있다.

참고문헌

김성국(1997), 『트렌디 인사관리』, 명경사.

김성국(2003), 『인적자원관리 뉴패러다임』, 명경사.

김성국 · 김민수(2004), 『이슈중심 인사관리』, 삼영사.

김영재 · 김성국 · 김강식(2010), 『신인적자원관리』, 탑북스.

니븐, P. R.(2003), BSC Step by Step: 성과창출과 전략실행, 삼일회계법인 경영컨설팅본부 역, Sigma Insight.

올브, N.-G. 외(2000), BSC: 구축 & 실행사례, 송경근 역, 한 · 언.

한국노동연구원 편(2000), 『21세기형 인적자원관리: 뉴패러다임과 실천과제』, 명경사.

Becker, M. & Rother, G. (hrsg.) (2003), *Personalwirtschaft in der Unternehmenstransformation: Stabilitas et Mutabilitas,* Mering: Rainer Hampp.

Becker, M. & Seidel, A. (hrsg.) (2006), *Diversity Management: Unternehmens- und Personalpolitik der Vielfalt,* Stuttgart: Schäffer-Poeschel.

Becker, M. (2008), *Messung und Bewertung von Humanressourcen: Konzepte und Instrumente für die betriebliche Praxis,* Stuttgart: Schäffer-Poeschel.

Hanssmann, F. (1985), *Quantitative Betriebswirtschaftslehre,* 2. Aufl., München: R. Oldenbourg.

Hubbard, E. E. (2004), *The Diversity Scorecard: Evaluating the Impact of Diversity on Organizational Performance,* Brlington/ Oxford.

Kim, S.-K. (1989), *Zur Arbeitszufriedenheit der aus Korea in deutsche Niederlassungen entsandten Stammhaus-Mitarbeiter – eine empirische Analyse,* Pfaffenweiler: Centaurus-Verlag.

Klimecki, R. G. & Gmür, M. (2005), *Personalmanagement,* 3. Aufl., Stuttgart: Lucius & Lucius.

Picot, A. (1982), Transaktionskostenansatz in der Organisationstheorie: Stand der Diskussion uns Aussagewert, *Die Betriebswirtschaft,* 42, 2, 267-284.

Porter, M. E. (1995), *Competitive Advantage: Creating and Sustaining Superior Performance,* New York: Free Press.

Remer, A. (1978), *Personalmanagement*, Berlin: Walter e Gruyter.

Spitzer, M. (2004), *Selbstbestimmen: Gehirnforschung und die Frage: Was sollen wir tun?*, München: Spektrum Akademischer Verlag.

Williamson, O. E. (1975), *Markets and Hierarchies,* New York: Free Press.

Willamson, O. E. (1991), The Analysis of Discrete Structural Alternatives, *Administrative Science Quarterly*, 36.

제 6 장
인적자원의 보상과 노사관계 이슈

제 6 장
인적자원의 보상과 노사관계 이슈

1. 성과주의 평가 · 보상의 함정

성과주의는 이제 21세기 인사관리의 세계적 화두로 자리 잡았다. 인사관리 시스템의 중심에는 성과가 있으며 성과를 중심으로 평가와 보상, 교육훈련 등 인사기능이 영향을 주고받는 것이 오늘날 널리 통용되는 성과주의 인사시스템의 모델이다. 성과주의 인사관리라는 강력한 개혁 드라이브로 말미암아 기업경영은 과거와는 다른 모습으로 변해가고 있는 것도 사실이다. 그러나 빛이 강렬할수록 그 그림자 또한 어둡기 마련이듯이 성과주의에 입각한 평가, 보상제도가 지니는 한계와 문제들로 인해 성과주의 인사관리가 당초의 목적을 달성하는데 걸림돌이 되는 경우가 종종 있다.

미국의 소설가 조시프 헬러가 쓴 소설『Catch 22』에는 성과주의 평가, 보상의 함정이 극적이면서도 익살스럽게 표현되고 있다. 소설의 줄거리는 이렇다. 먼저, 소설의 무대는 제2차 세계대전의 독일전선이다. 전쟁에 참가한 미국 공군은 연일 독일군의 주요 군사목표를 폭격하는데 여념이 없었다. 미 공군사령관은 폭격이 제대로 시행되고 참여하는 장병들의 사기진작이라는 목표를 달성하기 위해서 정확한 직무평가를 실시하고 이에 따른 공정한 보상을 파일러트들에게 주기로 마음먹었다. 평가의 방법으로서 폭격기에 탑승하는 팀별로 성공적인 출격횟수를 측정하여 목표로 설정한 일정한 횟수를 채우면 후속팀과 교대하고 미 본토로 귀향할 수 있는 인센티브 제도를 도입하였다. 이러한 성과위주의 평가 및 보상 방침은 일견하면, 파일러트들이 인센티브를 받기 위해서는 폭격횟수를 늘려야 하고 출격횟수가 증가됨에 따라 자신에게 돌아 올 보상이 커지게 되므로 격추될 위험이 높아짐에도 불구하고 폭격횟수가 증가할수록 전략적 타격목표(적의 군사시설) 달성도 늘어날 것이므로 매우 공정하고도 합리적인 성과 시스템으로 여겨졌다.

성과주의 그 자체라고 여겨지는 이 새로운 인센티브 시스템을 도입하고 나니 과연 공군 사령관이 기대했던 대로 미 공군 B-29 폭격기의 독일 내 출격횟수가 눈에 띄게 증가하였다. 그런데 이 소설에 등장하는 주인공은 새로운 인센티브 시스템에 적응하면서 딜레마에 빠지게 된다. 군대가 원하는 대로 폭격 횟수를 채워서 고향에 돌아가고는 싶은 마음이 드는 것은 당연한 것인데 독일군이 끈질기게 저항하는 군사 전략목표에 대한 폭격을 증가시키자니 위험부담이 컸기 때문이다. 고민에 빠지던 주인공은 드디어 묘안을 떠올린다. 주인공은 이 평가보상 시스템의 측정방법에 착안하게 된다. 즉 이 제도는 단지 폭격횟수만을 측정하여 평가하는 것이기 때문에 폭격기가 이륙하여 사고 없이 무사히 귀대하기만 하면 어쨌든 성공적인 출격 1회로 계산된다. 따라서, 그는 성공적인 폭격횟수를 증가시켜 귀향에 필요한 숫자를 채우기 위해서는 독일군의 고사포 공격 등 저항이 없는, 안전한 곳을 비행하다가 귀대하면 된다는 결론에 도달하였다. 주인공은 이 아이디어를 신속히 실천에 옮긴다. 주인공과 함께 폭격기에 탑승한 팀원들은 폭탄을 싣고 부대를 이륙하지만 독일군의 저항이 거의 없는 농촌지역이나 공해 상으로 폭격기를 몰고 다니다가 폭탄을 모두 바다 위에 떨어뜨리고 유유히 귀대하는 쾌거(?)를 감행하기에 이른다. 주인공의 팀의 성적은 나날이 올라갔고 그 팀의 성공의 비결(?)을 눈치 챈 다른 팀에서도 이 방법을 하나 둘씩 따라하면서 부대 전체에 전염되기에 이른다. 결국, 그 폭격기 비행대대는 사령관의 당초 기대와는 전혀 다른 방향으로 움직이게 된다는 코미디 같은 소설이다.

이러한 『Catch 22』 현상은 소설이 아니라 실제 기업조직에서 비일비재하게 일어난다. 1950년대 포드자동차의 최고경영자였던 로버트 맥나마라(Robert McNamara)는 이름난 숫자 광(number cruncher)이었다. 맥나마라는 현장의 생산실적이 날로 증가되는 것을 구체적인 숫자로 관리하면서 관리자들의 실적 향상을 독려하였다. 실적증가에 따른 품질의 저하 우려에 대해서 그는 심각하게 생각하지 않고 그저 "품질도 좋으면서도 많이 생산할 것"을 주문했다. 최고경영자가 품질에 대해서는 별로 채근하지 않으면서 생산량에 대해서는 엄청난 푸시를 가하는 입장을 견지하는 것을 알아차린 현장의 관리자들은 이러한 시스템에 순응하지 않을 수 없었다. 그들은 최고경영자가 진정으로 평가하는 것은 품질이 아니고 수량이라고 결론짓고 이에 따른 보상을 받기 위해 동분서주하였다. 왜냐하면 품질개선을 위해서는 최고경영자가 말만 할 뿐 실제로 아무런 수단이나 조치를 강구하지 않았기 때문이었다. 그때부터 포드자동차 회사의 임직원들은 품질보다는(비록 CEO가 품질이 중요하지 않다는 말은 한 적은 없지만) 생산량 등 숫자로 표시되는 업적지표를 채우기 위해 바삐 움직였다. 그 결과 포드자동차는 생산량을 꾸준히 증가하였지만 품질에 심각한 문제가 발생하기 시작하였고 이는 소비자들이 포드자동차를 외면하고 경쟁사인 GM으로 발길을 돌리는 데 한 몫을 하였다.

맥나마라가 60년대에 포드자동차 CEO에서 미 국방장관으로 발탁되자마자 그는 당시 최대 현안문제인 월남전 수행을 총괄하게 되었다. 포드자동차에서 생산수량을 중시하는 경영으로 잘 알려진 맥나마라 국방장관에 대해 월남에 있는 지휘관들은 자연스럽게 숫자 놀음(number game)을 중시하는 새로운 방침에 재빨리 적응하였다. 즉, 전투의 성과를 투입 인원수, 투입된 무기의 제원과 수량, 적의 전사자 수, 파괴된 가옥 수, 획득 포로 수 등 주로 숫자로 국방부에 보고함으로써 교착상태에 빠진 전쟁을 얼핏 보면 성공적으로 치러지는 것처럼 보이도록 트릭을 썼다. 이러한 트릭이 가능했던 것은 지휘관들이 정직하지 않았다기 보다도 워싱턴에 있는 윗사람들이 무엇을 원하는 지를 그들이 간파하였기 때문에 그들은 상부의 의도에 충실하게 행동했던 것이다. 결국, 맥나마라 국방장관과 그의 휘하에 있던 월남의 미군 지휘관들은 50년대 포드자동차 현장 관리자와 동일한 방법으로 성과주의의 기치 하에 월남전을 끝없는 수렁으로 몰아가는 데 서로 협력한 셈이다.

포드자동차와 월남전이 주는 교훈은 성과주의 평가, 보상제도가 갖는 약점을 극복하지 않으면 오히려 이 제도가 엄청난 조직실패를 초래한다는 것이다. 성과주의 그 자체에 대해서 반대하는 사람은 그리 많지 않을 것이다. 문제는 성과주의 평가 및 보상제도를 시행하는 과정에서 경영자의 리더십과 윤리성이 발휘되지 않으면 평가와 보상을 당하는 대상에 대해서 부정적 강화(negative reinforcement)를 야기시켜 조직을 위험한 상황에 빠뜨릴 수 있다. 부정적 강화라는 것은 쉽게 말하면, 성과로 위장된 잘못된 업적에 대해서 눈을 감거나 후하게 평가하고 보상을 줌으로써 피평가자로 하여금 바람직하지 못한 행동을 증가시키는 것을 말한다. 환언하면, 부정적 강화는 조직 구성원들을 의도적으로 사기극의 단역배우로 만들어 버린다는 것이다. 부정적 강화가 위험한 것은, 일단 이런 강화에 길이 든 사람들은 조직에 의해 묵인된(바람직하지 못한) 행동을 계속 반복하면서 묵인된 보상을 얻으려고 하기 때문이다.

부정적 강화를 야기시키는 것보다는 차라리 성과주의 평가, 보상제도를 포기하고 연공주의나 속인주의로 회귀하는 것이 조직을 위해 더 나은 대안일 수 있다. 성과주의의 기치를 드는 순간부터 감독자와 피감독자 사이에 '도덕적 해이'(moral hazard)가 발생할 수 있다. 이것은 성과주의 이전에는 학습되지 않았던 행동이며 순진한 종업원을 약삭빠른 프로배우로 만든 꼴이 된다.

과거에는 평가와 보상이 장기적으로, 그리고 전인적으로 이루어지는 경향이 많았다. 피평가자가 성과를 많이 올렸든지 적게 올렸든지 단기성과에 집착하기보다는 그 사람이 어떤 사람인지, 잠재력은 어떤지, 그리고 업무의 결과와 아울러 결과의 품질이 장기간에 걸쳐 많은 사람들에 의해 암묵적으로 평가되었다. '반짝 성과'를 올리는 사람보다도 꾸준한 사람, 진실한 사람, 질 적으로 우수한 종업원이 우대를 받을 수 있는 여지가 있었다. 그런데 경제위기와 함께 닥친 성과주의의 열풍은 이러한 평가를 전근대적인 것으로 몰아붙이고 성과주의가 평가와 보상에 지고의 가치로 자리 잡게 만들었다.

그러면 구성원의 도덕적 해이와 부정적 강화가 우려되므로 다시 과거의 방식으로 돌아갈 것인가? 그렇지는 않다. 성과주의가 현대 인사관리가 가야 할 방향인 것만은 틀림이 없다. 문제는 추구하는 방법이다. 양적인 목표만을 성과로 정의하고 경영자가 "숫자 놀음"에만 집착한다면 성과도 달성하지 못하고 조직을 위기로 몰아갈 수 있다. 따라서, 양적 목표를 추구하면서도 질적 목표를 함께 요구하는 시스템을 개발할 필요가 있다. 최근 유행하고 있는 컴피턴시 평가(competancy-based performance evaluation)는 이러한 '제3의 길'을 찾아가는 하나의 방법이 될 수 있다.

컴피턴시 평가는 피평가자의 발휘능력 뿐만 아니라 잠재능력도 함께 평가를 한다. 그러면서도 성과달성에 결정적 역할을 하는 핵심성공요인(KSF)을 측정하므로 성과주의에도 부합된다. 그리고 핵심성공요인에는 양적 성과뿐만 아니라

고객만족도, 구성원의 능력개발, 조직에의 장기적 기여도 같은 질적 지표도 상당수 포함되어 있기 때문에 양적지표 일변도를 어느 정도 피할 수 있다. 성과주의에는 분명 함정이 있다. 성과주의의 함정에 빠지지 않기 위해서 기업은 '숫자놀음', '숫자 밀어붙이기'로 대표되는 양적지표 챙기기에 집착하지 말고 회사 특유의 질적 지표를 개발하여 균형 잡힌 평가를 해야 한다. 이러한 균형 잡힌 평가가 가능해야 그 평가에 입각한 보상이 정당성과 수용성을 지닐 수 있다.

2. 선택적 복리후생 제도의 유형과 운영방식

최근 우리나라에서 주 5일제와 같은 사회 전반적인 변화와 함께 근로자들의 가정생활이나 개인 여가생활에 대한 욕구가 다양하게 전개되고 있으며, 노동시장이 유연화 되면서 퇴직연령까지 평생 한 직장에서 근무를 하였던 관행들도 사라지게 되었다.

이와 같이 복리후생의 개념은 등장한 후로 위와 같이 규모에 있어서나 그 제공되는 프로그램의 다양성 등 제도의 형식과 내용면에서 많은 발전을 이루어 왔다.

기존의 전통적 복리후생제도는 모든 종업원에게 멤버십을 기준으로 일률적으로 동일한 혜택을 제공하는 형태로서의 정책으로서, 근로자들의 복지에 대한 의식의 개선과 다양성과 개성을 중시하는 사회와 같은 지금의 현실에서 기존의 복리후생은 더 이상 근로자들에게 과거와 같은 보상의 효과를 기대하기 어렵게 되었으며, 근로자들로부터 몰입을 이끌어내는데도 실패하게 된 것이다.

이러한 전통적 복리후생의 한계점의 인식에서부터 미국과 일본 등의 선진기업들은 기존의 제도에서 탈피하여 종업원 각자의 필요에 따라 복리후생 프로그램을 선택할 수 있도록 하는 선택적 복리후생제도 혹은 카페테리아 복리후생이라고 불리는 새로운 혁신적 형태의 복리후생제도를 도입하게 되었고 현재 우리나라의 몇몇 개의 기업에서도 이 제도를 받아들이고 있는 중이다. 새로운 기업복지제도로서 새롭게 대두되고 있는 선택적 복리후생제도가 무엇이며 또 어떠한 효용을 가져다주는지에 대하여 알아보기로 한다.

선택적 복리후생제도(Flexible Benefits Plan)는 영어로 Flexible Benefits Plan, Cafeteria(Benefits) Plan, Cafeteria Compensation Plan 등 다양하게 표기되고 있다. 카페테리아 플랜이라고 부르는 것은 사람들이 마치 카페테리아에서 자신이 원하는 음식을 선택하듯이, 기업이 제공하는 복리후생 항목 중 일정 금액 한도 내에서 노동자가 자신의 필요에 맞춰 복리후생 항목을 선택할 수 있게 한 제도이다.

미국에서 도입되기 시작한 선택적 복리후생제도는 크게 두 가지 측면에서 발전되어 왔다. 하나는 복리후생을 중요한 동기부여의 수단으로 간주하고 구성원들의 선택을 통해 동기부여가 강화된다고 보는 학자들의 연구결과에서 출발하였다. 다른 하나는 미국의 조세법의 원칙가운데 하나인 '수취 추정주의'(Constructive Receipt Doctrine)의 보완으로 일종의 세제지원을 위한 정책방안으로 등장하였다.

넓은 의미에서의 선택적 복리후생 제도는 전통적인 복리후생제도에 대비되는 개념으로 종업원 개개인이 본인이 처한 상황이나 선호도에 비추어 본인의 의지에 의해 복리후생 혜택의 유형이나 수준을 선택할 수 있는 제도를 말한다. 즉 종업원들에게 어떤 형태로든 복리후생에 관한 선택권을 부여한 제도는 모두 선택적 복리후생이라 할 수 있다. 선택적 복리후생제도가 전통적 복리후생제도와 대비되는 특징은 다음과 같다.

첫째, 개별적(Individual)

전통적 복리후생제도가 집단적(collective)으로 구성원에 대한 개인적인 구별없이 종업원 전체를 기준으로 산출하여 집행하는 방식이라면 선택적 복리후생은 개개인의 욕구와 이해관계를 중시하는 개별적 제도이다.

둘째, 유연적(Flexible)

전통적 복리후생제도가 구성원의 의사와 관계없이 혜택의 유형이나 수준이 획일적(inflexible)으로 제공되는 것이라면 선택적 복리후생은 구성원에게 다양한 상품과 서비스 가운데 선택권을 부여하는 유연한 제도이다.

셋째, 참여적(participative)

전통적 복리후생제도는 대부분 구성원의 의견을 청취하거나 제도의 설계과정에 참여하는 경우가 거의 없고 인사부서에서 기업의 필요에 따라 설계하는 비참여적(non-participative)인 방식을 취한다면, 선택적 복리후생제도는 구성원들의 의사가 매우 중요하기 때문에 종업원들의 복리후생에 대한 Needs Survey를 실시하고, 제도의 설계와 집행 단계에서도 전체 구성원 혹은 근로자의 대표가 참여하는 것이 일반적이다.

넷째, 효과적(effective)

전통적 복리후생제도는 복리후생 프로그램을 통해 기업의 성과를 달성하기보다는 복리후생의 비용이나 혹은 관리의 효율성(efficiency)만을 강조한다면 선택적 복리후생제도는 전체 인적자원관리 시스템과 총체적 보상시스템의 일환으로서 조직의 목표를 달성하는지 여부에 관심을 가지며, 비용대비 효과를 중시한다.

최근 기업들은 상당히 개선되고 다양한 형태의 선택적 복리후생제도를 도입하고 있다. 가장 대표적인 형태로서 선택항목추가형, 모듈선택형, 소비계정형 등 세 가지 형태의 선택적 복리후생제도가 가장 많이 활용되고 있다. [그림 6-1]은 각각의 제도에 대한 이해를 돕기 위한 것이다. 각각의 제도의 개요와 장단점을 간략하게 설명하면 다음과 같다.

그림 6-1 선택적 복리후생제도의 종류

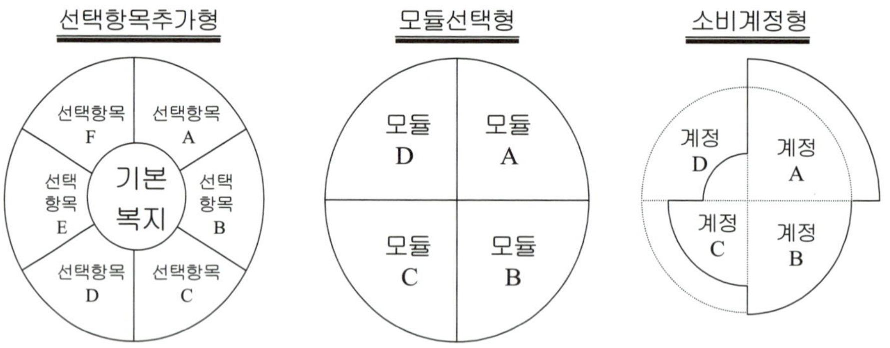

1) 선택항목추가형(Core Plus Option or Core Carve-out Plan)

선택항목추가형은 모든 종업원에게 최소한의 복리후생항목(core항목)을 기본으로 제공하고, 종업원들 개인에게 부여된 일정점수(credit) 한도 내에서 공통항목의 수혜범위를 증가시키거나 핵심항목 외의 별도항목(option)을 자유롭게 선택할 수 있는 제도를 의미한다. 핵심항목은 종업원에게 필수적인 복리후생으로 모든 종업원이 의무적으로 가입토록 한다. 선택항목추가형은 현재 가장 일반적인 형태의 선택적 복리후생제도로서 해외기업들이나 우리나라 대부분의 기업들이 도입하고 있는 형태이다.

선택항목추가형은 모든 종업원이 최소한 필요하다고 생각되는 것에 의무적인 가입을 원칙으로 함으로써 안정적인 복리후생제도를 유지하면서도 선택의 자유를 보장함으로써 종업원의 다양한 개별욕구도 충족시켜 준다. 그러나 핵심항목을 제외하고 선택을 하기 때문에 선택 시 특정항목에 편중될 가능성이 있고, 관리의 부담이 늘어난다.

선택항목추가형은 종업원들이 선택적 복리후생제도에 대한 충분한 이해와 선택능력이 선행되어야 하기 때문에 도입 전에 충분한 준비기간과 교육이 필요하다. 또한 제도의 효율적인 운영을 위해서는 정보시스템의 구축은 필수적이다.

2) 모듈선택형(Modular Plan or Prepackaged Flex)

모듈선택형은 종업원이 다양한 복리후생제도들의 조합으로 구성된 여러 개의 모듈 혹은 패키지(package) 가운데 하나를 선택하는 제도로, 카페테리아식 복리후생제도에 대한 이해도가 낮고 제도를 설계하는 능력이 떨어지는 초기에 도입하는 모델이다. 일반적으로 모듈 간에 복리후생제도의 종류에 차이는 없고 각각 수준만이 서로 다르게 구성된다. 복리후생 총비용의 합계는 모듈 간에 차이가 없다.

모듈선택형은 설계를 통해 종업원의 복리후생 욕구를 사전에 분류하여 제공하고 있기 때문에 종업원이 쉽게 자기에게 맞는 것을 선택할 수 있는 장점을 가지고 있다. 또한 설계에 많은 시간이 투입되는 반면, 일단 설계를 하고 나면 관리가 용이하고 관리비용이 적게 든다. 반면에 실제적으로 선택적 복리후생의 기본적인 목적인 종업원의 선택권을 제한하기 때문에 유연성이 다소 떨어지게 된다. 사전에 모든 것을 정해놓기 때문에 경직성이 있으며, 종업원들이 자신에게 가장 적합한 제도를 선택하는데 제약을 준다는 단점이 있다.

3) 소비계정형(Flexible Spending Account: FSA)

소비계정형은 기업이 종업원들에게 제공한 복리지원금액과 개별 종업원이 갹출한 금액을 종업원 개인의 복리계좌에 예치하고, 종업원들은 이 계좌의 금액범위 내에서 회사가 제시한 복지항목의 다양한 상품이나 서비스를 자유롭게 선택하여 구매하거나 이용할 수 있는 제도를 의미한다. 소비계정형 하에서는 회사가 의료관련, 재형저축관련 등 지원항목을 대분류로 분류하고, 종업원들이 해당항목의 상품이나 서비스를 구매한 후 비용을 청구하면 각 종업원의 지출계좌의 금액범위 내에서 비용을 처리해 주게 된다. 본 제도를 도입할 경우 유연성은 매우 높아지나, 회사의 전체 보상정책 상 반드시 도입해야 하는 프로그램 선택을 강제화할 수 없다는 단점이 있다. 소비계정형은 순수한 형태로 운영되기보다는 IBM의 사례와 같이 선택항목추가형과 연결하여 선택항목을 처리하는 방식으로 운영되는 경우가 일반적이다.

다음으로 선택적 복리후생제도의 운영측면에서 살펴보기로 한다. 기업에서 선택적 복리후생제도를 시행할 때는 메뉴선정, 배분기준 및 금액, 그리고 적용대상범위 등을 명확히 할 필요가 있다.

첫째, 선택적 복리후생의 메뉴구성

우리나라 기업들은 선택항목추가형을 기본 틀로 하고, 혼합선택형과 유연 소비계정형을 가미한 형태가 일반적이다. 유연소비계정형의 내용을 보면 우리나라 기업들은 미국과 달리 근로자가 갹출하는 경우는 거의 없고, 기업에서 제공하는 복리후생 항목을 선택한 후에 남은 예산을 처리하는 방법으로 유연 소비계정형을 많이 활용한다. 활용방법은 회사가 의료관련, 재형저축관련 등 지원항목을 대분류로 분류하고, 근로자들이 해당항목의 상품이나 서비스를 구매한 후 비용을 청구하면 각 근로자의 지출계좌의 금액범위 내에서 비용을 처리해주게 된다. 따라서 유연 소비계정형이 추가형과 연계하여 선택항목을 처리하는 변형된 방식으로 운영되는 경우가 일반적이다.

선택적 복리후생의 메뉴구성은 보통 법정복지, 공통적용복지, 기본선택항목, 자율선택항목 등 크게 4가지로 이루어진다. 기업에 따라 메뉴구성의 내용은 상당한 차이를 나타낸다.

선택적 복지항목의 선택범위는 '전체선택, 중간선택, 최소선택' 중에서 우리 기업들은 최소선택과 중간선택이 혼재되어 있다. 반면, 미국 기업들은 중간선택이 보편화되어 있다.

둘째, 선택적 복리후생의 배분기준

선택적 복리후생을 구입할 수 있는 권리, 즉 점수(credit or point)의 배분은 '모든 직원들에게 균등하게 배분하는 방식'과 '연령, 직급, 근속연수, 가족 수, 성과 등 일정기준에 따라 차등적으로 배분하는 방식' 등 크게 2가지로 구분할 수 있다. 점수배분은 우리나라 기업에서 두 가지를 병행하여 사용하고 있다(〈표 6-1〉 참조).

〈표 6-1〉 선택적 복리후생의 배분기준 사례

기업	한국IBM	LG유통	제일제당	동양제과	나이키	한국전력	한국가스공사	한글과컴퓨터	포스코
배분기준	성별, 가족, 나이, 급여, 근속	기본+근속, 직급, 성과	정액	기본+연령, 근속, 가족수, 개인 · 조직성과	Band, 근속, 결혼	기본+근속, 가족	기본+근속, 직급, 가족	정액	정액 (상주직원 교대 근무자로 구분)

개인별 점수부여는 기업의 총복리비용 중 법에 정해져 있거나 정책상 일률적으로 지급해야 할 부분을 제외한 나머지를 종업원 총수로 나눈 1인당 복리비용을 표준으로 산정한 후 선택적 복지의 배분기준에 따라 개인별로 연간 복리예산을 할당한다.

개인별 미사용 잔여점수의 처리방식은 크게 세 가지 방식이 있다. 첫째, '전액소진 방식'으로 해당 연도에 할당된 개인별 예산 중 미사용 예산은 연말에 모두 사용된 것으로 처리하는 방식이다. 둘째, '잔여분 차년도 이월방식'으로 미사용 잔여 점수에 대해 차년도 이월을 허용하는 방식이다. 마지막으로 '잔여분 현금반환 방식'으로 잔여 점수분에 대해 현금으로 상환하는 방법이다. 미국에서 많이 사용되는 방식이지만 우리나라에서는 활용되지 않고 있다. 현재 우리 기업에서는 잔여점수의 '이월가능과 이월금지' 등이 병행하여 활용되고 있다.

셋째. 선택적 복리후생의 적용대상 범위

일반적으로 선택적 복리후생제도는 전 직원을 대상으로 활용하고 있다. LG유통의 경우 임원, 계약직, 파트타임 등을 제외한 전 사원을 대상으로 한다. 한국가스공사의 경우 적용대상은 임원, 휴 · 정직자, 파견자 등을 제외한 전 직원이다. 포스코의 경우 전 직원을 대상으로 하며, 무보수촉탁 · 임시직은 제외하고 있다. 한국전력, 나이키 코리아는 전임직원을 대상으로 하고 있다.

국내기업의 실태를 조사해본 결과에 따르면, 수혜형평성의 문제와 비효율적 운영 등이 가장 큰 문제점으로 부각되고 있는 것을 알 수 있었으며 이를 해결하기 위한 보완점이 시급한 것으로 나타났다. 사원들의 요청빈도가 높은 선택항목은 담당자들의 정기적인 피드백 미팅을 통해 추가하여야 하며, 또한 기존 제도를 개선하기 위해 복리후생비의 재원을 더욱 확충해 나가는 방안을 고려하면서 선택항목의 In-Out을 적극 실행하여 사원들의 카페테리아 복리후생제도에 대한 만족도를 향상시켜야 한다.

또한 제도의 근본 취지 및 운용의 효율성을 고려하고 재정비하여 선택형 복리후생 제도에 포함되지 않은 항목의 지속적 발굴 및 전환과 자격항목 운영 개선으로 제도의 예산 통제기능을 강화해야 한다. 특정항목 소비 및 특정시기 사용 편중 배제를 위한 제도적 장치를 마련하여 생애복지 기능의 역할을 위한 탄력적 프로그램 운영이 필요하며, 수시 모니터링으로 직원 니즈 파악 등 시스템 활용 강화하고, 온라인 및 오프라인 단체 할인 서비스 제공으로 한정된 예산의 효율을 극대화 하는 방향으로 나아가야 할 것이다.

선택적 복리후생제도는 기존에 있었던 복리후생의 개념을 뛰어 넘어 기업과 직원들이 모두 윈-윈(win-win)할 수 있는 방향을 제시해 준다. 그리고 선택적 복리후생제도는 이것이 비단 기업 뿐 아니라 학교, 사회단체 등 다양한 분야에서 응용하여 적용 가능하다는 것을 제시해준다. 기업과 직원간의 끊임없는 피드백 작용을 통해 급변하는 환경에 따라 유연하고 탄력적인 선택적 복리후생제도를 발전시켜 우수 인재들을 유치, 유지하는 것이 기업의 경쟁력을 높이는데 도움이 된다고 믿는다.

3. 실험을 통해 본 조직내 권력의 폭력성

최근 우리 사회는 조직내 잘못된 권력행사로 빚어진 폭력이 얼마나 구성원들을 황폐하고 만들고 파멸로 이끄는지를 보게 되었고 이에 온 나라가 경악과 충격 속에서 공분하고 있다. 장애인 학교내 성폭력 문제를 다룬 영화 「도가니」의 후폭풍이 전국을 강타하고 있으며 정치인을 비롯한 사회 각계각층에서 관련자 처벌과 제도개선의 목소리를 높이고 있다. 며칠 전에는 광주의 모 부대에 근무하던 한 이등병이 제대를 앞둔 선임병의 계속되는 구타와 폭언을 견디지 못해 목을 매 자살한 사건이 우리 사회에 충격을 주고 있다. 이러한 잔인한 조직내 폭력사건을 목도하면서 우리는 조직내 권력이 흉기와 같이 사용될 때 그 잔인함과 치명적 결과에 경악할 수밖에 없다.

심리학과 사회학 분야에서 학자들은 조직내 억압과 폭력, 권위에 대한 저항과 복종을 조사하기 위해서 다양한 실험(experiment)을 통해 연구를 진행하는 경우가 많은데, 그 중에서 역사적으로 유명한 실험으로서 스탠포드 대학의 '감옥 실험'과 예일 대학의 '복종 실험'을 꼽을 수 있다. 먼저 스탠포드 대학의 실험에 대해서 살펴보기로 한다. 1971년 미국 스탠포드 대학에서는 '환경조작에 따른 심리변화 실험'으로서 "인간에게 자유의지가 있는가, 인간은 극한 환경을 선한 의지로 이겨낼 수 있는 존재인가?"라는 인간 본성에 관한 의문을 과학적으로 탐구하려는 목적으로 실험연구가 시행되었다. 거대한 가상 감옥을 설치하고 대대적인 신문광고를 통해 참가자를 모집하여 진행된 실험은 2주일 동안 실시할 예정이었으나 도중에 문제가 발생하여 단 5일 만에 끝나고 말았다. 2010년에 개봉된 미국 영화 「엑스페리먼트(Experiment)」는 이 '스탠포드 감옥 실험'을 배경으로 하여 제작된 영화이다.

이 영화에서는 가상의 실험 감옥이라는 억압된 환경 속에서 인위적으로 부여된 간수와 죄수 역할을 연기하는 중에 점차 변모해 나가는 인간의 모습과 그로 인해 벌어지는 조직내 대립과 갈등을 보여주었다. 이 '감옥 실험'은 최근 한국사회에서 이슈가 되고 있는 조직내 폭력과 그 영향에 대해서 많은 시사점을 주고 있다. 영화 「엑스페리먼트」의 줄거리는 다음과 같다.

트래비스는 사랑하는 연인 베이와 함께 여행을 가기 위한 목적으로 신문구인 광고에 난 프로젝트 실험에 참여하게 된다. 그 실험은 다양한 인종과 연령대 남자들을 간수와 죄수 그룹으로 나눈 다음 2주일 동안 가상의 감옥 체험을 하는 것이다. 벤지, 닉스 등과 함께 죄수 그룹에 들어간 트래비스는 그 곳 사람들과 어울리며 실험 자체를 대수롭지 않게 생각하지만 실험 2일째, 사소한 다툼이 간수 그룹에 속해 있던 베리스와 체이스를 자극하며 실험 참가자들은 점차 간수와 죄수의 역할을 현실로 받아들이게 된다. 실험이 진행될수록 점점 폭력적으로 변화하는 베리스 집단과 그에 반항하는 트래비스 집단 사이의 갈등은 점차 심해진다. 실험 5일째, 첫 번째 살인이 발생하면서 가상의 실험은 점차 파국의 현실로 치닫게 되고, 결국 죄수집단의 폭동으로 실험은 닷새 만에 막을 내리게 된다.

스탠포드 대학에서 이 감옥실험을 시작하면서 간수역할을 맡은 피험자들에게 죄수들에게 적절한 제재를 가할 수 있는 권리가 있다는 것을 상기시켰고, 죄수역할을 맡은 피험자들에게 죄수들은 간수들에게 해를 가할 수 없다는 것을 다들 상기시켰다. 이러한 실험설정을 통해 간수들은 감옥의 강력한 리더적 존재가 되어갔다. 간수들의 권위적인 행동들로 인해 죄수들은 자신의 지위권력이 간수에 비해 현저히 낮다는 사실을 받아들이게 되었으며 이것은 부당한 대우를 받고 있다는 생각으로 발전하게 되었다. 감옥내 구성원들 사이에서 지위와 권력 간 차이가 있다고 믿게 되면서 리더인 간수들의 권위주의적 성향이 강하게 나타나고 이에 대한 대응으로 죄수들은 부당하다고 생각되는 대우에 대해 저항하는 행동을 보이게 되었다. 영화에서는 권위적인 간수들에 극렬히 저항하는 죄수들에 대해서 폭력이 행사되었고 폭력은 더욱 잔인한 폭력을 부르고... 결국 감옥 조직은 폭력으로 인해 살인사건이 발생하고 더 이상 실험을 계속할 수 없을 정도로 파국으로 치달아 갔다.

예일 대학교의 사회심리학자 스탠리 밀그램(Stanley Milgram)은 인간의 복종

(obedience)의 근저에는 무엇이 있는지를 알아보기 위해 "인간은 잘 알지 못하는 권위자의 명령에 얼마나 복종하는가?"라는 연구주제를 설정하고 실험방법으로 이를 확인하고자 하였다. 그는 '학습에 대한 처벌 효과를 조사하기 위한 실험'을 실시한다고 공고하고 피험자들을 모집하였다. 그는 피험자들에게 교사와 학생역할을 분담시키고 학생들에게는 주어진 개념에 대해 연상되는 단어들을 말하는 과제를 부여하였다. 그리고 교사들에게는 학생들이 주어진 시간내에 연상 단어를 말하지 못할 경우 처벌로서 간단한 전기 쇼크를 주는 역할을 부여하였다. 전기 쇼크는 실수 횟수에 따라 강도가 높아지는데 처음에는 15 볼트의 충격이 가해지지만, 계속해서 오답을 말하거나 답을 대지 못할 경우에는 최고 450 볼트까지 전기 충격이 가해질 수 있도록 전압 스위치가 설계되어 있다고 교사들에게 주지시켰다.

그러나 실제 상황에서는 스위치를 눌러도 전기가 흐르지 않도록 하였는데 이 사실을 교사역할을 맡은 사람들에게 알려주지 않았다. 그리고 학생 역할을 맡은 사람들에게는 답을 말하지 못할 때마다 교사들이 전기 스위치를 눌러 횟수에 해당되는 전압의 전구에 불이 켜지지만, 실제로 전기 충격은 없다는 것을 주지시킨다. 그렇지만 전구에 불이 켜질 때마다 학생들은 일부러 고통스러워하고 고함을 지르는 등 마치 정말로 전기 쇼크를 받은 것 같은 리얼한 '연기'를 보여줄 것을 주문하였다. 여러 차례의 실험을 실시하였는데 교사들은 학생들이 정답을 대지 못할 때마다 별로 주저함 없이 전기 스위치를 눌렀고 학생들이 고함을 지르며 괴로워함에도 불구하고 (생명이 위험한 수준인) 최고 전압 450 볼트까지 어렵지 않게 누를 수 있었다. 즉, 피험자들은 타 피험자들의 생명을 위협할 수 있는 지시에 대해 별 거부감 없이 복종한다는 것을 이 실험결과는 보여주었다. 심지어 실험 시작 전에 '나는 30볼트 이상 스위치는 누르지 않을 것'이라고 말했던 피험자들도 실제 실험에서는 최고 전압을 누르는데 주저하는 행동을 보이지 않았다.

스탠포드 대학교의 '감옥 실험'과 예일대학교의 '복종 실험'이 우리에게 주는 시사점은 무엇인가? 그것은 조직내 지위권력을 가진 자의 권위적 지시에 아랫사람은 저항하기가 쉽지 않다는 것이다. 자기 자신의 가치관과 맞지 않은 역할이 주어져도 역할에 요구되는 업무지시에 맹목적으로 복종하는 경향이 강하다는 것이다.

우리 사회에 충격을 준 인화학교의 장애인 성폭력 사건과 최근 모 군부대에서 발생한 선임병의 신병 구타와 그 결과로서 야기된 자살사건을 바라보면서 조직내 권력의 속성에 대해 주목하게 된다. 학자들이 말하는 권력(power)이란 개인이나 집단이 다른 개인이나 집단의 의사결정과 자원통제에 영향을 미치는 능력과 잠재력을 말한다. 여기서 말하는 '영향'이란 구성원의 저항을 극복하고 목표를 달성한다는 의미를 내포하고 있다. 권력에는 잠재력과 행사력이라는 두 측면이 있는데, 일반적으로 권력이라고 하면 이 두 가지를 모두 포함한다. 권력은 다른 사람의 행동을 조정하거나 변화시킬 수 있는 능력인데, 이것이 반드시 합법적(legitimate)인 속성을 지니는 것은 아니다. 비합법적인 강제력(coercion)도 권력에 포함된다. 권력이라는 그 자체는 좋은 것도 나쁜 것도 아닌 중립적인 것이라고 볼 수 있다. 그러나 그것이 잘 사용될 때는 조직구성원들을 통합시키고 조직의 성과를 증대시키는 '좋은 도구'가 되지만, 잘못 사용될 때 권력은 구성원과 조직을 파괴시키는 '흉기'가 될 수 있다.

두 실험에서 보는 바와 같이, 조직내 권력이 잘못 사용될 때 그 영향력과 파괴력은 조직 전체를 황폐화시킬 수 있다는 것을 알게 되었다. 권력을 가진 자는 권력을 부정적인 방향으로 행사하는 유혹을 받게 되고 반복해서 부당한 대우를 받는 개인들은 처음에는 권위에 맹목적으로 복종하다가 일정한 수준인 한계치를 넘게 되면 지위 권력을 가진 자의 폭력에 맞서 폭력으로 저항하면서 결국 조직은 파국으로 가게 되는 메카니즘을 스탠포드대학교 실험은 잘 보여주고 있다. 특히 예일대학교의 '복종 실험'에서는 폭력으로 변한 지위 권력 앞에서 개인의 양심과 소신이라는 것이 얼마나 나약한 것인지를 잘 보여주었다. 권위라는 탈을 쓴 폭력적 권력 앞에 개인은 복종할 수 밖에 없고 그 복종의 대가는 엄청난 파국이라는 것을 개인은 알면서도 어쩔 수 없이 맹목적 복종이라는 '도가니'속에 빠져 함께 휩쓸려 들어가는 나약한 존재라는 것을 알게 되었다.

그러면 우리는 이러한 '맹목적 복종의 도가니'에서 어떻게 빠져나올 수 있을까? 이에 대한 처방은 다음과 같이 요약될 수 있다. 우선 권력의 속성을 변화시키는 것이다. 리더의 권력이 강제적, 보상적 권력에만 의존하는 것을 막고 합법적, 준거적, 전문적 권력에 기초할 수 있도록 리더십을 개발하고 권력 시스템을 변화시키는 일이 필요하다. 다음으로는 조직내 갈등의 원인이 되는 지위 불균형 상황을 가급적 줄이고 권력을 가진 자의 부당한 권력행사에 맞설 수 있는 개인의 저항권을 보장하는 일이다. 또한 조직 외부인들의 감시와 모니터링이 가능할 수 있도록 조직의 투명성을 높이는 일이다. "자유의 대가는 끊임없는 감시이다"(Eternal vigilance is the price of liberty)라는 격은은 사회와 조직의 민주화를 유지하기 위해서 구성원의 각성과 끝임없는 모니터링 노력이 중요하다는 것을 지적하는 경구(警句)이다.

4. 해고 통지, 그 쓸쓸함에 대해서 -영화 「Up in the Air」를 중심으로-

전 세계적인 불황과 경제위기가 지속되는 가운데 기업은 인력감축과 구조조정이라는 어려운 의사결정에 내몰리고 있다. 2009년에 개봉된 미국 영화 「Up in the air」는 기업의 인력해고와 퇴직관리를 다루었다는 점에서 주목할 만하다. 이 영화는 국내에서는 생소한 직업인 해고전문가로 일하는 주인공을 중심으로 스토리가 전개된다는 점이 흥미롭다.

'인디에어'는 '허공 속으로 날아 간다'는 의미도 있다. 이는 해고전문가의 외로운 삶과 철학을 통해 불황의 시대를 사는 사람들의 슬픈 자화상을 코믹하게 그린, 월터 컨의 동명 베스트셀러 소설을 원작으로 한 영화이다. 원작자인 월터 컨이 처음 작품의 아이디어를 얻은 건 우연한 만남 덕분이었다고 한다. 그가 비행기를 타고 LA로 가던 중에 옆자리에 앉은 남자와의 대화를 나눴는데, 그 남자는 1년에 300일은 항상 여행을 다니기 때문에 집을 팔고 호텔을 집 삼아 생활하는 사람이었고 월터 컨은 이 대화로부터 주인공 라이언에 대한 영감을 얻었다고 한다.

먼저 이 영화의 주요 등장인물들에 대해 설명하고자 한다.

① 라이언 빙햄(George Clooney)

라이언 빙햄은 커리어컨설팅 회사의 해고전문가로 '인생은 가방하나만을 들고 다닐 수 있도록 가볍게 살아야 한다.'고 강조한다. 특기는 완벽한 비행기 여행, 인생 목표는 천만 마일리지를 모아 세계에서 7번째로 플래티넘 카드를 얻는 것이다. 영화의 대사를 인용하자면 '사람의 눈을 볼 때 상대가 내 영혼을 보듯 고요해지는 느낌' 따위는 모른다며 어떠한 구속도 거부하는 철없는 남자, 여동생의 결혼식에 가는 것조차 썩 내켜하지 않는 남자이다. 하지만 자신과 너무 닮은 여자인 알렉스와의 만남, 그리고 자신의 원칙을 흔드는 영특한 신입사원 나탈리와의 만남을 통해 라이언은 인생에서 정말 중요한 것이 무엇인지 깨닫게 된다.

② 나탈리 키너(Anna Kendrick)

나탈리는 23살의 코넬대 학사 졸업생으로, 라이언이 일하고 있는 회사에 신입사원으로 들어온다. 해고자를 만나기 위해 전국각지를 돌아다니는 것이 비효율적이라고 생각해서 '온라인 해고 시스템'이라는 획기적인 전략을 제안하고, 이를 반대하는 라이언과 충돌하게 된다. 이 시대의 똑똑하고 합리적인 당찬 신입사원을 대표하는 그녀는 라이언과 함께 해고 여행을 다니며 진정한 삶의 의미를 배워간다.

주인공 라이언은 커리어 컨설팅 회사인 CTC(Career Transition Corporation)의 직원으로 일하고 있다. 이 회사는 다른 기업의 직원들을 해고와 구직활동을 대행해주는 일종의 용역업체로, 라이언은 이 회사의 '해고 전문가'이다. 해고 전문가는 해고를 의뢰하는 회사가 나타날 경우 교통수단을 이용해 직접 그 회사로 가서 해고 대상자들과 1:1 또는 1:다수의 면담을 통해 해고를 통보한다.

영화 내용에 따르면 해고전문가를 고용할 경우, 기업의 CEO와 인사담당자들이 오랫동안 가족처럼 함께 일해 온 직원들과 굳이 불편한 대화를 나누지 않아도 되는 이점이 있다. [그림 6-2]를 통해 영화 내용을 토대로 해고 대행 시스템을

그림 6-2 해고 대행 시스템

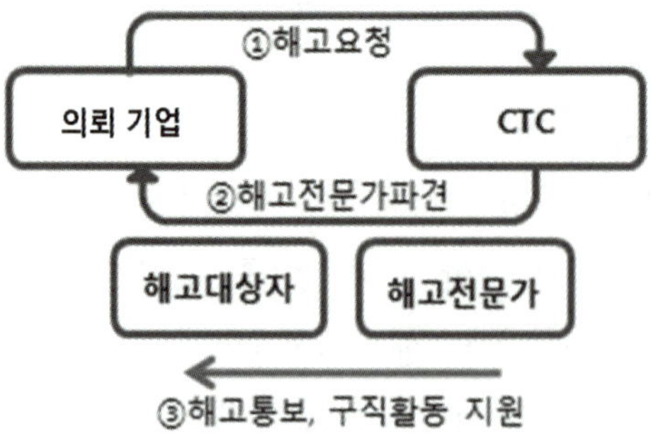

알기 쉽게 나타내 보았다. 해고전문가라는 직업은 현재 우리나라에는 존재하지 않는 것으로 알려져 있지만, 우리나라가 미국과 비슷한 수준의 경제규모를 가지게 될 경우 도입될 가능성이 있다고 판단된다.

영화 속에 나타난 해고 시스템은 그 실행 방법에 따라 온라인, 오프라인 해고 시스템으로 나뉜다. 영화의 배경인 CTC에서 주인공 라이언과 그의 동료들이 사용하고 있는 방법은 오프라인 해고 시스템으로 해고전문가가 해고대상자와 직접 대면하여 해고 절차를 진행한다.

반면에, 영화 초반에 등장한 신입사원 나탈리는 기존의 해고 시스템이 '비용이 많이 들고 비효율적'이라고 평가하며 온라인 해고 시스템을 도입할 것을 제안한다. 온라인 해고 시스템을 도입하면 화상카메라를 통해 컴퓨터 화면을 보며 해고대상자를 만나고, 해고 전문가가 굳이 움직이지 않고도 즉시 해고할 수 있다. 또한 나탈리는 새로운 시스템을 도입할 경우 전체 예산의 85%를 감소시킬 수 있으며 해고전문가들이 일년에 322일을 비행기에서 보내는 대신 정상적으로 가정생활을 할 수 있을 것이라고 주장한다. 아래 〈표 6-2〉에서 라이언과 나탈리의 오프라인, 온라인 해고 시스템에 대한 견해를 통해 두 시스템을 비교분석해 보았다.

〈표 6-2〉 오프라인과 온라인 해고시스템의 장단점 비교

	장점	단점
오프라인	- 해고 대상자와 면대면 대화를 통해 설득할 수 있다. - 해고 대상자를 한 직장에 헌신한 인간으로 존중해주기 때문에 퇴직 후유증을 줄일 수 있다.	- 잦은 의뢰 회사 방문으로 해고 전문가의 가정생활이 유지되기 힘들다. - 해고 전문가가 이용하는 교통, 숙박비용이 발생한다.
온라인	- 단시간에 여러 명을 해고할 수 있기 때문에 업무 효율성이 증대된다. - 예산을 약 85%정도 절약할 수 있다(CTC의 경우).	- 해고 대상자의 존엄성을 무시한다. - PC스크린을 통해 접촉하기 때문에, 해고 대상자의 반응에 적극적으로 대처할 수 없다.

CTC의 CEO는 온라인 시스템의 비용절감효과를 높이 평가하지만, 라이언의 반대로 인해 즉시 도입하지는 못한다. 대신 나탈리를 라이언과 함께 출장을 가도록 하여 실무에 투입하도록 지시한다. 라이언과 함께 출장을 가는 비행기 안에서 나탈리는 'CTC Employee Termination Workflow'라는 프로그램을 제작하는데,

이는 앞서 설명한 온라인 해고시스템을 더욱 더 간단히 하여 해고 전문가가 웹상에 접속하지 않고 컴퓨터 프로그램이 해고대상자를 대신 해고하는 프로그램이다.

라이언과 함께한 실제 해고 상황에서 해고 대상자가 '다리에서 뛰어 내리겠다'고 하는 등 예상치 못한 반응을 하자 나탈리는 당황하며 힘들어하는 기색을 보인다. 하지만 CTC의 CEO는 온라인 해고 시스템을 현장에서 도입해보기를 지시하고, 나탈리는 약 50여명을 컴퓨터 스크린을 보며 해고한 후 무사히 본사로 돌아간다. 그리고 본사에서는 본격적으로 온라인 해고 시스템을 도입하기 위해 Termination Engineer라는 직위를 만들고 나탈리의 지휘 아래 '온라인 해고 교육'을 실시한다. 교육은 나탈리가 제작한 'CTC Employee Termination Workflow'를 기반으로 컴퓨터 스크린을 보며 해고 대상자의 예상 반응에 대해 답하는 역할극이 주를 이루고, 해고시킬 때 법에 저촉되는 발언을 하지 않도록 세세한 부분까지 컴퓨터로 통제된다.

하지만 나탈리가 직접 해고했던 한 여직원의 자살 소식이 들리고, 나탈리는 충격으로 사표를 내고 회사를 떠난다. 그와 같이 CTC의 온라인 해고 시스템 또한 해고 대상자들의 다양한 반응에 성공적으로 대처하지 못하는 단점이 크게 드러나서 폐기되고 결국 라이언은 다시 비행기를 타고 사람들에게 해고를 통보하는 여행을 홀로 떠나게 된다.

"우리가 하는 일은, 게으른 사장들을 대신해서 사람들을 해고하는 것. 하지만 그보다는 새로운 시작에 대한 용기와 방법을 알려주는 일이라고 볼 수 있지."라고 말하는 라이언의 대사에서 해고전문가의 구체적인 역할을 파악할 수 있다. 해고전문가는 앞서 해고시스템에서 설명한 것처럼 직원을 해고하는 것뿐만 아니라, 해고 대상자가 앞으로 어떻게 경력을 개발해야 할지 방향을 제시해주기도 한다. 라이언이 한 해고대상자의 이력서 내용을 기억해뒀다가 퇴직 후 어떤 일을 해야 할 지 조언해주는 장면이 비록 비중이 적게 나오기는 하지만, 실제 해고 프로세스를 진행할 때는 퇴직관리 부분이 매우 중요한 부분을 담당한다고 볼 수 있다.

영화 속 해고대상자들은 처음에 해고소식을 들었을 때, 분노하고 격렬하게 저항하다 눈물을 보인다. 자신이 회사에 기여한 정도와 가족의 얘기로 감정적으로 호소하며 매달리기도 한다. 하지만 라이언과 대화하며 퇴직관리를 받고, 젊은 시절 자신의 특기와 비전을 살린 이직과 창업에 눈을 뜨게 된다.

"당신의 짐 속에는 무엇이 들어있습니까(What is in your backpack?)" 이것은 영화 속에서 주인공 라인언이 청중들에게 던지는 질문이다. 영화 「Up in the air」는 '해고와 퇴직'이라는 참신한 주제를 통해 점점 개인화 되어가고 각박해지는 우리의 직장 현실과 직장인 개인의 삶에 질문을 던지고 자신을 돌아보게 한다. 해고전문가라는 독특한 직업을 가진 주인공의 출장길을 따라가면서 관객들은 스스로에게 '우리의 인생은 과연 이대로 괜찮은가?'하고 질문을 던져보는 시간을 가질 수 있었다. 또한 인디에어가 한 개인주의적인 인간이 점점 인간화되는 따스한 과정을 그린 영화라는 점에서, 단순한 풍자물이라기 보다는 기업의 인사담당자에게 한 번쯤 추천할 만한 영화라고 생각한다.

"해고-그 쓸쓸함에 대하여"라는 부제를 붙일 수 있는 이 영화는 인적자원관리에 있어서 오랫동안 터부시되고 제대로 조명을 받지 못한 기능에 대한 집중적인 스포트라이트가 비추어졌다는 점에서 사람들에게 중요한 논의의 시작을 마련했다는 점에서 의의가 있다는 생각이 든다.

영화의 결말 부분에서 결국 오프라인 해고시스템이 다시 등장하고 해고대상자의 개별 이력에 맞춘 진심어린 퇴직관리가 효과를 가져오는 장면을 보며, 이 영화에서 가장 핵심적인 메시지가 '인사관리에도 인간적인 모습(humanity)이 필요하다'는 것과 해고통지와 아울러 그들의 새로운 출발을 보다 확실하게 도와주는, 체계적인 '퇴직 지원 프로그램'(outplacement)의 중요성에 대해서 이 영화는 많은 시사점을 던지고 있다.

5. 노사시스템의 국제적 비교 분석

1) 기업의 관계관리

기업은 관계의 합이라고 생각할 수 있다. 기업은 내적, 외적으로 무수한 '행위자'(actor)들 간의 관계 속에서 굴러가는 조직이라고 말할 수 있다. 행위자들은 끊임없이 핵심역량을 개발하고 활용하며 기업조직이 재화와 용역을 생산하고 분배하여 수익을 창출할 수 있도록 지원하고 있다. 행위자들은 조직내부로는 종업원, 조직의 외부로는 고객, 공급자, 노동조합, 사용자 단체, 컨설턴트, 그리고 정부를 지칭한다. 기업조직은 이러한 행위자들 간의 상호작용을 통해 발전하기도 하지만, 행위자들 간의 관계에 문제가 생기면 조직이 생존과 발전에 큰 어려움을 겪기도 한다.

기업조직이 상호작용하는 내부, 외부환경과의 관계들 중에서 특히 중요한 관계를 구분할 필요가 있다. 학자들은 다음과 같은 다섯 가지 영역으로 관계를 구분하는데, 여기서 언급되는 다섯 가지 영역은 기업의 핵심역량의 발전과 보호를 위해 조정해야만 하는 중요한 관계를 의미한다.

첫째, 산업관계(industrial relations)
둘째, 직업훈련(vocational training and education)
셋째, 기업의 지배구조(corporate governance)
넷째, 타 기업과의 관계(inter-firm relations)
다섯째, 종업원과의 관계(employee relations)

이 다섯 가지 영역은 기업이 활동하는 데 있어서 종종 결정적인 역할을 한다. 기업들은 이 다섯 가지 영역에 속한 관계를 개선하기 위하여 내부화(internalize)하기도 하고, 외부화(externalize)하기도 한다. 이른바 거래비용 경제학(transaction cost economics)에서는 기업의 관계를 거래비용의 관점에서 파악하기도 한다. 기업이 관계를 내부화하는 것을 거래비용 경제학에서는 '위계(hierarchy)에 의한 조정'이라고 부르고, 외부화를 '시장(market)에 의한 조정'이라고 한다. 위계에 의한 조정이란, 예컨대 직원들을 대상으로 직업훈련을 시켜야 하는데 외부에 맡기는 것보다는 기업내부의 연수원에서 자체적으로 실시한다면 직업훈련이 자체 연수원이라는 위계 속으로 들어오는 것이고 직업훈련은 내부적으로 조정(coordination)되는 것이다. 반대로 직업훈련을 외부기관에 위탁한다면 외부의 교육훈련 시장에 맡기게 되어 그 시장의 메커니즘의 조정을 받게 되는 것이다. 조정이란 관계에 대한 통제를 의미한다고 볼 수 있다.

일반적으로 시장보다는 위계에 의한 조정이 관계를 조정하고 문제를 해결하는

데 더 나은 방법이라고 알려져 있다. 예컨대 기업이 경영을 잘 통제하기 위해서 외부에 맡기기 보다는 경영자를 영입하여 권한과 책임을 부여하고 위계 속에서 통제하여 일을 맡기는 것이 더 효과적일 수 있다. 그러나 이러한 위계에 의한 조정이 항상 나은 대안이라고 말할 수는 없다. 위계를 통해 경영문제를 해결하려는 노력은 다음과 같은 '대리인 문제'(agency problem)로 인해 비 효과성의 문제를 야기시킨다.

첫째, 도덕적 위해(moral hazard)이다. 대리인은 이사회나 주주로부터 위임을 받은 대리인이지만 자신의 이기적인 동기로 인해 회사의 이익보다도 개인의 이익을 우선시하는 도덕적 위해를 범할 수 있다.

둘째, 역선택(adverse selection)이다. 대리인은 정보의 비대칭성(information asymmetry)으로 인해 자신이 가진 정보를 악용하여 자신에게만 유리하고 회사에는 불리한 쪽으로 역선택을 할 수 있다.

셋째, 의무회피(shirking)이다. 대리인은 마땅히 최선을 다해 경영자로서 자신의 의무를 수행해야 하지만, 자신에게 곤란한 상황이 발생할 경우 경영자로서 의무를 회피하는 행동을 보일 수 있다.

2) 자유시장 경제와 조정 시장경제

위의 예에서 보는 바와 같이, 기업은 이해당사자 집단과의 관계를 개선하고 문제를 해결하려고 노력하지만 조정의 문제(coordination problem)에 언제나 부딪치게 된다. 그리고 기업은 그들의 활동을 조정하는 방식에 있어서도 차이를 보이게 된다. 기업이 자신들을 둘러싼 이해당사자들 간의 관계를 개선하고 그들의 핵심역량을 확보하고 발전시키는 데는 역사적으로 다음 두 가지 방식이 존재해 왔다.

첫째, 자유시장 경제(liberal market economies: LME)가 그 첫 번째 방식이요 정치 및 경제체제이다. 자유시장 경제에서 기업들은 주로 위계(hierarchies)와 경쟁시장을 통해 그들의 활동을 조정한다. 즉 그들이 필요로 하는 자원을 기업 내부에서 조달하거나 육성하는 한편, 외부시장을 통해 자원을 확보한다. 경제주체들은 신고전주의 경제학(neo-classical economics)에 입각한 수요와 공급의 원리에 따라 득이 되는 쪽을 선택하게 된다. 시장은 경제주체들의 활동을 조정하기 위해 매우 효율적인 수단을 제공한다. 기업활동 결과의 균형은 경쟁시장에서의 수요와 공급에 의해 결정된다.

둘째, 조정 시장경제(coordinated market economies: CME)가 두 번째 방식이자 정치 및 경제체지이다. 조정 시장경제하에서는 기업 등 경제주체(행위자)들은 그들의 활동을 조정하고 핵심역량을 유지, 발전시키기 위해 주로 비 시장적인 관계(non-market relationships)에 의존한다. 여기서 비 시장적 관계라는 것은 예컨대, 규제와 조정을 말한다.

자유시장 경제체제에서는 개인과 기업의 경제상의 자유와 창의를 존중하는 반면에, 조정시장 경제체제에서는 국가가 나서서 균형 있는 국민경제의 성장 및 안정, 그리고 적정한 소득의 분배를 유지하고, 때로는 시장의 지배와 경제력의 남용을 방지하며, 경제주체간의 조화를 통한 경제 민주화를 위하여 경제에 관한 규제와 조정을 수행한다.

자유시장 경제체제에서는 매우 유동적이고 경쟁적인 시장이 존재한다. 노동시장도 마찬가지이다. 자유시장 경제체제를 가진 국가는 미국, 영국, 호주, 캐나다, 뉴질랜드, 아일랜드 등이다. 이에 반해서 조정시장 경제체제하에서 시장은 공적 기관들에 의해 조정된다. 조정시장 경제체제에 속한 국가는 독일, 일본, 스위스, 네덜란드, 벨기에, 스웨덴, 노르웨이, 덴마크, 핀란드, 그리고 오스트리아 등이다.

3) 양 체제의 차이 분석

자유시장 경제체제, 즉 LME와 조정시장 경제체제, 즉 CME 는 다음과 같은 사항에 있어서 확연한 차이를 보이고 있다. ① 고용안정, ② 고용계약의 기간, ③ 고용 협상의 적용범위, ④ 대학교육, ⑤ 산업훈련, ⑥ 주식시장의 자본화, ⑦ 기업의 인수・합병(M&A).

LME와 CME간의 차이를 요약, 정리한 것이 다음 〈표 6-3〉이다.

〈표 6-3〉 자유시장 경제(LME)와 조정시장 경제(CME)의 차이 비교

비교 항목	LME	CME
① 고용안정	고용이 상대적으로 불안정	고용이 안정적
② 고용계약의 기간	고용계약기간이 단기	고용계약기간이 장기
③ 고용 협상의 적용범위	고용협상의 적용범위가 대체로 좁음	고용협상의 적용범위가 대체로 넓음
④ 대학교육	대체로 대학교육에 의존	대학교육 의존도가 낮음
⑤ 산업훈련	산업훈련 의존도가 낮음	산업훈련 의존도가 높음
⑥ 주식시장의 자본화	주식시장의 자본화란 상장된 국내기업의 시장가치가 GDP에서 차지하는 비중을 말하며 이 비율이 상대적으로 높다	주식시장의 자본화란 상장된 국내기업의 시장가치가 GDP에서 차지하는 비중을 말하며 이 비율이 상대적으로 낮다
⑦ 기업의 인수·합병(M&A)	비교적 자유롭고 빈번하다	제약이 따르고 빈도가 높지 않다

4) 미국과 독일의 비교

학자들의 연구에 따르면, LME의 대표적인 국가는 미국이고, CME의 대표적인 국가는 독일로 알려져 있다. 이제 두 국가의 정치 및 경제체제의 차이를 비교함으로써 두 체제가 어떤 차이가 있으며 이것이 노사관계 시스템에 어떤 영향을 주고 있는지를 살펴보고자 한다.

(1) 고용안정

미국은 'hire and fire'라는 말이 있듯이 채용과 해고가 자유시장 경제를 표방하는 국가들 중에서도 매우 자유스럽다. 해고에 있어서 엄격한 요건을 요구하는 CME 국가와 비교할 때 미국은 고용안정이 비교적 불안정한 국가이다. 이에 비해서 독일은 해고가 어려운 국가에 속한다. 해고를 하려면 엄격한 요건을 지켜야 하고 사용자의 해고 회피 노력이 요구된다. 또한 부득이한 경우 해고를 할 경우에도 노동조합과의 사전 협의를 거쳐야 한다.

(2) 고용계약의 기간

미국은 대체로 고용계약을 단기로 체결하는 경우가 빈번하다. 그만큼 수평적 노동시장이 발달해 있기 때문에 단기계약을 해도 근로자들은 비교적 쉽게 다음 직장으로 옮겨갈 수가 있기 때문이다. 이에 비해서 독일에서는 고용계약 기간이 미국에 비해 장기이다. 별도의 약정이 없는 한 무기계약(기한을 정함이 없는 고용)이 대부분이다. 수평적 노동시장도 미국에 비해 덜 발달하여 계약이 만료된 근로자가 쉽게 다른 직장을 구하기가 미국만큼 쉽지 않기 때문에 고용에 대한 보호조치가 강화된다.

(3) 고용 협상의 적용범위

미국은 노조의 조직률이 매우 낮은 국가이고 단체협상에 있어서 노조의 교섭력이 약하기 때문에 단체협상의 아젠다가 매우 좁으며 주로 임금협상에 국한되는 경우가 대부분이다. 그리고 협상이 타결되어도 적용범위가 노조원에 한해서 적용이 되는 등 적용범위가 제한적인 경우가 많다. 그러나 독일의 경우 미국에 비해 노조의 조직률이 훨씬 높으며, 단체교섭의 이슈와 아젠다가 매우 포괄적이고 임금 뿐만 아니라 근로조건 전반에 걸쳐 광범위한 이슈를 놓고 협상을 하는 경우가 대부분이다. 그리고 타결된 협상의 결과는 노조원, 비노조원 할 것 없이 거의 모든 근로자, 해당 산업내 모든 지역에 포괄적으로 적용되는 것이 원칙으로 되어 있어서 노동조합의 입김이 셀 뿐 아니라 노조 조직률 이상의 영향력을 행사하고 있다. 역설적으로, 강력한 노동조합이 시범케이스로 특정 지역의 사용자단체와 단체협상을 해서 타결이 되면 모든 단위노조와 전 지역에 적용되기 때문에 노사관계 안정에 기여하고 있다.

(4) 대학교육

노사시스템에 있어서 교육도 중요한 이슈가 된다. 기업이 필요로 하는 핵심적 지식과 기술을 획득하는 소스가 어디인가 하는 문제는 노사관계에도 큰 영향을 미친다. 미국의 경우에는 기업이 산학협동을 통해 대학이 보유하고 있는 경쟁력 있는 지식과 기술을 공유하는 것이 보편적이다. 테크노 파크(Techno Park)와 같은 형태로 기업은 대학에 기계와 설비, 그리고 연구비를 지원하고 대학은 경쟁력 있는 지식과 기술을 기업의 인력들에게 전수하는 방식의 산학협동이 잘 이루어지고 있다.

독일은 이른바 '이중적 직업훈련제도'(Dual System)을 통해 절반은 기업체에서 나머지 절반은 대학에서 지식과 기술을 연마하는 방식이 일찍이 발달하였다. 대부분의 독일 대학이 국립이므로 이러한 시스템이 가능할 수 있었다. 기업체와 대학을 오가며 직업훈련을 받는 방식은 일면 미국의 방식과 비슷하지만, 독일의 경우는 미숙련자를 위한 기초적인 직업훈련에 국한되기 때문에 경쟁력 있는 핵심 지식과 기술의 전수가 이루어지는 경우는 드물다.

(5) 산업훈련

산업훈련(industrial training)이란 국가가 근로자들의 능력향상을 위해 산업체 내에 연수시설을 활용하여 유급, 무급으로 지식과 기술을 전수하는 방식을 말한다. 미국과 독일 공히 산업훈련 시스템을 갖추고 있지만 미국 보다는 독일의 산업훈련이 상대적으로 더 활성화되어 있다. 독일은 상공회의소 조직을 통해 수공업과 제 산업에 종사하는 근로자들을 위한 직업훈련이 강도 높게 실시되고 있으며 이른바 '장인(Meister)제도'를 통해 기능장을 양성하는 시스템이 일찍이 발달해 왔다. 장인제도가 독일 제조업이 발달하는 데 크게 기여했다는 것은 잘 알려진 사실이다.

(6) 주식시장의 자본화

주식시장의 자본화(stock market capitalization)는 국내 상장기업의 시장가치가 GDP에서 차지하는 비율(%)로 계산되는데 주식시장이 비교적 잘 발달한 미국에서는 자본화율도 상대적으로 독일과 같은 유럽기업들에 비해 높다. 그 이유는 미국기업의 가치를 주가로 판단하는 경향이 크고 주식시장이 매우 활성화되어 있어서 주식시장을 통한 기업의 자본조달이 용이하기 때문이다. 반면에 독일에는 아직도 전통적인 가족기업이 많고 기업의 공개가 미국보다는 활발하지 않으며 주식시장을 통한 자본의 조달도 상대적으로 활발하지 않다.

(7) 기업의 인수 · 합병(M&A)

기업의 인수, 합병에 있어서도 미국기업이 독일기업보다 훨씬 자유롭고 또 활성화되어 있다. 미국의 주식시장의 자본화율이 독일에 비해 높기 때문에 미국기업들은 인수, 합병을 통해 자신의 기업가치를 높이고자 하는 욕구가 높다. 반면에 주식시장의 자본화율이 상대적으로 낮은 독일기업은 기업의 인수, 합병에 있어서도 미국기업만큼 큰 관심은 없으며, 독일의 공정거래법의 규제가 미국보다 강력하기 때문에 실제로 대기업간 인수, 합병이 많이 일어나지 않고 있는 실정이다.

5) 결론 및 한국기업에 주는 시사점

우리나라의 경제체제와 노사관계 시스템을 LME vs. CME, 그리고 다섯 가지 영역과 일곱 가지 이슈로 분류한다면 우리나라는 경제체제에 있어서 LME와 CME 중간 정도의 위치에 속하면서 CME적 경향을 보이는 것으로 나타난다. 주식시장의 자본화율은 비교적 높으면서도 고용보호의 정도가 매우 높으며, 정부에 의한 비시장적인 규제와 조정이 미국이나 캐나다와 같은 전형적인 LME국가와 비교해서 높은 편이기 때문이다.

독일과 같은 CME국가에서는 노사관계를 규정하는 것이 거의 법률에 의한 조정이 대부분인 것처럼, 우리나라에서도 노사관계의 룰이 법률에 의하는 경우가 대부분이다. 이 점이 특히 CME 국가를 지향하고 있다고 여겨진다.

이러한 분석결과가 우리나라에 시사하는 바는 다음과 같다.

첫째, 독일이나 스칸디나비아 국가들에서 볼 수 있는 바와 같이 노사관계시스템이 지나치게 정부와 법률의 규제와 조정에 의해 운영되기 때문에 민간기업의 기업가정신이 위축을 받거나 혁신(innovation)을 위한 동기부여가 취약한 현상이 나타날 수 있다.

둘째, CME국가에 있어서 산업별 노조가 확립되어 단체교섭이 대표적, 포괄적으로 행해지며 단체협약이 전국적으로 전 사업장에 적용되는 방식이 정착되면서 노동조합의 영향력이 강해지면서 따라서 사회적 책무성에 대한 요구가 높아지게 될 것이다.

셋째, 현재 일부에서 시험적으로 실시되고 있는 산업별 노조로의 전환이 우리나라 경제체제가 CME 경향이 강해지는 것과 궤를 같이하여 빈번해질 것으로 전망된다. 기업별 노조와 산별 노조가 혼재, 공존하는 과도기에 우리나라 경제체제와 기업환경에 적합한, 한국적인 노동조합주의와 노사관계 시스템을 정착시키는 것이 가까운 장래 우리나라 노사관계 시스템의 효율성을 가름하는 바로미터가 될 것이다.

6. '하르츠 컨셉트'와 독일의 노사협력

페터 하르츠(Peter Hartz) 만큼 최근 10여 년 동안 독일의 경제와 사회에 영향을 준 인물은 없을 것이다. 페터 하르츠는 세계 최대의 자동차 메이커 가운데 하나인 독일 폴크스바겐의 인사담당 이사를 1994년부터 2005년까지 11년 간 역임하였고 지난 2002년부터 2005년까지 슈뢰더(Schröder) 총리 시절에는 독일 정부의 위촉을 받은 노동정책과 노동시장 개혁위원회인 '하르츠 위원회'(Hartz Commission)의 위원장을 역임하였다. 하르츠 위원회의 임무는 독일의 심각한 실업률을 감축하기 위한 근본적인 대책을 수립하는 것으로서 복지정책의 개혁도 이에 포함된다. 그는 자신의 이름을 딴 하르츠위원회의 위원장으로 활동하면서 일련의 노동관련 개혁정책을 입안하고 시행하는데 결정적인 역할을 한 인물이다.

페터 하르츠가 폴크스바겐의 인사담당 이사로 재직하던 당시 이른바 '폴크스바겐 방식'에 의한 노사타협에 성공, '고용보장 조건부 주 28시간 근무제도'를 시행하는데 주도적인 역할을 한 바 있다. 하르츠는 고질적인 독일의 실업률을 감소시키고 고용안정을 달성하는 데 각별한 소신과 비전을 가진 경영자라고 할 수 있다. 폴크스바겐의 볼프스부르크 공장에서 처음으로 도입한 주 4일 근무 모델 도입을 통해 노사화합과 고용안정, 파트너정신을 확립하여 폴크스바겐의 경쟁력을 제고 하였으며 이를 토대로 폴크스바겐이 1990년대 중반의 위기를 극복하고 이후 경이적인 성장을 할 수 있도록 한 그의 경영능력과 카리스마적 리더십은 독일은 물론, 세계를 놀라게 하였다.

본 글에서는 경영자로서 페터 하르츠와 그의 혁신적 고용, 인사정책인 '하르츠 컨셉트'(Hartz Concept)를 재조명하면서 그의 꿈과 이상, 그리고 도전에 대해서 상술하기로 한다.

페터 하르츠는 1941년 독일 자르란트 주의 상크트 잉베르트에서 노동자의 아들로 태어났다. 고향에서 가까운 자르브뤼켄 대학에서 경영학을 전공한 후 여러 회사를 거치면서 경력을 쌓은 후 1986년부터 철강회사인 '자르스탈'(Saarstahl)

에서 인사담당 관리자로 부임하면서 인사와 노무관리 분야의 전문가로서 경력을 시작하게 된다.

1980년대 독일의 철강산업에 불황이 닥치자 그는 자기 손으로 2,500명 가량의 직원을 해고하는 경험을 하게 되었고 이때부터 그는 실업과 해고를 방지하기 위한 처방을 모색하는데 관심을 갖게 된다.

1993년 그는 독일 굴지의 자동차 회사 폴크스바겐(Volkswagen AG)의 인사담당이사로 옮기면서 그의 생애에 있어서 전기를 맞게 된다. 그가 폴크스바겐의 인사관리를 책임지는 인사담당 이사로 취임할 당시 회사의 사정은 매우 어려웠다. 수년간의 매출부진으로 적자가 누증되면서 회사는 대량해고가 불가피한 상황으로 치닫고 있었다. 당시 볼프스부르크 본 공장의 10만 명에 달하는 근로자 가운데 3만 명 정도가 잉여인력으로 조사될 정도로 폴크스바겐의 인력관리는 방만하였고 대량 감원은 불가피해 보였다. 그러나 하르츠는 회사도 살리면서 종업원들의 실직도 막는 '솔로몬의 해법'을 입안하여 경영진과 노조에 제시하였다. 이른바 '주 4일 근무제' 또는 '폴크스바겐 방식'으로 부르는 해법이 바로 그것이다. 한 마디로 경영진이 경영악화에도 불구하고 대량해고를 하지 않고 고용보장을 하는 대신, 노동자가 고통분담 차원에서 임금삭감과 근무시간 감축을 받아들이는, 지금까지 독일의 노사관행과는 사뭇 다른 혁신적인 방안이었다.

1994년, 폴크스바겐 경영진과 노조는 하르츠의 제안을 받아들여 회사는 대량해고를 하지 않는 대신 해고대상 직원들은 자신들의 급여의 15%를 삭감하고 업무량도 20%를 줄이는 것을 감수했다. 작업시간도 주 4일로 단축되었다. 그러나 이러한 비상한 조치를 통해 2만 명에서 3만 명에 이를 뻔한, 독일의 기간산업 폴크스바겐의 대량해고를 막을 수 있었다. 이러한 새로운 문제해결 방식은 하르츠 이사가 경영진과 종업원평의회(Betriebsrat), 그리고 금속노조(IG-Metall) 간부들을 끈질기게 설득하여 이뤄낸 타협안이었으며, 하르츠에 의한 '주 4일 근무방식'은 독일 노사관계의 새 지평을 여는 계기가 될 만큼 새로운 진전이었다고 평가된다. 이른바 '폴크스바겐 방식'은 이점은 생산량의 변동에 따른 회사의 생산설비와 능력을 보호, 유지하면서 근로자의 수를 일정수준으로 유지할 수 있다는 이점이 있다. 그리고 근로시간의 유연화에도 기여할 수 있으며 전문적인 핵심인재의 확보와 조기 정년제도 정착에도 도움이 되는 제도라고 할 수 있다.

하르츠는 1994년 '주 4일 근무제'를 도입하여 폴크스바겐의 대량해고를 막았고 폴크스바겐은 이후 신차개발이 연속적으로 성공하고 세계시장에서의 매출이 증가하면서 비약적인 성장의 계기를 맞게 된다. 주 4일 근무제도는 매우 혁신적이고 비범하고 새로운 고용해법으로 간주되었다. 하르츠는 폴크스바겐의 '주4일 근무제' 입안과 도입으로 일약 전국적인 유명인사가 되었고 이를 계기로 사민당-녹색당 연립정부시절 정부의 고용정책에도 깊이 간여하게 되었다.

2001년 하르츠는 세계 최대의 산별 노조인 독일의 금속노조와 공동으로 '5000 × 5000' 모델을 도입하게 된다. 이 모델은 폴크스바겐이 5,000명의 실업자들을 그로스(Gross) 연봉 5,000마르크로 계약하여 채용한다는 방안이었다. 이 5000 ×5000 모델을 도입하는 과정에 있어서 처음에는 폴크스바겐과 산별노조인 금속노조 간 이해가 상충되어 실현이 불투명해 보였지만, 평소 노조, 지방정부, 경영진 모두와 친밀한 관계를 유지해 오던 하르츠가 중간에 나서서 충돌하는 이해를 거중 조정함으로써 결국 관철시켰다. 이에는 게르하르트 슈뢰더 총리의 지원도 일조를 하였다.

2002년 하르츠가 슈뢰더 총리에 의해 노동 감독기관 조직과 노동시장을 근본적으로 개혁하는 위원회(하르츠 위원회)의 위원장으로 임명되었을 때 사람들은 별로 놀라지 않았다. 왜냐하면 하르츠는 금속노조의 노조원으로서, 사민당의 당원으로서 노동시장 개혁을 위한 많은 정책에 간여하여 왔으며 슈뢰더와도 개인적으로 친분을 맺고 있었다. 슈뢰더가 총리가 되기 이전 니더작센 주의 주지사 자격으로 폴크스바겐의 감독이사회의 멤버로 있을 때부터 두 사람은 절친한 친구사이를 유지해 오고 있다.

2002년 2월, 그의 이름을 딴 '하르츠 위원회'가 위원 15명으로 정식 출범하게 된다. 하르츠위원회는 4단계 프로그램을 개발하였다. 하르츠 IV는 독일 정부가 경제, 사회 개혁 방안 연구를 의뢰한 복지개혁위원회 위원장인 폴크스바겐 인사관리 이사 페터 하르츠의 이름을 딴 일련의 복지감축 정책 가운데 4번째 것임을 뜻한다. 이를 하르츠 I-IV(Hartz I-IV)라고 부른다. 하르츠위원회가 개발한 프로그램들은 하나하나 실제 정책에 옮겨지게 된다.

하르츠 I 은 2003년 1월부터 시행되었는데 주요 골자는 직업소개기관을 양성화하고 실업자들이 직업소개기관으로부터 유급 직무교육을 받을 수 있도록 한 것이다.

하르츠 II 도 역시 2003년 1월부터 시행되었는데 주요골자는 중 · 소규모 소득의 일자리, 즉 'mini-job' 또는 'midi-job'을 활성화하여 일정 소득 이하의 일자리에 대해서 근로소득세나 보험료를 경감시키는 대책을 담고 있다. 또한 소기업 창업자들에 대한 보조금 지급으로 벤처나 새로운 기업을 창업을 용이하게 하는 내용이다.

실업자가 400만 명을 넘는 독일에서는 '1유로 잡(job)' '미니 잡'이라는 신조어도 생겼다. 독일의 평균 임금은 시간당 18~25유로. 하지만 시간당 1유로만 받고 딸기를 따거나 아스파라거스를 따는 등의 일을 하는 것을 '1유로 잡'이라고 한다. 특별한 이유 없이 정부가 알선해주는 '1유로 잡'을 거부하는 실업자에게는 아예 실업수당을 지급하지 않는다.

'미니 잡'은 한 달에 최고 400유로를 받고 파트타임으로 일하는 직업을 말한다. 대신 세금을 한 푼도 안 낸다. 이 모두가 고실업 사회에서 실업자들에게 어떤 일이라도 하게 만들고, 그 대신 실업수당을 보조해주는 식으로 독일 정부가 내놓은 실업 처방이다.

하르츠 III은 2004년 1월부터 시행하였는데, 기존의 노동청의 명칭을 변경하고 구조조정 및 혁신하는 내용을 담고 있다.

하르츠 IV는 2005년 1월 1일부터 독일에서 시행되고 있는 노동 및 복지 개혁 정책이다. 하르츠 IV는 실업수당과 영세민 보조금을 통합해 지원액을 대폭 줄이고 실업수당 수혜 자격을 크게 강화하는 것을 골자로 하고 있다. 이 정책의 목표는 실제 보조가 필요한 사람에게만 복지 혜택을 주고 일할 의사와 능력이 있는 실업자에게는 일자리를 찾으려는 노력을 기울이도록 인센티브를 제공해 실업률을 감축한다는 것이다.

슈뢰더 총리는 자신의 임기중에 독일 내 저성장 고실업의 '고질병'을 고치기 위해 '아젠다 2010'이라는 노동 · 사회보장 개혁안을 발표했다. 그 중 노동개혁 법안인 '하르츠 IV'는 2003년 12월 320만명의 장기 실업자를 줄이기 위해 마련한 법이다. 실업수당을 받는 사람은 국가가 주선한 일자리를 받아들여야 하고, 그것을 거부할 경우 일정 기간 수당 지급을 중단하는 내용이다.

그러나 정책이 시행된 지 1년 반 만에 부작용이 나타나 정책의 취지를 무색하게 하고 있다. '하르츠 IV'에 따르면 사회복지 수혜자의 실업수당 및 보조금이 월

345유로로 일괄 책정돼 있다. 그러나 수혜자는 기본 지급액 이외에 집세, 난방비, 심지어는 가구비용까지 국가에 청구할 수 있다. 또한 모기지 할부금에 대한 보조금과 양육비도 따로 받을 수 있다. 이에 따라 자녀 둘을 가진 부부는 월 1천600유로의 보조금을 받을 수 있으며 여러 가지 청구 항목을 잘 활용하면 더 많은 돈도 타낼 수 있다.

이처럼 혜택 항목이 늘어난 것은 사민당–녹색당 연정이 마련한 이 정책이 상원을 장악하고 있는 기민당과 협의 과정에서 각종 요구사항이 덧붙여졌기 때문이다. 이처럼 방만한 혜택뿐 아니라 이런 제도를 악용한 부정한 청구가 늘어나는 것도 이 정책을 위협하는 요인이 되고 있다. 제도상의 허점을 이용해 수혜 자격이 없는 사람이 하르츠 IV 보조금을 청구하는 사례가 늘고 있다. 이에 따라 일부 주 정부와 자치단체는 하르츠 IV 보조금 부정 청구 사례를 적발하기 위한 특별감사반을 운영하고 있다. 이처럼 하르츠 IV 정책이 잘못 운용됨에 따라 실업률을 감축하고 재정 적자를 줄이려는 독일 정부의 노력이 헛수고로 돌아갈 위험성이 있다고 독일을 비롯한 유럽언론들은 지적하고 있다.

독일의 신임 메르켈 총리가 이끄는 독일의 대연정 정부는 '하르츠 IV'를 보완하는 '하르츠 IV 지속 발전법'을 통과시켰다. 이 법은 첫째, 노동개혁에 들어가는 총 비용을 예산에 책정된 범위 내로 한정하고, 둘째, 일하기를 거부하는 실업자에 대해 제재조치를 강화하는 방안을 담았다.

하르츠 위원회의 성과로 요약되는 하르츠 I–IV의 성패를 현 시점에서 판단하는 것은 아직 시기상조일 수 있다. 중요한 것은, 전통적으로 노동조합의 이익을 대변하고 복지와 분배를 강조해왔던 사회민주당 정권과 역시 사회민주당원인 페터 하르츠는 이러한 전통적인 노선과는 차별화된, 혁신안을 입안했다는 점이고, 이 혁신안을 2005년 말부터 메르켈이 이끄는 대연정 정부가 대부분 시행에 옮기고 있다는 것이다. 결국, 하르츠의 혁신적인 제안은 여 · 야를 막론하고 독일 노동시장의 미래지향적 혁신안으로 인정을 받았다고 볼 수 있다.

페터 하르츠는 인사관리자로서 창의적인 경영혁신의 선구자임은 아무도 부인하지 않는다. 그는 만성적 실업을 방지하기 위한 혁신적인 경영정책을 입안했고 실제로 이를 실무에 적용하여 성공을 거두었다. 그는 카리스마적인 리더였고 만성적인 독일 병을 치유하는 가능성을 보여준 탁월한 경영자로 기억되고 있다.

그러나 그는 이러한 업적에도 불구하고, 폴크스바겐 재직 시절 일련의 뇌물 스캔들에 연루되어 현재 독일 검찰의 조사를 받는 등 그를 둘러싼 비리 의혹이 제기되고 있다. 평소 정치인들과 가까운 친분을 유지해온 그로서는 이러한 스캔들에 쉽게 노출되는 것도 어쩌면 당연할지도 모르겠다. 2005년 7월, 그는 언론이 그와 그의 친구인 스코다 자동차 회장과의 거래 등을 둘러싼 루머와 스캔들을 보도하자 자진하여 폴크스바겐 인사관리 이사직을 사임하였다.

페터 하르츠는 현재 고향인 자를란트 주에서 SHS 재단 일을 관장하는 일을 하고 있다. 이 재단은 자를란트 주의 국제적 네트워킹을 주목적으로 하고 있다. 그가 고향에서 조용히 살고 있기는 하지만 페터 하르츠 시대가 끝났다고 생각하는 독일인들은 많지 않다. 실업문제를 정면으로 돌파하고 누구도 다루기 꺼려했던 노동시장 혁신과 복리후생의 삭감을 통한 고용문제의 근본적인 손질을 시도한 그의 용기를 높이 사는 사람들이 많다.

하르츠 컨셉트로 대변되는 그의 인사혁신 사상은 노사관계에 새로운 모델을 제시하였다. 하르츠 컨셉트는 주4일 근무와 5000×5000 모델 이외에도 조기정년 연령을 55세로 정하고 연령에 따른 유연시간 모델, 직장 내에 파트너십 행동을 노사협약에 포함시킨 것 등을 들 수 있다. 하르츠 컨셉트는 단순히 구상에 끝나지 않고 이해관계자들을 설득하고 협조를 이끌어내어 실행에 옮기는 구상이라는 점에서 이상과 현실이 조화된, 노동시장의 미래를 지향하는 컨셉트인 셈이다.

그는 고용과 인사, 복지와 관련된 개혁정책들을 입안하고 실행에 옮기는 데 있어서 매우 단호한 태도를 보이며 카리스마적 리더십을 발휘하여 노・사・정 모두의 협조를 이끌어내는 데 뛰어난 수완을 보였다.

1994년 하르츠는 트리어 대학으로부터 명예 경영학박사 학위를 취득하였으며, 2004년 그의 고향인 자르란트 주의 주지사는 그에게 명예교수의 칭호를 수여하였다.

다음은 페터 하르츠가 평소 자주하던 소신 발언들로서 이 발언에는 혁신적 인사담당 경영자로서의 그의 철학과 사상이 강하게 배어있다.

> "종업원들의 능력을 신뢰하고 그들의 생활을 책임지는 회사, 그들의 기술과 전문성, 협동, 그리고 새로운 기술을 배우려는 의지를 믿는 기업이야 말로 세계를 얻을 수 있다. 종신 고용기회의 가치는 단순히 선언적 의미만이 아니라 종업원들로 하여금 자신이 몸담고 있는 회사의 미래가 자신의 손에 달

려있다는 믿음을 심어준다. 우리는 이러한 기회를 사람들에게 제공하는 회사를 만들어야 한다."

노・사 동수의 감독이사회 구성, 기업과 산별 차원에서의 공동의사결정이라는 독특한 노사관계제도를 가지고 있는 독일에서 강력하고 상대하기 어려운 당사자인 노동조합을 끊임없이 설득하고 정부와 경영진들에게 합리적이고 현실적인 대안을 제시하여 실업을 방지하고 일자리를 창출하는 근본적인 노동시장 정책을 수립하고 시행에 옮긴 페터 하르츠의 경영수완, 그의 비전과 리더십은 높이 평가되어야 할 부분이 많다.

고 임금, 저 성장, 강력한 노조는 독일뿐만 아니라 오늘날 우리나라의 현상이기도 하다. '노사관계에는 마땅한 해법이 없다'는 것이 정설로 굳어지고 있는 현실에서 페터 하르츠의 비범한 해법, 즉 고통분담을 통해 노・사가 한 발씩 양보하여 노동시장을 활성화하고 실업을 막자는 단순하고도 혁신적인, 하르츠 컨셉트는 오늘날 날로 꼬여가고 있는 우리나라의 노사관계와 경직된 노동시장을 바라볼 때 타산지석으로 삼을 만 하다고 여겨진다.

2011년에 들어서 EU존 국가인 그리스의 디폴트 위기와 EU 국가들(독일과 프랑스)의 거액 자금지원, 그리고 이어서 이탈리아의 국가 부도위기 등 유럽국가들의 경제상황이 날이 갈수록 나빠지고 있으나 유독 독일만은 예외적으로 실업률의 감소, 안정된 물가, 수출의 호조 등으로 불황을 실감하지 못하고 있다. 특히 실업률이 현저히 감소하고 있어 인접 국가들의 부러움을 사고 있다. 많은 경제학자들은 현재의 독일 경제안정은 슈뢰더 행정부시절 성안되고 메르켈(Merkel) 정부에서 계승되고 집행된 '하르츠 IV'의 효과가 나타난 것이라고 분석한다. 노사관계의 안정이 국가경제의 틀을 건전하게 짜고 경제를 회복시키는데 큰 효과가 있다는 것이 독일의 사례를 통해 밝혀지면서 우리나라도 언젠가는 이러한 길로 접어들어야 되지 않을까 하는 기대와 전망을 해본다.

7. 고령 근로자를 위한 '점진적 퇴직제도'의 도입방안[1]

1) 점진적 퇴직제도 도입의 필요성

우리나라는 고령화 사회(aging society)를 넘어 총인구 중에서 65세 인구가 20% 에 육박하는 고령사회(aged society)로 접어들었다. 그럼에도 이른바 '사오정', '오륙도' 등 고령자 고용불안의 문제와 해고의 압력이 점차 높아지는 경향을 보이고 있다. 우리나라의 근로자의 생애 경력추세를 살펴보면 상당수의 직장인들이 50대 전반에 직장에서 퇴출되어 이후 2차적인 주변부 노동시장에서 자영업 또는 비정규직 등으로 상당기간(대략 13년~14년 정도) 종사를 하고 최종적으로 퇴직을 하는 것으로 나타나고 있다. 이러한 주변부 노동시장은 극심한 생존경쟁과 그에 따른 부작용으로서 고용 및 소득흐름의 불안정성을 보이고 있어 사회불안 요인이 되고 있으며, 인구의 고령화로 이러한 고령 근로자의 불안정성이 더 커지고 있는 실정이다.

앞으로 인구의 고령화 추세를 감안할 때 지속적으로 고령 근로자들이 1차 노동시장인 다니던 직장에서 조기 퇴출되어 2차 노동시장의 열악한 환경에서 불안정한 근로를 계속하는 인구는 지속적으로 증가할 수 밖에 없다. 이러한 바람직하지 못한 현상을 근본적으로 방지하기 위해서는 고령자의 고용연장 방안이 모색되어야 한다. 고령자의 고용연장은 고령자의 주변부 노동시장으로의 이동 요인을 차단하여 그들의 고용안정과 생활안정을 가능하게 하는 근본적인 대책이 될 수 있을 것이다.

우리나라 고령자에 대한 고용연장에 대한 제도로서 점진적 퇴직제도의 도입을 들 수 있다. 점진적 퇴직제도(gradual retirement system)란 직장에 소속된 고령자들이 근로시간을 단계적으로 단축할 수 있도록 하고, 그로 인한 소득의 감소 문제는 별도의 사회보장제도를 통하여 보충해 주는 제도로서 1976년 스웨덴에서 최초로 도입된 이후 현재 EU의 10개국과 스위스 등의 국가에서 실시해 오고 있

---

1) 이 글을 쓰는데 많은 유용한 자료와 정보를 제공해 주신 인제대학교 이정우 교수님께 감사드린다.

는 고령자 문제 해결 정책이다.

이제 점진적 퇴직모형 구상에 대해 설명하기로 한다. 점진적 퇴직모형의 기본 설계에 있어서 중요한 아이디어는 고용보험제도와 국민연금제도와 연계한 두 가지 종류의 점진적 퇴직모형을 동시에 도입하도록 한다는 것이다. 먼저, 고용보험제도와 연계한 점진적 퇴직모형은 고령자의 안정적 고용보장에 기여하는 기능을 수행할 수 있도록 하는 것이 특징이며, 이에 비해서 국민연금제도와 연계한 점진적 퇴직모형은 장차 고령화 사회에 대비하여 고령자의 고용연장을 지원할 수 있는 제도적 장치로 활용을 하도록 하는 것을 골자로 한다. 이러한 두 가지의 점진적 퇴직모형을 통하여 전체적으로 대략 15년의 퇴직이행구간이 확보될 수 있도록 하는 것이 한국형 점진적 퇴직제도의 아이디어 이다. 여기서 제시되는 점진적 퇴직 모형은 인제대학교 이정우 교수팀을 중심으로 구상되었고 실무에 적용할

그림 6-3 점진적 퇴직제도가 고령자의 퇴직 이행과정과 소득형태에 미치는 영향

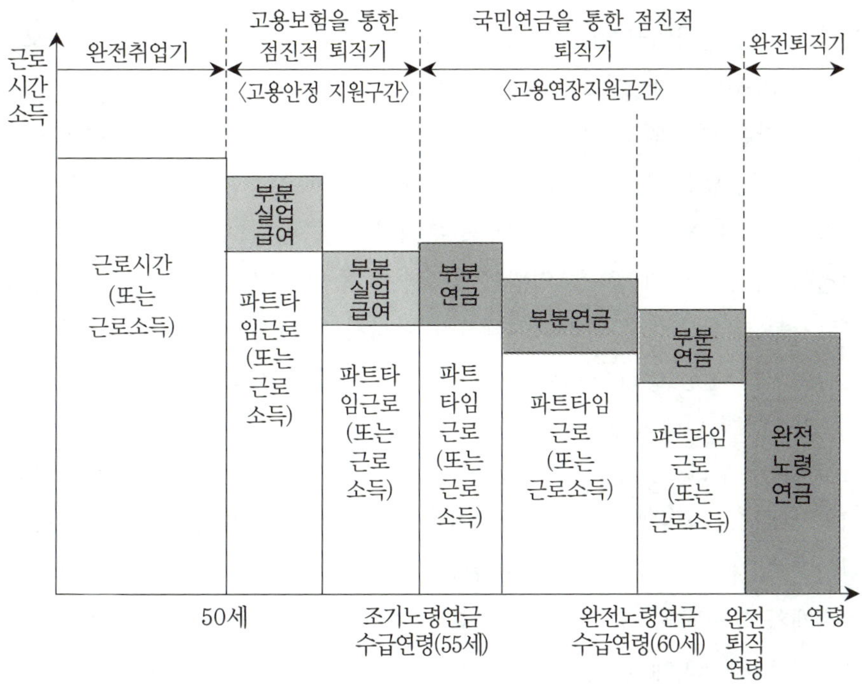

자료: 이정우(2010)

설계모형이 제시되는 단계에 이르고 있다. 이제 이정우 교수가 제안하고 있는 점진적 퇴직 모형을 살펴보고 우리나라 기업의 고령 근로자에 적합한 모형을 모색하고자 한다.

[그림 6-3]은 점진적 퇴직제도가 고령자의 퇴직과 소득에 미치는 영향을 도시한 것으로 고령 근로자는 완전 취업기를 마치게 되면 두 가지 보험 혜택을 통해서 근무기간이 연장되는데 이론적으로는 약 10년 가까이 근로생활을 연장할 수 있도록 되어 있다.

이제 구체적으로 고용보험제도 혜택을 통한 점진적 퇴직과 국민연금을 통한 점진적 퇴직에 대해서 살펴보기로 한다.

2) 고용보험제도를 통한 점진적 퇴직모형 설계

근로자가 50세에 도달하면 이른바 '고용안정 지원구간'이라고 부르는 고용보험을 통한 퇴직기로 이행할 수 있다([그림 6-3] 참조). 점진적 퇴직 이행기간 동안의 소득하락은 부분실업급여(partial unemployment benefit)를 도입하여 보충을 해 줄 수 있도록 한다. 이를 위하여 사전적으로 50세 이상 고령자에 대한 실업급여 지급기간은 현행의 최대 240일에서 최대 18개월로 연장을 하도록 한다. 실업급여는 완전실업은 물론 부분적 실업(일례로 근로시간을 기준으로 25% 또는 50%의 실업)의 경우에도 수급자격을 부여하도록 한다.

점진적 퇴직 이행기간의 운영방안으로서 먼저, 점진적 퇴직은 50세 이상의 고령근로자를 대상으로 운영하고, 점진적 퇴직자에 대해서는 18개월에 상당하는 실업급여 시간예산(time-budget)을 부여하고, 개인별 상황에 따라 분할활용을 할 수 있도록 한다. 이에 따라 가령 50% 부분실업의 경우 수급기간은 36개월로 연장이 될 수 있다. 고용보험제도와 연계한 점진적 퇴직의 종료연령은 최대 60세까지로 하되, 소득공백의 문제를 방지하기 위한 차원에서 어떠한 경우에도 조기노령연금(55세 이후)이나 정규노령연금(60세)의 수급자격이 발생하는 시점까지 고용관계가 유지될 수 있도록 한다. 또한, 장기근로의 인센티브를 제공하기 위한 차원에서 노사합의에 따라 고용연장형 점진적 퇴직모형을 실시하게 될 경우 실업급여의 지급기간이 최고 24개월로 연장될 수 있도록 한다.

그리고 점진적 퇴직의 이행기간 동안 개인은 종전 근로시간을 기준으로 20%~50%의 범위에서 노사합의에 따라 단축을 할 수 있도록 한다. 과도한 근로시간의 단축을 방지하기 위한 목적으로 어떠한 경우에도 법정근로시간의 절반 수준 이상으로 근로를 하도록 의무화한다. 또 근로시간의 단축뿐만 아니라 작업부담이 낮은 업무로의 전환 또는 동일 직역 내부의 타 직장으로 이동시에도 부분실업급여의 수급자격이 인정될 수 있도록 한다. 이러한 방안은 현행의 임금피크제 보전수당 제도를 점진적 퇴직제도에 포함하여 운영할 수 있고, 나아가 제도의 활용범위를 확대할 수 있는 장점을 가지고 있다고 볼 수 있다.

다음으로 소득보전방안으로서 부분실업급여는 현행 실업급여와의 연계성을 감안하여 급여의 산정기준이 되는 평균임금을 기준으로 상실소득의 50%를 보전해 주도록 하는 방안을 제안하고자 한다. 소득상한선을 적용하되, 그 이상의 근로소득에 대해서는 상대적으로 낮은 소득 보전율(예를 들면, 25%)이 적용되도록 한다. 이러한 방안은 고임금 근로계층에 대한 과도한 보장의 문제를 방지할 수 있고, 동시에 제도의 적용범위를 폭넓게 운영할 수 있는 장점이 있다. 점진적 퇴직자의 사회보장을 위하여 국민연금(노령연금, 장애연금, 유족연금), 고용보험(실업급여 등), 산재보험(휴업급여, 상병보상연금, 장해 또는 유족연금)의 산정기준이 되는 적용소득이 상향조정될 수 있도록 한다.

3) 국민연금제도를 통한 점진적 퇴직모형 설계

이 모형은 고용보험제도와 연계한 점진적 퇴직 이후 계속적인 고용유지 지원프로그램으로 활용하는 것을 말한다. 이 경우 소득하락의 문제는 부분실업급여 대신 별도로 부분연금(partial pension)을 신설하여 보충해 주도록 한다.

부분연금의 운영에 소요되는 재원의 조달방안으로서 대표적으로 별도로 보험료의 징수 또는 국민연금 보험료의 수입에서 충당 등과 같은 방안이 있을 수 있다. 부분연금은 사업장가입자만을 가입대상으로 하는 일종의 독립적 사회보험제도의 형태로 운영하도록 하고, 보험료는 노사 반반부담의 원칙을 적용하도록 한다. 참고로, 스웨덴의 경우 부분연금 보험료는 1976년~2000년의 기간 동안 0.2%~0.5%의 수준을 유지하였다. 국민연금제도와 독립적으로 회계관리를 하도록 하여 부분연금제도의 운영에 있어서 유연성이 제고될 수 있도록 한다. 부분연금은 완전한 부과방식으로 운영함으로써 제도의 도입시점부터 점진적 퇴직제도로서의 활용이 가능하도록 한다.

최저 자격연령은 노동시장의 여건과 조기노령연금의 수급연령을 감안하여 55세로 설정하는 것을 제안한다.

고용보험제도의 점진적 퇴직모형과 연계방안으로 고용보험의 점진적 퇴직모형을 상대적으로 유리하게 설계하여 개인들이 가급적으로 동 제도를 우선적으로 활용하도록 유도하고, 그 이후에 국민연금제도를 통하여 점진적 퇴직을 할 수 있도록 한다. 또 점진적 퇴직의 종료연령은 65세로 설정한다. 장차 국민연금 연금수급연령의 상향조정 일정에 따라 점진적 퇴직의 시작연령과 종료연령이 재조정될 수 있도록 한다.

이 모형을 도입하기 위해서 근로시간의 단축범위를 법으로 정하여 노사합의에 따라 선택할 수 있도록 해야 한다. 근로시간은 주당 기준으로 최소한 7~10시간의 범위에서 단축을 하여야만 수급자격이 주어질 수 있도록 한다. 점진적 퇴직의 이행기간 동안 근로시간은 주 20~35시간의 범위를 유지하여야 한다. 근로시간의 단축은 물론 직무재배치 또는 동일 직종 내 타 직장으로의 이동시에도 부분연금의 수급자격이 주어질 수 있도록 한다.

제도의 수용성 그리고 고용보험과의 연계성을 감안하여 부분연금은 상실소득의 50%를 보전해 주도록 하며, 점진적 퇴직자의 사회보장을 위하여 사회보험의 적용소득이 상향조정될 수 있도록 한다. 정규노령연금 수급연령 이후에도 계속적으로 부분근로 시 근로유인의 차원에서 미 수급한 노령연금에 대해 일정한 가산율(5~6%)을 적용하도록 한다.

우리나라 실정에 맞는 점진적 퇴직제도 모형으로서 고용보험과 국민연금을 통한 점진적 퇴직모형을 제시하였지만, 이것은 어디까지나 기본적인 틀을 제시한 것이고, 기업 차원의 추가적이고 보다 유연한 점진적 퇴직제도 도입이 병행되어야 한다고 본다. 사용자로 하여금 고령근로자를 계속해서 고용하겠다는 모티베이션을 주지 못한다면 고용보험과 국민연금으로 강제하는 방식의 고용연장은 실효를 거두기 어렵기 때문이다. 이제 우리나라는 고령사회로 진입하면서 유럽식 점진적 퇴직모형을 참고하여 우리나라 직장에 적합한 점진적인 퇴직제도 도입을 통한 고령자 고용연장 문제를 본격적으로 논의할 시점에 왔다고 생각된다.

8. 육아휴직제도의 활성화 방안

우리나라 노동시장 구조의 특징이자, 문제점은 여성인력의 경제활동 참여가 다른 선진국과 OECD 국가들에 비해 저조하다는 것과 출산율의 저조와 인구의 고령화 문제라고 많은. 전문가들은 지적하고 있다. 특히 다른 나라에 비해 활용도가 저조한 여성인력의 전략적 개발은 앞으로 우리나라 경제와 사회가 해결해야 할 중요한 과제 가운데 하나이다. 여성이 취업전선에 나서기를 꺼리는 이유에는 여러 가지가 있겠지만, 우리나라는 외국에 비해 육아휴직제도 및 탁아시설과 제도가 미흡한 것으로 드러나 있다.

이러한 문제를 해결하기 위한 방안 가운데 하나로서 우리나라는 지난 1994년부터 육아휴직 제도를 법제화하여 직장에 도입, 시행하고 있다. 육아휴직제도란 일반적으로 근로자가 계속 피고용자의 신분을 유지하면서 일정기간 자녀의 양육을 위해 직무에 종사하지 않는 제도를 말한다. 그 형태는 휴직 기간 동안 전혀 직무에 종사하지 않는 전일휴직(全日休職)이 일반적이지만 근무시간을 일정하게 단축하는 단축근무형태도 있다.

2001년 11월부터는 산전 후 휴가 90일 확대 및 육아휴직급여제도 신설 등을 골자로 하는 모성보호 3법이 개정 시행된 후, 동 제도에 대한 홍보, 모성보호 취약사업장 등에 대한 지속적 지도 및 감독, 육아 휴직급여 지급수준 향상 등으로 산전 후 휴가 및 육아휴직 활용실적이 눈에 띄게 개선되고 있는 것으로 나타나고 있다.

2009년 2월 노동부 발표에 따르면 지난해 육아휴직급여 수급자수와 급여지원액이 2만9,145명과 984억3,100만원으로 전년에 비해 각각 37.5%, 61.4% 증가한 것으로 나타났다. 1인당 평균 육아휴직일수도 2006년과 2007년에 216일로 정체를 보이다가 지난해 246일로 늘었다. 남성 육아휴직자는 2006년 208명, 2006년 230명, 2007년 310명, 2008년 355명으로 적은 숫자지만 꾸준히 증가하고 있다.

산전후 휴가급여 수급자수와 급여지급액도 지난해 6만8,526명과 1,666억

3,100만원으로 전년에 비해 17.4%, 25.8% 증가했다. 특히 산전후 휴가에 이어 육아휴직을 사용하는 근로자의 비율이 42.5%로, 2006년 27.9%, 2007년 36.3%에 비해 계속 증가하고 있어 육아휴직제도가 점차 정착되어 가는 것으로 나타났다.

이러한 육아휴직제도는 영·유아 보육시설과 함께 근로자의 직장생활과 자녀양육 기타 가정생활을 조화롭게 양립할 수 있도록 지원함으로써 근로자의 근로권과 생존권을 보장하는 근로자복지제도라고 할 수 있다. 특히 전통적으로 자녀양육의 1차적 담당자가 되어 온 여성의 취업을 촉진하고, 결혼이나 출산 이후에도 출산이나 자녀양육문제로 인해 직장에서 퇴출하는 일없이 취업을 계속할 수 있도록 지원하는 여성취업지원제도라고 할 수 있다.

육아의 문제는 여성에게 고유한 임신, 출산, 수유, 생리기능의 보호, 즉 소위 모성보호의 문제와는 구별되어야 한다는 것, 육아는 남녀가 함께 참여하고 책임져야 하며 나아가 다음 세대의 건전한 인력을 양성한다는 사회적 기능을 가지므로 국가와 사회도 공동책임을 가져야 한다는 것, 그리고 이것은 남녀평등의 실현에 필수적이라는 것은 1975년 이후의 UN, ILO, EC 등의 국제기구의 공통된 입장으로 확립되었다.

그러므로 육아휴직제도가 여성만이 아니라 남녀 모두에게 적용되고 사회보험방식과 같이 사회적 재원으로 제도 비용부담을 한다든지 국가에 의한 수당지급, 세제 지원 등의 사회적 지원을 하게 되면 남녀평등실현에 있어서 필수적으로 요구되는 "전통적 성별역할분업의식(性別役割分業意識)과 공사영역구별의식(公私領域區別意識)의 변혁"의 계기를 가져올 수 있는 유용한 제도가 될 수 있다는 점에서 가장 주목해야 할 제도적 의의를 찾을 수 있을 것이다. 현재 54.7%인 우리나라 여성의 경제활동 참가율을 2012년까지 경제협력개발기구(OECD)의 평균수준인 60%로 늘리기 위해 일하는 여성의 육아부담을 완화하는 것이 급선무이며 육아휴직제 뿐만 아니라 다양한 여성 고용촉진 정책이 추진되어야 할 것이다.

기업(또는 사용자 및 경영자)측면에서 보면 육아휴직제도는 육아문제로 인해 유능한 인력이 퇴직하거나 근무시간 중에 직무에 전념하지 못하는 것을 방지할 수 있는 효과적인 인력관리제도라고 할 수 있다. 국가로서도 육아의 부담으로 인해 여성들이 출산을 기피함으로써 초래되는 국가유지에 필요한 최소한의 인력부족문제와 그에 따라 파생되는 제 문제를 방지할 수 있을 것이며, 부모의 직접 양육으로 인해 다음 세대의 건강한 인적자원을 확보할 수 있을 것이다.

그러나 근로자가 육아휴직을 하게 되면 현실적으로 기업은 근로자의 휴직기간 동안 그 인력을 활용할 수 없고, 그 인력에 상응하는 능력을 가진 대체인력을 구해야 하는 등의 부담을 가지게 된다. 기업이 대체인력을 구하지 않으면 다른 근로자의 노동 강도는 강화될 수 밖에 없을 것이며 발생되는 비용도 문제가 된다.

이러한 이유로 정부와 여당, 재계가 비슷한 목소리로 모성보호법 개정을 강하게 반대한 바 있다. 당시 쟁점은 출산휴가연장과 육아휴직의 비용부담에 관한 것이다. 모성보호 법안에는 출산휴가를 현행 60일에서 90일로 연장하고, 육아휴직 1년 동안 평균임금의 30%를 지급하도록 규정하고 있다. 이것이 기업의 비용부담을 증가시켜 결과적으로 여성 고용을 기피하게 만들 것이라는 점이 반대 이유이다. 그러나 처음부터 노동계와 여성계는 모성보호로 인한 사회적 비용을 기업에게 전가할 생각이 없었다. 모성 보호 강화로 인하여 어느 정도의 사회적 비용이 발생하는 것은 사실이다. 이를 고려하여 노동계와 여성계는 법안 청원부터 모성보호비용의 사회분담을 요구하였다.

지금보다 육아휴직을 늘려 조금이라도 모성을 보호하자는 것이 모성보호법안의 정신이다. 그 비용은 기업에게 전가하는 것이 아니고 정부의 일반회계와 고용보험 등을 통하여 노동자를 비롯한 국민 모두가 분담하겠다는 것이다. 모성보호는 사회적 노동력의 재생산이고 따라서 그 비용도 사회적으로 함께 지자는 것이다.

과연 모성을 보호하면 여성 고용이 기피되는가? 현재 우리사회 여성의 임금은 남성의 63%를 받고 있고 여성 노동자의 70%가 비정규 노동자이며 영세사업장에 종사한다. 우리 사회는 사회보장제도도 엉망이지만 그나마 있는 사회보장의 혜택도 여성의 70%는 누리지 못하고 있다. 지난 경제성장 과정에서 한국의 여성노동자는 저임금 장시간 노동을 마다하지 않은 자랑스러운 수출의 역군이었으나 지금도 사회적 대우는 그다지 달라진 바 없다. 이런 상황에서 한국 여성의 출산율이 1.4명으로 낮아지는 것도 당연한 귀결이다.

모성보호법은 모성보호는 둘째 치고 제값 받는 취업조차 불가능한 현실에서 살아남기 위한 어쩔 수 없는 선택이다. 우리 사회에서도 이미 출산파업이 시작되었다. 모성보호를 포기한다면 지금보다 여성고용이 확대될 것인가? 또한 노동시장에서의 성차별 대우와 사라질 것인가? 그렇게 보기 어렵다는 것이 대부분 전문가들의 인식이다.

최근 경제위기가 심화되면서 모성보호법, 특히 육아휴직제의 실시가 제약을 받지 않는가 하는 우려의 목소리가 나오고 있다. 우리나라 경제가 국민소득 2만 달러 시대로의 도약을 위해서는 지식과 기술을 창의적으로 활용할 수 있는 유능한 인적자원의 개발이 시급하며 여성인력의 적극적인 활용을 통해서 노동력 부족과 산업구조의 변화에 대응할 수 있어야 한다는 당위성에 대해서는 공감하고 있으나 가득이나 경기가 나빠 기업이 인력을 감축할 수 밖에 없는 현실에서 육아휴직제를 제대로 실시할 수 있겠는가 하는 문제제기가 개별 직장에서 있을 수 있다고 본다.

육아휴직제는 육아와 아동복지를 기업과 사회, 국가가 함께 책임지는 제도라는 점에서 매우 발전적인 정책이라고 여겨진다. 이제는 육아와 아동복지 문제가 개인이나 가정에 전적으로 맡겨질 문제라기보다는 국가와 경제주체가 함께 풀어가야 할 우리 모두의 문제요 사회적 이슈가 되고 있기 때문이다.

아동복지적 측면에서 볼 때, 근로자가 근무하는 시간 동안 영・유아 보육시설에 자녀의 양육을 맡기는 것보다 부모가 직접 양육하는 것이 최선이라는 관점에서 육아휴직제도는 아동의 보호 받을 권리, 자기 가정에서 양육 받을 권리, 교육 받을 권리를 보다 충실히 보장할 수 있는 제도라고 지적되고 있다. 또한 영・유아 보육시설의 설치와 운영에는 일정한 공간 확보 및 기타 시설비용과 인적자원의 투여가 필요하므로, 수요에 부응할 만큼 확충하는 데에는 한계가 있을 수 밖에 없는데 반하여, 육아휴직제도는 이러한 한계를 보완할 수 있을 것이다.

OECD 한국 검토보고서는 "유아기 서비스에 대한 투자는 유아 및 가정뿐 아니라 정부 및 국가 경제에도 혜택을 준다는 사실이 입증되고 있다"고 밝혔다. 최근 개최된 'OECD 유아교육 및 보육재정 지원방안 워크숍'에서 발표된 '캐나다의 보육투자가치에 대한 연구 보고서'에 따르면 취학 전 아동에 대한 투자수익률은 일반 아동의 경우 200%, 저소득층 아동의 경우 700%로 나타났다. 연구 결과 2~5세 아동에게 연간 53억2900만 달러를 보육비로 투자했을 때 여성인력 확보, 아동의 안정적 성장 등으로 사회가 얻게 되는 이득은 약 105억4800만 달러가 된다는 것. 그만큼 영유아 교육이 중요하고 국가경쟁력 제고를 위해서라도 정부 차원에서 관심을 가져야 한다는 사실을 입증하고 있다. OECD 검토단도 "유아기 서비스에 대한 공적 투자를 지지하는 데에는 강력한 경제적 타당성이 존재한다"는 결론을 내렸다. 선진국을 대상으로 한 많은 연구들은 보육서비스에 투자했을 때 사회 경제 노동 분야에서 기대 이상의 이득을 거둔다는 결론을 내놓고 있다.

최근 노동부는 종전에 비해 산전 후 휴가 및 육아휴직 활용자 증가와 함께 업종별 편중 현상이 개선되고 있기는 하지만, 앞으로 근로자의 활용률을 더욱 높이고 업종 편중을 완화하기 위하여 영양사, 과학조교 등 비 정규직이 있는 각급 학교 및 모성보호 관련 민원제기 취약 사업장 등에 대하여 산전 후 휴가제도 준수여부 등 모성보호이행실태에 대한 집중 지도 및 점검을 실시하고 있다.

'여성이 일하기 좋은 직장', 즉 '여성 친화적인 기업'으로 각광받는 우리나라 기업들이 있다. 헬로잡, 인크루트, 잡링크 등 취업정보 제공업체들은 각 기업의 인사제도와 여성 편의 시설 등을 기준으로 여성 친화 기업을 선발하여 최근 발표하였다. 이들이 선정한 여성 친화 기업은 한국IBM, 한국P&G, 한국MSG, 씨티 은행, 제일기획, 삼성SDS, 태평양, CJ, 이랜드 등. 그중 한국IBM과 제일기획을 가장 많이 꼽았다.

이들이 '여성 친화적 기업'으로 선정된 가장 큰 이유는 "근로자의 육아는 회사가 책임진다"는 원칙을 확립하고 이를 구체적으로 실천하여 좋은 반향을 불러일으키고 있기 때문이다. 요즘 같은 경제위기 시대에 육아휴직제를 다시 재조명할 필요가 있다. 육아휴직제는 기업이 일방적으로 비용을 부담하여 모성을 보호한다는 패러다임에서 벗어나 우수한 여성인력을 기업에 적극 유치하고 유지하여 기업의 생산성을 제고하고 기업의 대 사회 이미지 제고에 절호의 찬스라는 인식으로 이 문제에 임하는 것이 바람직하다고 생각된다.

고령화, 저 출산으로 2019년부터는 전체 인구가 감소추세로 돌아설 것으로 예상되는 우리나라는 지금부터 출산장려책과 함께 여성이 일하기 좋은 직장을 만들어가지 않으면 더 큰 경제적인 문제에 봉착하게 될 것이다.

9. 노사정위원회의 나아갈 길

이명박 정부는 출범직후 노사정위원회를 경제사회발전노사정위원회로 명칭을 바꾸고 체제를 개편하여 재가동시켰다. 노사정위원회는 1998년, 우리나라가 외환위기를 맞아 국민경제가 위기국면에 접어들었던 1998년에 당시 김대중 대통령 당선자의 정치적 필요에 의하여 IMF 관리체제를 극복하기 위한 사회적 협의기구로 출범하였다. 초기에는 노동시장 유연성 제고, 노동기본권 및 사회복지정책 강화에 합의하는 등 경제위기 극복과 이를 위한 제도개선에 일정하게 기여하였다는 평가를 받았으나 노측의 높은 기대와 무리한 요구 제기, 중요 당사자 중의 하나인 민노총의 탈퇴 등의 현상으로 위원회의 기능이 제대로 작동되지 못한 일이 많았다.

출범초기에 경제위기 극복을 위한 사회협약을 도출하여 IMF로부터 자금지원을 이끌어 내는데 중요한 역할을 하였다는 긍정적인 평가 이외에는 뚜렷이 내세울 만한 업적이 없는 것이 노사정위원회가 안고 있는 문제이며 최근 '반쪽 위원회' 상태가 오랫동안 지속되면서 위원회 무용론도 끊임없이 제기되고 있다.

노사정위원회 무용론을 주장하는 사람들은 다음과 같은 근거를 내세우고 있다. 즉 각 경제주체들의 독립성과 자율성을 기초로 하는 자유 시장경제 하에서는 경제주체나 집단간에 이해상충과 갈등이 발생할 경우 이를 해결하는 원칙은 개별 주체의 합리적 선택의 조합에 따라 균형점을 찾아 나가는 것이 시장원리에 맞는다는 것이다. 따라서 노사정위원회가 내세우는 사회적 합의(혹은 협의)기구를 통한 사회적 갈등해소는 시장경제질서에 적합하지 않다는 것이다. 사회적 갈등은 어디까지나 개별 주체들의 선택과 시장을 통한 조정을 통해서 해소되며 정부는 사회보장제도 운영과 사회안전망 제공을 통해 울타리 역할을 하여야 한다는 것이다.

노사정위원회 제도를 비판하는 사람들이 자주 지적하는 부분은 노사정위가 법률상으로 대통령 자문기구이면서 실제로는 사회적 합의기구로서 중대한 의사결정 기구 역할을 하고 있는 점이다. 비판론자들은 노사정위원회가 사회적 합의기구로서 대표성을 갖추었다고 보기 어려우므로 차라리 자문기구 역할에 그쳐야 한다고 주장한다.

노사정위원회가 출범초기부터 기구의 성격과 같은 정체성 위기에 시달려왔을 뿐만 아니라 운영에 있어서도 많은 어려움을 겪어왔다. 사회적으로 민감한 이슈가 제기될 때마다 불만을 품은 당사자(민노총 및 한국노총)들이 참여와 탈퇴를 거듭하여 대화가 순탄하게 이어지지 못하다가 급기야 출범 1년 만에 구조조정 등에 반대해 민주노총이 탈퇴하면서 반쪽기구로서 한계와 문제점을 지니고 있다. 노사정위는 그간 노사관계 선진화 등 주요 노동현안을 논의 대상으로 삼았으면서도 논의 자체를 포기하거나 무기력한 대응으로 시간만 보내기 일쑤였다. 노동계의 소극적 태도도 있었지만, 이 기구에 대한 정부와 사용자 쪽의 의지가 박약한 점이 가장 큰 원인이었다. 정부와 사용자 단체는 편의에 따라 노사정위를 들러리로 이용하려는 의도를 가지고 임할 때도 있었다.

노사정위원회는 2007년 12월에 본회의를 열어 '비정규직법에 따른 중소기업 지원방안 합의문'을 심의 · 의결했다. 그 해 7월 비정규직법 시행을 전후로 나타난 '대량 해고와 업무 외주화' 등 문제점을 보완하기 위한 후속 대책으로 한 것이다. 비록 민주노총이 빠진 가운데 이뤄진 것이긴 하나, 노 · 사 · 정이 함께 비정규직법 후속 대책을 처음으로 합의했다는 면에서 의미 있는 업적을 이루었다고 생각된다. 그러나 내용에 있어서는 아직 미흡한 점이 많다. 합의문의 첫 항은 '노 · 사 · 정은 중소기업 비정규직 노동자의 고용안정, 처우개선 및 직업능력 개발을 위해 함께 노력한다'로 되어 있어 이번 합의가 구체적인 내용이 부족하고 '노력한다', '강구한다'와 같은 추상적 수준에 그쳤음을 알 수 있다.

2008년에 들어서서 이명박 대통령 당선자의 대통령직 인수위원회가 기존 노사정위원회를 개편해 시민단체 등이 참여하는 노사민정(勞使民政)위원회로 확대하는 개편안을 마련하였다. 새 정부는 노사민정위로의 확대 개편에 지역별로 무분규 사업장을 조성함으로써 산업 평화를 토대로 '경제 살리기'에 주력한다는 이 대통령의 의지를 보이고 싶어했다. 노사관계가 지역사회에 끼치는 영향 등을 고려해 민간의 참여 폭을 넓히겠다는 취지다. 무분규가 합의돼 지켜지면 사업장과 지역에 교부세를 많이 주고 세금 혜택을 주겠다는 안도 고려되었다. 그러나 노사정위에 시민단체를 참여시키는 것에 대해 한국노총 등 노동계가 '들러리'로 전락할 우려가 있다며 강력반발하게 되자 당초 안에서 후퇴하여 종래의 노사정위와 대동소이한 "경제사회발전 노사정위원회"를 출범시키게 된 것이다.

이제 신 정부에서 노사정위원회는 장차 어디로 가야 할 것인가? 그 길을 찾기 위해 노사정위원회의 근본 성격부터 다시 살펴보아야 한다. 근본 성격을 파악하기 위해서 이 기구가 탄생한 유럽 국가의 사례를 재조명할 필요가 있다. 먼저 '사회적 대타협'으로 경제도약을 이루고 있다는 아일랜드의 예를 들여다보자. 사회적 대타협은 아일랜드가 유럽의 변방국가에서 최고 부자나라로 탈바꿈하는 데 밑거름으로 작용한 것으로 알려져 있다. 그러나 아일랜드 노사정의 사회적 대타협은 우리나라의 모델과 차이가 있다. 우선 아일랜드의 노동조합 권력의 집중도가 낮고 지위도 취약하여 노조는 거대한 권력의 사용자와 힘겨운 싸움을 벌이고 있기 때문에 노조는 생존자체를 걱정하며 살고 있다고 해도 과언이 아니다. 따라서 규모나 권력 측면에서 열세일 뿐만 아니라 단체협상권마저 잘 인정을 못 받는 상황에서 막강한 사용자측과 한 테이블에 나와 거의 대등한 지위에서 대화하고 타협하는 데 대해 반대할 이유가 없는 것이다.

이에 비해서 우리나라의 노조는 막강한 권력을 보유하고 투쟁을 통해 웬만한 이슈는 거의 확보하였고 또 확보할 수 있기 때문에 굳이 사회적 파트너십을 발휘하여 대타협을 해야 할 필요성을 느끼지 못하고 있는 것이다. 특히, 이미 IMF 직후 '사회적 대타협'을 통해 전교조의 합법화라는 평소에는 달성하기가 어려웠던 목표를 보너스로 쉽게 챙긴 민노총으로서는 나머지 이슈들은 사회적 합의나 타협보다도 단체교섭이나 분규를 통해 얻는 것이 훨씬 유리하다고 판단했을 수도 있다.

다음으로 우리나라 노사정위가 네덜란드의 노사정 모델을 벤치마킹해야한다는 목소리가 높다. 최근 한국을 방문한 빔 콕 전 네덜란드 총리는 네덜란드 노동재단은 노조연맹과 사용자 단체로 구성된 민간 자문조직인데 노동재단의 사회적 대화의 법적 지위에 대해 "사회적 대화에는 법적 구속력이 따르지 않지만 사회·정치적 영향력을 인정하지 않을 수 없다"고 강조했다. 지난 95년 네덜란드의 유연안전성 협약을 예로 들며 노동재단이 오랜 토의 끝에 만장일치로 마련한 권고안을 정부가 수용할 수밖에 없었으며 이를 100% 법에 반영할 수 있었다는 것이다. 좋은 예로 네덜란드는 노사정 합의를 통해 1982년에 '폴더모델'을 도입하였는데 이는 임금인상을 억제하고 생산성을 향상시키기로 한 바세나르 협약을 통해 네덜란드를 마이너스 성장에서 플러스 성장으로 노사갈등에서 노사합의로 이끌어낸 경제·사회적 변화를 말한다. 그러나 네덜란드의 노사 모델은 우리나라와는 달리, 정부가 노사 간에 자율적으로 할 수 있도록 전권을 주면서 지원과 서비스를 해줬기에 가능했다. 정부가 주도하는 것이 아니라 노사 스스로가 이슈를 해결할 수 있도록 원하는 역할에 그치고 있다.

노사정위원회의 성격상 한계와 운영상의 문제점에도 불구하고 우리는 사회통합적 노사관계를 필요로 한다는 데에는 대체로 의견이 일치한다. 문제는 어떻게 사회통합적 노사관계 시스템을 만들어 갈 것인가에 대한 합의가 아직은 이루어지지 않고 있다고 보여진다. 한국을 방문한 콕 전 네덜란드 총리가 말했듯이 한국의 노사정위원회가 성과를 거두려면 우선 노사정 모두 사회적 대화를 가로막는 걸림돌이 무엇인지 파악해 제거해야 하고 다음으로 투쟁보다는 사회적 대화가 주는 이익이 얼마나 큰 지를 이해하는데서 문제를 풀어나가야 한다고 본다. 노사정위원회의 대화 테이블보다도 다른 데서 이익을 더 크게 얻을 수 있다고 생각하는 한 당사자들은 대화를 기피하고 외부에서 문제해결의 실마리를 찾으려고 할 것이다. 아일랜드의 사회대타협이 노조 측의 적극적인 대화 참여에서 비롯되었듯이 우리도 노사정위원회 참여 모티베이션을 노조 측에 줄 수 있는 방안을 모색하여야 할 것이다.

노사정위원회가 노조측이 바라는 것을 주지 못하고 선언적이고 추상적인 수사만을 늘어놓는 다면 노조는 시장원리에 따라 개별 산업이나 사업장에서 노동투쟁을 통해 목표를 달성하려고 할 것이기 때문에 노사정위원회가 존재하는 것이 옳고 또 필요하다고 느낀다면 시장원리를 뛰어 넘는 고차원적인 이익과 만족을 노사정 당사자들에게 줄 수 있는 방향을 모색하여야 할 것이다.

참고문헌

권혜자 · 박선영(1999), 『비정규직 노동자의 규모, 법적지위, 조직화 방안』, 한국노총중앙연구원.

김성국(1990), 여성근로자의 재고용제도에 관한 연구, 「이화여자대학교 경영논총」, 제8집, 67-93.

김성국(1998), 여성관리자 "Glass Ceiling" 현상에 대한 연구, 「인사관리 연구」, 22, 1, 205-230.

김성국(2000), 여성인력의 전략적 개발, 한국노동연구원 편(2000), 『21세기형 인적자원관리: 뉴패러다임과 실천과제』, 명경사, 313-337.

김성국(2003), 『인적자원관리 뉴패러다임』, 명경사.

김성국 · 김민수(2004), 『이슈중심 인사관리』, 삼영사.

김영재 · 김성국 · 김강식(2010), 『신인적자원관리』, 탑북스.

김용석 · 이영면(1999), 파견근로자와 정규근로자의 직무만족 결정요인에 관한 연구, 「산업관계연구」, 제9권, 31-35.

박우성(2000), 비정규직 인력의 관리, 한국노동연구원 편(2000), 『21세기형 인적자원관리: 뉴패러다임과 실천과제』, 명경사, 363-385.

이정우(1996), 조기퇴직제도의 국제비교와 파급효과 분석, 「보건사회연구」16, 2, 43-70.

이정우(2010), 점진적 퇴직제도의 국제비교와 고령자 고용효과 평가, 한독경상학회 2010년도 동계학술대회 발표자료집, 33-68.

이철수(1998), 『단시간 근로 및 파견근로에 관한 법적 연구』, 한국노동연구원.

정연앙(1994), 여성근로자의 관리실태에 관한 연구, 한국노동연구원.

정인수(1997), 『취업형태 다양화의 정책과제』, 한국노동연구원.

한국노동연구원 편(2000), 『21세기형 인적자원관리: 뉴패러다임과 실천과제』, 명경사.

현대경제연구원(1998), 단시간 근로현황과 기업의 유의점, 「VIP Report」, 제221호.

Budd, J. W. (2008), *Labor Relations: Striking a Balance*, 6th ed., New York: McGraw-Hill.

Harrison, B. (1994), *Lean and Mean: The Changing Landscape of Corporate Power in the Age of Flexibility*, Basic Books.

Hippel, C. et al. (1997), Temporary Employment: Can Organizations and

Employment Both Win?, *Academy of Management Executive*, 11, 1.

Huws, H. (1990), *Telework: Towards the Elusive Office*, John Wiley & Sons.

Kim, S.-K. (1989), *Zur Arbeitszufriedenheit der aus Korea in deutsche Niederlassungen entsandten Stammhaus-Mitarbeiter-eine empirische Analyse,* Pfaffenweiler: Centaurus-Verlag.

Konle-Seidi, Ulmann & Walwei (1990), The European Social Space: A Typical Forms of Employment and Working Hours in the European Community, *International Social Security Association.*

Large, M. & Saunders, N. K. (1995), "A Decision-making Model for Analyzing How the Glass Ceiling is Maintained: Unblocking Equal Promotion Opportunities," *The International Journal of Career Management,* 7, 2: 21-28.

Liebs, A. & Schuchardt, J. (1999). *Telearbeit: Ein Leitfaden für Beschäftigte,* Geilenkirchen: Gesellschaft für Innovative Arbeitsformen.

Loden, M. (1985), *Feminine Leadership or How to Succeed in Business without Being One of the Boys,* New York: Times Books.

Milgram, S. (1974), *Obedience to Authority: An Experimental View*, New York: Harper & Row.

Morrison, A. M. (1992), New Solutions to the Same Old Glass Ceiling, *Women in Management Review,* 7, 4: 15-19.

Napier, N. K. (1996), "Lessons from American Career Women," Presentation to Ewha Womans University, June 1996.

Nollen, S. & Axel, H. (1996), *Managing Contingent Workers*, New York: American Management.

제 7 장
리더십과 조직관리 이슈

제 7 장
리더십과 조직관리 이슈

1. 「대장금」 리더십

2003년부터 2004년까지 우리나라 TV에서 인기리에 방영된 사극 드라마 「대장금」은 조선조 의녀 장금의 성공담을 다룬 사극으로서 남존여비의 봉건적 체제하에서 집념과 의지로 궁중최고의 요리사가 되고, 우여곡절 끝에 조선 최고의 의녀가 되어 내의원의 수많은 남자들을 물리치고 조선의 유일한 임금 주치의가 되었던 역사상 실존인물인 대장금의 파란만장한 일대기를 다룬 드라마 「대장금」의 인기는 대단하였다. 이 사극 드라마는 52회로 대단원의 막을 내릴 때까지 이른바 대박이라는 40%선을 넘겨 평균 45.8%의 시청률을 유지하였으며 60%에 가까운, 경이적인 최고 시청률을 기록하며 막바지 5개월 동안 줄곧 드라마 1위 고지를 지켜왔다(닐슨미디어 리서치). 수랏간 궁녀의 이야기로 시작한 이 드라마는 생활사극을 추구하면서 지금까지 생소했던 궁중요리를 대중화시켰다는 공적을 남겼으며 궁중의 얘기를 넘어서서 서민의 얘기, 민초의 애환을 드라마에 담아내어 세대, 계층, 성별을 초월하여 모두의 사랑을 받는 국민드라마로 승화시켰다. 대장금 이야기는 이제 한류 열풍을 타고 동남아시아 각국의 사람들을 울리고 웃기고 있다. 최근 대만의 공직 선거에서는 여성 후보들이 드라마 「대장금」에 등장하는 이영애로 분장하고 대중앞에 나와서 저마다 자신이 대장금 같은 섬기는 지도자가 되겠다고 주장하며 한 표를 호소하는 일도 있었으니 대장금 드라마의 인기는 가히 짐작하고도 남는다. 이 드라마가 국경을 넘어 세계 사람들의 마음을 사로잡아 '대장금 신드롬'을 형성할 정도로 인기를 얻을 수 있었던 비결은 주인공장금의 파란만장한 삶과 삶의 고비 고비 마다 보여준 대장금의 섬기는 리더십과 위기극복의 리더십이 감동을 주었기 때문이 아닐까 한다. 그러면 대장금의 생애에서 보여진 리더십은 어떤 것이었으며 그녀는 어떤 리더였는지를 살펴보기로 한다.

무엇보다도, 장금은 위기에 강한 리더였다. 반대파들의 모함으로 관기의 신분으로 전락하여 제주도로 유배를 갔을 때에도 자신의 처지를 비관하지 않고 억울함과 한을 삭이며 의술 공부에 열중하면서 위기를 기회로 반전시키는데 성공하였고 마침내 의녀로 변신, 궁궐로 돌아오는 데 성공한다. 그녀는 고난과 역경, 권모술수에 굴하지 않고 대의를 지켜감으로써 언제나 칠전팔기의 오뚝이로 우뚝 섰다.

대장금은 변화 담당자(change agent)였다. 신분제도가 엄격한 조선시대에 천민의 신분으로서 고정관념을 깨고 과감히 관행에 도전하는 '행동하는 리더'였다. 장금은 수랏간 나인으로서, 의녀로서, 임금의 주치의로서 자신이 맡은 직무에 충실할 뿐 아니라 혁신적인 생각과 행동을 통해 직무성과를 획기적으로 높이며 자신의 컴피턴시를 향상시키며 변화를 주도하는 과업 중심형 리더십이 뛰어났다.

또한, 장금은 기본적으로 인간에 대한 사랑이 넘쳐나는 휴머니스트였다. 돌림병이 돌아 황폐화된 마을에 끝까지 남아 민초들의 고통을 함께 나누는 장금의 모습에서 사람들은 슈바이처나 나이팅게일에서 볼 수 있는 숭고한 인간애를 엿볼 수 있었을 것이다. 장금의 주변에는 언제나 장금의 입장을 신뢰하고 지지하는 벗들이 있었다. 궁녀로부터 조정대신에 이르기까지 다양한 계층의 지지자들은 네트워크를 형성하여 장금이 어려움에 처할 때마다 큰 힘이 되어 주었다. 대장금의 리더십 스타일은 과업지향성과 인간관계 지향성이 모두 높은 '팀 리더십'이었으며 대장금은 이상적인 팀 리더였다.

대장금은 21세기 전문가(professional)의 시대에 어울리는 선도적 프로페셔널이었다. 수랏간 궁녀로서, 또한 의녀로서 보여준 그의 전문성은 당대 최고의 수준이었으며 그녀는 자신의 전문성을 높이기 위해 끊임없이 자기개발에 힘쓰며, 모르는 일이 있을 때마다 탐구하고 실험하고 꾸준히 노력하는 '학습인'이었다.

대장금은 창의적 리더였다. 음식이나 질병과 관련해서 어려움이 발생했을 때 그녀는 보통사람들의 상식을 뛰어 넘는, 과감하고도 기발한 창의적인 방법을 동원하여 난제를 쉽게 해결하곤 했다.

대장금은 겸손하고도 섬김의 정신을 가진 서번트 리더(servant leader)였다. 그녀는 임금의 주치의라는 높은 지위에 올라가도 교만하지 않았고 비천에 처해서도 비굴하지 않고 남을 섬기는 자세를 늘 견지하는, 서번트 리더십의 전형을 보여주었다고 볼 수 있다. 또한, 그녀는 궂은 일을 마다하지 않고 팔을 걷어 부치는 해결사이자 문제 상황에 봉착하여 자신의 안위를 돌보기보다는 주위의 이웃을 먼저 생각하는 희생적인 리더였다.

대장금은 혁명가라기보다는 건전한 혁신가였다. 장금은 임금과 윗사람에 대한 존중과 변함없는 충성으로 권한을 위양 받아 합법적인 절차로 변화와 발전을 시도하였다. 그녀의 리더십 기반은 합법적인 권한이라고 말할 수 있다.

오늘날·부패와 개인 이익 추구로 얼룩진 우리 정치 지도자들이 가장 본받아야 할 리더십이 바로 대장금의 리더십이 아닌가 한다.

2. 「아멜리에」 리더십

몇 해 전에 상영되어 세계적으로 크게 히트 한 「아멜리에(Amelie)」라는 영화가 있었다. 프랑스판 '엽기적인 그녀'로 국내에 소개된 이 영화에는 의사인 아버지에 의해 심장병으로 오진되어 학교 문턱도 가보지 못하고 교사인 어머니에 의해 집에서 자란 아멜리에라는 소녀가 등장한다. 그 후 어머니는 불의의 사고로 죽고, 소녀의 유일한 친구인 금붕어마저 스트레스를 받아 어항 밖으로 뛰쳐 나가버려 외롭고 우울하게 살던 아멜리에의 인생에 반전이 일어난다. 어느 날 우연히 그녀는 자신의 아파트 벽 틈에서 40여 년 된 낡고 녹이 슨 양철 상자를 발견한다. 그 상자는 구슬들과 플라스틱 군인, 빛바랜 사진들이 빼곡히 들어 있는 어떤 소년의 보석 상자였다. 그녀는 이 상자의 주인이 이것을 다시 찾게 되면 얼마나 행복해 할지를 생각하고 그 어떤 사람을 기쁘게 해 주기 위해 주인을 찾으러 나선다. 천신만고 끝에 머리가 희끗희끗한 50대의 중반의 상자 주인을 찾아 몰래 전달하는 데 성공한다. 그 중년신사는 어린 시절의 추억이 담뿍 담긴 상자를 받고 감동을 받아 눈물을 글썽이며 행복해한다. 그 광경을 멀리서 지켜보던 아멜리에는 인생의 새로운 결단을 하게 된다. 즉 '주위에 있는 사람들에게 행복을 찾아주는 일'에 나서기로 한 것이다.

낮에는 파리의 한 카페에서 웨이트리스로 일하고 밤에는 이웃을 기쁘게 할 소재를 찾아 골몰하는 아멜리에의 활약이 끝없이 이어진다. 아멜리에의 깜찍한 작전에 의해 몽마르트 거리에 사는 불우한 사람들에게 조그만 기적이 일어나고 행복이 찾아오기 시작한다. 바람난 남편과 이혼하고 홀로 살아 온 할머니는 남편이 젊은 시절 군대에서 보낸 연애편지를 40년 만에 뒤늦게 전해 받고 죽은 남편과의 아름답던 젊은 시절을 반추하면서 남편을 용서하며 살게 된다. 그리고 어머니가 죽은 후 요양원에서 혼자만의 세상에 갇혀 지내는 아버지를 바깥세상으로 끌어내기 위해 아멜리에는 아버지의 난장이 인형을 세계일주 시켜 줌으로써 결국 아버지는 정신병을 이기고 세계 여행을 떠나게 된다. 결국 아멜리에는 깜찍한 장난을 통해 주변 곳곳에 행복 바이러스를 전염시키는 데 성공한다.

'아낌없이 주는 나무' 역할을 하던 아멜리에 에게도 우연히 행복이 찾아왔다. 달콤한 미소를 가진 한 건실한 청년을 짝사랑하게 된 것이다. 그런데 그 청년도 아멜리에를 사랑하게 되어 이제 행복은 아멜리에 차례가 되고 영화는 해피엔딩으로 끝난다.

아멜리에는 서번트 리더십(servant leadership, 섬김의 리더십)의 전형이 그대로 녹아있다. 서번트 리더의 핵심 특성은 다른 사람의 말을 잘 경청하고, 남에게 동정심을 가지며, 이웃이 처한 어려운 문제를 해결하고 치유하려고 노력하며, 남을 위해 기꺼이 수고하는 봉사정신이다. 서번트 리더십은 아멜리에가 살던 파리의 몽마르트 사람들의 삶을 변화시키고 행복하게 만드는 데 결정적인 역할을 하였다. 평소 아멜리에의 존재는 사람들에게 잘 알려지지 않았지만 그들은 아멜리에 때문에 행복해졌고 어두웠던 삶이 밝아졌으며 살아갈 이유를 찾게 되었다. 아멜리에는 그들의 실제적인 리더였다. 단지 그들은 그녀가 리더인 줄을 모르고 있는 것뿐이다.

중국 춘추시대에 살았던 노자는 그의 저서 「도덕경」에서 아멜리에식 서번트 리더야 말로 진정한 리더라는 사실을 암시하는, 다음과 같은 유명한 글을 남겼다. “사람들이 그의 존재를 느끼지 못하는 사람이야 말로 가장 훌륭한 지도자라고 할 수 있다. 사람들이 알아보고 복종하고 아부하고 박수를 칠 때는 이미 그는 지도자에서부터 멀어지기 시작한다. 진정 훌륭한 지도자는 가급적 말을 아끼면서 조용히 사람들을 목표로 인도함으로써 그의 임무를 다한다. 바라던 목표가 달성된 것을 보고 사람들은 환호하면서 말한다. ‘우리 모두가 이 일을 해냈다’고... 진정한 지도자는 멀리서 그 광경을 보고 미소를 짓는다.”

경영자가 서번트 리더십을 경영현장에서 실천하여 성공을 거두는 사례가 우리 주위에서도 늘어나고 있다. 외환위기 때 부도의 위기에 몰렸던 한국의 한 패션 의류업체는 ‘황금률 경영’으로 대 반전에 성공하였다. 황금률 경영은 한 마디로 ‘다른 사람을 잘 되게 하는 경영’으로서 비록 회사에 일시적으로 손해가 나는 한이 있어도 대리점, 협력업체, 고객에게 우선적으로 이익이 돌아가도록 실천하는 경영을 말한다. 이러한 아멜리에 식 섬김의 리더십을 실천한 이후 회사는 회생하기 시작했고 불황에도 성장을 거듭하였다. 최근에 이 회사는 유통 사업에도 뛰어들어 대형 백화점을 인수하고 아웃렛을 개장하여 세상을 놀라게 하였다.

현대인들은 아멜리에 같은 지도자를 갈망하고 있다. 대한민국 방방곡곡에 행복 바이러스를 퍼뜨릴 수 있는 아멜리에 같은, 섬기는 리더십을 베푸는 사람이 많아지면 좋겠다.

3. 신뢰경영과 리더십 – 독일 Dräger사를 중심으로 –

독일 뤼벡(Lübeck)시에 자리 잡은 다국적 회사인 드레거(Dräger)라는 회사가 있다. 드레거는 주로 의료기기 시스템과 안전설비를 생산, 판매하는 세계적인 기업으로서 독일에 본사를 둔 다국적기업이다. 1889년에 창립한 이후 줄곧 의료와 안전(Medicine and Security)이라는 두 분야에 특화하여 왔다. 창업자인 하인리히 드레거(Heinrich Draeger)는 기계공학을 전공한 엔지니어로서 맥주공장에서 압축공기를 주입하는 주입구가 종종 얼어붙어서 망가지는 현상을 해결해 달라는 부탁을 받고 압축공기로 인한 기온의 강하를 완화시키는 장치를 개발하여 맥주공장에 공급함으로써 많은 수익을 올리게 되고 이 장치를 특허출원하게 된다. 드레거사는 이러한 첫 번째 성공에 힘입어 이를 의료기구인 산소탱크에 기술을 접목시키게 된다. 당시에는 거의 새로운 분야였던 산소호흡기, 방목면, 산소탱크 등을 생산하면서 드레거는 의료분야에 축적된 기술을 안전분야에 확장시켜 소방관들을 위한 산소호흡기와 산소탱크는 물론, 각종 구급장비를 생산하는 의료 및 방재 전문회사로 성장하게 되었다.

오늘날 드레거 기업은 전 세계 190여 개 국에서 기업활동을 하고 있으며 40개소 이상의 판매 및 서비스관련 해외 법인을 거느리고 있는 글로벌 기업으로서 종업원은 전 세계적으로 11,000여 명에 달한다. 의료장비 및 방재장비의 생산, 판매에 특화된 회사로서 드레거는 특히, 미숙아를 위한 인큐베이터(Caleo) 생산, 판매 분야에서는 거의 독점적 우위를 점하고 있으며 병원시설과 방재시설의 경우 일부 제품을 판매하기도 하지만 시스템 전체와 부속장비를 일괄 납품하는 턴키(turn key) 베이스로 영업을 하고 있다.

필자는 드레거 본사를 방문하는 방문객이면 회사의 오리엔테이션으로 맨 처음 들리게 되어 있는 사내 박물관인 "Draeger Forum"이 있는데, 필자도 그곳을 둘러보게 되었다. 맨 첫 방에는 '신뢰'(trust)라고 이름이 붙여진 특이한 방이 있다. 그곳에는 300kg에 달하는 무거운 바윗돌이 밧줄에 묶여 천정에 매달려 있고 바로 그 밑에 침대가 놓여져 있었다. 안내자는 우리 일행을 향해 엉뚱한 청을 하였다. 우리 일행 중 한 명이 대표로 침대에 누워보라는 것이다. 침대의 배게 위에는 바로 거대한 바윗돌이 불과 50센티 거리에 떡 버티고 있는 곳에 누우라는 것이다! 우리 일행들은 순간 당황했지만, '설마 무슨 일이 없겠지'하는 생각에서 일행 중에 제일 젊은 사람이 대표로 바윗돌 밑에 누웠다. 그리고는 불이 꺼지고 1 분가량 신뢰에 관한 멘트가 음악과 함께 흘러나왔다. 침대에 누운 그 젊은이는 차마 바위를 정면으로 보지 못하고 애써 시선을 돌리면서 불안감을 달래며 누워있을 수 밖에 없었다. 이윽고 멘트가 끝난 다음 안내자는 그 사람을 일으켜 세우면서 누워있던 시간이 얼마나 경과한 것 같은가를 물었고 그 젊은이는 2분 이상이라고 대답했다. 안내자는 실제로 누워있던 시간은 정확히 50초였다고 설명해주고 심리적으로 공포심을 느끼는 상황에서는 시간이 길게 느껴진다고 설명하였다.

다행이 우리 일행 중 한 명이 돌에 깔려 죽거나 다치는 일은 일어나지 않았다. 그러나 큰 바윗돌 밑에 머리를 맡기고 잠시 누워 있다가 일어난 경험을 통해 우리는 '신뢰'라는 것이 어떤 것인지를 피부로 느낄 수 있었다. 안내자는 "이것이 바로 드레거의 신뢰경영입니다"라고 힘주어 말했다. 정말 그랬다. 드레거는 사람의 생명과 직결되는 의료장비와 방재장비 일체를 공급하는 회사이다. 드레거가 공급하는 제품에 조금이라도 하자가 있으면 고귀한 생명이 희생될 수 밖에 없다. 의사나 소방관들이 드레거 제품을 구입하여 사용하는 것은 자신과 환자, 그리고 시민의 생명보전을 드레거에 맡긴다는 의미가 된다. 드레거는 대외적으로는 고객들에게 대내적으로는 직원들에게 항상 '신뢰'를 강조한다. 신뢰는 아무리 강조되어도 지나치지 않는다는 것을 드레거는 잘 알고 있다.

신뢰를 바탕으로 한 드레거의 문화는 LEAD라는 드레거 나름대로의 리더십과 인적자원개발 시스템에 의해 실현된다고 볼 수 있다. LEAD란 "Leadership Excellence at Draeger"의 약자로서 드레거 회사의 리더십 향상을 위한 컨셉이자 행동강령이라고 할 수 있다. LEAD는 모두 다섯 개의 하위 시스템으로 구성되어 있다. ① 역할모형(role model), ② 가이드(guide), ③ 드라이브(drive), ④ 열정(passion), ⑤ 집중(focus)가 바로 그것이다.

1) 역할모형(role model)

역할모형은 LEAD의 다섯 가지 구성요소 중에서도 가장 중심적인 요소이다. 역할모형은 한 마디로 말해서 리더가 먼저 솔선수범한다는 의미를 담고 있다. 마치 300kg이 넘는 바위를 묶고 난 다음 묶은 사람이 먼저 바위 밑에 누움으로써 고객들에게 신뢰를 줄 수 있어야 한다는 것을 말해준다. 따라서 드레거는 말만 하고 실천이 없는 직원은 배겨나기 어려운 조직이다. 또 말과 행동에 정직성이 결여되어 있거나 책임을 지지 않는 직원들도 버티기 어려운 회사이다. 그렇다고 해서 직원들의 실패를 용납하지 않는, 가혹한 회사는 아니다. 실수가 있으면 솔직히 실수를 인정하고 행동을 수정하며 추후에 실수를 재발하지 않도록 학습을 하는 것을 장려한다. 드레거에서는 모든 것이 신뢰로 통한다. 신뢰가 가장 중요한 자산이고, 신뢰가 생명을 살리기 때문이다.

2) 가이드(guide)

가이드란 드레거의 모든 직원들이 코치이자 멘토가 되는 것을 의미한다. 이를 위해서 리더는 아랫 사람들의 말을 항상 경청하며 다른 의견에 대해서 열린 마음을 가지는 것이 필요하다. 그리고 어떤 공격을 받더라도 굴하지 않고 항상 선행적 경영(proactive management)을 위한 마음의 준비를 갖추는 것을 리더의 주요 덕목으로 삼는다.

3) 드라이브(drive)

드라이브란 목표달성을 위해 직원들이 매진하는 행동을 의미한다. 비록 문제나 장애가 발생한다고 하더라도 불굴의 의지를 가지고 목표를 달성하는 자기주장 의지(assertiveness)가 드레거 리더의 필수 조건이다.

4) 열정(passion)

리더의 열정은 부하직원들을 설득하고 장려하는 행동을 의미한다. 드레거가 솔선수범을 강조하는 것이 신뢰의 기본이 되듯이 부하직원을 동기부여하고 영감을 주는 일은 리더의 중요한 덕목이 된다.

5) 집중(focus)

드레거의 주요 업종인 의료와 안전(방재)분야에 있어서 서비스와 품질에 집중하는 것이 드레거 구성원의 철두철미한 원칙이다. 서비스와 품질 어느 하나에 소홀하면 드레거가 가장 중시하는 신뢰가 허물어지기 때문이다. 따라서 고객에 대한 서비스의 향상과 제품 품질의 향상을 위해서 혁신과 변화(innovation and change)에 회사의 사활을 건다고 해도 과언이 아니다. 이를 위해서 직원들의 직관적이거나 논리적으로 앞뒤가 맞지 않는 아이디어(intuitive and non-linear)도 존중하는 기업문화가 정착되어 있다. 고객이 자주 들리는 회사 박물관 입구에 바윗돌을 밧줄에 매다는 것 역시 이러한 미정형적인 사고방식이 반영된 결과라고 볼 수 있다. 드레거가 혁신과 변화에 집중하는 것은 결국 고객으로부터 신뢰를 얻기 위한 목적이라고 볼 수 있다.

드레거의 리더는 1년에 2회 이상 부하직원과 피드백 미팅을 가지고 자신의 리더십에 대한 평가를 받거나 조언을 아랫 사람으로부터 받으며 이를 경영에 적용하고 있다. 이 역시도 리더와 직원 간에 신뢰가 형성되어 있기에 가능한 일이라고 보여진다. 드레거 사람들이 자주 쓰는 용어에 'walks the talk'라는 말이 있다. 이것은 말 한대로 그대로 실천한다는 의미인데, 우리말로 하면 언행일치 정도로 번역할 수 있을 것이다. 이러한 리더의 언행일치는 조직 전체를 정직하게 만들고 건강하게 만드는 원동력이 되고 있다.

필자는 사람들이 돌 밑에 침대를 놓고 사람들이 돌을 쳐다보면 편하게 잠을 자는 신뢰의 문화가 형성될 수 있다면, 리더의 말이 진실이라고 부하직원들이 예외없이 믿고 따르는 조직이 있다면, 서비스와 품질은 불문가지(不問可知)가 아닐까 하는 생각을 드레거를 방문하고 돌아오는 길에 해보았다.

4. 위기의 순간과 모멘트 리더십

세계 최초로 에베레스트 산 등정에 성공한 영국의 에드먼드 힐러리 경의 아들 피터 역시 유명한 산악인이었다. 그는 1990년 아버지가 올랐던 에베레스트를 등반하는데 성공한다. 1994년 그는 동료 7명과 함께 에베레스트 옆에 있는, 세계에서 두 번째로 높은 봉우리 K-2 등정에 도전하게 된다. 이들은 정상을 눈앞에 둔 시점에서 갑자기 악천후가 몰아닥치자 등정을 계속할 것인지, 아니면 포기하고 하산해야 할 것인지 결정해야 했다. 등반대장 격인 피터 힐러리는 대원들에게 이 같은 악천후에서 등반을 강행하는 너무 위험하므로 다음 기회를 기약하고 하산하자는 의견을 제시하였으나, 대원들은 천신만고 끝에 여기까지 왔는데 쉽게 포기할 수 없다며 등정 강행을 주장하였다. 눈보라 속에서 수 시간 동안 진행된 대책회의는 쉽게 결론이 나지 않았다. 결국, 피터는 대원들을 설득하는 데 실패하고, 혼자 하산 길에 올랐으며, 나머지 7명의 대원들은 눈보라가 휘날리는 정상을 향해 출발하였다. 그 이후 7명의 산사나이들은 영원히 돌아오지 못했다. 피터는 그 후 악몽에 시달리곤 했다. 그는 등반대의 리더로서 옳은 길을 알고서도 대원들을 끝까지 설득하지 못했다는 자책감에 평생 괴로워하며 살았다. 설득에 실패했다고 리더가 대원들을 쉽게 포기하고 하산한 행동은 아무리 생각해도 바람직하지 못했다고 그는 생각했다. 수 십 번이라도 그들을 설득해서 같이 내려왔었어야 했다는 자책감에 괴로워했다. 경영자는 '리더십의 실패'를 거울삼아 자신의 리더십 경력을 풍요롭게 해야 하는 운명을 지녔다. 그런데 위기의 순간에 능력을 발휘하는 리더십은 갑자기 길러지는 것이 아니다. 작은 실패를 맛보고 나서 '큰 결단'을 할 수 있는 배포와 능력이 배양되는 것이다.

나폴레옹 군대를 워털루에서 격퇴시키고 나라를 위기에서 구한 개선 장군으로 런던에 돌아온 웰링턴 장군을 영국 국민들은 열렬히 환영하면서 '어떻게 그런 놀라운 통솔력을 발휘할 수 있었는지'에 대해 물었다. 이에 대해 그는 "워털루 전쟁에서의 나의 지휘력은 소년 시절 이튼학교에서 익힌 것이다(The battle of Waterloo was won in the playground of Eaton)"라는 유명한 말을 남겼다. 명문 이튼학교(Eaton School)의 전인적 교육이 위대한 장군을 길러냈고, 여기서 길러진 리더십을 그는 위기의 순간에 마음껏 발휘했다는 말이된다.

위기 상황이 아닌 평화시에 리더십을 발휘하는 것은 그리 어렵지 않다. 주어진 여건이 그리 열악하거나 적대적이지 않고, 추종자(부하 직원)들의 협조를 얻어내는 것이 비교적 쉽기 때문이다. 문제는 위기 상황이다. 기업의 존립이 백척간두에 서 있을 때, 즉 개인과 조직이 죽느냐 사느냐의 갈림길에서 리더의 리더십은 빛날 수가 있다. 난세가 영웅을 만드는 것이다. 그런데 난세의 영웅은 저절로 만들어지는 것이 아니라 평소에 잘 훈련되고 준비된다. 히딩크 리더십이 이번 월드컵 때 한국에서 탄생한 것이 아니라는 사실을 우리는 잘 안다. 그는 네델란드에서 오랜 기간 동안의 선수생활, 유럽 명문 구단들에서의 감독생활, 네델란드 국가대표팀 감독시절 등을 거치면서 형성된 것이라는 사실을 우리는 주목해야 한다. 분명한 사실은, 그의 리더십이 한국에서 성공을 거둔 것은 우리의 토양이 그의 리더십을 받아들였다는 것을 의미한다.

오늘날 기업이 당면한 경영환경은 변화의 방향과 속도, 그리고 불확실성에 있어서 과거의 그것과는 질적으로 다르다. 오늘날 기업이 필요로 하는 리더는 평시의 리더보다는 전시의, 전환기의 리더라는 생각이 든다. 미국 펜실베이니아 대학 교수이며 리더십의 권위자인 로버트 하우스는 포춘지가 선정한 미국 500대 기업의 경영자(리더)들을 대상으로 다음 다섯 가지 문항에 있어서 특징을 측정하였다. ① 비전이 있는 리더인가, ② 자신과 타인에게 신뢰를 주는 리더인가, ③ 의사소통을 통해 구성원의 기대를 모으는 리더인가, ④ 기업의 가치관을 솔선수범하는 리더인가, ⑤ 결단성과 용기를 보이는 리더인가 이 다섯 가지 문항에 대해 각 기업에서 두 명의 최고경영자가 응답하도록 되어 있었다.

하우스 교수는 다섯 가지 문항의 측정치를 두 가지 기업집단, 즉 ① 다이내믹하고 불확실한 환경에 직면해 있는 기업과 ② 안정적이고 예측이 가능한 환경에 있는 기업으로 구분하여 각각 비교하였다. 그 결과, 불확실하고 변화가 무쌍한 환경에 처해 있는 기업을 맡고 있는 리더의 성과가 그렇지 않은 경우보다 월등히 높으며 이익률도 높다는 사실을 밝혀냈다. 이 연구가 우리에게 주는 시사점은 무엇인가? 위기에 처한 기업을 이끌어 가는 리더십의 성공요인과 안정적인 기업을 유지해나가는 리더십의 내용이 다르다는 것을 의미한다. 전자의 경우(① 기업집단)는 전쟁이라는 위기 상황에서 빛을 발하는 웰링턴 장군의 리더십에 속한다. 이 경우 리더십은 길이 안 보이는 상황에서 길을 만들어 뚫고 나가는 리더십이다. 오늘날 디지털, 지식정보화 시대에 걸 맞는 리더십은 바로 이것이 아닌가 생각된다.

시스코 시스템즈의 존 챔버스 회장은 '인터넷 타임'이라는 개념을 정립하고 철저히 실천한 리더였다. 그는 시스코가 시장을 정복할 수 있는 유일한 방법은 경쟁사보다 빨리 움직여 단순한 네트워킹 기업에서 멈추지 않고 월드와이드웹(WWW)의 백본(backbone)으로 성장하는 것이었다. 챔버스는 공격적이고 도전적인 인수합병 전략을 통해 기술력을 확보・유지함으로써 성장을 꾀했다. 그 이유는 인터넷사업에서 기술변화의 속도를 맞추는 적절한 타이밍을 놓치게 되면 시장을 모두 잃어버린다고 생각했기 때문이다. 챔버스는 시스코가 시장에 있어서 선도적인 지위를 유지하고 적절한 속도로 성장하기 위해서는 회사 내부의 연구개발보다는 외부의 아이디어와 기업을 사들이는 것이 낫다고 판단했다. 그의 리더십의 요체는 회사의 경영을 인터넷 타임에 철저히 맞추는 것이었다. 이를 위해서 그는 기술력이 뛰어난 경쟁사를 사들이는 데 돈을 아끼지 않았고 어떤 희생도 감수하였다. 그러나 그의 인수합병을 통한 시장 선도전략은 시스코의 운명을 거는 한 판의 도박과 같은 것이었다. 엄청난 비용이 투자되어야 하지만, 투자의 성공을 아무도 보장해 줄 수 없었다. 그의 이러한 행동에 대해 당연히 비판이 따랐다. 너무나 무모하다든지 전통적 절약정신을 잊어버렸다는 주주와 직원, 그리고 언론의 비판을 받기도 했다. 그러나 존 챔버스는 시스코의 비전과 방향제시라는 리더의 역할에 충실하였으며, '타이밍 리더십'을 견지했다. 결국, 실리콘 밸리를 중심으로 일기 시작한 넷의 폭발 덕분에 시스코의 하드웨어와 소프트웨어 사업은 기술확보에 투자한 모든 비용을 보상하고도 남는 이익을 챙길 수 있었다.

1963년 여름, 미국 수도 워싱턴의 링컨 기념관 앞에는 20만 명의 사람들이 민권운동의 기수 마르틴 루터 킹 목사의 연설에 귀를 기울이고 있었다. 흑인들이 미국 당국의 인종차별 정책으로부터 인간다운 삶과 권리를 찾기 위해 계란으로 바위를 치는 것 같은, 무모하고 가망 없어 보이는 투쟁을 벌이고 있었던 이 흑인 목사는 이 날 매우 감동적인 연설을 했다. "민권운동을 하는 일은 매우 힘들고 때로는 좌절할 수 밖에 없는 것이지만, 그래도 나는 꿈을 갖고 있습니다(I have a dream!). 이 꿈은 미국의 건국정신에 기초한 꿈입니다. 나는 언젠가는 흑백차별이 극심한 미국의 남부 주에서 흑인노예의 후손들과 농장주의 후손들이 한 형제처럼 사이 좋게 식탁에 앉아 빵을 나누는 그 날이 올 것이라 믿습니다. 여러분, 나는 꿈이 있습니다!" 킹 목사의 감동적인 꿈 이야기는 미국인들의 마음을 움직였고, 비록 그가 1968년 테네시주 멤피스에서 백인 청년의 총탄을 맞고 서거하였지만 그의 꿈과 비전은 살아남아 결국 의회에서 흑백차별을 금지하는 민권법안을 통과시켰으며 그는 지금 미국인의 정신적인 지도자로 흑인과 백인 모두로부터 추앙을 받고 있다.

1970년 NASA에서 달로 향해 발사한 우주선 아폴로 13호는 불행히도, 우주선에 원인을 알 수 없는 폭발이 일어나 달 착륙을 포기하고 지구로 귀환하게 되었는데 문제는 세 명의 승무원들의 무사귀환을 보장할 수 없는 상황이 전개되었다. 폭발로 인해 우주선의 중요한 부품들이 망가져 정상적인 귀환을 위해 필수적인 충분한 양의 산소와 전기가 남아 있지 않았던 것이다. 이러한 절대절명의 순간에 NASA 휴스턴 우주센터의 유진 크랜츠가 생환프로젝트의 팀장을 맡게 되었다. 아폴로 승무원들의 생명이 그에게 달려 있었던 것이다. 불행하게도, 상황은 점점 어려워져 갔다. 계산상으로는 도저히 세 명의 승무원들이 지구로 무사히 귀환할 수 있는 방법이 없었다. 그러나 크랜츠는 포기하지 않았고 편집광처럼 생환방법을 찾기 위해 모든 수단을 강구하였다. 결국, 크랜츠의 집념이 결실을 거두어 아폴로 13호에 남아 있는 부속들을 재 조합하여 전력을 얻는 아이디어가 나왔고 우주선에서 이를 실천에 옮겨 착륙에 필요한 에너지를 얻는데 성공하였다. 아폴로 13호는 지구궤도에 무사히 진입하였고 세 명의 우주인들은 무사히 가족의 품에 안길 수 있었다.

지금까지 소개한 웰링턴, 챔버스, 킹, 크랜츠는 기업이나 조직의 위기 상황에서 뭔가 남다른 능력을 발휘하여 위기를 극복하고 성공을 일구어낸 대표적인 리더라고 볼 수 있다. 이들의 공통점은 위기에 봉착하여 국면을 전환하는 탁월한 능력이 있었다는 것이다. 하우스 교수가 열거한 리더의 덕목(비전, 신뢰, 의사소통, 확고한 가치관, 결단성과 용기)에 있어서 이들은 매우 높은 수치를 보이면서 집단과 조직의 대전환을 마련하는 데 성공한다. 이들은 열악한 근무여건과 위협적인 상황 하에서 구성원들에게 희망을 줄뿐만 아니라, 나아가야 할 방향을 제시하였다. 결단을 해야 할 '진실의 순간'(moment of truth)에서 이들은 현실을 도피하지 않고 직시하면서 조직과 구성원에게 살길을 제시하고 몸소 이끌어 나갔다. '리더십의 순간'(leadership moment)에서 이들은 놀라운 결단을 보여준 위대한 리더이다. 우리가 두려워해야 할 것은 위기 그 자체가 아니라 위기를 맞이한 순간 리더십을 발휘하는 리더가 없다는 사실일 것이다.

난세에서 출현하여 온갖 어려움을 극복하고 영웅으로 다시 태어나는 '순간의 리더'(leader of moment)는 많은 에피소드와 이야기를 만들어내며 동시대 사람들과 후세 사람들을 감동시키는 '모멘트 리더십'(Moment Leadership)을 발휘한다. 국가와 기업의 위기상황에서 사람들은 이런 리더의 출현을 고대한다.

5. 리더십의 실패: '바사'호의 비극

스웨덴의 수도 스톡홀름에는 '바사 박물관'이 있다. 이 박물관은 스웨덴 왕 구스타프 2세(아돌프) 때 건조된 전함의 잔해를 보존하고 있는 데 '바사'호는 1628년 건조 직후 처녀항해 때 스톡홀름 항구에서 침몰한 것을 1956년에 발굴, 인양한 것이다. 17세기에 당시 스웨덴은 종교전쟁인 30년 전쟁에 신교 진영의 주축으로 참전하고 있었고 강력한 구교(가톨릭) 국가인 폴란드와 맞서고 있었다. 당시 구스타프 2세는 스웨덴의 발틱 함대를 획기적으로 키워 북유럽의 해상권을 장악하고 유럽에 대한 영향력을 행사하려는 야심이 있었기 때문에 군비확장을 서둘렀고 바사호를 당시로서는 세계 최강의 전함으로 만들고 싶어 하였다. 바사의 건조에는 이러한 종교적, 정치적 목적 이외에도 구스타프 2세의 개인적인 목적이 작용했다. 당시 폴란드 왕은 아돌프의 사촌으로서 호시탐탐 스웨덴 왕위를 노리는 인물이었는데 구스타프 2세로서는 이 기회에 자신의 왕위를 위협하는 폴란드를 무력화시켜야겠다는 생각을 가지고 있었다. 따라서 스웨덴 왕실은 바사호의 건조에 온 힘을 쏟았고 최상품 자재들이 우선적으로 공급되었을 뿐만 아니라, 선박건조의 총책임자를 네덜란드에서 특별히 초빙해 왔다.

세계에서 가장 화력이 앞선 전함을 만들라는 왕의 명령에 따라 바사호의 대포 포문수가 획기적으로 증가될 필요가 있었다. 이를 위해 포를 2층으로 배치하는 한편, 대포의 구경도 크게 키웠다. 당시로서는 드물게 육중한 대포들이 2층으로 갑판에 배열되게 되자 배의 무게 중심이 위쪽으로 쏠리면서 배의 안정성이 크게 위협을 받게 되었다. 그러나 적국의 전함을 압도하는 최고의 군함을 건조해야 한다는 지상명령이 있었기 때문에 전문가의 반대 의견은 묻힐 수 밖에 없었다. 바사호의 건조는 겉으로는 순조롭게 공기를 단축해가며 착착 진행되었다.

그러나 큰 기대 속에 건조된 바사호의 안정성 테스트에서 심각한 문제가 있음이 드러났다. 그런데 더욱 이상한 것은, 무슨 이유에선지 바사호의 처녀항해는 예정대로 진행되었다. 드디어 1628년 8월 10일, 운명의 날은 오고야 말았다. 수많은 스톡홀름 시민들과 스웨덴 왕실의 귀족들, 우방국의 외교사절들이 지켜보는 가운데 웅장하고 화려한, 스웨덴 최대의 전함 바사호가 도크를 떠나 스톡홀름 외항을 향해 닻을 올리고 항해를 개시하였다. 그러나 불과 20분 정도를 항해 했을 때, 배는 갑자기 중심을 잃고 이리 저리 흔들리기 시작했다. 1,200톤이나 되는 육중한 바사호가 불과 1마일 밖에 항해하지 않았는데 크게 기울면서 스톡홀름 항구 안에 가라앉아 버렸으며 배에 타고 있던 40여 명의 승무원이 익사하였다. 이것이 바사호의 비극적 최후였다.

바사호의 침몰 원인에 대해서는 오늘날까지도 논란이 있지만, 전문가들이 이구동성으로 지적하는 가장 큰 이유는 배의 건조와 진수를 너무 서두른데 일차적 원인이 있다는 것이다. 즉, 구스타프 2세가 해군력을 단기간에 확장하기 위한 프로젝트로 바사호 건조를 선정하고 왕이 배의 설계에 직접적인 영향을 미치며 전문가들의 주장을 무시한 데 비극이 싹텄다는 것이다. 화력을 증강하기 위해 육중한 대포를 2층으로 포진시키고, 또 마스트의 숫자를 늘리고 화려한 조각품으로 장식하여 위용을 과시하면서 배의 상층부를 너무 무겁게 만든 것이 배의 안정성을 훼손하는 결정적인 원인으로 작용하였다. 그리고 임박한 폴란드 침공을 서두른 나머지 배의 안정성 테스트 결과도 무시하고 처녀항해를 강행한 것은 바사호의 비극이 '인재(人災)'라는 것을 극명하게 보여준 것이었다.

이제 기업경영의 시각에서 400여 년 전 바사호의 비극을 되새겨 본다. 의욕이 지나쳐 보이는 배의 갑판 위에 무언가를 잔뜩 쌓아올려 위세를 과시하는 것보다 보이지 않는 배의 밑바닥을 착실히 채워 선박의 기본적인 복원력과 안정성을 튼튼하게 만드는 것이 안전하고 확실한 항해를 보장해 주는 것이다. 아래쪽은 텅 비고 위쪽만 화려했던 바사호가 국왕과 시민들의 환호 가운데 출범했지만 1마일도 못가서 침몰했던 어처구니없는 사건이 우리나라에는 절대로 일어나서는 안되기 때문이다.

6. 리더의 나르시즘

자기도취(narcissism 또는 narcism), 즉 나르시즘이라는 말은 고대 그리이스 신화에서 유래된 말이다. 미소년 나르시수스는 호숫 물에 비친 자신의 얼굴에 자신인지도 모르고 반해버리게 되고 결국, 물에 빠져 죽을 때까지 탐닉적인 사랑을 했다는 이야기에서 자기도취라는 말이 나왔다.

정신분석학자 프로이트는 나르시즘이 성격발달에 있어서 중심적인 구성요소라고 말하고 자기도취는 우울증을 이겨내는 자기 방어 메커니즘으로 이해하였다. 코후트 같은 심리학자는 부모로부터 충분한 애정과 인정을 받지 못한 사람에게서 자기도취가 일어나는 경향이 강하다고 설명하고 있다. 어쨌든, 나르시즘은 자기 자신을 과장하고 자신에게 주어진 권력을 남용하는 경향을 보인다는 점에서 카리스마적 리더십과 연관이 많은 것으로 여겨지고 있다.

리더로 성공하려는 사람은, 우리가 흔히 하는 말로, '제 잘난 맛에 사는' 특유의 기질이 있어야 한다는 재미있는 연구가 있다. 1997년 미국의 심리학 교수 델루가(Deluga)는 조지 워싱턴부터 로널드 레이건에 이르기까지 미국 대통령 39명에 대해서 이들이 얼마만큼 강한 자기도취 성향을 보이고 있는지, 그리고 자기도취가 카리스마와 대통령으로서의 직무수행에 어떤 영향을 주었는지를 실증적으로 분석하였다. 그는 미국 역대 대통령의 자기도취 성향을 측정하기 위해서 그들의 전기적인 자료에 바탕을 둔 내용분석을 실시하여 '자기도취 성향 지수(NPI)'를 개발하였고, 대통령으로서 업무수행 성과를 측정하기 위해 ① 전쟁을 막은 일, ② 국가적으로 중대한 의사결정을 내린 일, ③ 평균적 위대성, ④ 위대성에 대한 사람들의 컨센서스 등 4개 항목을 성과지표로 사용하였다.

실증연구 결과, 미국 대통령에 있어서 자기도취 성향 지수가 높을수록, 카리스마와 창의력이 높아짐은 물론, 앞서 말한 4개 항목의 성과지표도 높아지는 경향을 발견하였다. 이 연구결과가 시사하는 바는, 자기도취 성향이 강한 리더는 카리스마적 리더십 스타일을 발휘하는 경향이 농후하고, 이러한 성향들은 그 리더의 업무수행 성과와 정적인 상관관계를 보인다는 것이다. 여기서 흥미로운 사실은, 자기도취가 강한 측면은 리더로서 약점이 될 수도 있으며 카리스마적 기질 또한 그러한 면이 있음에도 불구하고, 이러한 성향이 높은 리더는 그렇지 않은 리더보다 업무성과는 더 높게 나타난다는 것이다.

자기도취 성향 지수(NPI)를 대통령 별로 비교한 분석에서는 재미있는 결과가 보여진다. 초대 대통령 워싱턴(27.7점)과, 2대 애덤스(28.3), 시어도어 루즈벨트(29.0), 프랭클린 루즈벨트(33.3), 케네디(22.7), 죤슨(32.2), 닉슨(24.7), 레이건(27.7)은 NPI가 높았던 대통령으로 분류되고 있으며, 2차대전 이후만을 분석할 때, NPI가 비교적 낮았던 대통령은 트루먼(13.0), 아이젠하워(14.3), 포드(18.7), 카터(16.0)였다.

이 연구의 결과를 리더와 리더십에 적용해서 해석한다면, 환경조건이 열악하고 위기상황을 맞을 때, 자기도취 성향과 카리스마적 기질이 모두 높은 리더는 자신의 강점인 카리스마와 창의력을 최대한 발휘하여 조직을 위기에서 탈출시키고 구성원들의 환호와 존경을 받는리더가 될 가능성이 그렇지 않은 리더보다 높다고 말할 수 있다.

그러면 반대로 자기도취 성향이 낮은 리더에게는 어떤 일이 일어나는가? NPI 지수가 낮은 리더에게는 불행하게도, 대체로 나쁜 시나리오가 기다리고 있다. 그는 카리스마와 창의력도 그리 높지 않기 때문에 어려운 환경과 위기에 봉착하게 되면 이렇다 할 성과를 내지 못하고 리더로서의 명성에 오점을 남기고 물러나게 될 확률이 높다고 해석할 수 있다.

델루가 교수가 이듬해 1998년 발표한 논문에서는 워싱턴부터 레이건까지 39명의 미국 대통령이 대통령 직무수행에서 성공을 거둘 수 있었던 중요한 요인으로서 '앞서나가는 성격'(proactive personality)을 지목하고 있다. 앞서나가는 성격이란 사람이 어떤 위험이 닥치기 전에 예방적으로, 미리 행동을 취하는 성격을 말한다. 델루가의 연구에 의하면, 앞서나가는 성격을 가진 미국 대통령은 그렇지 않은 사람보다 비교적 높은 업무수행를 보여주고 있다.

결론적으로, 리더의 자기도취는 반드시 부정적인 것만은 아닐 듯싶다. 물론, 닉슨대통령처럼 자기도취의 부정적인 측면이 강해서 파멸에 이른 리더도 있지만, 자기도취는 자신감, 권위, 자기충족감과 동의어라고 볼 수 있다. 문제는 자기도취에 빠져 있는 듯 보이지만 남보다 앞서나가는 행동이 있으면 그 리더는 훌륭한 업적을 만들어 낼 수 있다는 것을 두 연구는 시사하고 있다.

요즘 우리나라가 여러모로 어려움에 처해있다. 특히, 정치, 경제 분야에서 리더십의 부재를 이야기 하는 목소리가 높다. 자기도취인 듯이 보이면서도 남보다 한 발 앞서가는 행동을 보여주는 리더가 오늘 우리에게 절실히 필요한 것이 아닌가 생각된다. 물론, 앞서감이 없이 자화자찬이나 자기도취에 탐닉하는 것도 문제가 되겠지만.

7. 언덕을 산으로 만든 사람들 이야기

외국계 기업에서 인적자원관리만 15년 이상을 담당한 한 인사담당 임원이 자신의 후배사원들 앞에서 HR파트에서 오랫동안 근무한 것을 자랑스럽게 생각한다면서 다음과 같은 말을 하는 것을 들은 적이 있다. "HR담당을 하면서 나는 많은 사람을 만났으며, 사람의 문제를 해결하기 위해 노력했으며 문제를 해결했을 때 사람들에게 유익을 줄 수 있었다는 것이 너무나 기뻤다. 나는 원래 마케팅이 전공이라 영업파트에도 근무를 했었지만 인적자원관리를 맡았다는 것을 지금도 자랑으로 여긴다"고 말했다.

인적자원관리의 유익한 점에 대해서 이 밖에도 많은 사람들이 많은 말을 할 수 있을 것이다. 필자의 생각에는 인적자원의 가장 좋은 점은 '커트라인이 없다'는 데 있다. 경영이란 항상 일정한 한계 속에서 전략을 수립하고 실행에 옮긴다. 자금의 부족, 기계나 장비의 부재, 장소의 제한 등이 여기서 말하는 한계에 포함되는 내용일 것이다. 그런데 인적자원관리가 매우 효율적으로 관리, 운용되면 이러한 한계가 쉽게 극복된다. 예를 들어보자. 반도체 테스트 장비를 만드는 국내 지방 중소기업 '미래산업'은 명문대는커녕 4년제 대학 졸업자가 별로 없이 열악한 환경 하에서도 정문술 회장이 사람을 믿고 사람에 투자한 결과 세계적인 기술을 자체 개발하여 반도체 장비 분야 선두주자가 될 수 있었다. 인적자원의 힘을 믿는 경영자에게 직원들이 기적을 선사한 예는 이 밖에도 수없이 많다.

1995년에 우리나라에 개봉된 한 영국 영화가 인적자원의 위대한 힘을 극적으로 표현하고 있다. 이 영화의 제목은 꽤 길다. 〈The Englishman Who Went Up a Hill But Came Down a Mountain〉이다. 직역하면, 〈올라갈 때는 언덕을 올라갔고, 내려올 때는 산을 내려온 영국인〉이 된다. 이 우스꽝스런 제목이 붙은 영화는 영국 웨일즈 지방의 조그만 마을에서 일어난 사건을 다루고 있다. 영화에서 일어난 사건은 약간의 과장은 있지만 웨일즈 지방에서 실제로 있었던 사실을 영화화한 것이라고 한다. 영화의 내용을 간략히 소개하면 다음과 같다.

제1차 세계대전이 막바지에 이르던 1917년 어느 날 영국 웨일즈 지방의 조그만 산간 마을에 런던에서 온 두 측량기사가 도착한다. 이들은 지도제작을 위해 웨일즈 곳곳을 다니며 지형지물을 실측하는 임부를 국가로부터 부여받은 사람들이었다. 이 마을에서 이들이 수행하는 임무는 마을 앞산인 "피논가루"(Ffynnon Garw)의 높이를 정확히 측정하는 일이었다. 더욱이 당시가 전쟁 중이라 산 높이를 측정하는 일은 전략적으로 중요한 국가시책으로 여겨졌다.

사실 마을 사람들에게 피논가루는 자부심의 상징이었다. 그 산은 '웨일즈의 첫 산'이라는 상징적 의미가 있었다. 고대로부터 바이킹과 노르만 등 외적의 침공을 막을 때 피논가루가 방어선 역할을 했고 결국 그 산의 지형을 잘 이용하여 외적을 물리친 자랑스런 역사를 간직하고 있기 때문에 마을 사람들은 그 산을 항상 소중하게 생각하고 있던 터였다. 그런데 마을에 흉흉한 소문이 돌면서 사람들은 갑자기 긴장하기 시작했다. 즉 지도제작 원칙상 산(mountain)으로 인정받으려면 해발 1,000피트(약 305미터)가 되어야 한다는 것이었다. 만약 그들의 '거룩한 산' 피논가루의 높이가 그 이하로 측정되면 산이 아니라 '언덕'(hill)에 불과하고 공식 지도상에서 산으로 표기되지 않는다는 말을 측량 팀으로부터 전해졌다는 것이다. 사람들은 이 소식을 듣고 저녁에 마을 선술집(pub)에 모여 대책회의를 하면서 초조하지만 일단 측량결과를 지켜보기로 했다. 드디어 두 사람의 측량기사가 며칠간의 작업 끝에 산의 높이를 측량하고 결과를 마을 주민들에게 통보했다. 984피트. 1,000피트에서 불과 16피트가 부족한 높이였다. 결국 피논가루는 mountain 이 아니고 hill 이었던 것이다.

연 이은 대책회의에서 마을 주민들은 측량결과에도 불구하고 피논가루가 산이라는 믿음과 주장을 포기하지 않기로 다짐했다. 따라서 '산이 못된다면 산을 만들자'는 데 의견의 일치를 보았다. 측량법상 묘지와 같은 인공구조물도 그것이 항구적인 시설물이라면 산의 높이에 합산될 수 있다는 전문가의 '유권해석'을 얻어낸 주민들은 자신의 정원의 흙이라도 퍼서 산꼭대기에 쌓아올려 부족한 16피트를 채우기로 엄숙히 결의하였고 이 결정에 마을 교회의 존스 목사가 선봉에 섰다. 그리고 주민들이 흙을 정상으로 퍼 나르는 일 등 '산 만들기 프로젝트'의 총 책임자로서 마을 선술집 주인이자, 평소 존스 목사와 원수지간인 모건이 담당하기로 했다. 피논가루를 산으로 만드는 마을의 공동의 목표를 위해서 목사와 바람둥이 난봉꾼이 손을 잡은 것이다. 산 만들기 사업의 첫 번째 문제는 국가공인 측량 기사들이 마을을 떠나지 못하게 막는 일이었다. 그래야 수정된 산 높이를 다시 측정해서 공인인증서를 재 발급받을 수 있기 때문이었다. 그러나 이들을 마을에 붙들어 두는 일을 힘으로 밀어부칠 수는 없었기 때문에 합법을 가장한 사보타지가 동원되었다. 이들이 타고 갈 차량을 일부러 고장 낸다든지, '기차 편이 없다'며 기차표 발매를 거부하는 일이 마을 사람들의 협조(?)하에 며칠을 두고 자행된다.

동네의 흙을 퍼서 산꼭대기로 옮기는 작업에는 남녀노소를 불문하고 모든 마을 사람들이 자발적으로 참여하였다. 사람들은 저마다 양동이나 주머니에 흙을 담아 산길을 걸어 올라가서 정상에 쌓아놓은 원시적인 일을 하루에도 몇 번씩이고 반복하였다. 사람들은 작업 도중에 뜻하지 않는 복병을 만나기도 했다. 즉 불청객인 비가 쏟아져서 쌓아올린 흙더미의 일부를 씻어내린 일도 있었고, 노구에도 불구하고 하루에 산을 대여섯 번씩 오르며 손수 흙을 나르던 존스 목사님께서 과로로 쓰러져 산에서 숨을 거둔 사건이 발생하였다. 사람들은 목사님의 유언에 따라 피논가루의 정상 흙더미 속에 목사의 시신을 장사지내면서 더욱 '산 만들기' 결의를 다졌다.

드디어 피논가루 정상에 새로운 흙더미 구조물이 만들어졌고 측량기사 중 한 사람(휴 그랜트)을 마을 사람들이 등을 떠다밀다 시피하여 재측정을 하도록 만들었다. 그래서 다시 측정해보니 1,002피트! 마을 사람들은 만세를 부르며 마을 축제를 벌였고 두 사람의 측량기사들은 공인인증서를 이들에게 선사하고 떠난다는 해피엔딩 영화이다.

이 영화는 웨일즈 사람들 특유의 우직한 문화와 배타성과 잉글랜드인에 대한 경계심, 그리고 자부심과 향토를 사랑하는 마음 등이 멋지게 어우러져 한 편의 재미있는 로맨틱 코메디이다. 이 영화는 인적자원관리의 훌륭한 사례집이 될 수 있다고 필자는 생각한다. 그 이유는 다음과 같다.

먼저, 마을에 여장을 푼, 두 '잉글리시맨'들을 영접하고 잘 구슬려서 이들의 측량작업 목적과 산이 될 수 있는 기준 등 고급정보를 수집해서 '산 만들기 사업'이 출범할 수 있도록 한 데는 선술집 주인 모건의 공이 컸다. 모건은 잉글리시맨과의 우호적인 '인간관계'를 통해 마을의 장래에 결정적으로 중요한 정보를 캐낼 수 있었다.

둘째, '산 만들기 사업'이 마을 전체의 프로젝트로 발전할 수 있었던 데는 평소 원수지간인 존스 목사와 선술집 주인 모건의 화해가 시발점이 되었다. 존스 목사는 술주정뱅이 난봉꾼에다가 교회출석을 거부하는 불신자로 낙인찍었던 모건의 '산 만들기'제안을 순순히 받아들였고 교인들이 주일(일요일)에도 작업을 할 수 있도록 허용하고 손수 앞장섰다. 모건도 평소 주일날 교회에 절대로 가지 않는 것을 생활신조로 삼았지만 마을의 영적인 지도자인 존스 목사의 도움이 있어야 '산 만들기 사업'이 성공할 수 있겠기에 평소답지 않게 정장을 하고 주일날 교회에 참석하여 목사와 교인들의 협조와 참여를 호소하였다.

셋째, 마을 사람들은 각자 필요한 곳에서 필요한 역할을 하며 자발적으로 일을 도왔다. 이들은 보상을 생각하지 않고 마을의 명예와 자부심을 지키기 위해서 헌신적으로 일을 했다. 자전거포 사장은 측량기사들이 타고 온 멀쩡한 차를 일부러 망가뜨린 후 수리작업에 일부러 지지부진, 시간을 끌면서 마을 사람들의 산 만들기 작업을 도왔다. 마을 간이역장은 일부러 기차 편이 없다고 둘러대서 측량기사들이 마을을 떠나는 것을 지연시켰다. 이 마을 출신으로 카디프에서 직장생활을 하던 한 미모의 여인(타라 피츠제랄드)은 고향으로 불려와 젊은 측량기사(휴 그랜트)를 유혹하는 역할을 기꺼이 맡아 그가 마을을 떠나고 싶은 마음이 사라지도록 만들었다. 그리고 많은 마을의 남자들이 피논가루를 재 측량할 수 있도록 기자재를 운반하는 일들을 도왔다. 그야말로 적재적소에 적절한 사람들이 나타나 '산 만들기' 프로젝트에 크고 작은 힘을 보탰다. 나중에 측량기사들도 마을 사람들의 일치단결하는 자세에 감동을 받게 된다.

넷째, 이 영화는 '사람이 희망이다'는 평범한 진리를 다시한번 일깨워준 경영관련 영화였다고 생각된다. 어쩌면 불가능해 보이는 일이라도 사람들이 마음을 먹고 일치단결하여 한 목표로 나아가면 어떤 어려운 일도 해결된다는 것을 보여주고 인적자원과 인적자원관리의 중요성과 파워를 다시금 인식하게 해주었다.

다섯째, 마을의 영적인 지도자 존스 목사의 희생적인 리더십이 이 모든 일을 가능하게 만들었다는 것은 부인할 수 없다. 그는 종교인으로서 향토에 대한 사랑이 투철한 리더였다. 마을의 상징인 산이 언덕으로 폄하되는데 대해 좌시할 수가 없었고 마을 내 여러 세력의 사람들을 포용하고 통합하여 '산 만들기'프로젝트를 출범시켰을 뿐 아니라 서번트 리더십을 발휘하여 스스로도 흙을 퍼 나르는 일에 앞장서서 동참하였다. 과로로 쓰러지면서도 모건에게 자신의 시신을 피논가루 정상에 묻어달라는 유언을 함으로써 마을 사람들의 몰입을 이끌어내었고 영원한 마을의 지도자로 남게 되었다.

'언덕을 산으로 만든 사람들' 스토리가 우리에게 감동을 주는 것은 거룩한 목표가 사람들의 몰입을 이끌어 내었고, 몰입된 사람들은 자신의 입장과 처지, 의견을 떠나서 대동단결하여 목표를 달성하기 위해 자발적으로 애썼다. 그 과정에서 희생적 리더의 죽음은 목표 달성에 장애가 되기 보다는 반드시 이루고야 말겠다는 정신적 유산의식을 구성원들에게 심어주었다. 결국 '산만들기'에 성공하였을 때 참여한 모든 구성원들이 자신이 해내었다고 생각하며 자자 손손 애착과 자부심으로 그 성취를 바라볼 수 있었다는 것이다. 이러한 스토리라인이야 말로 역경과 불확실한 환경을 헤쳐 나가야 하는 오늘날 기업들에게 가장 필요한 이야기가 아닌가 한다. 이 이야기 속에 리더십과 인적자원관리의 성공 비결이 들어있다고 생각한다.

8. 펀 경영(Fun Management)의 열풍: – 영화 「스윙걸즈」를 중심으로 –

미래의 직장은 사람들이 모여 재미있게 일하고 재미있게 노는 곳이 되어야 하고 또 그렇게 되고 있다는 것이 많은 학자들의 전망이다. 따라서 '재미'가 없는 것은 어떤 이유에도 용서가 안된다. 급여와 복리후생에 있어서 특별히 경쟁력이 없는 회사라고 하더라도 재미가 넘쳐나는 회사에 다니는 종업원들은 좀처럼 이직을 하지 않는다는 것을 알 만한 사람들은 다 안다.

90년대 초 미국에서 일기 시작한 '펀 경영'(fun management) 열풍은 이제 글로벌 경영트렌드로 자리 잡았다. 미국 사우스웨스트 항공의 공동창업자 허브 켈러허 회장은 경쟁업체와의 항공 노선권 배분을 놓고 협상을 벌이다 경쟁사 CEO에게 팔씨름으로 승부를 겨루자고 제의해 단 한판에 이겨 노선을 따낸 얘기는 유명하다. 기내 안전 수칙은 랩송으로 대신하고 "담배를 피우실 분은 밖으로 나가 날개 위에 앉아 마음껏 피우시기 바랍니다. 오늘 감상하실 영화는 '바람과 함께 사라지다'입니다"는 식의 기발한 금연 안내방송을 감행하는 이 회사의 매출은 중위권이지만 전 세계 항공사 중 가장 높은 수익률을 자랑하고, 20년간 미국 항공사로는 유일하게 단 한 차례의 노사분규도 겪지 않았다. 점잖은 오찬석상에 가수 엘비스 복장으로 등장하는 등 괴짜로 알려진 펀 경영의 달인 허브 켈러허 회장은 "비즈니스는 재미있을 수 있고 또 재미있어야 한다"는 철학을 가지고 있다. 결국 사우스웨스트 항공은 재미와 유머로 직원들의 사기를 북돋워 자발적인 헌신과 창의력을 이끌어냄으로써 '펀 경영'에 성공한 대표적인 기업으로 꼽히고 있어 오늘날 전 세계적으로 벤치마킹의 대상이 되고 있다.

유머경영은 경영자에게도 큰 '무기'가 되고 있다. 2005년에 국내 경제주간지들이 '2005년의 경영키워드' 중 하나로 '웃음'을 꼽았을 정도다. "유머경영이 임직원에게 신뢰와 자부심을 심어줘 훌륭한 일터문화를 만든다"는 보고서가 쏟아지면서 유머관련 학원이 호황을 누리고 있다. 이런 웃음을 가르쳐 주는 학원에 등록하여 수강하는 CEO도 늘고 있을 뿐만 아니라 강사초빙 요청이 쇄도하고 있다는 소식이다. 또한 유머가 기업의 생산성 향상과 조직 활성화에 도움이 된다는 생각이 확산되면서 채용에 있어서 유머가 없는 사람보다 유머가 풍부한 사람을 우선적으로 채용하는 경향도 보이고 있다.

이렇듯 흔히 펀 경영, 신바람 일터 만들기, 유머 경영 등의 다양한 이름으로 국내에 소개된 신바람 경영은 최근 몇 년 사이 빠른 속도로 확산되는 추세이다. '삼성 테스코의 신바래이션'(SynbaRation)[신바람(Synbaram)과 합리성(Rational)을 합성한 단어]문화, 이랜드의 지주회사 격인 이엘인터내셔널 CEO(Chief Executive Officer)의 CJO(Chief Joy Officer) 임명과 CJ 그룹의 '일터(Workplace)=놀이디(Play Ground)' 라는 즐겁게 일하는 일터 구축 등이 대표적인 예이다. 펀 경영, 또는 신바람 경영의 궁극적임 목표는 직장을 즐겁게 일할 수 있는 놀이터로 만들어 일하는 구성원 각자의 열정과 몰입을 자연스레 끄

내어 만족도를 높이고 기업의 성과를 향상시키는 데 있다.

그러나 펀 경영에 대해서 우리가 반드시 짚고 넘어가야 할 것이 있다. 펀 경영은 단순히 직원들을 웃기고 경영자들이 개그맨 기질을 발휘하는 것이라는 고정관념에서 벗어나야 한다는 것이다. 펀 경영의 궁극적 목표는 직장내 '펀 문화'(fun culture)의 확산에 있다. 펀 문화를 창출하고 확산하는 주체가 반드시 경영자일 필요는 없고 직원들 스스로가 즐겁게 일하는 일터를 구축하는 데 앞장서는 것이 바람직하다.

예를 들면, 일주일 중 하루는 찢어진 청바지나 미니스커트 등 각자 개성을 표현할 수 있는 캐주얼 복장으로 출근하도록 허용하는 것은 직원들의 건의를 경영진이 전향적으로 수용해서 성사된 예라고 하겠다. 이러한 자유복장 출근(오리온 등 일부 기업에서 '맵시데이'라고도 부른다)은 직원들의 웃음을 자아내는 유머경영과는 차원이 다르다. 청바지를 입고 열린 사고와 자유로운 감각을 발산하면서 직원들은 자신과 직장에 대한 자부심을 가질 수 있고 즐겁게 일할 수 있는 분위기를 형성할 수 있다. 웃기는 멘트로 직원들의 웃음을 짜내는 방법보다는 직원들이 직장생활에 몰입할 수 있도록 만드는 것이야 말로 펀 경영의 본연의 목적이라고 여겨진다. 한 마디로 직원들이 '회사에 오고 싶어 미치도록 만드는' 것이 펀 경영의 궁극적인 목표가 되어야 한다. 회사 내에 오락기, 만화, 대형스크린을 설치해 스트레스도 풀고 기분전환도 하는 '펀 스테이션'(fun station)을 설치하는 것도 펀 경영의 일환이 될 수 있다.

일본 영화 「스윙걸즈」는 펀 경영의 본질에 대해서 많은 시사점을 주고 있다. 비록 이 영화는 여고생들의 학교생활에 초점을 맞추고는 있으나 이 영화의 컨셉과 메시지는 기업에 얼마든지 적용이 가능하다고 생각된다. 펀 경영의 목적이 구성원들에게 일시적인 웃음은 선사하는 수준에서부터 구성원들의 직장에 대한 몰입과 열정으로 승화시키는 것이 핵심이라면 경영자들은 이 영화를 적극적으로 벤치마킹할 것을 권한다. 「스윙걸즈」의 스토리 라인 자체는 픽션이지만 이러한 유사한 일이 미국의 한 빈민촌 학교에서 실제로 일어나 언론의 주목을 받기도 했다. 「스윙걸즈」의 성공이야기는 오늘날 우리 주변에서 얼마든지 목격할 수 있고 우리 직장 내에서 실제로 일어날 수 있는 '우리들의 이야기'라고 여겨진다. 이 영화의 줄거리와 등장인물을 소개한다.

지루한 여름방학, 보충 수업을 받고 있는 13명의 낙제 여고생들이 교내 합주부(취주악부)에게 도시락을 전해주자는 토모코의 제안을 구실로 집단으로 수업을 빼먹는 일(학생들 말로 '땡땡이')를 감행한다. 그러나 전달된 도시락이 한 여름 뙤약볕으로 인해 변질되어 합주부 전원이 도시락을 먹고 식중독에 걸리는 사건이 발생한다. 그 결과 도시락을 못 받은 나카무라를 제외한 합주부 전원이 병원에 입원하게 된다. 낙제생 소녀들은 자신들의 책임을 통감하는 동시에 보충수업을 계속 빠지기 위한 구실을 만들기 위해 자신들이 합주부원 자리를 대신 채우기로 결심하면서 처음으로 재즈의 세계에 발을 담그게 된다.

식중독에 걸렸던 합주부원들이 다시 제자리로 돌아오자 토모코를 비롯한 못 말리는 낙제소녀들은 다시 일상으로 돌아오게 되지만 이들이 잠시나마 경험했던 재즈에 재미를 느낀 이들은 자신만의 스윙밴드, 일명 '스윙걸즈'(Swing Girls)를 조직한다. 그러나 문제는 연주할 악기가 없다는 사실이다. 악기를 구입하기 위해 소녀들은 좌충우돌 기상천외 아르바이트를 시작하여 돈을 모아 악기를 구입하는데 성공한다. 그러나 막상 악기를 구해도 제대로 연습할 번듯한 연습공간을 확보하지 못해 '스윙걸즈'는 결성되자마자 해체위기에 처하게 된다.

그런데 이들은 우연한 기회에 수학선생님이 재즈 매니아라는 것을 알게 되고 선생님께 재즈를 배우게 된다. 그리고 시에서 열리는 음악경연회에 나가기로 한다. 하지만 토모코의 실수로 참가신청 기한을 맞추지 못해 탈락되는 일이 벌어져 스윙걸즈들은 절망에 휩싸이게 된다. 그러나 기적 같은 일이 일어났다. 폭설로 인해 참가하기로 한 학교가 불참하게 되자 주최측은 스윙걸즈에게 극적으로 참가기회를 주게 되고 그 결과 스윙걸즈가 경영대회의 마지막 무대를 장식하게 된다. 그녀들의 신나고 재미있는 재즈음악에 관객들이 열광하게 되고 연주가 대성공하는 장면을 마지막으로 영화는 끝난다.

이 영화에는 'Girls Meet Jazz!' 라는 부제가 붙어있다. 즉 이 영화는 재즈음악에 대해 아무것도 모르는 소녀들이 재즈음악을 접하고 밴드를 결성하는 과정을 그린 아주 유쾌한 영화이다. 이 안에서 낙제 여고생들은 사용법조차 모르던 악기들에 조금씩 익숙해져가고 결국에는 대중 앞에서 갈고 닦은 그들의 실력을 유감

없이 선보이며 콘서트 같은 연주를 선보인다. 실제로 영화에서처럼 배우들도 연주하는 법을 모르다가 영화를 찍는 동안 연주법을 배우면서 100% 실연으로 촬영에 임했다고 한다. 이 영화가 흥행에 성공하고 나서 이 배우들이 처음이자 마지막인 콘서트(First and last concert)를 열어 성황리에 마치기까지 했다.

영화 「스윙걸즈」에는 기업의 조직관리의 원리를 깨닫게 해주는 장면이 곳곳에 보여진다. 가령, 재즈밴드를 결성하고 각자 구입한 악기를 들고 와서 의욕적으로 연습을 시작하였으나 결과는 불협화음. 좌절에 휩싸여 있는 이들에게 "악보보다는 서로의 마음을 맞추는 것이 중요하다"라는 정체불명의 한사람의 중요한 말은 이들이 리듬 그 자체에 몸을 맞추고 몸을 느끼는 대로 연주하도록 도와준다. 바로 일상생활의 모든 리듬에 몸을 맡기도록 유도하여 자연스럽게, 있는 그대로의 감정으로 연주하는 그것이 바로 재즈라는 것을 깨닫게 된다. 스윙걸즈는 겨울에 있을 연주회 참가를 목표로 함께 모여 재즈음악을 열심히 연습한다. 마치 정해진 틀이나 공식이 없는 재즈라는 장르의 음악처럼 그녀들은 그저 재즈라는 음악이 좋아서 서로 호흡을 함께 한다.

비록 지겨운 보충수업을 하지 않아도 된다는 기쁨에 시작한 재즈음악이지만 잠시나마 경험했던 그 흥분은 그녀들로 하여금 쉽게 잊지 못하게 한다. 그로 인해 제대로 된 재즈를 하기 위한 그녀들의 노력과 열정이 영화의 대부분을 차지하고 있다. 이 영화는 악보도 제대로 볼 줄 몰랐던 그들이 이 재즈음악이라는 매개체를 통해서 우정을 다져가게 되며 하나가 되어가는 과정을 담고 있다. 말괄량이 철부지 여학생들이 음악을 통해서 자신들의 숨겨진 열정을 발견하고 이를 적극 표현해나가는 모습을 통해 그리고 어설프게 결성된 재즈밴드의 스윙음악에 대한 도전과 실연 속에서 우리 직장인들의 모습을 보게 된다.

함께 하는 사람들 간의 공통된 느낌 및 호흡이 가장 중요한 음악이 재즈라고 한다. 각기 다른 성격을 가진 개개인이 모여 각기 다른 악기들로 하나의 멋진 음악으로 승화되는 과정은 각기 다른 개인이 모여 큰 성과를 이루어 내는 조직과 비슷할 것이다. 스윙밴드와 마찬가지로 조직은 함께 하는 사람들 간의 호흡이 가장 중요하다. 이들이 호흡을 맞춰가는 과정을 통해 우리는 모티베이션의 진면목을 볼 수 있고 이러한 의미에서 이 영화는 펀 경영의 진수를 다루고 있다고 생각된다.

만약 학교가 이들에게(낙제생들에게 그런 기회가 올 리가 없지만) 악기를 사주고 밴드를 결성하라고 했으면 어떻게 되었을까? 아마 이들은 학교와 선생을 원망하면서 고통스럽게 밴드를 꾸려갔을 것이다. 어쩌면 밴드를 만들기도 전에 부당한 지시를 내린 학교를 욕하면서 자퇴해 버렸을 수도 있다. 이들이 성공적인 '스윙밴드'를 만들 수 있었던 것은 남이 시켜서가 아니라 스스로 의기투합하여 밴드를 결성한 '내부적 모티베이션'이 작동한데 있었고 또 연주를 하는 과정에서 자신들의 숨겨진 재능을 발견하고 개인들 간 호흡을 맞추는 과정에서 이전에 느껴보지 못했던 일체감과 카타르시스를 느꼈기 때문이다. 펀 경영의 궁극적 목표는 바로 여기에 있다. 경영자에 의해 외부적, 일방적으로 도입되는 유머경영이 구성원들의 자발적 모티베이션을 통한 일체감을 형성하지 못한다면 펀 문화는 형성에는 실패하게 될 것이다. 이렇게 되면 직원들은 유치한 개그를 대하듯이 경영자들의 일시적이고 일방적인 유머경영과 펀 경영을 비웃으며 더욱 썰렁해진 조직 분위기에 마음 문을 닫게 될 것이다.

9. 스토리텔링과 조직관리

스토리텔링(storytelling)이란 말 그대로 '이야기하기'이며, 설화체(narrative)로 메시지를 전달하는 것을 말한다. 스토리텔링은 오늘날 조직문화와 조직관리에 있어서 매우 중요한 역할을 담당하는 경영기법으로 알려져 있다. 스토리텔링은 21세기형 의사소통기법이며, 이를 통해 조직과 경영이 변화되고 있다고 사람들은 말한다.

스토리텔링이 왜 중요한지에 대해 한 가지 예를 들어보자. 만약 우리가 현대 그룹에 대해서 알고자 한다면 우선 현대 그룹의 연혁, 매출액, 그룹내 자회사 및 해외법인, 주요 제품 등에 대한 자료를 홍보책자나 간행물을 통해 접할 수 있을 것이다. 그러나 이러한 정보나 자료들은 구체적이기는 하지만 읽는 사람들은 금방 내용을 잊어버리는 수가 많고 다른 사람들에게까지 전파되지 못하는 경우가 많다. 왜냐하면 내용이 '드라이'(dry)하기 때문이다. 그 회사에서는 중요한 정보일지 모르지만 그 정보를 전달받는 사람들의 관심을 끌거나 감명을 주는 그 무엇이 결여되어 있다.

그런데 화법을 바꾸어서 스토리텔링 형식으로 현대 그룹에 대해 설명한다면 이야기가 달라진다. 먼저 창업자 정주영 회장이 이야기에 등장하고 그의 어려웠던 어린 시절, 금강산 자락의 강원도 통천에서 아버지로부터 농사일을 배웠고, 청년시절 집의 소를 판돈을 훔쳐 서울로 가출을 감행한 이야기, 그리고 일본인이 경영하던 쌀가게에 취직하여 우직하게 열심히 일해서 인정을 받았던 이야기... 해방이 되자 동생들과 함께 사업을 일으킨 이야기, 울산에 현대 조선소 건설을 위해 거북선이 새겨진 500원짜리 동전을 달랑 들고 영국 바클리 은행을 찾아간 이야기... 조선소 건설 공사를 독려하다가 새벽에 울산 앞바다에 지프차와 함께 떨어진이야기...사우디아라비아 주베일 산업항 공사를 낙찰 받고 공기와 건설비를 감축하기 위해 울산에서 구조물을 제작하여 바지선에 싣고 수 천 킬로미터를 항해한 이야기... 남북교류의 물꼬를 트기 위해서 천 마리의 소떼를 몰고 휴전선을 넘어 북한에 들어간 이야기... 등등

이렇게 스토리텔링으로 현대그룹을 설명하면 사람들은 그 이야기에 쉽게 빨려들면서 현대그룹과 경영자들에 대해서 몰입하게 되고 들은 이야기를 쉽게 잊어버리지 않는다. 또 스토리텔링을 통해 획득한 지식에 감명을 받으며 이를 다른 사람들에게 전달하려는 강력한 욕구가 일어난다. 이것이 스토리텔링의 파워이다. 한 회사의 활동을 설명하는 홍보 간행물을 사람들이 모두 읽는데 8시간 정도의 시간이 걸린다고 가정해 보자. 일반 소비자나 대중들은 8시간이 아니라 8분도 집중해서 읽을 여유가 없을 것이다. 책자를 읽기 시작한지 1-2분만 지나면 금방 식상해 버리고 다른 관심사를 찾아 떠나는 것이 자연스러운 반응일 것이다.

그렇지만 스토리텔링을 통한 구두 설화체(narrative)는 묘한 힘이 있다. 사람들은 비록 짧은 시간이지만 구두로 전달되는 설득력 있는 이야기에 몰입하는 경향이 있다. 이것이 오늘날 조직내에서 스토리텔링의 중요성이 더해가고 있는 이유이다.

2001년 미국 워싱턴의 스미소니언 협회는 '스토리텔링'에 관한 세미나를 개최하였는데 초대된 연사들은 IBM의 퇴역임원, 제록스의 컴퓨터 공학담당 임원, 교육컨텐츠 제작업자, 세계은행의 고문 변호사들이었다. 이들은 각기 전공과 직업은 달랐지만 모두 스토리텔링이 조직내 의사소통, 그리고 외부의 이해당사자와의 의사소통에 결정적인 영향을 미친다는 것을 경험과 사례를 통해 공통적으로

증언하였다. 이들의 스미소니언 세미나는 참석자들의 큰 호응을 얻었으며 사람들의 호기심을 자극하였다. 사람들은 자신들의 조직에 스토리텔링을 적용하게 되었고 달라진 분위기와 성과에 대해 말하기 시작하였다. 이러한 '입소문'을 통해 오늘날 스토리텔링은 경영과 조직관리에 있어서 하나의 현상으로 자리 잡고 있다.

그러면 스토리텔링이란 무엇이며, 이것이 조직관리에 주는 시사점은 무엇인지 살펴보기로 한다. 스토리텔링은 지식경영(knowledge management)과 관련이 깊으며, 지식경영을 위한 중요한 수단으로 사용되고 있다. 사람들은 조직내에서 무언가 알고 싶은 지식이 있으면 ① 그에 대한 지식이 어디에 있는지, ② 그것을 알고 있는 사람은 누구인지, ③ 그 지식을 어떻게 행동에 옮기는지에 대해 알고 싶어한다. 예를 들어보자. 회사에 새로운 모델의 복사기가 설치되었다고 하자. 이 복사기는 기존의 복사기와 형태와 기능이 매우 다른 완전 새로운 복사기이다. 사람들은 이 복사기를 빨리 사용하고 싶어 하지만 어떻게 다루는지를 몰라 망설이게 된다. 사람들이 이 복사기 사용법을 알게 되는 과정을 관찰해보면 매우 흥미롭다. 직원들이 모두 사용설명서(매뉴얼)을 읽고 난 후에 그 설명서에 따라 차근차근 복사기를 만진다고 생각하면 오산이다. 실제로 많은 사람들은 그 복사기를 눈 여겨 보고 있다가 어느날 용감한 누구가 새 복사기를 사용하는 것을 보면 자리에서 일어나 그 사람에게다가가서 어깨 너머로 어떻게 사용하는지를 관찰하고 이해가 잘 안되는 부분에 대해서는 그 자리에서 질문도 던진다. 그러면 최초 사용자는 자신이 아는 지식을 짧은 말로 설명해준다. 이러한 과정을 통하게 되면 사람들은 5분 이내에 복사기 사용법을 알 수 있게 된다. 사람들은 두꺼운 매뉴얼을 읽기 보다는 선험자(先驗者)의 '스토리텔링'을 통해 자신이 필요로 하는 결정적인 지식을 얻고 있는 것이다.

이러한 스토리텔링 방식을 실제 경영에 활용해 성공을 거둔 기업사례가 많다. 몇 년 전에 미국의 워싱턴 시 당국은 지하철 매표 방식을 변경하였다. 종래의 지하철 표와 매표창구를 없애고 새로운 전자티켓을 자판기를 통해 발매하기 시작했는데 현금을 내고 창구에서 티켓을 사는데 익숙해 있던 워싱턴 시민들에게 낯선 전자티켓 자판기(컴퓨터 단말기)의 등장은 매우 혼란스러웠다. 특히 노인들은 새로운 전자티켓 구매에 적응하지 못해 쩔쩔매는 일이 많았다. 아무리 새로운 전자티켓 발매시스템이 과학적으로 잘 설계되었고 입구에 설명문이 잘 게시되었다고 해도 그것을 사용하는 고객들에게는 불편하기 짝이 없어 보였다. 사람들은 자판기 앞에 줄을 길게 늘어서서 새로운 자판기에 적응하느라 땀을 흘렸고 자판기에 익숙하지 않다보니 티켓 구매시간이 전보다 더 걸리는 일도 발생했다. 당연히 시민들의 짜증과 불만이 높아졌다.

워싱턴 지하철 당국은 스토리텔링 방식으로 이 문제를 해결하였다. 새로운 전자티켓 도입 후 한달동안 워싱턴 시는 아르바이트 청소년들을 고용하여 자판기 앞에 대기하고 있다가 사람들에게 전자티켓을 사는 방법을 직접 설명해주거나 시범을 보여주었다. 그 결과 사람들은 이 소년들의 도움으로 간편하게 자판기를 이용할 수 있게 되었고 다음 번부터는 소년・소녀들의 손을 빌리지 않고 직접 동전을 넣어 필요한 전자티켓을 손에 쥘 수 있게 되었다. 그리고 한달 후 청소년들이 철수한 다음에도 한번 전자티켓을 구매해 본 경험이 있는 시민들은 자판기 앞에서 헤매는 다른 시민들에게 '전문가'로서 조언을 해주는 단계로 발전하였다. 이러한 과정을 거치면서 워싱턴 시의 지하철을 이용하는 승객들은 불편없이 전자티켓을 이용할 수 있게 되고 불편이 해소되었다. 워싱턴 시는 얼마 되지 않는 숫자의 청소년을 '스토리텔러'(storyteller)로 한달 간 고용하는 최소한의 비용투자로 시민불편 해소라는 큰 효과를 거둘 수 있었다.

일찍이 이 스토리텔링의 중요성을 간파하고 이를 기업경영과 조직관리에 적용하여 성공한 사람들이 많다. 대표적인 인물이 GE의 전 CEO 잭 웰치(Jack Welch)였다. 그는 기자들이 GE의 CEO로서 성공적으로 조직을 이끌어 온 비결에 대해서 "나는 학창시절 별로 공부에 두각을 나타내지 못한 전형적인 C-player 였다. 그러나 이러한 핸디캡에도 불구하고 경영자로서 성공한 이유는 나는 아일랜드 출신으로서 스토리텔링에 일가견이 있었다"고 대답했다.

사실 웰치는 CEO로서 부단하게 조직 구성원들과 이야기를 나누고 자신이 원하는 바를 리얼하게 이야기로 정리해 들려주는 탁월한 능력이 있었다. 예를 들어 그가 GE의 CEO로 재직할 때 타운 미팅 형식으로 시작한, 종업원 '워크아웃'(work-out) 모임을 통해 구성원들에게 들려준 '방울뱀'과 '비단뱀'이야기는 유명하다. 그에 따르면, 방울뱀은 큰소리를 내는 관료주의자로서 항상 큰소리를 내며 떠들기 때문에 비교적 간단하게 해결할 수 있는 문제 직원을 말하고 비단뱀은 소리 없이 나무를 감고 있어나 다가오는 문제 직원을 말하는 데 눈에 잘 띄지도 않고 소리도 내지 않지만 조직의 걸림돌 역할을 하는 문제아를 의미했다. 그는 직원들에게 비단뱀이 되지 말고 차라리 방울뱀이 되라고 역설하며 '뒤에서 빈정대는, 소리없는 비판자'들의 위험성을 경고하였다. 그의 스토리텔링은 확실히 효과가 있었다. 그가 무엇을 원하는지, 무엇을 싫어하는지를 직원들은 분명히 알고 있었기 때문에 직원들이 잭 웰치가 선호하는 타입이 되려고 노력하게 되었고 그 결과 GE에서 비단뱀은 사라지고 성과도 향상되었다.

혹자들은 스토리텔링 방식이 너무 주관적이고, 개인적이며 일시방편적인 것이라고 비판하기도 한다. 물론, 구체적인 행동이 수반되지 않으면 단순히 추상적인 이야기수준에 그칠 위험성도 있다. 그러나 스토리텔링 방식은 다음과 같은 장점을 가지고 있기 때문에 조직이 위기에 처했을 때 신속하게 방향전환을 할 수 있고, 흩어진 구성원들의 마음을 한 곳으로 모을 수 있는 중요한 조직관리의 수단이 될 수 있다.

- **간결성**: 경영자가 직원들에게 말하려고 하는 바를 간결하면서도 강력한 메시지로 요약하여 전달하는 힘이 있다.
- **신속성**: 스토리텔링을 통해서 듣는 사람들은 신속하게 전달자의 메시지 내용을 파악할 수 있다.
- **실천성**: 스토리텔링은 단순히 지식의 전달에 그치지 않는다. 스토리텔링을 통해 감명을 받은 사람들은 이를 즉시 행동에 옮겨 자신이 얻은 지식을 적용하려고 한다.
- **창의성**: 스토리텔링에는 사람들의 관심을 끌고 몰입하게 하는 능력이 있는데 이는 화자(話者)의 독창성이 개입되기 때문이다. 같은 말을 해도 '방울뱀'과 '비단뱀' 의 메타퍼(metaphor)로 핵심내용을 정리하는 능력은 경영자의 창의성과 관련이 높다.

최근 스토리텔링과 조직의 변화관리(change management)간의 상관관계가 높다는 연구들이 다수 보고되고 있다. 즉 스토리텔링이 변화관리의 출발점으로 작용하는 경우가 많다는 것이다. 경영자의 감동적인 스토리텔링을 통해 구성원들은 변화의 필요성에 공감하게 되면서 변화에 저항하는 조직분위기도 협조하는 쪽으로 변화되는 사례가 많다. 이와 같이 스토리텔링은 조직에 재미를 선사하고,

중요한 핵심정보를 전달하며, 조직내 변화와 혁신이 필요할 때 이를 선도하는 효과를 거둘 수 있는 효과적인 경영기법으로 오늘날 각광을 받고 있다.

10. 조직내 모티베이션의 딜레마

오늘날 경영자들이 거의 매일 당면하는 가장 중요한 과제 중 하나는 부하직원들의 업무의욕을 향상시키는 일이다. '의욕관리'(energy management)가 중요해진 이유는 업무에 완전히 몰입하는 근로자의 비율은 10퍼센트 정도에 불과하고 나머지 대부분의 직원들은 일을 하기는 하되 의욕을 가지고, 몰입해서 하지 않는다는 조사연구가 속속 보고되고 있기 때문이다. 오늘날 많은 직장에서는 열정을 가지고, 전심을 다해 일을 하기 보다는 '찍히지 않을 정도'로 적당히 일을 하는 풍조가 만연하고 있다. 업무의 목표가 설정되어 있어도 직원들이 전심전력으로 일과 목표에 몰입하지 않는다면 큰 의미가 없다. '목표설정=모티베이션 향상'이라는 등식은 성립하기 어렵기 때문이다. 학자들은 이 현상을 '모티베이션의 딜레마'라고 부른다.

매년 하와이에서 개최되는 세계 철인 3종 경기에 여섯 번이나 우승한 데이브 스콧(Dave Scott)선수는 다른 선수들과는 달리 시계나 속도계 같은 문명의 이기를 일체 활용하지 않는 것으로 유명하다. 기자들이 그 이유에 대해서 물었을 때 그는 "경기 도중에 시계를 본다든지 자전거의 속도계에 신경을 쓰게 되면 주의가 산만하게 되고 페이스를 잃게 된다. 나는 나 스스로 느끼는 리듬에 맞춰 달리고 자전거 페달을 밟는다. 나의 내면의 리듬에 집중하면 나도 모르는 사이에 강한 힘이 생기는 것을 느낄 수 있다"고 대답하였다.

모티베이션은 개인의 내면에서 분출하는 어떤 힘이 행동으로 나타나는 것을 의미한다. 따라서 모티베이션이 작동하려면 내면의 힘이 밖으로 표출되어야 한다(inside-out). 그런데 많은 경영자들이 이를 반대로 이해하고 대처하고 있다. 경영자가 목표를 부여하고 업무지시를 내리고, 실적을 호봉 승급이나 급여에 반영하는 식으로 직원 개인에 대해 외부자극을 가함으로써 모티베이션을 작동시키려고 한다(outside-in). 이러한 외부로부터의 자극은 직원 개인이 스스로 의욕을 가지고 선택하였다기보다는 의무적으로 대응한 것이기 때문에 흥미나 모티베이션과는 거리가 멀다. 필자는 군대생활을 하면서 "나는 천당이라고 해도 인솔해서 간다면 차라리 가지 않겠다. 인솔이 지긋지긋하다"고 말하는 병사들을 많이 보아왔다. 군대는 대부분 명령과 지시에 의해 움직이는 조직이다 보니 병사 개인의 의욕과 열정에 대해서는 별 관심을 기울이지 않는다. 따라서 외부의 힘과 자극 때문에 마지못해 일을 하게 되는 병사들의 허탈감과 좌절감이 클 수밖에 없을 것이다.

그런데 오늘날 군대도 아닌 민간 기업에서 똑똑한 인재들을 뽑아놓고 "인솔해서 천당으로 끌고 가겠다"고 나서는 경영자들이 있다면 그 조직은 결코 성공할 수 없을 것이다. 목표설정이 직원들의 열정을 키우기 보다는 오히려 사기를 꺾으며 목표달성을 강조하면 할수록 직원들의 업무 의욕은 감퇴하는 현상인 '모티베이션 딜레마'를 해결하기는커녕 조장하는 경영자들이 때문이다.

그러면 모티베이션 딜레마를 극복하기 위해서 경영자는 무엇을 하여야 하는가? 우리가 어린 시절로 돌아가 생각하면 해답을 쉽게 찾을 수 있다. 어린이들은 자신을 둘러싼 삼라만상에 대해 지대한 호기심을 가지고 끊임없이 질문을 하고 의욕을 가지고 의문점들을 해결하려고 노력한다. 밤하늘의 별똥별을 보면서 신기해하고 나중에 커서 천체물리학자가 되겠다고 한다. 올챙이가 개구리로 변신하는 것을 관찰하면서 나중에 커서 생물학자가 되겠다고 기염을 토한다. 어린이들의 호기심과 열정을 말리기란 쉬운 일이 아니다. 왜냐하면 그들의 열정은 스스로의 선택에 의한 것이고, 자신의 내면에서 분출되어 나온 것이기 때문에 오래 동안 지속된다. 그러다가 이들이 학교에 들어가 선생님으로부터 주입식 교육을 받고 시험을 보게 되면서 자신의 '선택'보다는 외부에서 강요되는 '의무'를 수행하는 법을 배우게 되고 성적을 올리는 요령을 터득하게 되면서 어린 시절의 호기심과 창의력은 서서히 시들어 간다. 어린 시절의 호기심 많던 '천재 과학자'들이 오늘날 직장에서 매일 상사가 요구하는 '의무 방어'를 채우기 위해 잔머리를 굴리며 사는 것이 모티베이션 딜레마의 본질이다.

그러나 이러한 모티베이션 딜레마를 극복하고 직원들이 내면의 리듬에 따라 의욕적으로 일하도록 함으로써 모티베이션 향상과 성과 증대라는 두 마리의 토끼를 잡는 기업이 생겨나고 있다. 사우스웨스트 항공사는 'fun' 경영으로 직원들의 잠들어 있던 유머감각에 불을 지펴 근무의욕을 진작시키는 데 성공하였으며, 시애틀의 파이크 플레이스 수산시장은 손님들에게 즐거움을 선사하기 위해서 생선들을 이동시킬 때 나무 상자에 담아 옮기지 않고 종업원들 끼리 생선을 던져서 주고받는 장면을 연출함으로써 'Flying Fish'라는 신기한 볼거리를 제공하여 세계적으로 유명한 관광코스로 개발하는 데 성공하였다. 이들 기업의 공통점은 직원과 고객들에게 재미를 선사하고 동시에 매출증대라는 경영목표를 달성한다는 점이다.

모티베이션 딜레마는 사람들 마음속에 잠든 의욕을 깨워 내면의 리듬을 타게 할 수만 있다면 얼마든지 극복할 수 있다.

11. 다람쥐 주식회사 이야기 – 스토리텔링과 인적자원관리 –

인적자원관리와 노사관계에 관심이 있는 모든 분들에게 추천하고 싶은 도서가 하나 있다. 스티븐 데닝이 저술한, 조직혁신에 관한 내용을 다룬 『다람쥐 주식회사 이야기(*Squirrel Inc.*)』라는 책이다. 얼핏 보면 동화책 같으나 조직의 생리와 조직의 발전과 혁신에 관한 진솔한 아이디어가 우화 형식으로 담겨져 있다.

이 책의 주 배경이 되는 다람쥐 주식회사는 다람쥐가 먹이를 구할 수 없는 겨울을 대비해 미리 봄, 여름에 도토리를 많이 획득하고 그것을 땅에 묻어놓는 일을 담당하는 기업이다. 이 기업은 한때 업계를 주름잡는 선두 주자였다. 수익은 꾸준히 증가했고 그들의 경영방식은 하나의 모범사례로 널리 칭송되었다. 그러나 시대가 변하고 시장도 변했다. 다람쥐 주식회사는 매출 정체와 시장 점유율 감소를 겪게 되었다. 무슨 부정행위를 저지른 것도 아니고 예기치 못한 돌출 사건으로 충격을 입은 것도 아닌데도 회사는 더 이상 예전 같은 뛰어난 성과를 거두지 못하고 있다.

실제 오늘날의 많은 기업들에서 그렇듯이, 과거에 성공을 일궈냈던 바로 그 습관과 관행이 이제는 반대로 혁신과 변화를 가로막는 족쇄가 된 것이다. 다람쥐 주식회사의 중역들은 저마다 나름대로 기업 쇠퇴의 이유들을 깨닫고 있다. 그러나 현실 사례들과 마찬가지로, 외부에서 보기에는 너무나 분명한데도 그들은 어떻게 해야 할지에 관해 아무런 대안을 이끌어내지 못하고 있다. 변화는 불가피한데, 다람쥐 주식회사는 전혀 움직일 기미를 보이지 않고 있는 것이다.

다람쥐 주식회사의 중역인 다이애나는 이런 상황 속에서 현실을 직시하고, 변화를 시도하려는 유일한 다람쥐이다. 다이애나는 다람쥐들이 나무열매를 묻어놓고는 그 장소를 기억하지 못해 분실하는 비율이 상당히 높다는 사실에 착안하여, 다람쥐 주식회사가 나무열매를 묻는 조직에서 저장하는 조직으로의 탈바꿈을 과감히 시도한다. 하지만 다이애나를 제외한 대다수의 회사 중역들은 새로운 변화를 추구하지도 않고 무조건 현실에 안주하려고만 한다. 다이애나가 그들의 마음을 변화시키고 기업을 혁신하려는 과정에서 저자 스티브 데닝은 바로 '스토리텔링'(storytelling)을 제시한다.

처음에는 임직원들이 스토리텔링 방식에 대해 탐탁지 않게 생각했다. 현대적이고 분석적인 다람쥐 주식회사의 비즈니스에서 감정을 개입시키는 개인의 체험 이야기 따위는 통용되지 않을 것이라 여긴 것이다. 하지만 '모여서 이야기하기'를 거듭할수록 다람쥐들은 스토리텔링의 무한한 가치에 대해 깨닫게 되고, 다람쥐 주식회사를 혁신하는 데에 스토리텔링이라는 방법을 쓰기로 다짐한다.

이 책의 주축을 이루는 것은 바로 이 다람쥐들이 들려주는 이야기다. 그들은 각자가 삶의 현장에서 체험한 생생한 이야기를 들려주고 조직의 발전을 위해 나름대로 생각하는 발전과 성공을 위한 아이디어를 내놓고 이를 설명한다. 이야기를 듣는 다른 다람쥐들은 이를 받아들이고 공유하는 과정에서 조직은 몰라보게 달라져 갔고 경영성과도 차차 나아져 갔다. 다람쥐들의 스토리텔링 사례를 몇 가지 소개해 보고자 한다.

다람쥐 주식회사의 직원인 헤스터는 뽕나무 공원에서 살고 있던 다람쥐들이 모두 공동체 의식을 가지게 된 후 놀라운 결과를 가져온 이야기를 소개함으로써 스토리텔링이 직원들의 단합을 이끌어내는 데 어떻게 활용되는지 알려준다. 이 뽕나무 공원의 다람쥐들이 공동체의식을 가져온 데는 다섯 가지 단계가 있다. 첫 번째 단계는 다람쥐 모두가 얼굴을 맞대고 한자리에 모인 것이다. 일상에서도 자주 마주치게 되는 일은 없지만, 그것으로는 불충분했다. 두 번째 단계는 이야기 주제(의제)를 구성원들이 자유롭게 가지고 오는 것이다. 상부에서 지정해서 내려온 의제가 아니라 자신들이 현장에서 보고 느낀 것이 토론 주제가 될 수 있었으므로 다람쥐들은 쉽게 이야기와 토론에 몰입할 수 있었다. 세 번째는 집단적인 스토리텔링 과정을 촉발하는 것이다. 뽕나무 공원 다람쥐 집회의 지휘자는 모든 참석자들이 공감하는 이야기를 들려주었다. 그것은 어떤 힘든 업무를 다루었던 한 간부 직원의 이야기였는데 그 이야기를 통해 참석자들은 개인적으로 감동을 받은 한편 그들이 지니고 있는 공통점을 발견했다. 그 다음으로 그들은 부서원 모두 자신들의 이야기를 공유하는 단계를 거쳤다. 이런 과정은 그들로 하여금, 그들의 일터가 적대적이고 위협적인 장소가 아니라 마치 집처럼 느껴지게 하였다. 너무도 놀랍게도 그들은 순식간에 하나의 공동체로 녹아들게 된 것이다. 뽕나무 공원의 공동체 형성으로 이들은 새로운 수준의 효율성을 얻게 되었다.

또 다른 다람쥐 모카는 기업의 비공식적 소통망이 지닌 힘을 이용하여 헛소문과 나쁜 소식을 잠재우는 데 유머가 어떻게 활용될 수 있는가를 보여준다. 만약 한 나쁜 소문이나 소식이 거짓이거나 터무니없다면, 그와 관련한 어떤 이야기를 들려주어 그 나쁜 소식이 잊혀 지도록 만들 수 있다. 종종 유머나 모순이 헛소문을 잠재우는데 큰 몫을 담당할 수가 있다. 나쁜 소식에 담긴 어떤 모순점으로 주의를 이끌어 듣는 이들로 하여금, 그 소문의 부정당성을 인식하게 하는 것이다.

또 하나의 다람쥐가 '행복한 닭이야기'를 들려주었다. 어느 농가에서 매일 넉넉한 모이를 얻어먹는 닭이 있었다. 닭은 농부가 자신을 위해 정성껏 모이를 준비하는 모습을 보면서, '농부는 내가 행복하기를 바라는구나.' 라고 생각하고 그저 편안하게 삶을 즐겼다. 그러던 어느 날, 농부가 닭에게 다가오더니 먹이를 주는 대신 모가지를 비틀어 죽여 요리를 해먹었다. 그 닭이 만약 주변 배경에 더욱 주의를 기울였다면 동료 닭들이 차례차례 사라지고 있다는 걸 알아차렸을지도 모른다. 하지만 그 닭은 인정 많은 농부라는 자신의 생각을 굳게 믿어 참된 지식을 얻지 못했고, 마침내 모든 진실을 알게 되었을 때 그 닭은 이미 죽은 목숨이었다. 닭 이야기를 통해 직원들은 현재 듣고 보고 느끼는 세계, 즉 자신들이 믿고 있는 지식은 사실 참된 지식이 아닐 수도 있으며, 항상 주어진 현상(status quo)에 문제를 제기하고, 도전하며 열린 시야를 가지고 주위 환경을 대하는 것이 조직의 생존에 중요하다는 사실을 일깨워준다.

이와 같이 스토리텔링은 조직의 구성원들을 미래로 이끄는 힘을 지니고 있다. 리더십은 사람들을 현재의 위치에서 필요한 위치로 데려가는 역할을 한다. 사람들을 미래로 이끄는 최선의 방법은, 먼저 이야기를 통해 먼저 상상으로 체험케 함으로써 그 세계를 친숙하고 바람직함을 느끼게 하는 것이다.

오늘날 많은 학자들이 인적자원관리 담당부서나 인사전문가들이 조직의 '전략적 파트너' 또는 '변화의 담당자'(change agent) 역할을 해야 한다고 입을 모은다. 21세기 지식정보사회의 변화무쌍한 환경에 적응하기 위해서는 시스템을 변화시키기에 앞서서 유능한 인재를 확보, 육성하는 것이 선결과제라고 주장한다. 그러나 핵심인재가 하루아침에 하늘에서 떨어지거나 땅에서 솟아나지는 않는다. 외부에서 급히 영입된 핵심인재라고 하여도 그 조직의 풍토에 적응하지 못하면 오히려 인적 자산이 아니라 부채로 고스란히 남게 될 것이다.

'다람쥐 주식회사 이야기'는 조직혁신은 구성원들 간의 원활한 소통이 혁신의 기초가 된다는 사실을 평범한 일상의 예에서 보여주고 있다. 이 이야기가 우리에게 들려주는 메시지는 조직의 변화와 혁신은 몇몇 핵심인재나 소위 경쟁력 있는 인적자본들의 '원맨쇼'를 통해서 이루어지는 것이 아니라 다양한 조직 구성원들이 몸소 현장에서 겪은 진솔한 얘기들을 한자리에서 소통하고 나누는 가운데 구성원 스스로의 깨달음과 성찰, 학습에 의한다는 것을 말해주고 있으며 이를 위한 중요한 매체가 되는 스토리텔링(조직내 이야기하기)의 중요성을 일깨워주고 있다. '다람쥐 주식회사 이야기'에 등장하는 다양한 성격의 다람쥐들은 장애물을 극복하고, 열정과 팀워크를 유발하고, 지식을 공유하고, 궁극적으로 자신들이 몸담은 회사에서 뜻 깊은 성공의 신기원을 이루고자 함께 모여서 자유롭게 이야기를 주고받게 되었고 그 과정을 통해, 조직이 점차 변화해 나가는 것을 체험하게 된 것이다.

다람쥐 주식회사에서 임직원 인사평가를 한다면 아마도 '의사소통 능력', '지식 및 기술 공유능력', '새로운 아이디어에 대한 수용 능력', '조직학습 능력', '셀프리더십 능력' 이런 항목의 가중치가 높게 매겨져 있어서 개인과 부서의 소통과 협력을 이끌어 내는 직원, 자신만이 가지고 있는 노하우를 기꺼이 다른 구성원에게 전수하는 직원, 항상 배움에 갈증을 느끼는 직원, 신이 나서 항상 새로운 스토리텔링 소재를 자신의 주변에서 발굴하려고 안달이 나 있는 직원들이 인사에서 우대되고 결국 핵심인재로 성장하는, 그런 조직이 아닐까 하는 생각이 든다.

참고문헌

김성국(1997), 『트렌디 인사관리』, 명경사.
김성국(2003), 『인적자원관리 뉴패러다임』, 명경사.
김성국(2007), 『조직과 인간행동』, 제3판, 명경사.
김성국 · 김민수(2004), 『이슈중심 인사관리』, 삼영사.
김영재 · 김성국 · 김강식(2010), 『신인적자원관리』, 탑북스.
백기복 · 신제구 · 김정훈(2009), 『리더십의 이해』, 창민사.
한국노동연구원 편(2000), 『21세기형 인적자원관리: 뉴패러다임과 실천과제』, 명경사.

Armstrong, D. (1992), *Management By Storying Around: A New Method of Leadership*, New York: Doubleday.
Bandura, A. (1977), Social Learning Theory, Englewood Cliffs: Prentice-Hall.
Bratton, J., Grint, K. & Nelson, D. L. (2005), *Organizational Leadership*, Cincinnati: South-Western.
Brown, J. S., Denning, S., Groh, K. & Prusak, L. (2005), *Storytelling in Organizations*, Oxford: Elsevier.
Daft, R. L. (2002), *Leadership Experience, 2nd ed.*, Orlando: Harcourt Brace.
Gabriel, Y. (ed.) (2004), *Myths, Stories, and Organizations: Premodern Narratives for Our Times*, Oxford University Press.
Gardner, T. M. (2002), In the Trenches at the Talent Wars: Competitive Interaction for Scarce Human Resources, *Human Resource Management*, Summer, 41, 2, 225-237.
George, J. M. & Jones, G. R. (2011), *Understanding and Managing Organizational Behavior*, 6th ed., Boston: Pearson.
Howell, H. P. & Costley, D. L.. (2006), *Understanding Behaviors for Effective Leadership*, 2nd ed., Upper Saddle River: Pearson/Prentice-Hall.
Hughes, R. L., Ginnett, R. C. & Curphy, G. J. (2006), *Leadership: Enhancing the Lessons of Experience*, 5th ed., New York: McGraw-Hill.
Kellerman, B. (2004), *Bad Leadership*, Harvard Business School Press.
Kinicki, A. & Kreitner, R. (2003), *Organizational Behavior: Key Concepts, Skills, & Best Practices*, New York, McGraw-Hill/Irwin.

McShane, S. L. & Von Glinow, M. A. (2003), *Organizational Behavior: Emerging Realities for the Workplace Revolution*, 2nd ed., New York: McGraw-Hill/Irwin.

Nelson, D. L. & Quick, J. C. (2008), *Understanding Organizational Behavior*, 3rd ed., Thomson-South-Western.

Pierce, J. L. & Newstrom, J. W. (2003), *Leaders & the Leadership Process,* 3rd ed., New York: McGraw-Hill.

Schermerhorn, J. R. Hunt, J. G., Osborn, R. N. & Uhl-Bien, M. (2010), *Organizational Behavior*, 11th ed., Hoboken: John Wiley & Sons.

Thomas, M. (2006), *Gurus on Leadership,* London: Thorogood Publishing.

Tichy, N. M. (1997), *The Leadership Engine,* New York: Harper Business.

찾아보기

ㄱ

ㄴ

ㄷ

ㅇ

ㅈ

ㅊ

ㅋ

ㅌ

ㅍ

ㅎ

저자 소개

김성국(金聲國)교수

[약력]
서울대학교 인문대학 졸업 (문학사)
서울대학교 대학원 경영학과 졸업 (경영학석사)
독일 Mannheim 대학교 경영대학원 졸업 (경영학박사: Dr. rer. pol.)

[경력]
대통령자문 새교육공동체 위원회 전문위원
공인노무사 시험 출제 및 채점위원
교육과학기술부 및 기획재정부 산하기관 평가위원
삼성전자, 현대중공업, KBS, KT 등 주요 대기업 인사·조직 자문교수
독일 베를린(Berlin)자유대학교, 파더본(Paderborn)대학교,
할레(Halle-Wittenberg)대학교 객원교수
독일 함부르크(Hamburg)대학교 대리교수
미국 버클리(California/Berkeley)대학교 객원교수
유럽학술지 "Management Revue" 편집위원 및 자문교수(2003-현재)
대한리더십학회 초대회장
(사단법인) 한·독경상학회 회장
(사단법인) 한국인사조직학회 회장
이화여자대학교 경영대학 교수 (1990-현재)

■ 저서 및 논문

현대인과 노동 (번역서), 법문사
트렌디 인사관리, 명경사
조직과 인간행동, 명경사
경영과 사회, 명경사
21세기형 인적자원관리, 명경사
인적자원관리 뉴패러다임, 명경사
이슈중심 인사관리, 삼영사
글로벌CEO의 성공공식, 삼영사
신인적자원관리, 탑북스
Zur Arbeitszufriedenheit der aus Korea in deutsche Niederlassungen entsandten Stammhaus-Mitarbeiter:eineempirischeAnalyse,Centaurus-Verlag:Pfaffenweiler,Germany.

기타 학술논문 다수

■ 수상경력

서울대 총장상 (인문대 수석졸업), 1980년 2월
BMW 학술상 대상 (독일관련 최우수논문상), 2011년 11월

인적자원관리 5.0 - HR 탐색과 활용의 뉴패러다임 -

2011년 12월 10일 1판 1쇄 인쇄
2011년 12월 20일 1판 1쇄 발행

저 자 김 성 국
발행인 김 광 식
조 판 아 람 기 획

120-837
발행처 서울시 서대문구 충정로 3가 8-5 동아아트 B 103호
도서출판 탑 북 스
등 록 2009.12.21 제 312-2009-000062 호
전 화 02)365-2223 팩스 02)365-2224

정가 20,000 원

ISBN 978-89-94318-92-9-93320